ro
ro
ro

Martin Walser

«Ich würde heute ungern sterben»

Interviews von 1978 bis 2016

Herausgegeben von Thekla Chabbi

Rowohlt Taschenbuch Verlag

Originalausgabe
Veröffentlicht im Rowohlt Taschenbuch Verlag,
Reinbek bei Hamburg, Mai 2018
Die vorliegenden Texte sind auch Teil
der limitierten Werkausgabe, die 2017
im Antiquariat Biebermühle erschien.
Copyright © 2017 by Rowohlt Verlag GmbH,
Reinbek bei Hamburg
Umschlaggestaltung Frank Ortmann
Satz aus der Arno, InDesign
Gesamtherstellung CPI books GmbH,
Leck, Germany
ISBN 978 3 499 27412 1

Inhalt

Martin Walser und Tübingen

Ein Gespräch mit Peter Roos
1978

Wann sind Sie nach Tübingen gekommen, Herr Walser?

Im Sommersemester 1948, im April 1948 laut Studienbuch. Ich bin von Regensburg gekommen. Regensburg war Theologisch-Philosophische Hochschule, so nannte sich das. Dort kam ich im September 1946 hin, weil ich nirgendwo sonst einen Studienplatz erhielt. 1946 war ich neunzehn Jahre alt, nicht verwundet, nicht verfolgt, ganz kurz nur beim Militär gewesen, hatte also keinerlei Würden, die Voraussetzung waren für einen der knappen Studienplätze. So blieb mir nichts anderes übrig, als an eine jener bayerischen Rasch-Gründungen zu gehen. Es gab eine in Bamberg, eine in Regensburg. Dort waren ein paar Professoren aus Prag herübergeschickt worden, ein paar Bücher waren da, und es waren noch ein paar Theologen wie schon seit dem Jahre 1200 dabei, noch immer Scholastik genau zu lehren nach Thomas von Aquin, in denselben Mauern.

Wir haben damals mehr Studentenbühne gemacht als studiert, und wir haben vor allem das Stück eines Studenten, Heinz Schoeppe hieß er, aufgeführt. Das Schauspiel hieß Thomas, ist 1947 im Christian Kaiser Verlag in München als *Christliches Gemeindespiel Nr. 83* erschienen: Es spielt in einem Wartesaal in der Nachkriegszeit. Das ist für mich ein herrliches, großartiges Stück gewesen. Der Schoeppe hat auch selber mitgespielt. Die Amerikaner haben uns einen Saal zur Verfügung gestellt, wir haben oft drei Aufführungen je Woche gemacht. – Wir hatten ein ständiges Kabarett und manchmal zwei verschiedene Stücke. Wir haben auch selber Stücke bearbeitet. Ein paar Leute, die heute noch in diesem Gelände beschäftigt sind, waren damals auch dabei, zum Beispiel der Intendant vom Tübinger Landestheater, Alf Reigl; er war unser jugendlicher Liebhaber, er war sozusagen unser Star damals, der Alfi. Irgendwann hat das den Schoeppe – der eben ein Autor war, ein Intellektueller, ein großartiger Kerl! – nicht mehr befriedigt. Schoeppe war zwei Jahre älter als ich. Er ging weg von uns. Er hat uns verlassen, nachdem ich etwa ein Semester dort war, und ist nach Tübingen gegangen. Damals habe ich gedacht: Ja, der kann gehen. Eines Tages schrieb er mir: Ich mach, dass du auch hierherkommen kannst! Wie er das genau gemacht hat, weiß ich nicht. Die nächste Nachricht war, dass ich zu Professor Beißner in eine Art Aufnahmeprüfung kam, das heißt: Ich wurde zu einem Gespräch geladen zu Beißner, ob ich reif sei für sein Mittelseminar. Ich wusste damals natürlich nicht, wer Beißner ist – wenn ich es gewusst hätte, wäre ich zu diesem Gespräch nie erschienen. Ich bin also erst nach Wasserburg heimgefahren und dann von Wasserburg nach Tübingen mit dem Zug, wozu ich extra einen Passierschein der französischen Besatzung brauchte: J'ai l'honneur de vous recommander Mr. Martin Walser, étudiant allemand qui a jusqu'à présent fait ses études à l'université de Ratisbonne et que les autorités universitaires allemandes expulsent en quelque sorte de leur domaine sous prétexte qu'il est domicilié dans le Cercle de Lindau, et que par conséquent il doit faire ses études à Tübingen …

Im Zug von Regensburg nach Wasserburg hatte ich ein Buch angefangen zu lesen: Fontane, *Effi Briest*. Das hatte ich bis zur Seite 150 ungefähr gelesen, als ich zu Beißner kam. Beißner hat ein Gespräch angefangen über Autoren, und der erste Name, den er nannte, war – Fontane. Ich hatte von Fontane noch nichts gehört, zu Hause standen bei uns keine Fontanes herum, im Arbeitsdienst und im Gefangenenlager und beim Militär auch nicht, in Regensburg erst recht nicht. Hätte ich also nicht diese hundertfünfzig Seiten *Effi Briest* gelesen, ich hätte gar nicht gewusst, wovon der spricht. So sagte ich: O ja, Fontane, natürlich, ja, habe ich gelesen, allerdings erst hundertfünfzig Seiten. Ich habe nicht gesagt, dass ich es gerade erst gelesen hatte, ich sagte nur, ich hätte ungefähr hundertfünfzig Seiten gelesen, da war ich vorsichtig. Dann sagte ich noch, dass ich von Kafka eine Erzählung gelesen hätte, und zwar in einer Berliner Zeitschrift, die hieß Athena ... Auf jeden Fall hat er mich in das Mittelseminar aufgenommen. – Ich war akzeptiert als Student, habe gleich eine Riesenlatte von Fächern belegt, zweiundzwanzig Wochenstunden – wie jeder zugeben wird: der reine Blödsinn. Aber ich musste alles belegen, was mich interessierte, und mich hat alles interessiert. Ich habe Philosophie mindestens sechs Stunden, also Guardini plus Spranger, belegt, ich habe Anglistik belegt, eine Vorlesung von Frau Gauger, dann habe ich Beißner belegt, Vorlesung und Seminar. Dann habe ich Altgermanistik bei Hermann Schneider belegt, außerdem bei Paul Kluckhohn 18. Jahrhundert, dann noch Psychodiagnostik bei einer Assistentin von Ernst Kretschmer auf der medizinisch-psychiatrischen Seite drüben hinter der Neuen Aula. Ich wollte jetzt natürlich alles wissen. In Regensburg war alles mittelalterlich eng, in Regensburg war mir alles vertraut, das war Kloster, das kannte ich sozusagen von zu Hause, von der Umgebung, zwei Tanten im Kloster, die man manchmal besucht hat – das war Mittelalter. In Regensburg war das noch düsterer präsent, als ich es schon kannte – die oberschwäbischen alemannischen Klöster sind ein bisschen lichter als diese frühmittelalterlichen, geradezu merowingischen, karolingischen Klöster von denen dadrüben.

Tübingen: das war für mich eine Riesenhalle, das war Paris, Rom – ich bin nie in Paris gewesen damals, aber ich habe mir eingebildet, dass diese Neue Aula ein Gebäude der Französischen Revolution war; wenn man in die Halle hineinging ... Heute, wenn ich jetzt wieder in diese Halle hineinkomme, schaue ich immer, wo die Größe geblieben ist, denn inzwischen habe ich schon andere Hallen gesehen, jetzt finde ich sie nicht mehr so groß. Aber damals dachte ich, es kann doch gar nicht sein, dass man mich hier anwesend sein lässt.

*Was haben Sie in Regensburg geschrieben, und hat Ihnen
der Tübinger Studienplan überhaupt noch Zeit gelassen zum
Schreiben?*

In Regensburg hatte ich wegen dieser Theaterarbeit nur versucht, eine Bearbeitung von *Leonce und Lena* von Georg Büchner zu machen; ich habe eine Rolle hineingeschrieben, für mich selber, einen Heutigen, der das Stück mitspielt, während die anderen das historisch spielen! Für mich selber habe ich nicht viel geschrieben. In Regensburg hatte ich ja diese schöne Kameraderie der Studentenbühne. In Tübingen war ich isoliert. Kurz nachdem ich in Tübingen war, bin ich wieder heimgefahren. Der Schoeppe hat mich dann noch besucht, vielleicht sind wir sogar zusammen zu mir heimgefahren. Jedenfalls fuhr er weiter nach Regensburg, um seine Eltern zu besuchen – und ist nie mehr zurückgekommen. Er ist an Kinderlähmung innerhalb von vierzehn Tagen einfach weggestorben. Der Mann also, der mich nach Tübingen gebracht hatte, war tot. Er war vielleicht dreiundzwanzig Jahre alt, sein Vater war Arzt und so weiter – es war entsetzlich! Den hatte ich also gleich nicht mehr in Tübingen. Ich habe dann irgendwann ein Zimmer gekriegt in der Weizsäckerstraße bei einer schwäbischen Familie; da habe ich eine Zeitlang auf dem Sofa geschlafen, in einem Wohnzimmer, das die Familie kaum an Weihnachten berührt hat. Und ich habe diesem Zimmer auch sofort angespürt, dass sich hier nie jemand bewegen darf, ich also auch nicht. Da war keine Spur von Studentenbude und ausgelassenem Wohnen. Ich ging wie eine Balletttänzerin auf Zehenspitzen immer bis zum Sofa, habe mich möglichst leicht flachgelegt und dann kaum mehr geatmet die ganze Nacht durch, und am Morgen bin ich dann so schnell wie möglich wieder aus dem Zimmer hinaus. Die Familie hat sicher für dieses schöne, glänzende Zimmer viele Opfer gebracht.

Ich habe aber viel geschrieben neben dem Studium! Ich weiß

nicht, ob ich immer in diese Vorlesungen gegangen bin, die ich belegt hatte; in die Seminare wahrscheinlich schon, aber ich habe auf jeden Fall viel geschrieben, an mehreren Büchern gleichzeitig. Eines nannte ich *Aus einem ernsten Buch*; dann habe ich ein Buch angefangen, das ich *Schüchterne Beschreibungen* nannte. Später in Stuttgart habe ich es erst fertiggeschrieben. Und ich habe in der Tübinger Zeit viele Skizzen geschrieben.

Im Seminar lernte ich einen Studenten, Peter Adler, kennen, dessen Frau bei der Tübinger Presseagentur Herzog Lektorin war. Mit dem Ehepaar Peter und Kathrinchen Adler bin ich da bekanntgeworden, wir sind heute noch Freunde, wir sind zusammen nach Stuttgart gezogen, dann wieder hierher in die Gegend – damals hat sich also etwas Lebenslängliches angebahnt. Plötzlich sah ich: Da kann man etwas verkaufen. Also habe ich einmal einen Schub hingegeben, sie haben mir das auch abgekauft, ich glaube, ich bekam 20 Mark für einen ganzen Schub Manuskripte. Davon habe ich mir weiße, lederne Tennisschuhe gekauft, die ich mindestens zwanzig Jahre lang getragen habe. Das waren hervorragende Schuhe. – Der Herzog hat meine Sachen angeboten, und als ich in Stuttgart war, habe ich ihm immer wieder Texte geschickt. Den ersten Abdruck hat er, nach langem Anbieten, am 29. September 1949 in der *Frankfurter Rundschau* erreicht, und weitere dann in kleineren Zeitungen.

Die Geschichten damals haben noch nichts mit Kafka zu tun. Was ich geschrieben habe, ist einfach abstrakte, weltlose, inhaltsarme Prosa, mehr Attitüden als Etüden, die davon handeln, dass einer allein in einem Ort ist, in dem er zu wenig Leute kennt, also durch Menschenleere, durch Kontaktlosigkeit erzeugte Bewusstseinsbewegungen. Wenn man keine Leute kennt und wenn man überhaupt keine gesellschaftliche Existenz hat, dann gehen auch keine Straßen und keine Häuser und keine Plätze in einen über; das kann man offenbar nur auf dem Umweg über Menschen erreichen. Es gab aber in Tübingen eine Studentenbühne; vielleicht hat der Schoeppe mir damals auch dorthin noch den Weg gewiesen, denn ich wüsste nicht, wie ich sonst dorthin gekommen wäre. Hier lernte ich Hans Gottschalk kennen, der heute Filme macht in München; bei dem habe ich dann später gewohnt in Stuttgart, wo wir fürs Fernsehen arbeiteten. Durch den Gottschalk lernte ich Helmut Jedele kennen, und mit Gottschalk, Jedele und Peter Adler und noch anderen haben wir in Stuttgart zuerst Funk, dann Fernsehen gemacht.

Dann kam das zweite Semester mit anbrechendem Goethe-Jahr 1949, und dazu haben wir ein Kabarett gemacht, ich glaube im Rittersaal da droben auf dem Schloss irgendwo. Ich weiß nicht genau, was wir gemacht haben; es waren irgendwelche Goethe-Juxereien. Da auch Helmut Jedele dabei war, der gute Beziehungen zum Rundfunk hatte, kam auch jemand vom Funk und hat sich dieses Goethe-Kabarett angeschaut. Der hat mich gefragt, ob ich mal beim Funk mitarbeiten wollte. Inzwischen war ja die Währungsreform gewesen, ich hatte vom Landkreis Lindau ein Stipendium erhalten in Höhe von 1500 DM für das gesamte Studium! Rückzahlbar, wenn ich einmal selber etwas verdienen würde. Die Währungsreform, wie gesagt, damit war es bei mir finanziell sowieso ganz aus. Dieses Angebot, nach Stuttgart zu gehen in den Funk, selber Geld verdienen zu können, war verführerisch. Ich bin nach dem Sommersemester 49, also nach dem dritten Semester in Tübingen, nach Stuttgart gegangen, blieb aber eingeschrieben als Student. Ich habe in Stuttgart beim Radio alle möglichen Abteilungen passiert, zuerst die Unterhaltungsabteilung, dann die politische Abteilung als Reporter, dann als Redakteur in der politischen Abteilung. Nach den Ferien bin ich nicht mehr nach Tübingen zurückgegangen, weil ich Angst hatte, diese Geldquelle belegt zu finden von einem anderen Durstigen. Es war ein bisschen irrsinnig, denn ich wollte ja Geld verdienen, um zu studieren, und dann habe ich das Geld verdient, um Geld zu verdienen. Auch zu Vorlesungen war ich nicht mehr in Tübingen. Nirgends mehr bin ich hingegangen, nur noch belegt, aus irgendeinem Trotz, weil ... Auch meiner Mutter hatte ich nicht gesagt, dass ich praktisch aufgehört hatte. Meine Mutter hätte das als Scheitern oder mit einem viel furchtbareren Wort bezeichnet, verkrachter Student zum Beispiel. – Auf jeden Fall hätte sie das nur mit großer Trauer zur Kenntnis nehmen können. Ich wusste nicht, wie ich das jetzt irgendwann einmal lösen würde; ich habe es einfach einmal schleifenlassen. In der Zwischenzeit war ich immer wieder in Tübingen, habe für den Südfunk über die Tübinger Studentenbühne geschrieben. Dann passierte etwas: Ich hatte mir damals natürlich schon – siehe oben! – Reportagen aus dem Geist-Feld so ein bisschen unter den Nagel gerissen: Theater, Universität. so wurde ich ein andermal nach Tübingen geschickt, um ein Interview zu machen mit Professor Erbe, damals Rektor der Eberhard Karls Universität. Ich bin mit meinem Tontechniker wieder den Gang in der Neuen Aula entlanggegangen, rechts vor, und plötzlich kommt auf der anderen Seite des Gangs uns entgegen – plötzlich war der Gang doch wieder sehr breit und groß! – Professor Beißner, mit diesem für den Körper immer ein bisschen schweren Kopf, leicht vorgeneigt. Ich grüß' betreten, weil ich ja längst nicht mehr erschienen war in seinen Veranstaltungen, er grüßte herüber und sagte so ganz freundlich und unvorwurfsvoll, aber dadurch umso durchdringender, auf das Leiseste konstatierend, über den Gang herüber: So, Sie haben es auch aufgegeben! – Ich war schon vorbeigelaufen; aber beim Heimfahren hab ich gedacht: Das stimmt ja nicht! Ich hatte mir selber noch nicht eingestanden, dass ich es aufgegeben hätte. Da habe ich mich gefragt: Hab ich's aufgegeben? Keinesfalls konnte ich mir eingestehen, dass ich aufgegeben hätte. Ich bin also mit unserem Übertragungswagen, einem alten roten Dodge – damals hatten wir noch keine tragbaren Mikrophone, da kam man immer mit einem riesigen, amerikanischen Dodge-Kastenwagen und einer langen Leitung, die durch alle Fenster geschleift werden musste! –, heimgefahren nach Stuttgart und habe gedacht: Das kann ja nicht wahr sein! Inzwischen war ich im Begriff zu heiraten – und ich sollte das Studium aufgegeben haben? Ich bin also heim und habe mir mein Zeug angeschaut; inzwischen im Jahr 1949/50 im Winter. In Stuttgart habe ich richtig angefangen, Kafka zu lesen, bin zu meinem Chefredakteur gegangen und habe gesagt, ich müsste jetzt ein paar Monate eine Doktorarbeit schreiben, worauf er sagte, es wäre besser, wenn ich vom Außendienst weggehen würde. Er hat mich in den Innendienst versetzt, mich angestellt mit 500 DM pro Monat. Und so konnte ich nebenher diese Arbeit machen. Ich hatte mittlerweile mehr Kafka gelesen, und es war mir klar, dass ich mich am liebsten mit Kafka beschäftigen würde.

Warum?

Weil ich den am liebsten gelesen habe. Alle Bücher, die ich gerade angefangen hatte, zum Beispiel André Gide hatte ich angefangen zu lesen, in diesem Zeitungsdruck von rororo, *Die Verliese des Vatikan*, *Die Falschmünzer* und so weiter, kamen mir unsäglich undicht, zerstreut und beliebig vor. In diesen Kafka-Monaten hat sich außer Dostojewski bei mir kein anderer Autor mehr gehalten – die wurden alle weggewischt von Kafka. Ich wollte gar nichts anderes mehr lesen, weder Stücke, noch Gedichte, noch irgendetwas. Ich wollte nur noch das lesen, das hat mich interessiert, mit dem konnte ich mich direkt beschäftigen, es waren ganz direkte Mitteilungen an mich.

Lag damals eine Kafka-Stimmung in der Luft? Hat es mit den Existenzbedingungen der Nachkriegszeit zu tun? Mit Ihrer eigenen geographielosen Tübinger Zeit?

Ich kann es überhaupt nicht erklären. Da ich ja innerlich noch nicht nein und ade gesagt hatte zum Studium und jetzt denke: da muss man eine Doktorarbeit machen!', obwohl ich nur noch in der Papierform weiter belegt hatte, muss ich mich ja jetzt mit Kafka wehren gegen diese Drohung, dass ich aufgegeben hätte. Mir war es auch klar, dass ich mich wiederum mit Kafka nicht inhaltlich beschäftigen konnte; mir war klar, dass ich Kafka nicht interpretieren konnte; dazu hatte ich kein Vermögen, keine Beziehung. Ich konnte Kafka in nichts anderes überführen als aus seinem Zustand in einen anderen, nichts Eigenes beanspruchenden Sprachzustand. Das war mir klar.

Ich habe dann eben angefangen, einfach äußerlich wie ein Bausachverständiger oder jemand, der Bausachverständiger werden will und ein Gebäude einschätzen muss – also Türen zählen, wie die Treppen zu den Stockwerken, wo die Ausgänge liegen –, eine *Beschreibung einer Form* zu machen. Ich bin wieder in das Doktorandenseminar zu Beißner zurückgekehrt. Vorlesungen konnte ich ja nicht hören, weil ich in Stuttgart arbeiten musste. Ich habe dann im Dezember 1950, nachdem diese Doktorarbeit abgeliefert und akzeptiert worden war, mich zum Rigorosum angemeldet. Mein Verhältnis zur Universität lässt sich hier am besten illustrieren: Der Professor, bei dem ich meine mündliche Prüfung in Geschichte machte, Professor Rothfels, diesen Professor hatte ich bis zur Prüfung noch nie gesehen, ich hatte kein Seminar, keine Vorlesung besucht, sondern von der Fakultät kriegte ich auf einer Karte mitgeteilt, ich sollte mich am Freitag um 10 Uhr in der Wohnung von Professor Rothfels in der Wildermuthstraße einfinden zur mündlichen Prüfung, auch die Telefonnummer war angegeben, im Fall ich mich vorher noch über irgendetwas mit Professor Rothfels verständigen wollte. Eine Situation, die ja heute nicht mehr gut denkbar ist, und ich glaube, nicht mit jedem deutschen Professor wäre eine solche Prüfungsverabredung, auch in Tübingen nicht, oder vielleicht gerade in Tübingen nicht, möglich gewesen. Nachgerade kann ich sagen, dass ich glaube, dass der Emigrant Rothfels vielleicht einfach die

Formalitäten anders einschätzen gelernt hat als ein ewig am Orte beschützter Professor, der dafür weniger Verständnis gehabt hätte. Es war also vorbei, und ich war in Stuttgart.

Und Tübingen nachher?

Ich könnte natürlich jetzt anfangen zu plaudern von Sachen am Neckar oder Sachen dadroben und dadrüben. Ich habe Herrn Weischedel nach seinen Vorlesungen die Hände waschen und trocknen sehen in einer Form, wie ich sie nur vom Pfarrer in Wasserburg von der Kirche kannte – nach der Wandlung hat unser Pfarrer auch die Hände so durch die Luft bewegt wie der Weischedel. Oder Spranger, der seine, ich hoffe von ihm selbst auch nicht ganz geglaubten, einfachen Seele-Geist-Einteilungen an die Tafel gemalt hat; oder Kretschmer habe ich gesehen und gehört, diese Vorlesungen haben mich oft mehr interessiert als die in der Philosophischen Fakultät und so fort. Es ist – wie gesagt – ein vollkommen ungeordneter Vorrat, den ich da habe.

Ich war verbaut für das direkte Erleben, obwohl ich da auch an allen möglichen studentischen Veranstaltungen teilgenommen habe. Ich habe ja auch Schicksal, wie man so sagt, erlebt, als der Schoeppe gestorben ist, stellen Sie sich das vor! Ich hätte nie gewagt – schon die Ausdrucksform «nie gewagt» ist zu positiv gesprochen! –, es kam überhaupt nicht in Frage, etwas von dieser Erfahrung, dass der Schoeppe gestorben ist, überhaupt aufs Papier, in die Nähe dieser Erfahrung, zu bringen. Das war so tabuisiert, so unmöglich, es wäre mir so gemein vorgekommen, eine solche Sache, die da mit dem Schoeppe passiert ist, schriftlich darzulegen. Auf jeden Fall, alles, was wirklich war in Tübingen, war total und vollkommen hermetisch vom Schreiben abgeschlossen. Das kann nicht heißen, dass ich da nicht gelebt hätte – ich habe ja auch Leute gesehen und weiß, auf welchen Bänken ich gesessen bin, ich weiß auch, wie ich Stadelmann über Bismarck gehört habe, ich kenne die Professoren, ich sehe doch noch den schönen Guardini da stehen und noch schöner reden. Das alles habe ich auch miterlebt, aber das ist bei mir nicht durchgekommen – also Realismus in dem Sinne, dass man sich da so direkt verhalten kann zu einer Erfahrung, das war alles nicht möglich.

Kannten Sie damals Walter Jens schon? Sie waren Student zu dieser Zeit, er war bereits Dozent – wie war das Verhältnis?

Ich weiß nicht mehr, durch wen ich ihn kennengelernt habe. Jens war natürlich mehr als eine Stufe höher, ein Mensch, der auch schon publiziert hatte. Unter dem Pseudonym Walter Freiburger hatte er *Das weiße Taschentuch* veröffentlicht – Jens war für uns eine von den Zukunftspersonen. Ich hab da gestern Abend noch, nach unsrem Gespräch, einen Tagebuchzettel vom 21. Juni 1949 gefunden; damals hab ich mir aufgeschrieben: Jens hat mich heute wieder zwei Stunden lang totgeschlagen. Er muss nur schauen, sprechen und die Hände mittun lassen. Aber oft tun die Hände viel mehr. Seinen Roman hat er in vier Wochen geschrieben.

Jens hat damals ein Manuskript von mir, die *Schüchternen Beschreibungen*, an den Rowohlt Verlag geschickt. Der Verlag hat sie ihm wieder zurückgeschickt; die wollten das nicht. – Walter Jens war ja damals Altphilologe. Wenn der damals schon einen solchen Lehrstuhl gehabt hätte wie heute, dann hätte ich natürlich immer beim Jens gehockt. Aber zur Altphilologie konnte ich mich ja nicht mehr emporschwingen, ich konnte kein Griechisch. Ich musste also auf meinem germanistischen Flügel bleiben.

Ich bilde mir ein, ich war im Hörsaal, als der Germanist Hermann Schneider triumphierend von seinem Katheder in den überfüllten Saal ausrief: Ich reiche nur bis 1832 – aber das «nur» war keine Ironie. Er war glücklich, dass er nur bis dahin reichte. Und als Professor

Beißner für meine Dissertation einen Ko-Referenten suchte, fand er keinen, der über eine Kafka-Arbeit mitbefinden wollte. Wenn es mir richtig berichtet wurde, hat Professor Kluckhohn damals gesagt, er würde diesen Ko-Referenten machen, wenn er diesen Kafka nicht auch noch lesen müsse. So habe ich es damals wenigstens gehört. Mit so etwas Neuem wollte man in Tübingen wenig zu tun haben. Dabei war Kafka natürlich auch schon fast dreißig Jahre tot.

Haben Sie in dieser Tübinger Studienzeit auch Ihren späteren Verleger Siegfried Unseld und Ihre späteren Kritiker Hellmuth Karasek und Rolf Michaelis, die ja auch Beißner-Schüler waren, kennengelernt, oder kam das erst später?

Mit Unseld war ich im gleichen Seminar, aber ich war wenig da, und er war etwas voraus in dem Doktorandenseminar. Er ging vor mir weg. Wir waren zwar im selben Raum, aber wir haben uns nicht näher kennengelernt, noch nicht praktisch, wie man einander so kennt, wenn man in höheren Semestern ist. Richtig haben wir uns dann erst kennengelernt in der Verlagsarbeit. Die jüngeren Kollegen Karasek und Michaelis dürften erst dahin gekommen sein, als ich schon weg war.

Für mich stand Tübingen wahrscheinlich – von heute aus kann ich es so sagen! – unter einem ziemlichen Angstdruck. Ich war kaum dort, da kam die Währungsreform; dann hatte ich diese insgesamt 1500 DM, und dann wäre Schluss gewesen. Innerlich wollte ich Schriftsteller werden, äußerlich wusste ich, dass ich meiner Mutter eine Art bürgerliche Ausbildung vorspielen musste. Aber das musste ja auch finanziert sein. Ich war nicht losgelassen, es war keine sorglose Studienzeit. Ich musste feststellen, dass ich drei Semester lang in Regensburg nichts gelernt hatte, nicht viel, Althochdeutsch hatte ich gelernt bei einem Professor aus Prag, einem hervorragenden Altgermanisten, Althochdeutsch und Mittelhoch-

deutsch konnte ich, glaub ich, besser als die Tübinger Kommilito-
nen. Das hat mich gefreut, dass ich da eine gewisse Ausbildung hatte.
Aber sonst war ich doch blank. Meine Kinder, wenn sie achtzehn
Jahre alt sind heute, haben mehr gelesen, als ich im sechsten Semester gelesen hatte. Ich hatte nur nach meiner Neigung gelesen, nur
Kafka und Dostojewski, Schiller, Hölderlin – das waren die Autoren,
die ich wirklich gelesen habe. Alles, was ich sonst noch hätte lesen
sollen, habe ich dann nachgelesen, ich habe auch den *Nachsommer*
nachgelesen, den *Wilhelm Meister*; damals erschien *Lotte in Weimar*,
habe ich auch gleich gelesen. Ich versuchte sogar, den *Faustus* zu lesen im Omnibus und habe ihn selbst auf dem Sofa nicht weiterlesen
können, weil ich diese Prosa nicht ertragen konnte. Gut. Aber ich
bin, als ich nach Stuttgart ging und dann nur noch ein Papierstudent
war, praktisch wie ein Hochstapler nach Tübingen zurückgekommen, universitätsmäßig gesehen bin ich immer ein Hochstapler
geblieben. Das fing schon früher an: In der sechsten Klasse Oberschule bin ich zur Heimatflak, mit siebzehn bin ich zum Arbeitsdienst gekommen, dann zum Militär, dann habe ich nach dem Krieg
in einem Dreivierteljahr das Abitur nachgemacht, ich habe mich in
eine Abiturklasse hineingemischt, in der eher Ältere waren. So habe
ich auch in der Oberschule eine Mordslücke, was sich an meinen
Französischkenntnissen zeigt. Später kam wieder eine Mordslücke –
in meinem Ausbildungsgang gehe ich wirklich auf lauter Löchern,
auf sehr spürbaren Löchern. Deswegen nehme ich mir manchmal
Zeit, jetzt macht es mir Freude, mich mit Romantik zu beschäftigen
wie ein Student und viel zu lesen und nachzuholen.

Damals war das alles ein Angstgelände: diese beeindruckende
Neue Aula! Schon die Universitätsbibliothek war für mich unbe-
nützbar! Ich weiß nicht, wie oft ich dort war, auf jeden Fall: mich hat
die ganze Formalität UB weggespickt von sich, ich konnte gar keine
Bücher richtig ausleihen, weil mir alles zu kompliziert, nicht hand-
habbar erschien. Ich bin oft im Seminar gesessen und habe so in

diese Bücher hineingeschaut, und die Zeilen sind sozusagen unter meinen starren, stehenden Blicken durchgerauscht wie Gebirgsflüsse, verstehen Sie; es war nicht zu greifen, ich hatte kein Verhältnis zu dem, was ich hätte tun müssen. –

So bin ich auch wieder draußen gewesen, bevor ich richtig drin war. Ich habe nie auf acht ruhige Semester vorausgesehen!

Sind da auch soziale Probleme im Spiel? Die Uni als Ausbildungsinstitution für die obere Mittelschicht – Sie als der kleinbürgerliche Gastwirtssohn aus Wasserburg?

Dazu die geographische Veränderung: Waren Regensburg und Tübingen und Stuttgart einfach nur Schlenker auf dem Weg zurück zum Bodensee?

So sehen Sie das jetzt – ich habe es nicht so gesehen, damals. Dann habe ich doch Radio gemacht in den komischsten Formen: Ich bin herumgefahren und habe jeden Tag einen anderen Bürgermeister interviewt, obwohl ich mich natürlich nur für die Kultursphäre interessiert und lieber andauernd Kortner interviewt hätte, von mir aus auch noch Karajan, was ich auch einmal getan habe. Ich hätte am liebsten nur das gemacht – aber ich musste zu unendlich vielen Bürgermeistern fahren und Brücken einweihen. Damals wurden ja über jedem Bach die Brücken wieder eingeweiht, die habe ich alle mit eingeweiht. Ich konnte Brückeneinweihungsreportagen auswendig, und zwar von allen Gesprächspartnern, vom Architekten, vom Bürgermeister, vom Pfarrer – und meinen Text!

Stand dem literarischen Handwerker Walser die wissenschaftliche Begabung entgegen? Sind es zwei Valenzen in Ihnen? Ist der Essay für Sie ein Mittelweg?

Die Schreibweise halte ich nicht für eine andere, das muss ich jetzt ganz laut ausdrücken. Ich halte es nicht für zweierlei, sich über Goethe oder über eine Flussfahrt schreibend zu äußern. Das meine ich nicht. Ich glaube, Bücher über Bücher zu schreiben und Bücher sozusagen über sich selber zu schreiben, ist kein ganz ernsthafter Unterschied. Das habe ich inzwischen noch bei mehreren Leuten gesehen; Leute, die Germanistik studieren oder Literaturwissenschaft betreiben, sind ja auch Romanschriftsteller – die schreiben dann Romane über Goethe oder so. Die schreiben sie in wissenschaftlicher Form, aber das ist kein ernsthafter Unterschied, diese sogenannte Fiktion und das andere, die Non-Fiction. Das wächst für mein Verständnis viel näher beieinander, als es in der Öffentlichkeit gehandelt wird.

Was war denn Beißner für ein Typus in dieser Gelehrtengalerie?
Beißner hat sich damals schon auf Ihren Kafka und auf Unselds Hesse eingelassen.

In meiner durchlöcherten und fragmentarischen Universitätsgeschichte ist der Beißner einfach die irrsinnige Ausnahme, weil der lebendig war von Sekunde zu Sekunde im Seminar. Ich war ja vor allem im Seminar, nicht so sehr in den Vorlesungen. Ich habe auch einmal eine Beißner-Vorlesung gehört, da hätte ich wahrscheinlich wacher sein sollen – aber vielleicht war die auch sehr verschränkt. – Beißner war für mich das große Entgegenkommen, weil er nicht verlangt hat, Literatur zu übersetzen – die anderen haben ja alle übersetzt. Es war ja auch die große Mode, Kafka ins Existenzialistische zu übersetzen wie Camus, Kafka ins Jüdisch-Theologische zu übersetzen, überhaupt ins Religiöse zu übersetzen wie Max Brod, Kafka ins Marxistische zu übersetzen, Kafka ins Psychoanalytische zu übersetzen wie Charles Neider, Kafka dahin und dorthin zu übersetzen. Die Kafka-Übersetzungen kursierten damals an der

Kafka-Börse. Beißner dagegen hat nichts anderes gemacht als Kafka der Autor, der Erzähler Franz Kafka; wenn man Leuten, die nicht bei Beißner waren, davon erzählt hat, haben die so ein bisschen darüber gelacht, sagten: Jaja, das mit der Perspektive und so. Damals habe ich noch nicht gewusst, dass Beißner da ununterbrochen vom Wichtigsten redet. Mir hat nur eingeleuchtet: seine Enthaltsamkeit gegenüber dem Aufdrängen von Bedeutungen in dieser sogenannten Dichtung. Dass er die Sache hat entstehen lassen aus dem Text, ganz unambitiös, gar nicht überladen, gar nicht besserwisserisch.

Ich habe seinen ganzen Hölderlin-Kampf natürlich nur am Rande miterlebt, diese Hölderlin-Streite, diese Ausgaben, diese ihn verzehrende Arbeit, die Dankbarkeit und Undankbarkeiten, die da gewachsen sind, und so weiter. Beißner, das war für mich ein Glücksfall.

Ihr Vater war zu dieser Zeit schon gestorben. Worauf lag denn für Sie bei Beißner als Doktorvater die Bedeutung: mehr auf Doktor oder mehr auf Vater?

Das stimmt – der Ton, den Sie da anschlagen, der trifft mich zweifellos. Ich bin ausbeutbar geradezu, weil ich mich an solche Herren dann hinwerfe und merke erst zehn Jahre später, dass ich da wieder einmal nach einem Vater gegriffen habe; man greift natürlich manchmal furchtbar in die Dornen. Beißner habe ich so verehrt, vielleicht habe ich da schon so etwas Väterliches gesucht. Ich hatte ja keine private Nähe zu ihm. Ich war nie bei ihm zu Hause, habe nie mit ihm ein Glas Wein getrunken, ich habe nie mit ihm eine private Unterhaltung gehabt. Ich habe ihm einmal eine Hölderlin-Rede gewidmet und nie gehört, ob er furchtbar schimpfte. Nur was ich bei ihm gesehen habe: ihn als Fachmann, als den älteren Fachmann, als den einzigen Fachmann, der genau jenen Zugang zu einem Text vormacht, den man unter allen Umständen einem anderen auch noch anbieten kann, weil er fast voraussetzungslos ist, weil er fast nur den Text selber in eine konzentrierte Aufmerksamkeit bringt, auseinandernimmt und durchgängig und durchschaubar macht. Ich habe gesehen, dass das geht, und das war einzigartig.

Noch einmal zurück zum angesprochenen gesellschaftlichen Konflikt: Sie als Sohn eines Gastwirts mit hautnahem Kontakt zu Leuten in der sterilen Atmosphäre einer Universitätsenklave, in der die Verkehrsformen zwischen den Menschen doch sehr indirekt und über soundso viele Stufen und Themen vermittelt sind.

Ich weiß. Damals verkehrte ich als Student natürlich wie jeder in einem kleinen Kreis. Ich habe Einzelne schon genannt aus diesem Kreis von Leuten, die ähnlicher Herkunft waren wie ich. Ich war zum Beispiel bei Professor Stadelmann, einem sehr guten Historiker, auch zu früh gestorben, ein hochfahrender, jäher, energischer Professor, der Bismarck gelesen hatte. In diesem Seminar war nicht nur ein Nachkomme von preußischem Adel, also Nachkomme von Leuten, die damals bei Bismarck die Geschichte als Botschafter oder Sekretäre erlebten, die also irgendwie namhaft waren: Also haben da die Herren von Schweinitz und von Sowieso geredet, haben die Memoiren oder die Briefe ihrer Tanten aus Petersburg mitgebracht. Das hat mich beeindruckt, aber nicht gelähmt.

Für mich als besonders neugierigen Frager in Richtung Tübingen ist es sehr unbefriedigend, dass Sie ganz bestimmte Erfahrungen, die Sie in Tübingen gemacht haben, ausblenden. Warum eigentlich? Und: Was ist Tübingen heute für Sie? Kannten Sie den legendären Verleger vom Schwäbischen Tagblatt *und Privatgelehrten Ernst Müller? Und wie sieht der Kontakt zu Bloch, Jens und Hans Mayer aus?*

Ich blende sie nicht aus, ich blende sie noch nicht ein. Dabei denke ich an eine Menge stimmungsmäßig streng gebundener Tübinger Örtlichkeiten, die bei mir gehortet liegen, zum Beispiel eine schöne Frankfurter Konditortochter, eine Germanistik-Theologie-Studentin aus Worms mit einem besonders schön geflochtenen blonden Kranz oben die Frisur krönend, die auf eine ganz bestimmte Weise immer ihre Tasche hingestellt hat und deren Aura ich zum Beispiel schon kaum durch Blicke zu stören wagte und wahnsinnig erstaunt war, dass mein Kollege und Freund Gert König nicht nur mit Blicken, sondern mit Sätzen in deren Germanistik-Theologie-Aura ohne weiteres eingedrungen ist. All das ist eine Zuschauerexistenz, die selber keinen Punkt hat, auf dem sie stehen kann; diese mächtige Traditionsuniversität: Wo du hinschaust, ein Institut, und alles voller Bewährtheit, da eben bist du ein Hochstapler, aber du bist nicht lustig – ich habe keinen Humor entbinden können. Ich habe mich nie diesem Krull-Humor, dieser norddeutschen Variante von Humor, anschließen können, weil zu dieser Art von Verschmitztheit sehr viel hochverbürgte, großbürgerliche Existenz dazugehört, um sie überhaupt erleben zu können. Das habe ich nie gekonnt. Deswegen fand ich es auch nicht lustig.

Nicht zuletzt dürfte ein Umstand meine Tübinger Existenz zu einer Art Phantomexistenz gemacht haben – meine Freundin. Meinen Gefühlsschwerpunkt hatte ich zu Hause am Bodensee – meine jetzige Frau Käthe. Man hat sich zwei- bis fünfmal in der Woche einen Brief geschrieben, man hat niemals telefoniert, das gab es nicht, man hat nie unter dem Semester daran gedacht, am Samstag etwa mit dem Zug über Aulendorf, Ravensburg, Friedrichshafen heimzufahren. Die Zugfahrt kostete circa 6 DM bis 10 DM, und ich glaube, dass man mit 40 DM damals die ganze Woche ausgekommen ist – es war ein irrsinniger Preis. Auf jeden Fall, diese Überlegung, einfach wegzufahren und wieder herzukommen, wie heute mit einem Auto oder Zug, gab es gar nicht. In unseren Briefen hätte das vielleicht als Utopie, als Raumzeitalter, auftauchen können, sodass man also mehr oder weniger ein ganzes Semester voneinander getrennt war – eigentlich eine furchtbare Weise mit zweiundzwanzig Jahren. Das mag dazu beigetragen haben, dass ich dezentralisiert und nicht auf festem Boden dort stand, sondern schwankend in Tübingen einfach nicht ganz vorhanden war, dass ich kein richtiges Leben dort hatte in diesen Örtlichkeiten. Ich denke an den Marktplatzbrunnen in Tübingen, an ganz bestimmte Esslokale: da tritt man im Sommer aus dem Hellen in ein dunkles Studentenesslokal, da sitzt ein ganz bestimmter Mann, da könnte ich jetzt den Namen preisgeben: der hieß Reinhard Raffalt. Der hat damals schon in der Stiftskirche Orgel gespielt, später hat er Stücke geschrieben, war Korrespondent des Bayerischen Rundfunks in Rom und ist jetzt gestorben; er war vielleicht acht Jahre älter als ich, war sehr bekannt in Tübingen als Orgelspieler. Man wusste, er ist auch ein sehr gebildeter Mann, ein Bayer, ein Literat. Er erschien uns Studenten unglaublich hochmütig, einfach weil er alles Mögliche schon hatte, was wir noch nicht hatten. Wenn ich die Begegnung mit einem solchen Mann in einer Studentengaststätte bedenke – wo er lächelnd aufblickte, wenn wir Nullen eintraten, und ich mich auch so als Null angeschaut fühlte von dem, der gerade seine Hände von berühmten Orgeltasten genommen hatte! –, dann weiß ich, ich bin dem Etablierten zum ersten Mal begegnet. Es war ein Erlebnis für mich; in meine Nichtswürdigkeit, in meine Identitätslosigkeit hat das natürlich gepasst, dass da einer sitzen musste, der schon so unheimlich fest umrissen war, dass ich umso nichtser wurde, wenn ich in so ein Lokal trat, in dem er schon saß.

Und heute: Hans Mayer ist für mich eine lebendige Postadresse, und auch Bloch immer ein Grund, wieder nach Tübingen zu kommen, ihn zu besuchen mit Unseld zusammen. Bloch ist also auch eine Tübinger Adresse für mich – vor allem für euch, Peter Roos: ihr, eure Generation, ist zu Bloch, wegen Bloch nach Tübingen gekommen! Als ich den ersten Band vom *Prinzip Hoffnung* in die Hände bekam, 1959 oder 60, war Bloch ja noch in Leipzig, da war er noch nicht in Tübingen. Er ist erst 61 gekommen. Für mich ist Bloch natürlich auch nicht Leipzig, sondern für mich ist Bloch Ludwigshafen, oder Bloch ist der Rhein. Wenn ich Bloch höre, den Bloch-Ton, einmal von der Syntax abgesehen, soweit er Akustik ist – ist er Ludwigshafen, das Pfälzische. Das hat mit Tübingen nichts zu tun. – Ernst Müller ist dagegen also ganz sicher jemand, den ich so direkt und spürbar nicht hätte empfinden und erleben können, wenn ich nie in Tübingen gewesen wäre. Das stimmt. Als ich Ernst Müller zum ersten Mal in Stuttgart traf und wir einen Abend lang in Kontakt gerieten, da konnte sich dieser Kontakt natürlich bei mir beziehen auf Tübingisches, und Ernst Müller war plötzlich jemand, der mir unheimlich vertraut vorkam, obwohl ich gar nicht wusste, warum, aber das war dann also halt Tübingen. Das ist auch bei mir ein akustischer Reiz, weil er einfach in seiner Sprechweise alle gehörten Klänge Tübingens wieder aufgereizt hat, abgesehen von seinem sonst ehrwürdig breiten schwäbischen Wesen.

Das Bloch-Jens-Hans-Mayer-Gespann ist da abstrakter. Jens hat mich am Leben erhalten mit Tübinger Kleinbildern. Ganz von selbst, ohne dass er es vielleicht beabsichtigte, hat er mir, wenn ich ihn 1955 oder 57 traf oder später, schnell ein kleines Bild entworfen, wie er, als er zum letzten Mal über die Neckarbrücke ging, dem Professor Beißner begegnete, und wie er Beißner gegrüßt und der ihn wiedergegrüßt habe auf der Brücke, und er hat mir auch das Gesicht von Beißner angedeutet, ganz schnell, kurz und scharfgezeichnet, und so hatte ich wieder ein ganz echtes Tübinger Miniaturbild – Jens und Beißner auf der Neckarbrücke. Damit war also Tübingen wieder für ein Jahr lang repräsentiert.

Ansprüche an die Romanform

Ein Gespräch mit Irmela Schneider
1981

*In Ihren Reden und Aufsätzen betonen Sie immer wieder die Be-
deutung, die Hölderlin, Kafka und Robert Walser für Sie haben.
In welcher Weise wirkt sich eine so enge Traditionsbindung auf
den eigenen Schreibprozess aus?*

Kafka hat mich in einem Augenblick des Prosaschreibenwollens
getroffen, sodass ich jahrelang nicht anders konnte, als mein eigenes Schreibenwollen unter dem Klischee dieses Meisters ausbilden
zu müssen. Ich bin jahrelang davon nicht losgekommen. Das war
für mich eine Art universaler Resignation, als ich feststellen musste,
nicht nur durch die Beobachtung dessen, was ich selber machte,
sondern auch durch das Herumschauen in Europa und in der Welt,
dass in der Kafka-Nachfolge sozusagen kein Roman mehr zu schreiben ist. Die, die das probiert haben, sind, glaube ich, ehrenvoll ge-
scheitert. Ich habe unwillkürlich kürzere Prosastücke unter seinem
Einfluss geschrieben, habe aber gemerkt, dass ich meine eigenen
Erfahrungen, soweit sie romanhaft zu Buche schlagen wollten, in
seinem Zeichen nicht habe ausarbeiten können.

*Sehen Sie Ihr Romanschreiben in einer bestimmten literarischen
Tradition?*

Ich glaube, das ist die Crux beim Romanschreiben, dass es darin
wenig Tradition gibt, viel weniger sicher als beim Theaterschreiben.
Brecht hat eine ganze Reihe von Autoren beeinflusst, das kann
man feststellen. Sie haben bei ihm was gelernt, und das merkt man,
dass sie was gelernt haben. Beim Romanschreiben, das ist ziemlich

schlimm für die ganze Gattung, wird wenig gelernt. Zum Beispiel glaube ich aus eigener Erfahrung, dass die meisten Autoren die Form des Romans gar nicht ernst nehmen, dass sie gar nicht glauben, dass es so etwas gibt wie eine Romanform. Für mich spielt die Romanform seit 1975/76 eine erahnbare Rolle. Vorher habe ich so eine Art Ich-Oratorien geschrieben. Jetzt habe ich das Gefühl, ich müsste meine eigene Romanform entwickeln.

Sie haben ja einmal die Lyrik als die höchste Form bezeichnet.

Lyrik ist die begehrenswerteste Ausdrucksweise oder die anspruchsvollste Ausdrucksweise, weil sie den größten Formwiderstand mit der größten Unmittelbarkeit synthetisieren können soll. Deswegen findet sie auch ziemlich selten statt.

Auf diesem Anspruchsniveau.

Ja, aber darunter ist es nicht. Das wäre im Grunde genommen auch das, was man vom Roman verlangen müsste, aber bei der Lyrik kann man es gedichtweise mit einem Blick fast überschauen: Hier ist es. In einem Stefan-George-Gedicht, in einem Stefan-George-Schlager, *Im Jahr der Seele*: Komm in den totgesagten Park und schau ... – Das ist vollkommen. Und jetzt das Erzählen, nicht nur als Satz für Satz, sondern auch noch als Romanform, das heißt, ein glücklich sich rundendes Abenteuer aus nichts als Sprache heraus wirtschaftend, aus der Antwort, die man selber gezwungen ist, seinen Erfahrungen zu geben. Das ergäbe einen Roman. Und das ist auch schwer, gerade das sich Rundende, was zum Abenteuer gehört. Zum Abenteuer gehört der Schluss, und der Roman stammt wie alle Literatur aus der Religion, und die Religion ist der Versuch, ein Happy End aus einer Wüste und aus einem Wust von gegensprecherischen Erfahrungen herauszuwirtschaften. Das ist eben Kunst, diese Sinnlosigkeitswüste mit so einer Produktion zu beantworten. Und wenn man das nicht will, wenn man nur die Misere ihren Ton haben lassen will, dann braucht man erst gar nicht zu schreiben, dann soll man stammeln oder Surrealismus machen oder ich weiß nicht was.

Ich will ein Stichwort aufgreifen: Literatur als «bastardisierte Religion».

Das ist ein Understatement, eine die Herkunft vermuten lassende Formulierung.

Wenn man an die Formulierung von Marx denkt: Religion als Seufzer der bedrängten Kreatur und gleichzeitig Opium des Volkes, trägt dann nicht jedes literarische Werk notwendig diese Ambivalenz von schlechter Affirmation und Protest in sich?

Beide Meinungssplitter von Marx wären mir unzureichend als Charakterisierung dessen, was Religion ist. Das ist viel mehr. Der Seufzer ist zu wenig, weil Seufzer ja unmittelbar ist und Religion ist Form, Opium kann alles werden, da braucht es nicht Religion, alles was wir produzieren, kann umschlagen ins Gegenteil, alles kann formalisiert, entleert, hierarchisiert werden. Das passiert nicht nur der Religion. Wenn ich Religion sage, dann meine ich immer erstens meine Kindheitsgeschichte, von der ich natürlich weit weg bin, aber das habe ich ja erlebt, das war ja das literarische Erlebnis schlechthin, die ersten Geschichten, die man mir erzählt hat, von Absalom, Susanne, Abraham und Isaak. Das waren die ersten Geschichten, die ich gehört habe, und die waren natürlich noch vor Kafka da und haben deswegen noch mehr gewirkt auf mich. Auch die Rundungen dieser Geschichten sind natürlich ein unglückliches Vorbild für jeden, der Erzähler wird, weil auf diese Weise keine Geschichten mehr zu runden sind. Aber gut, nehmen wir mal an, dass man sich das so vorstellen kann, dass die Literatur eine geschichtliche Nachfolgerin dieser Bilderproduktion Religion ist, dann kann sie es auch auf sich nehmen, wie Sie es meinten, das hat sie ja auch oft bewiesen. Natürlich kann sie beides sein, natürlich kann sie Licht und Dunkel machen, das ist nicht schlimm, das ist eben so.

Natürlich gibt es eine Menge affirmativer Literatur. Mir kam es darauf an, ob in dieser Parallelisierung von Religion und Literatur die Implikation enthalten ist, dass Literatur notwendigerweise auch affirmativ sein muss.

Ich hatte einmal Anlass, mir das genau zu überlegen, und bin da zu einem für manche aktuelle Komplikation beschämenden Ergebnis gekommen. Ich möchte das, was ich jetzt sage, nicht für jede aktuelle Situation wieder anwenden oder anwenden müssen: nämlich wenn es heute möglich ist, dass irgendein negativer gesellschaftlicher Anlass, um es ganz abstrakt zu sagen, Anlass für Literatur wird, dann ist unter unseren Umständen selbst die negative Antwort eines Schriftstellers auf diesen negativen Anlass in der Wirklichkeit auch zu einem Teil Affirmation. Adorno hat in seinem Aufsatz *Versuch, das Endspiel zu verstehen* gesagt, Brecht sei affirmativ mit seiner ganzen Kritik, und das meinte Adorno böse, kritisch gegen Brecht, während irgendeine Unverständlichkeit Becketts unheimlich kritisch sei.

Durch die Verweigerung.

Ja, Entschuldigung, ich bin ja weit draußen, Laie am Rande – ich finde das blödsinnig. Ich finde schon, dass Brecht affirmativ ist, wenn er sich einlässt auf Wirklichkeit, aber ich finde, das ist nicht kritisierbar. Ich finde das ungeheuer gut, dass Brecht die Wirklichkeit in seine Diskussion so hineinzieht und dass die Wirklichkeit so mit sich reden lassen muss, und dass er ihr Darstellungsstrenge ablistet usw. Seinen ganzen listigen Umgang mit der Wirklichkeit finde ich bewundernswert. Es ist mir aber auch klar, dass das affirmativ ist. Aber das ist für mich etwas anderes, als Adorno es gemeint hat. Für mich ist das Affirmative daran, dass die Wirklichkeit doch schon so akzeptabel ist, dass man mit ihr reden kann und dass ich mir nicht selbst eine Pistole bastle und eine Revolution mache. Nur das meine ich damit. Es gibt Verhältnisse, da kann man nicht mehr schreibend umgehen damit, da muss man was anderes tun. Und wenn wir in diese Verhältnisse gekommen sind, wo wir uns auf diese Weise auseinandersetzen, ist jede schriftliche Äußerung auch etwas Affirmatives, auch die – in Adornos Sinne – beckethafte Verweigerung. Aber so wie es Adorno dort gesagt hat, da finde ich, das haben die Verhältnisse nicht verdient, das würde wohl auch kein Schriftsteller, der an diesem Allgemeinen, nämlich an der Sprache, so interessiert ist, das würde, glaube ich, keiner, wenn er nicht von allen guten Geistern verlassen ist, wollen. Denn dann benutze ich nicht Sprache. Dann mache ich wiederum etwas anderes, dann ist selbst Tachismus viel zu sehr ABC. Dann mache ich doch überhaupt nicht Ausdrucksgewerbe, dann nehme ich doch Sprengpaketchen und lege sie irgendwohin. Das ist doch dann viel vernünftiger, dann weiß ich wenigstens sicher, dass ich mich nicht eingelassen habe.

In Ihrer Abgrenzung scheinen Sie mir, was auch mit Ihrer Hinwendung zum Roman und dem zunehmenden Interesse am Roman zusammenhängt, von einer positiv gearteten Geschichtsphilosophie auszugehen, die bei Beckett ja zu einer negativen geworden ist.

Ich gehe nicht von irgendeiner Philosophie aus, aber ich habe ein Bedürfnis, natürlich, dass diese kurze Zeit mit Illusionen verbracht wird, die die Kürze dieser Zeit erträglicher machen, und dass sich die Kürzen dieser Zeit miteinander verbinden lassen, von einer Generation auf die andere, weil das sonst einfach ein bisschen blödsinnig ist.

Eine weitere Formulierung, die prägend geworden ist und die Sie auch schon häufig erläutert haben: Schreiben als Ausdruck eines Mangels. Was mir auffällt: Sie umschreiben diese Standortbestimmung mit gesellschaftskritischen Kategorien, und die Gestalten des Romans – etwa in Seelenarbeit *und in* Schwanenhaus *– bekommen diesen Mangel nicht gesellschaftspolitisch in den Griff, sondern privatisieren ihn. Sie tun genau das, was die Gesellschaft abverlangt, nämlich erst einmal alle Misserfolge als persönliche Niederlagen zu sehen. Wie kommt es eigentlich zu dieser Umkehrung?*

Nein, die Umkehrung würden Sie sozusagen verlangen. Sie verlangen die Deduktion, wo ich erzählerisch nur induktiv liefern kann. Das ist ja so, dass man nur auf diesem Wege zu etwas kommt. Ich habe ja keine Geschichtsphilosophie, ich komme ja nicht denkend zu etwas, ich komme ja nur – pathetisch ausgedrückt – erleidend zu etwas. Ich reagiere ja nur auf Mangelerlebnisse. Und wenn man dieses Reagieren eine Zeitlang betreibt, dann wäre es unlauter, wenn man in den Bereichen, in denen man auf Erleiden geradezu angewiesen ist, nun arbeitend die Umkehrung vollzöge. Aus dem Erleiden ist man zum Denken gekommen. Und jetzt würde man umgekehrt schreiben, als sei man durch Denken zur Erkenntnis gekommen. Das wäre unlauter, wenn man diese Chronologie umkehrte. Denn schauen Sie, ich weiß nicht, ob dies Beispiel Ihrem Zwecke dient, ich schlage es einmal vor, da es mein aktuellstes Beispiel ist, das ich gerade erlebt habe: Ich habe in mehreren Zeitungen erstaunend von Kritikerkollegen über *Das Schwanenhaus* gelesen, von Kritikern, die nichts dagegen hätten, wenn ich sage, sie seien, verglichen mit mir, grob gesagt, deutlich politisch rechts von mir. Sie haben sich über mich fast ein bisschen lustig gemacht, weil ich einen Makler als Romanhelden nehme und dies nicht als verurteilte Figur, sondern – wie man in diesem Jargon sagt – als eine positive, zur Identifikation angebotene Figur. Das ist ja schrecklich, einen solchen Kapitalistenknecht nimmt der Walser, und der will als das und das gelten, was weiß ich, so was nimmt der als Identifikationsfigur, und offenbar mag er den auch noch! Ich will nicht über die Realismusfähigkeit von solchen Kollegen etwas sagen, aber die tun so, als könnte man eine Hauptfigur haben, die man nicht mag, mit der man nicht eine Sympathie, mit der man nicht eine Art Mitleiden hat. Also da sehen Sie schon die ungeheure Oberflächlichkeit, die darin liegt, wenn man die Welt so einteilt. Wenn ich z. B., das kann ich gar nicht als Projekt planen, aber wenn ich von meiner Kindheit an bis zum heutigen Tag in sehr verschiedenen Wirtschafts- und Gesellschaftsbereichen eine intensive Erfahrung mit Konkurrenz erlebt habe und schreibe dann einmal einen Roman, lasse den selbstverständlich in der kleinbürgerlichen Perspektive spielen, wo allein ich zu Hause bin, und dann gibt es ein Vorurteil, weil so ein kleinbürgerlicher Beruf wie ein Makler nicht mit einer gesellschaftlichen Aura, mit einem Gratisselbstbewusstsein ausgestattet ist, dass es geradezu seelischen Ekel auslöst, sich mit so einer Figur zu identifizieren. Da muss ich sagen, das sagen Leute, die bedenkenlos mit jedem Bankdirektor jedes Mittagessen einnehmen, aber unfähig sind, so einen schlichten, christlich-demokratischen Tatbestand zu akzeptieren, dass ein Makler, der Erfüllungsgehilfe der freien Marktwirtschaft, als Identifikationsfigur hier angeboten wird. Nur mit der vollkommenen Übereinstimmung mit solchen Figuren kann etwas Gesellschaftliches durch mich selber, in mir, für mich geklärt werden, schreibend. Und ich nehme an und habe Anlass dazu, dass viele Leser eine solche Vorwegverurteilung einer solchen Figur auch nicht mitmachen, sondern sie werden vielleicht doch beim Lesen einfach auf das kommen und sagen: Was wird in so einem Manne angerichtet durch solche Bedingungen. Sie kommen auf all das selber.

Ich komme noch mal zurück auf das Phänomen, das ja beide Zürns auszeichnet, nämlich dass sie ihre Schuld nur privat sehen, sich individuell die Schuld am Versagen zuschreiben, einem Versagen, das gesellschaftliche Ursachen hat. Wenn Sie Ihre Figuren so agieren lassen, so scheinen Sie sich für mich von ihrer intellektuellen Haltung oder Erkenntnis verabschiedet zu haben. Als Leser wenigstens habe ich immer das Bedürfnis, den Figuren einen kleinen Tipp zu geben, dass sie nicht an allem selbst schuld sind.

Nun ja, das ist schön, das ist ja wunderbar, das ist fabelhaft.

Hat der Autor dieses Bedürfnis nicht auch?

Meine Diskretion ist vollkommen, das gehört zu meinem Handeln, weil ich den Roman ernst nehme. Nun können Sie sagen, wählen Sie eine andere Perspektive. Das kann ich aber nicht, weil dann meine ganze Atmosphäre verlorengehen würde. Meine Perspektive ist, dass ich seit 1976, seit *Jenseits der Liebe*, in einer vollkommenen Verbundenheit mit der Hauptfigur erzähle, aber trotzdem in der dritten Person. Die erste Person ist für mich für eine gewisse Zeit nicht mehr interessant, mich interessiert jetzt die dritte Person. Und mich interessiert, dass die Gegenüber dieser Hauptfiguren meistens stärker sind als meine Hauptfiguren, und ich kann meinen Hauptfiguren keinen Kommentartrost mitgeben oder einen aufklärerischen oder sonst einen, sondern alle Leiden – jetzt übertreibe ich etwas – gehen direkt durch die Hauptfigur auf den Leser weiter. Der Leser kann sich dann solche Gedanken machen, wie Sie sie gerade angedeutet haben, und ich glaube, das findet statt. Ich habe auf meine früheren Bücher nie solche Briefe gekriegt, wie ich sie jetzt kriege, Briefe der Auseinandersetzung. Die Leute schreiben jetzt immer von sich, sie schreiben mir über sich, parallel zu diesen Zürn-Figuren. Früher haben sie mir etwas über die Sprache geschrieben, ganz anders, gar nicht so unwillkürlich, jetzt sind wir sozusagen Kriegskameraden.

Würden Sie mir nicht doch zustimmen, dass es eine Art Rollenaufteilung bei Ihnen gibt zwischen der intellektuellen Zugangsform zu Problemen und der schriftstellerischen?

Also, zum Beispiel, ein Kritiker, der hat mir vorgeworfen, da sei jetzt der Roman für den Maklerbungalow geschrieben worden, und ich sei offenbar ein Erzähler, der ohne Denken nicht auskomme. Er meinte wohl auch, ich hätte da denkend eingreifen müssen. Ich bin aber nicht sicher, ob ich der Mann dazu wäre.

Ich fordere hier nicht den auktorialen Erzähler.

Das dachte ich ein bisschen.

Forderungen zu stellen, daran habe ich hier kein Interesse. Mir geht es darum, ob es in Ihrem Selbstverständnis nicht doch eine Rollenaufteilung gibt, die Sie vielleicht sogar bewusst vornehmen.

Eine Zeitlang habe ich das auch erlebt: den Unterschied zwischen dem und jenem Aufsatztext, den ich geschrieben habe, und dem und jenem Roman. Oder man hält eine Rede und schreibt einen Roman. Es ist natürlich verhältnismäßig einfach, in der Sprache der Meinungen Wünschbarkeiten auszudrücken, und es ist ein anderes, das mit dem Material der Wirklichkeit zu erzählen. Meinungen sind zu haben, die sagen nicht sehr viel. Ich glaube, das, was möglich ist innerhalb einer Zeit, konkret zu wünschen, das ergibt sich erst aus einem Roman. Zum Beispiel zunehmend ein Problem: der Romanschluss. Wie gut kann ein Roman aufhören? Ich hasse schlecht ausgehende Romane, und ich habe ein unheimliches Bedürfnis, dass der Roman gut ausgehe. Aber ich kann natürlich keinen guten Schluss draufpappen und kann ihn nicht erlügen, kann ihn nicht erfinden. Aber ich versuche aus dem Material, das ich habe, den besten Romanschluss herauszuschreiben. Das kann ich aber nur, wenn die Wirklichkeit ihn mir bietet. Ich weigere mich, einen Romanschluss zu schreiben, der eine ungeheuer kritische Potenz enthielte, aber diese Potenz erzielte mit einer reinen Fiktion, die in der Wirklichkeit keinen Gewährsmann mehr hat.

Ihre Romanschlüsse sind ja aber doch nur sehr punktuell positiv, es kann sehr rasch wieder umkippen.

In einem ironischen Buch ist es leichter, einen positiven Schluss zu machen, das ist klar.

Ihre gesellschaftspolitischen Aussagen werden in den siebziger Jahren härter, resignativer, etwa wenn Sie sagen, dass jetzt eigentlich das erreicht ist, was Erhard angestrebt hat, nämlich die total formierte Gesellschaft. Da stimmen Sie ja auch mit vielen Ihrer Kollegen überein. Zugleich wird es in Ihren Romanen irgendwo freudvoller.

Der Blick auf den Kampf hat sich zweifellos verändert. Ich würde mir heute nicht mehr zutrauen, eine aktuelle Sequenz in einen Roman hineinwirken zu lassen, um damit irgendetwas Positives darin repräsentiert zu haben. Am Beispiel: Ganz früher einmal habe ich, etwa 1964, ein zerknirschtes schlechtes Gewissensverhältnis zu so einer Figur wie Lumumba gehabt, der in der Weltpolitik eine Rolle spielte und durch unsere europäischen Auftraggeber von diesem Mobutu ermordet wurde. Damals hat natürlich jeder ein schlechtes Gewissen haben müssen, der ein Europäer ist, weil man diesen Mann ermordet hat. Und die Schamlosigkeit, wie dann seine Witwe fotografiert wurde. So etwas habe ich nicht abhalten können von dem Roman, an dem ich gerade arbeitete, auch weil ich selber einen Freund habe, einen schwarzen Schriftsteller, der in dieser Bewegung mitarbeitete. So hatte ich meine Beziehung dazu. Und trotzdem: Ich würde mir das nicht mehr gestatten, denn das ist exotisch. Es ist sogar exotisch, wenn Sie das Gute, das sie im Gange sehen wollen, in so eine Figur wie, in *Jenseits der Liebe*, in den Betriebsrat legen, so ein Engel auf dem Leichtmotorrad, der brav arbeitet, wenn auch seine kommunistische Partei dann alles wieder an einer höheren Stelle versiebt. Sehen Sie, so geht es nicht, mit solchen Randfiguren irgendeine schöne Tendenz vertreten zu lassen. So geht es nicht. Das Wichtigste muss in der Hauptfigur untergebracht sein. Ich habe in meinem letzten Roman das Geld aufgenommen in die Essenzen der Personen. Das ist für mich Arbeitsprogramm. Nur muss ich da viel weiter gehen und kommen, als ich bis jetzt gekommen bin. Aber da findet der Kampf statt. Sie nennen das mit einer nach meiner Meinung nicht ausreichenden Bezeichnung das Private. Ich glaube nicht, dass das Verhältnis einer Hauptfigur zum Geld im Roman etwas Privates ist.

Sie haben angedeutet, dass Sie bei der Gestalt Zürn bleiben wollen. Wird es immer eine Gestalt sein, die vielleicht bewusst Zürn heißt, die eben nicht zum Zorn fähig ist?

Das ist ein Nebenreiz, der fast mehr in Ihrem Sprachklima daheim ist als in meinem. Zürn ist ein häufiger Name in unserer Gegend, und er ist mir als Name sympathisch. Es ist auch eine Spielerei, zu der ich mich da gedrängt fühle. Ich habe ja angefangen mit dem

Franz Horn und dem Helmut Halm und jetzt diese zwei Zürns. Das waren halt die einsilbigen, in Halbkonsonanten endenden Namen. Es ist ein kleiner Nebentrip, den ich da habe. Natürlich, wenn Sie es so damit verbinden, so wird wahrscheinlich der große Zorn nie ausbrechen. Wenn ich Ansprüche an mich stelle – ich will nicht nur mit diesem Zürn arbeiten, ich möchte mindestens noch einen Gallistl-Roman schreiben –, so ist es das, dass das Wichtigste, was auf mich wirkt, eben in den Romanen eine rein erzählerische Reaktion erfährt, weil ich dieser Reaktion vertraue. Es ist natürlich ein unbeweisbares Vertrauen, dass ich sage, man erlebt etwas und man prüft nicht die Verarbeitung. Man hat das Vertrauen, das Erzählen sei eine Verarbeitungsart. Wenn Sie solche Wörter bringen wie etwa Denken, Privates, so muss das nicht unbedingt an Ihrer speziellen, auch beruflich bedingten Sprachverwendung liegen. Das kann auch objektiv darin zum Ausdruck kommen, dass ein oder zwei Jahrzehnte oder vielleicht noch mehr Jahrzehnte nicht mehr richtig erzählt worden ist. Das heißt: das Erzählen ist so anspruchslos geworden. Man möchte seine Rechtfertigungen durch eine Beschränkung erreichen, mit deren Hilfe man immer authentischer zu werden hofft und dann eben außer der Misere nichts mehr authentisch sein lässt. Das wird natürlich immer authentischer und immer anspruchsvoller. Wenn aber jetzt richtig erzählt würde ... – aber das ist ja etwas, was man nicht künstlich ausweiten kann, das kann man natürlich nicht als Programm beliebig weit stecken, konzipieren. Das bringt nichts. Das wäre nichts als Betrug. Aber andererseits erleben alle Menschen – und da sind Erzähler nicht ausgenommen – andauernd das Wichtigste, und trotzdem spielt das Wichtigste meistens keine Rolle in den Büchern.

Von welchem Zeitpunkt an ist das Erzählen für Sie anspruchsloser geworden, hat es – im emphatischen Sinn des Wortes – aufgehört?

Mit dem *Schloss* von Kafka hat es aufgehört. Danach ist nicht mehr so viel geschrieben worden über das, was zentral war und umfassend: dass nämlich ein Held nicht die Hauptsache ist, dass die Gegenwelt existiert, dass das ein Kampf ist, diesen Kampf ernst zu nehmen, wirklich ernst zu nehmen, ihn auch schreiberisch so ernst zu nehmen, wie er für jeden Menschen ernst ist, also auch für den Autor ernst ist. Heute tun ja alle nur so, als seien sie als Selbstporträts auf der Welt, und das kann nicht wahr sein.

Sie haben gestern die Vorlesung über Ironie hier in Frankfurt abgeschlossen. Sie selbst sagen, die Arbeit über Ironie sei eine Nebenarbeit über längere Jahre hinweg gewesen. Mir scheint das aber nicht zufällig zu sein, dass Sie sich kontinuierlich gerade um dieses Thema bemüht haben. Gibt es nicht doch so etwas wie eine Sehnsucht nach der Möglichkeit, einen ironischen Roman zu schreiben?

Ja, natürlich. Das ist die vollkommenste, weil am meisten verwandelnde, den meisten Widerstand bietende Prosaform. Da liegt auch die Chance und die Verführung, wieder konzentrisch und umfassend zu sein. Das ist alles klar. Aber man kann sich dem nicht auf direktem Wege annähern, auch nicht denkend. Ich habe diese Ironiesachen mit Passion betrieben, weil es mich interessierte, dass es so etwas gegeben hat, dass so etwas möglich war, aber ich weiß, dass von dieser Beschäftigung zu eigenem Tun überhaupt kein Weg führt. Da muss ich auf der Praxisseite meine Minischrittchen gehen.

Porträt Martin Walser

Ein Gespräch mit Anton Kaes
1984

Herr Walser, in Ihrem Vortrag What is an Author?, *den Sie vor kurzem hier als Gastprofessor in Berkeley gehalten haben, ging es um die Frage nach der Identität des Schriftstellers. Lässt sich eine solche Identität heute überhaupt generell bestimmen? Worin würden Sie Ihre Identität als Schriftsteller sehen?*

An ihren Mängeln. Oder, wenn ich den Vortrag zitieren darf: What author has the identity of an author? I only know that Hölderlin, Kafka and others vacillated to the bitter end about the assessment of their own selves. Oder mit Blick auf Muse, Inspiration, Kreativität: only someone who lacks something has anything to say. Also, meine Muse heißt Mangel. Wenn ich einen Schriftsteller treffe, der schriftstellerisches Selbstbewusstsein ausströmt, habe ich das Gefühl, er habe sich pensionieren lassen.

Wenn Sie sagen: «Meine Muse heißt Mangel», so möchte ich Sie doch fragen, Mangel an was?

Der *Wilhelm Meister* wurde geschrieben, weil für einen Bürger damals zu wenig Selbstbewusstsein vorhanden war. Aus demselben Mangelerlebnis stammt Fichtes *Wissenschaftslehre*: der Armeleutebub, Leinwebersohn aus der Niederlausitz, musste sich ein Selbstbewusstsein nach einer möglichst unangreifbaren, also fast mathematischen Methode ableiten, erdenken, weil die Wirklichkeit, sprich Gesellschaft, für seinesgleichen Selbstbewusstsein nicht vorgesehen hatte. Der auf seinen Mangel reagierende Schriftsteller veröffentlicht ihn und – unter günstigsten Umständen – damit auch noch die dafür verantwortlichen Bedingungen.

*1969 schrieben Sie in einem programmatischen Aufsatz mit dem
Titel* Über die neueste Stimmung im Westen *wie folgt über die
soziale Funktion und den Status des Schriftstellers: «Wir sind
Freizeitgestalter in spätkapitalistischen Gesellschaften. Wir stellen
Produkte zur Verfügung, mit denen andere, fast immer Lohn-
abhängige, ihre freie Zeit vertreiben. Manche von uns vertreiben
Hunderttausenden die freie Zeit. Wir können uns dieser Funktion
nicht willkürlich anpassen. Wir sind angepasst, sonst wären wir
unbrauchbar und könnten von dieser Arbeit nicht leben.» Was
wäre dem heute, vierzehn Jahre später, hinzuzufügen?*

Nur, dass der Aufsatz keinesfalls programmatisch gemeint war. Einfach ein weiterer Versuch, dem schwer legitimierbaren Schriftstel-
lerdasein irgendeine Bestimmung abzugewinnen. Das fällt, weil
alles Positive fehlt, dann bei mir meistens so rechthaberisch und
polemisch aus wie in diesem Fall. Man hat keine Domäne, daher
der Eifer. Ich könnte das heute, aus purer Ermüdung, ruhiger sagen,
aber nicht anders.

*Ihr erstes Buch, eine Sammlung von Erzählungen, erschien unter
dem Titel* Ein Flugzeug über dem Haus *und andere Geschich-
ten im Jahre 1955, also bereits vor knapp dreißig Jahren. Wenn
Sie heute einmal zurückblicken und Bilanz ziehen wollen, sehen
Sie dann in Ihrem umfangreichen Œuvre bestimmte Einschnitte,
Brüche, Neuanfänge? Wie ließe sich Ihr Gesamtwerk gliedern?*

Ich kann mir Rückschau noch nicht leisten. Für mich hat nichts, was
mit mir zu tun hat, einen festen Punkt erreicht. Ich habe mit meiner vergangenen Arbeit zu tun, ich arbeite mit ihr. Ich habe in den
siebziger Jahren z. B. ein paar Versuche gemacht, die Frequenz jener
ersten Geschichten, die ich in den Sechzigern als *Lügengeschichten*
zu benutzen suchte, diese Frequenz habe ich in den Siebzigern

wieder ein paarmal probiert. So mache ich es auch mit Figuren. Figuren sind Wellenlängen, man kann mit ihnen bestimmte Töne erzeugen. Und weil alles mit allem in Verbindung ist und noch nicht abgeschlossen, deshalb liegt mir die Rückschauperspektive nicht. Bitte, das heißt auch, dass ich frühere Romane erst dann für abgeschlossen halte, wenn ich ganz sicher bin, dass ich mit keiner Figur darin weiterarbeiten will. Also mit Kristlein, Anselm, etwa bin ich, glaub ich, fertig.

Könnten Sie vielleicht kurz auf diese Lügengeschichten *und ihre «Frequenz», wie Sie sagen, eingehen?*

Diese Geschichtenfrequenz. Da liegt die Hoffnung oder Illusion zugrunde, dass eine bestimmte Stimmung, die zuerst zu nichts als einem Anfangssatz führt, sich in der Folge als trächtig herausstellt, das heißt, dass man aus dem ersten Satz eine Geschichte schreiben kann, vielleicht sogar muss und dass die verursachende, bestimmte Stimmung bis zum letzten Satz reicht. Das Verhältnis einer solchen Geschichte zur Realität ist nicht realistisch. Verglichen mit Romanprosa ist so eine Geschichte fast lyrisch. Ich habe aus verschiedenen Stimmungen solche Produktionen versucht und auf der Skala von Gelingen bis Misslingen jeden Grad erlebt. Zum Beispiel bei so nah beieinander liegenden Geschichten wie *Selbstporträt als Kriminalroman* und *Maximale Entblößung*, beide in den *Gesammelten Geschichten*. Die zweite, weniger gelungene Geschichte würde ich, wenn ich Literaturkritiker wäre, vielleicht nicht in eine Sammlung aufnehmen. Für mich ist sie aber wegen ihres, wenn Sie gestatten, Leidensmotivs sehr wichtig.

Ihre früheren Romane (vor allem die Kristlein-Trilogie Halbzeit, Das Einhorn, Der Sturz*) haben Sie als Chronisten der bundesrepublikanischen Wohlstandsgesellschaft bekannt gemacht. Sie*

beschreiben da den deutschen Alltag mit epischer Detailfreude,
gleichzeitig aber auch präzise, ironisch und durch die zahlreichen
Romanfiguren vielfach gebrochen. Irgendwie scheinen Sie aber in
den letzten Jahren die panoramische Gesellschaftsanalyse zuguns-
ten kleinerer und konzentrierterer Ausschnittsbeschreibungen
(etwa in Seelenarbeit *oder* Brief an Lord Liszt*) aufgegeben zu*
haben. Stimmen Sie da mit mir überein?

Die Bücher seit *Jenseits der Liebe* (1976), also *Ein fliehendes Pferd,*
Seelenarbeit, Schwanenhaus und *Brief an Lord Liszt* hängen untereinander zusammen. Wenn ich Glück hätte, wäre diese Frequenz der
Horn-Halm-Zürn-Figuren, ich nenne sie meine Einsilbigen, etwa
1986 bis 1988 durchgespielt. Dann sollte sich ergeben haben, um
welche Art Ausschnitt es sich dabei handelt. Ich hoffe, er ist größer,
potenter, umfassender als der Kristlein-Ausschnitt, weil ich durch
den Wechsel von der Ich- zur Er-Erzählung die Gegenwelt meiner
Hauptfigur ernster nehmen muss. Diese Romane müssten also eo
ipso weniger monologisch sein. Widerspruchsreicher. Es ist allerdings nichts als eine Hoffnung. Man kann dergleichen nicht planen.
Ich kann es nicht. Andererseits ist die Romanform, die ich seit 1975
entwickle, für mich eine Art Maschine, sie soll etwas leisten. Aber
dann hängt die Leistung doch wieder vom Brennstoff ab, und der
ist das unplanbare Leben: die Auseinandersetzung mit der jeweils
stärksten Beeinträchtigung, die Reaktion auf den jeweils akutesten
Mangel. Und diese Reaktion per Fiktion soll von dem Negativen
zeugen, das sie notwendig machte.

Heißt das nun, dass die Hauptfiguren Ihrer Romane bewusst
autobiographisch angelegt sind, da Sie doch von Ihrem Mangel
sprechen, nicht dem der fiktionalen Figur?

Die fiktive Figur ist eine Reaktion auf das, was ich, um nicht andauernd indiskret gegen mich selbst zu sein, meinen Mangel nenne. Die Figur ist also der Ausdruck jenes Mangels. Der Mangel gehört zur Biographie, die Figur ist der Versuch, damit fertigzuwerden, im wahrsten Sinn des Wortes. Wenn man versucht, glaubhaft als Chauffeur oder Immobilienhändler oder Eckermann aufzutreten, muss man viel autobiographisch Negatives in der Figurenrolle ausdrücken, das hilft. Mir. Gegen die Unmittelbarkeit der Miseren. Oder es soll helfen. Man muss einfach etwas tun dagegen. Man möchte statt Objekt Subjekt sein. Und so weiter.

Die Novelle Ein fliehendes Pferd *ist zurzeit wohl Ihr populärstes Werk. Sie haben auch daraus bei einer Lesung in Berkeley vor zwei Wochen vorgetragen. Was hat Sie an dieser Geschichte gereizt?*

Es war die Reaktion auf einen wirklichen oder eingebildeten Angriff von außen. Darf man so leben, wie man nun einmal lebt? Wie sehr muss man sich durch andere widerlegt fühlen? Wie schwach ist man eigentlich? Solche Fragen pflegte ich ein paar Jahre lang, ertrug sie sozusagen schweigend. Dann, eines Sommers, 1977, war es mir zu dumm, da reagierte ich und schrieb schnell eine Position hin, den Angriff auf diese Position, die Verteidigung des Angriffs gegen den Gegenangriff der Position usw. Es stellte sich dann heraus, dass der Angreifer genauso schwach war wie der Angegriffene: deshalb ging es gerade noch gut aus.

Wie kommt es zu diesem Bild eines fliehenden Pferdes? Im allgemeinen Sprachgebrauch fliehen ja Pferde nicht, sie gehen allenfalls durch.

Sehr nachträglich, also auch von außen, fast genauso von außen wie jeder Leser, kann ich, ohne jedes Verständnisprivileg, kommentieren, dass – da ja Stimmungen sich in Wörtern konzentrieren – der zunehmende Verbergungswunsch sich plötzlich in diesem pathetischen Wortbild zusammendrängte. Ich glaube, am dritten oder vierten Schreibtag. Ich war bis dahin einfach mit den Verbergungsbedürfnissen Helmut Halms beschäftigt. Dann stellte sich dieses Bild ein. Von da an wusste ich auch, dass es sich um eine Novelle handeln würde. Ich konnte dann mit diesem Bild handwerklich umgehen, d. h. sein Pathos bewirtschaften.

Können Sie sich nachträglich erklären, warum gerade Ein fliehendes Pferd *ein so großer Publikumserfolg geworden ist?*

Wegen seiner Kürze und Bündigkeit vielleicht.

Gibt es ein Werk, dem Sie heute eher skeptisch gegenüberstehen? Andererseits, haben Sie ein Werk, das Ihrer Meinung nach von der Kritik und den Lesern nicht genügend oder nicht richtig geschätzt wurde?

Meine Skepsis drückt sich wahrscheinlich in den Entwicklungen oder Veränderungen aus, die ich zu realisieren suche. Ich kann mich allerdings der Optik, das Schreiben als eine lebenslängliche Literaturolympiade anzusehen, nicht unterwerfen. Literatur als Athletik, das ist Sache der Evaluatoren. Ich versuche, mir das Leben durch Schreiben erträglich zu machen. Das ist ein anderes Projekt. Es gibt Leser, die meine Bücher genau dazu verwenden, wozu ich sie, für mich!, geschrieben habe. Ich habe keine bestimmte Erwartung dem Leser oder dem Kritiker gegenüber. Meine Erfahrung: wer ein Buch lesen kann, der könnte es auch geschrieben haben. Der Unterschied zwischen Lesen und Schreiben ist viel kleiner, als man glaubt. Wenn ein Buch abgelehnt wird von einem oder von vielen, dann heißt das: sie brauchten es nicht. Für sie war es überflüssig. Für mich nicht. Sonst hätte ich es nicht geschrieben. So ist es, ideal gesehen. In Wirklichkeit gibt es einen Kulturbetrieb, in dem es zugeht wie früher auf dem Jahrmarkt in Lindau: laut, bunt, brutal, sensationell, märchenhaft. Wenn man abends heimkam, hatte man alles ausgegeben, wenig dafür bekommen, aber man hatte etwas erlebt und war sehr erregt.

Die Sprachproblematik kommt in Ihren Romanen am deutlichsten im Einhorn *(z. T. auch schon in* Halbzeit*) zum Vorschein. Sie experimentieren da mit verschiedenen Sprachstilen, die von der Reportage zur Lyrik, vom Jiddischen und Rätoromanischen zum Englischen reichen. Auch treiben Sie ein fast exzessives (und, heute würde man sagen, postmodernes) Spiel mit Fiktionsebenen und ineinander geschachtelten Rückblenden. In Ihrem Prosawerk mit dem Titel* Fiction *(1970), Ihrem wahrscheinlich experimentellsten Werk, wird die Sprache fast ganz ihrer Aussagekraft beraubt. Wie stehen Sie heute zu diesen Versuchen, in denen die Sprache selbst zum Inhalt wurde? In Ihren letzten Romanen sind Sie ja wieder zu einer distanzierteren, mehr ironischen Sprache zurückgekehrt.*

Ich kann nur sagen: mir war halt danach. Der monologische Übermut wollte offenbar hauptsächlich sich selbst hören. Diese Kristlein-Frequenz kommt mir jetzt unheimlich kindhaft vor. Noch nicht einmal jugendlich ist dieser Mensch, er trompetet wie ein Kind. Kennt nicht Schwere noch Scham. Seine Äußerung ist ihm alles. Allerdings in seiner letzten Runde, im *Sturz*, deutet sich an, wie wenig das gutgehen kann. Das Bedürfnis nach mehr Ausdruck als Mitteilung habe ich noch. Aber ich versuche es jetzt zu bewirtschaften. Es ist schwer. Die reine Sprache, das wär's. Jeder Satz wäre schon alles, und doch wäre er noch ein Satz in einer Reihe. Ich suche jetzt einen anderen Weg. Ich habe nicht das Gefühl, es gebe ihn. Aber das Suchen, das ein Probieren ist, beschäftigt mich zur Genüge.

Worin soll dieser andere Weg bestehen?

Dass der einzelne Satz nicht mehr so ehrgeizig ist, schon für sich alles zu sein, das Ziel zu erreichen. Solange ich den Roman noch ernst nehme, probiere ich, die Ausdrucksambition der Sätze zugunsten des Ganzen zu beschränken und doch im Ganzen einen Feinheitsgrad, sprich: Genauigkeitsgrad zu erreichen, wie ihn eigentlich nur noch trainierte Tagebuchsätze, die sich um nichts als sich selbst kümmern, haben. Verstehen Sie, ein wahnsinnig persönlicher Tagebuchsatz zum Beispiel von Pascal kann sehr weit gehen, weil er nur noch der reinen Existenz entspricht. Ideal wäre ein Roman, der so weit ginge wie der wahnsinnigste Tagebuchsatz und doch noch ein braver und schöner Roman wäre. Also eine Art Karl-May-Roman mit Pascal-Intensität. Und zwar wirklich ein Roman und nicht nur verlegenheitshalber so bezeichnet. Das wäre also der Weg. Den es nicht gibt. Es gibt nur das Ziel.

Wenn ich mich nicht täusche, scheint es in Ihrer Romanwelt zwar permanent Krisen zu geben, aber keine Katastrophen, sogar Selbstmorde gehen schief. Die Helden Ihrer Romane gehören alle dem Mittelstand an und sind wenigstens nach außen hin recht normal. Wiederkehrende Themen sind Opportunismus, Anpassungszwänge, Aufstiegswünsche und Abstiegsängste, Leistungsdruck und Selbstverwirklichung, Ehekrisen und Beziehungsprobleme. Die äußere Erfolglosigkeit kompensieren Ihre Figuren durch aggressive Resignation, durch verschärfte Beobachtung ihrer Umwelt oder durch eine ausladende, oft surrealistische komische Phantasie. Wie lässt sich Ihr Interesse an diesen Figuren erklären?

Mit diesen Figuren antworte ich auf das, was mir passiert, so, dass ich das, was passiert ist, erträglicher finde als vor dem Schreiben. Also ich schreibe das Leben um. Ich fälsche. Ich wehre mich. Das gibt, ohne dass man das will, eine komische Geste. Jeder, der sich wehrt, ist eine Art Komiker. Natürlich würde ich auch lieber einen wirklich festen Gegenton anstimmen, einen, der über seinen Anlass sozusagen triumphiert. Dazu bin ich leider zu wenig Lyriker. Ich muss arbeiten mit dem Material der alltäglichen Zumutung. Ich kann die Technik dieser Reaktion oder Verarbeitung nicht beschreiben, ich bin da zu wenig souverän. Mein Gefühl ist, es sei ein Kampf, dessen Regeln ich nicht erlernen kann. Ich mystifiziere da gern ein bisschen. Die Sache selbst, das, was dabei herauskommt, ist ja schlicht und in die Hand zu nehmen: meistens ein Roman. Das ist meine Maschine: der Roman. Er soll so gebaut sein, dass etwas, was als Persönliches tonlos wäre, einen allgemeinen Ton erreicht. Wenn man das länger betreibt, kommt man dahin, dass man das eigene Private erst erträgt, wenn man es durch die Maschine hat laufen lassen, die es als Fiktion produziert.

Alle Ihre Hauptfiguren sind Männer. Gibt es eigentlich Gründe,
warum nicht mal eine Frau als Handlungsträger (nicht nur
als Anhängsel des männlichen Helden oder als Sexobjekt)
vorkommt?

Als ich Nossacks *Spätestens im November* las, dachte ich: das hat er davon, dass er eine Frau als Hauptfigur wollte. Das heißt, damals führte ich die Schwierigkeiten dieses Romans zurück auf eine leichtsinnige Anmaßung. Inzwischen halte ich es für möglich, diesen Geschlechtsäquator zu überspringen. Oder wenigstens zu überklettern. Allerdings dürfte ich bei diesem Überklettern nicht so tun, als sei das nichts. Ich müsste das genau so behandeln, handwerklich, wie ich die Aufgabenstellung Chauffeur in *Seelenarbeit* und

Immobilienhändler im *Schwanenhaus* und Eckermann in *In Goethes Hand* behandelte. Es gehören zu solchen Aufgabenstellungen außer Stimmungsnotwendigkeiten auch noch andere Legitimationen. Ich bin in dieser Hinsicht überängstlich, und trotzdem werde ich in absehbarer Zeit als Frau auftreten. Nicht auf einer Riesenstrecke. Etwa Novellenmaß.

Sie haben die Gesellschaft 1965 einmal «eine große Konditionierungsmaschinerie» genannt, die dem Individuum mehr oder weniger stark zusetzt. Das Individuum sei ein «schwer überschaubares Ensemble von Eigenschaften, das niemals zusammen erklingt», sagten Sie in Erfahrungen und Leseerfahrungen; *das Individuum sei eher ein «Dividuum» heißt es im* Einhorn *(1966). Würden Sie dieser deterministischen Ich-Dissoziation auch heute noch zustimmen? Und welche strukturellen und formästhetischen Folgen hat ein solcher Ich-Begriff für den Roman?*

Ich würde jetzt einfachere Wörter vorziehen. Möglichst keine Fremdwörter für Inneres. Das ist so ein Bedürfnis von mir, in letzter Zeit. Dass man sehr abhängig und vor lauter Zusammengesetztheit kaum zu taufen ist, glaube ich immer noch. Die Umwelt behandelt einen, als wäre man etwas Festes. Man antwortet, man sei nichts Festes. Die Umwelt behandelt einen also als etwas Festes, das behauptet, nichts Festes zu sein. Das will man zur Sprache bringen. Man will in der eigenen Antwort möglichst auf alles antworten. Dafür sucht man den Ton. Der Wechsel vom Ich zum Er ist ein Tonwechsel. Er ist weniger privilegiert als Ich.

Was meinen Sie damit?

Ich hat schneller recht als Er: vom Schreibenden aus. Ich habe es schon angedeutet vorher, als ich sagte, 1975/76, als ich zur Er-Form wechselte, wurde die Gegenwelt des Helden wichtiger, musste ernster genommen werden. Er ist der Gegenwelt gegenüber weniger privilegiert als Ich. Jeder Mensch ist andauernd mit Selbstverteidigung beschäftigt, der Belletrist probiert, wie der Selbstangriff tut. Dazu versetzt er sich in Er.

In den späten sechziger Jahren haben Sie sich als Herausgeber für sogenannte unliterarische Literatur von Arbeitern, Eingesperrten und Geisteskranken eingesetzt. Welche Erfahrungen haben Sie dabei gemacht?

Dass jeder durch das, was ihm fehlt, zum Autor werden kann. Dass die literarischen Formen eine Hilfe sind. Dass aber ein Überleben durch Ausdruck nicht gelingt, wenn vor lauter Not und Tod das Handwerkliche nicht angefangen werden kann. Schreiben hilft hauptsächlich, solange man schreibt. Geschriebenhaben hilft schon sehr viel weniger als Schreiben. Längere Zeit schreiben aber kann man, glaube ich, nicht, wenn man dem Handwerklichen nicht eine Art Selbständigkeit zugesteht. Man muss das Handwerkliche lieben können, aber um dazu imstande zu sein, muss es Privilegien hageln.

Privilegien welcher Art? Das Handwerkliche zu beherrschen? Zeit zum Schreiben und einen Verleger zu haben?

Genau. Glück haben. Mit irgendetwas, das einen nicht völlig erschöpft, so viel Geld verdienen, dass man das eigene Schreiben finanzieren kann, solange das Schreiben den Schreiber nicht nährt. Und das hat es bei mir bis zum einundfünfzigsten Lebensjahr nicht getan. Das mag auch an meinen übertriebenen Ansprüchen liegen.

Sie wohnen seit vielen Jahren in Nußdorf am Bodensee und sind dort in der Nähe auch aufgewachsen. Auch die meisten Ihrer

Erzählungen und Romane spielen in dieser Gegend. Ihren Aufsätzen über den Dialekt rund um den Bodensee lässt sich entnehmen, wie stark Sie sich dieser Heimat verbunden fühlen. Wie wichtig scheint Ihnen diese Heimatverbundenheit für die Arbeit in stofflicher wie auch stilistischer Hinsicht?

Ich nehme an, Erzähler brauchen etwas, was sie kennen, ohne hinzuschauen. Ich glaube, Erzähler brauchen mehr Schicksal, als sie selber haben. Dazu brauchen sie ein Quellgebiet. Ich weiß nicht, ob das immer Heimat sein muss oder ob das nicht auch Fremde sein könnte oder Militär, Schifffahrt, Politik oder Büro. Dass ich dahin zurück bin, wo ich her bin, hatte finanzielle Gründe. Man wohnte billiger dort. Dass ich dort geblieben bin, wird Gründe haben. Mir sind sie nicht klar. Noch nicht.

Lassen Sie mich noch anders fragen. Sie haben einmal erklärt: Heimatschriftsteller, das sei der einzige Ehrentitel, den Sie akzeptieren würden. Wie soll man das verstehen, zumal Ihr satirisch-ironischer Stil und Ihre gesellschaftskritische Thematik dem gängigen Bild eines Heimatschriftstellers zu widersprechen scheinen.

Na ja, Heimatschriftsteller, das sind Leute, die etwas durch und durch kennen. Ich bewundere jeden, der etwas durch und durch kennt. Einen Landkreis, zum Beispiel. Er weiß, wie der Sowieso-Hügel vor vierzehntausend Jahren entstanden ist, welche Wendung welcher Gletscherzunge ihn formte. Er weiß aber auch, wie die Tante des Eisenbahnbeamten heißt, der 1912 als Erster am Fuß dieses Hügels aus gebrauchten Waggonbrettern ein Häuschen baute. Und er weiß, na ja, Schluss, Sie wissen ja, was der alles weiß. Der weiß über etwas alles, sozusagen: das ist mehr als äußerliches Wissen. Er ist Teil dieses Kosmos. Er gehört dazu wie der Hügel oder das Wetter und weiß doch noch Bescheid über Hügel, Wetter und sich, und vor allem: er wird gebraucht. Durch ihn begreift sich die Gegend. Das muss etwas Schönes sein.

Sie waren Mitglied der für uns Jüngere sagenumwobenen Gruppe 47. *Vielleicht könnten Sie auf die Wichtigkeit dieser Vereinigung für Ihre schriftstellerische Entwicklung eingehen und auch Gründe angeben, warum die* Gruppe 47 *im Jahre 1967 aufhörte zu existieren.*

Das war ein wunderbarer Verein für Kameraderie, Freundschaft, Diskussion und Gerede. Ich meine die Abende und Nächte bei den Tagungen. Die Tage waren eher unangenehm. Fand ich. Sportplatz-atmosphäre, Arena, Boxring. Natürlich wollte ich auch den Preis. Deshalb bin ich hin, von 53 bis 55. Als ich den Preis hatte, bin ich immer noch hin, aber ich habe kaum mehr gelesen, ich glaube, nur noch ein Mal. Es ging mir nur um die, die ich gern traf. Ich war da-mals der Meinung, es gebe nirgends so viel Sympathische wie unter Schreibenden. Und das Politische war auch eine Attraktion. Ich habe zugehört, wie Böll, Andersch und Guggenheimer etwas be-sprachen, was ich nur vom Hörensagen kannte: Antifaschismus. Ich hörte Intellektuellen zu. Das war sehr schön. Allmählich wurde mir aber die Ideologie der Gruppe, ihr unwillkürlich sich bildender und von der Gruppe leichtfertig akzeptierter Anspruch fragwürdig. Be-sonders unverständlich war es mir, dass deutsche Schriftsteller ins Ausland reisen sollten, um einander dort deutsche Texte vorzulesen. Was würde man von amerikanischen Schriftstellern sagen, wenn sie per Gruppenflug nach Bad Kissingen kämen, um einander dort amerikanische Texte vorzulesen? Ich fand auch, es sei ungünstig, nach Princeton zu reisen mitten im Vietnamkrieg, während gleich-altrige Amerikaner Kriegsdienst taten oder sich dagegen wehrten. In den fünfziger Jahren hat Hans Werner Richter, glaube ich, die einzig richtigen Aufgaben für eine solche Gruppe entdeckt und sie mit der Gruppe diskutiert. In den Sechzigern ging das nicht mehr, wurde zwar versucht, war aber vergebliche Mühe. Die Gruppe war tot, bevor sie starb. Aber vorher war sie aufregend und schön: durch Freundschaft.

«Wenn der Autor die Arbeit des Schreibens nicht zur eigenen Veränderung braucht, dann wird er auch keinen anderen verändern», schreiben Sie in Ihrem Aufsatz Wie und wovon handelt Literatur *von 1972. Würde das heißen, dass in einem bestimmten Sinne Ihr Werk sowohl autobiographisch als auch pädagogisch fundiert ist? Besteht da nicht ein Widerspruch zwischen diesen beiden Impulsen?*

Sich selber verändert man doch unwillkürlich, wenn man das Unangenehmste, Unerträglichste des eigenen Lebens andauernd sprachlich angreift: nur dadurch, dass diese Arbeit als solche und nicht im Hinblick auf Wirkung vorgeführt wird, interessiert sich möglicherweise ein anderer dafür. Je genauer man sich mit sich beschäftigt, desto mehr erkennt sich darin ein anderer. Es gibt ja wenig Unterschiede in diesem Bereich: Sterbliche sind eine klassenlose Gesellschaft. Diesen Satz möchte ich nicht verteidigen müssen. Aus meiner wichtigsten gesellschaftlichen Verbindung, das sind die Briefe der Leser, weiß ich, dass man, je persönlicher man ist, desto allgemeiner wird. Aber diese Verallgemeinerungsfähigkeit hat doch bei mir wieder sehr deutliche, von mir nicht willkürlich hinausschiebbare Grenzen: wie ich meine Mangelerfahrungen beantworte, damit können nur Leute etwas anfangen, die die gleichen Erfahrungen machen. Und aus Briefen weiß ich, wie ähnlich man einander im Persönlichsten ist. Aber diese Briefe stammen nie von Starken, Mächtigen, Souveränen, Nichts-als-Gesunden, sondern von Abhängigen, Unselbstständigen, Machtlosen.

*Mich würde in diesem Zusammenhang interessieren, ob Sie bei
der Arbeit diese konkreten Leser vor Augen haben?*

Nein. Ich bin beim Schreiben zu sehr mit mir beschäftigt. Beim
Durchlesen und Überarbeiten denke ich gern an den und jenen,
an Bekannte also. Ich geselle sie mir als Zuschauer bei. Ich möchte
ihnen Einfluss einräumen. Meistens gelingt das nicht.

*Sie unterrichten hier bei uns jetzt ein sehr schönes Seminar über
Kafka. Auch Ihre Dissertation bei Friedrich Beißner in Tübingen
hatte sich schon mit Kafka auseinandergesetzt. Woher rührt
dieses langwährende Interesse an Kafka?*

Ich bin als Student zu kurz gekommen. Die Währungsreform hat
mich von der Uni verjagt.

Von der Uni verjagt?

Ich musste Geld verdienen, ging nach Stuttgart, zum Funk, in den
Ferien, nach den Ferien nicht mehr zurück, nur noch alle vier Wochen einmal, in ein Seminar, habe also vom vierten Semester an
eher autodidaktisch studiert und promoviert, aber eben nur, was
für den Abschluss unerlässlich war. Der amerikanische Steuerzahler,
dem ich mich dafür dankbar verpflichtet fühle, hat mich seit 1973
des Öfteren wieder zugelassen an Universitäten. Ich habe ein be-
grenztes theoretisches Interesse entwickelt, das vielleicht mit meiner Praxis zu tun hat. Sicher bin ich nicht. Ich bin von 1973 bis jetzt
noch nicht fertig geworden. Das Programm hat sich schon 1973
abgezeichnet: 1794 bis 1924, also *Wilhelm Meister* bis *Schloss.* Erst
jetzt, hier in Berkeley, komme ich in die letzte Runde *Prozess* und
Schloss. Als Student habe ich mich nur mit dem Äußerlichen dieser
Bücher beschäftigt. Jetzt möchte ich gern hinein, ins Innere. Falls es

Ein Gespräch mit Anton Kaes

eines gibt. Es ist natürlich das eigene Innere, das man mit Büchern, die einem wichtig sind, ertastet.

Um meine Frage zu wiederholen: Was genau hat Sie an Kafka über drei Jahrzehnte hinweg so fasziniert, wenn man das überhaupt auf einen Begriff bringen kann?

Wahrscheinlich die Phantasie der Ohnmacht. Wie man pure Ohnmacht in ein Ballett verwandelt. Ohne ihre Fruchtbarkeit an eine Manier zu verraten. Etwa durch Wiederholung und Variation. Kafka bleibt verhältnismäßig ernst.

War Kafka auch für Ihre Entwicklung als Schriftsteller von Bedeutung?

Ja. Er hat für Jahre alle andere Literatur entwertet. Ich konnte keinen gewöhnlichen Roman mehr lesen bzw. schätzen, egal ob von Goethe oder André Gide. Es war das, was Schiller Resignation nannte, was mich dazu brachte, nachdem ich in Kurzformen als Kafkalehrling aufgetreten war – Leute, die nicht gestatten, dass man in die Lehre geht, nannten es Kafka-Epigone –, es war Resignation also, was mich dazu brachte, realistisch zu schreiben. So empfand ich es damals.

Ich kenne einen Thomas-Mann-Forscher, der Ihnen Ihre gewiss etwas provozierenden Bemerkungen über Thomas Mann vor ein paar Jahren nie verziehen hat. Wollen Sie nicht die Gelegenheit jetzt wahrnehmen und Ihr Urteil revidieren?

Welches Urteil soll es denn sein? Muss man denn alles mögen? Ich kann doch nichts dafür, dass sich in mir etwas sträubt, wenn ich Thomas-Mann-Prosa lese, die nach dem *Tod in Venedig* geschrieben ist.

Diese Bedeutungsverpackungsproduktion in sauerstoffarmer Höhe, zu hoch für mich. Und dann: jedes Menschen Verehrungskapazität ist endlich, und die meine ist offenbar so sehr an den von der ganzen Mann-Welt übersehenen Robert Walser und an Kafka auch vergeben, dass für den prunktüchtigsten Größtschriftsteller zu wenig übrig bleibt. Es ist ganz und gar meine Schuld und Armut. Ich bin bereit, das jedes Jahr öffentlich zu gestehen. Sollte das dem imperialen Nachruhm nicht genügen, gesteh' ich's auch zweimal pro Jahr.

Einmal würde schon genügen. Sie haben, wenn ich mich recht erinnere, vor allem Thomas Manns Ironie kritisiert. Sie selber bevorzugen doch aber auch eine ganz offensichtlich ironische Stilhaltung in den meisten Ihrer Prosawerke. Hat Ihr Gebrauch von Ironie eine andere Funktion, eine andere Form als bei Thomas Mann?

Ich kann mich mir selber gegenüber in keine theoretische Haltung bringen. Ich interessiere mich nicht. Theoretisch. Mein Theoriehobby, das sich jetzt gerade zehn Jahre, und fast immer in Amerika, mit Ironie beschäftigt, hat bei mir die Meinung produziert, Thomas Mann habe keine ironische Prosa geschrieben, wohl aber ironische Charaktere geschaffen in seinen Romanen. Ironischer Stil und ironische Charaktere schließen einander nahezu aus. Nicht ganz, aber nahezu. Robert Walser, der neben Kafka einzige Meister des ironischen Stils in unserer Sprache, hat im *Jakob von Gunten* eine allerdings sehr klein gehaltene Ironikerfigur, nämlich Jakobs Bruder, in einen im ironischen Stil geschriebenen Roman gebracht. Was mich an diesem Stil-Figur-Verhältnis interessiert, ist das dem literarischen Ergebnis zugrunde liegende Selbstbewusstsein des Autors. Das mehr oder weniger mangelhafte. Thomas Mann war sicher ein großer Ironiker. Der humoristische Prosa geschrieben hat. In manieristischer Zuspitzung. Das ist ja nichts Schlimmes, hoff ich.

Vielleicht handelt es sich bei diesem Thomas-Mann-Verhältnis auch um ein Missverständnis. Es käme mir doch nicht in den Sinn, den *Buddenbrooks*-Autor nicht für einen großen Schriftsteller zu halten oder gar den des *Tod in Venedig*. Da ich mich aber mit dieser Spezialität Ironie beschäftigte, musste ich den Fachleuten die Mitteilung machen, dass nach meiner Meinung die meisten Germanisten über Thomas Mann nur als Erfüllungsgehilfen seines Selbstverständnisses aufgetreten sind und dass das nicht reicht, von seiner Sorte Ironie einen Begriff zu geben. Das ist eine theoretische Frage. Es könnte doch sein, dass sich Literaturtheoretiker die Aufgaben nicht vom Autor, um den es geht, formulieren lassen dürfen. Nun liebe ich Thomas Mann nicht heiß genug. Das scheint durcheinanderzugeraten. Es hat, soweit ich sehe, noch kein Thomas-Mann-Kenner auf meine Ironiebeschreibung geantwortet. Überall höre ich nur, dass es skandalös sei, wie ich mich zu Thomas Mann äußere. Das kann ich nur so verstehen: man wirft mir vor, dass ich ihn nicht genug liebe. Es gäbe also eine Liebespflicht? Thomas Mann wäre als Erster dagegen. Ich bin von der Größe seiner Unzuträglichkeit fasziniert. Ich bin also von seinen Schwächen fasziniert. In der Art, wie er seine Schwächen produziert, sehe ich, glaube ich sehen zu können, dass er nicht geliebt sein will. Das fasziniert mich. Er will anerkannt sein! Gern. Bewundert! Bitte schön. Aber mögen muss ich ihn nicht. Das weiß ich von ihm. Und dafür bin ich ihm dankbar.

Wenn Sie erlauben, möchte ich noch einmal kurz auf das schwierige Ironieproblem zurückkommen, dem Sie ja immerhin erst kürzlich eine Vortragsserie an der Frankfurter Universität (veröffentlicht 1981 unter dem Titel Selbstbewusstsein und Ironie*) gewidmet haben. Wenn ich Sie richtig verstehe, unterscheiden Sie dort auch, wie Sie sagen, zwischen ironischen Helden, die über allen Gegensätzen stehen (wie etwa bei Thomas Mann) und einem ironischen Stil, der sogar noch die Identität des Erzäh-*

*lers in Zweifel zieht und negiert (wie etwa bei Robert Walser
und Kafka). Dazu nun meine Frage: In welchem Ihrer Werke,
glauben Sie, ist es Ihnen am ehesten gelungen, diesem ironischen
Stilideal zu entsprechen?*

Ich mache es wie die kranken Ärzte, ich untersuche mich nicht
selbst. Ich habe keine theoretisch-diagnostische Neugier mir gegenüber. Und beim Schreiben ist wenig wählbar. Vor allem jene
Daseinsstimmung, die nachher ironischen Stil produziert, ist unwählbar. Das hat man oder hat es nicht. Ironie ist unfreiwillig oder
sie bleibt Zierrat.

*Sie erwähnten vorhin Robert Walser, zu dessen 100. Geburtstag
Sie den schönen Aufsatz Über den Unerbittlichkeitsstil geschrieben haben. Wie wichtig war Ihnen Robert Walser?*

Ich fürchte, ich habe ihn erst kennengelernt, als ich für tiefgreifende
Lernprozesse schon zu alt war. Das möchte ich zu gern jener Kul-
turgarde vorwerfen, die ihn unter den Teppich kehrte, auf dem uns
Tradition geliefert wird.

*Alfred Döblin und Heinrich Mann haben sich schon in den
zwanziger Jahren für ein spezifisch demokratisches Schreiben
eingesetzt, d. h. für eine schriftstellerische Haltung, die auf Verständlichkeit Wert legt und sich gegen den kunstaristokratischen
ebenso wie den avantgardistischen Nimbus entschieden hat.
Habe ich unrecht, wenn ich Ihr Werk in dieser Tradition sehe?
Einer Tradition, die den grauen Alltag und die Lebenserfahrun-
gen des verwalteten Menschen sprachkritisch und analytisch dia-
gnostizierend beschreibt und sich gerade dadurch sowohl von den
Sprachexperimenten der Avantgarde als auch von der falschen
Harmonie des Unterhaltungsromans unterscheidet.*

Kann ich nicht beurteilen. Wahrscheinlich kann man sich nicht für diese oder jene Schreibweise entscheiden. Mir wenigstens ist das unmöglich. Ich habe das einfach nicht in der Hand. Ich muss es immer nehmen, wie es kommt. Ich verfüge nicht über eine bestimmte Manier, mit deren Hilfe ich Lexikonartikel oder Zeitungssachen in Prosa übersetzen kann. Ich kann nur Eisen schmieden, das heiß ist. Mir kommt ja auch der Alltag nicht grau, sondern glühend vor.

Die Neueste Stimmung im Westen, speziell in der Bundesrepublik, ist von der Literaturwissenschaft inzwischen als Neue Subjektivität etikettiert worden. Auch Nicolas Born spricht in seinem Roman Die erdabgewandte Seite der Geschichte *von der Neuen Innerlichkeit. Was halten Sie von der Nützlichkeit dieser Begriffe? Gibt es nicht einen Rückzug ins Ich, ins Subjektive, eine Art literarische Entsprechung der politischen Tendenzwende zu Anfang der siebziger Jahre? Und wie würden Sie in diesem Zusammenhang Ihr eigenes Werk situieren?*

Ich glaube nicht, dass die Literatur die kurzatmigen Wendungen der Politik mitmacht. Jene Subjektivität ist eher der Versuch, genauer zu sein als das, was bisher da war. Das ist keine andere Tendenz. Mir kamen, als ich zwanzig war, die Vierzigjährigen auch sehr ungenau vor. Es ist eher ein Zufall, dass bei uns unter den Jüngeren damals auch politisch von den älteren Autoren abgerückt wurde. Ich bin in dieser Frage allerdings total befangen. Ich war ein Objekt dieses Prozesses, habe mit Hieb und Stich reagiert auf Hieb und Stich, ich habe keinen Überblick. Ich vermute aber, dass die Literatur eher auf sich selbst reagiert, also ihre eigene Dialektik betreibt, und dass der Betrieb, die Medien die Tendenzen verstärken und zur Mode machen, die den Medienbesitzern oder -kontrolleuren gerade am meisten passen. Es gibt immer auch das Gegenteil, das, was nicht zur Mode gemacht wird.

Wie würden Sie, ganz allgemein, den gegenwärtigen Kultur-
betrieb beschreiben? Gibt es merkbare Veränderungen seit dem
Regierungswechsel?

Der Kulturbetrieb richtet sich nicht nach Regierungswechseln. Da
dieser Betrieb von den Medien gemacht wird und die Medien, je
wichtiger sie sind, desto konservativer sind, war der Kulturbetrieb
immer konservativ. Und da keiner ohne konservative Strähne ist, ist
er für diesen Betrieb brauchbar. In den Sechzigern gab es ein kurzes
liberales Beben des Betriebs. Gleich danach war alles wieder beim
Alten. Mich stört das nur, wenn das Konservative sich als demokra-
tieverhindernde Macht aufspielt. Ich habe inzwischen gelernt, dass
es demokratische Konservative gibt. Ich bin nur gegen Machtausübung. Auch im Kulturbetrieb. Einfach, weil ich diese Macht zu
spüren bekommen habe.

Sie sind den meisten als Romanschriftsteller bekannt. Sie
schreiben aber auch Theaterstücke und Hörspiele. Sind das
jeweils Brotarbeiten, oder interessiert Sie das Theater als Aus-
drucksform? Ich denke z. B. an Ihr letztes Stück In Goethes
Hand *(1982), für das eine Theaterfassung existiert, die sich*
von der Buchfassung unterscheidet.

Buch und Theater sind ja auch zwei recht verschiedene Medien.
Dem Leser kann man ausführlich epischer kommen als dem unbe-
quem sitzenden Zuschauer. Anders als beim Prosaschreiben muss
ich mich bei Dialogen sehr nach anderen richten: da denke ich beim
Schreiben an bestimmte Schauspieler, Bühnen, Zuschauer. Die Unselbständigkeit des Theatertextes führt dazu, dass man mit anderen
viel enger zusammenarbeitet als bei jeder anderen Schreiberei. Die
Gesellschaft, in die man als Theater- oder Hörspielautor gerät, ist
eine Art Kur nach der total isolierenden Romanschreiberei.

Warum haben Sie nicht einmal für den Film ein Script oder ein Drehbuch geschrieben? Gibt es eigentlich Gründe, warum außer dem Einhorn *keiner Ihrer Romane verfilmt worden ist?*

Ich habe Filmdrehbücher geschrieben. Aber die taugten wohl nichts. Mit Peter Fleischmann habe ich an zwei Filmen mitgeschrieben. Außer dem *Einhorn* ist auch *Der Sturz* verfilmt und jetzt kommt gerade das *Pferd* dran. Ich halte mich so weit als möglich draußen aus diesem Gewerbe. Drehbuch ist eine Schreibe für sich. Ich habe das nie richtig geübt. Man muss dabei so viel Sprache unterdrücken. Die Dialoge, die man am wenigsten bemerkt, sind die besten beim Film. Ich glaube, das ist nichts für mich.

Haben sich eigentlich die Produktions- und Arbeitsbedingungen im Allgemeinen für freie Schriftstellerei in den letzten zehn Jahren verbessert oder verschlechtert? Gibt es heute nicht vor allem für junge Schriftsteller mehr Förderpreise und Arbeitsmöglichkeiten beim Rundfunk und Fernsehen als früher?

Vielleicht gibt es mehr Förderung und, durch die vielen Buchreihen, auch mehr Publikationsmöglichkeiten. Aber die Verleger veröffentlichen jetzt die Autoren scharenweise, dadurch hat es der Einzelne dann doch recht schwer. Als Herr Suhrkamp mein erstes Buch machte, kam ein Leinenband, ein fabelhafter Umschlag und ein wunderbarer Satzspiegel zustande. Auflage zweitausend (von der heute noch ein paar da sind), Preis 7,80 DM. Sehr teuer, damals. Trotzdem, ich war und bin sehr einverstanden mit dieser sorgfältig gearbeiteten Erscheinungsweise. Die gibt es, wenn ich das richtig sehe, jetzt nur noch in New York.

Ich möchte Sie jetzt gerne nach der Entstehung eines Prosawerkes fragen, und zwar nach dem eigentlichen Arbeitsprozess. Arbeiten

Sie mit Notizbüchern (wie etwa Peter Weiss), in denen Sie Material sammeln? Wie lange dauert im Allgemeinen die Vorbereitung, wie lange die Niederschrift?

Zum Glück ist das jedes Mal anders. Manchmal schleppt man einen Titel fünfzehn Jahre durch die Notizbücher, bis man dann mit dem richtigen Schreiben anfängt, mit der sogenannten Niederschrift. Manchmal kommt etwas kaum ins Notizbuch, weil man gleich anfangen kann. Das Notizbuch ist bei mir vor allem der tägliche Übungsplatz. Egal wo ich bin, ich brauche die Schreiberei. Es kann inzwischen eine Gewohnheit sein. Eine Lebensweise. Ich werde auf jeden Fall ziemlich nervös, wenn die Umstände so sind, dass ich einen ganzen Tag lang überhaupt nicht zum Schreiben komme. Wenn eine bestimmte Stimmung so deutlich geworden ist, dass sie sich länger zu halten verspricht, kann man anfangen mit einem Buch. Inzwischen weiß ich ziemlich viel von einem Buch, bis ich anfange, es zu schreiben. Aber das Wissen nützt nichts. Ich bin davon abhängig, dass sich eine Stimmung bildet für dieses Buch. Man könnte sagen: eine Tonart oder mehr noch: ein Sound. Wenn man so etwas hat, in dem man dann bleiben kann, ist es geschafft. Dann schreibt man jeden Tag (mit der Hand), bis man müde ist. Am nächsten Morgen geht es weiter. Und so von drei Wochen bis zu drei Jahren. Natürlich können fürchterliche Unsicherheiten passieren unterwegs. Alles Schlimme, was bei einer Reise in eine wenig bekannte Gegend passieren kann. Aber auch Schönes. Die Zeiten, in denen es läuft, sind die schönsten. Schreiben ist ja Entschädigung. Und das spürt man direkt.

Ist das Schreiben also ein Mittel, Erfahrungen zu machen, vielleicht sogar eine Art Lebensersatz?

Ein Mittel, auf Erfahrungen zu reagieren, und zwar so, dass diese Erfahrungen etwas von ihrer natürlichen Unerträglichkeit einbüßen. Das kann schon etwas mehr als Lebensersatz sein. Also mindestens Ersatzleben. Sie haben sicher auch schon bemerkt, dass Leute mit Krücken manchmal ganz übermütig umgehen?

Auch auf die Gefahr hin, dass die Kritik diesen Übermut nicht gelten lässt? Wie wichtig ist eigentlich die Literaturkritik für Sie?

Mir sagen Kritiken über meine Bücher wenig. Gute sind mir lieber als schlechte. Kritiken über Bücher, die ich nicht selber geschrieben habe, finde ich wirklich interessant. Kritiken über eigene Bücher müssen einen Autor eher langweilen. Die guten leider rascher als die schlechten.

Herr Walser, Sie sind ein Gründungsmitglied des Verbands deutscher Schriftsteller, der als eine Art Schriftstellergewerkschaft im Juni 1969 gegründet worden ist. Halten Sie den Zusammenschluss der Schriftsteller in einer IG Druck und Papier für nötig?

Mir wäre eine IG Kultur oder, wie es vielleicht wirklich einmal heißen wird, eine Mediengewerkschaft lieber gewesen. Der Kulturbetrieb ist eine Industrie. Der einzelne Intellektuelle ist dieser Industrie hilflos ausgesetzt. Es gibt organisierbare Interessenvertretung. Das hat erst begonnen. Auf jeden Fall finde ich es komisch, wenn Intellektuelle, die ihr Engagement im Schilde führen, sich nicht einmal mit ihren Kollegen solidarisch organisieren können.

Erst kürzlich gab es wieder heftige Auseinandersetzungen im Schriftstellerverband über die politische Funktion einer solchen Schriftstellervereinigung. Meinen Sie, die Schriftsteller müssten sich heute politisch organisieren, um ihren Wirkungsradius zu vergrößern?

Nicht um den Wirkungsradius zu vergrößern, sondern um im prekären Fall einer Pression, einer Unverschämtheit, einer Schläue, einer Betriebsroutine nicht hilflos ausgesetzt zu sein. Es gibt Rechte, die der Autor nicht selber vertreten kann: Bibliothek, Rundfunk, Schulbücher. Es gibt Gesetzgebung, bei der der Intellektuelle vertreten sein sollte. Es gibt eben Berufspolitik. Ob eine solche Interessenvertretung über das Berufsfeld hinaus politisch agieren kann, ist schwer zu sagen. Die heftigen Auseinandersetzungen, die Sie erwähnen, waren zum Teil scheinheilige Orgien. Da sind Kollegen ausgetreten, die gar nicht drin waren. Die haben, finde ich, auf eine solche Gelegenheit gewartet.

Sie haben sich für kurze Zeit Ende der sechziger Jahre für die neugegründete DKP ausgesprochen, sind aber, wie auch andere (F. X. Kroetz z. B.), bald desillusioniert worden. Was haben Sie sich damals von der Unterstützung dieser Partei bzw. überhaupt einer politischen Partei versprochen?

Als die DKP gegründet wurde, war die SPD gerade auf ihrem Tiefpunkt angelangt, in meiner Sicht. Sie konnte sich nicht zu einer Verurteilung des Vietnamkrieges aufraffen. Die Große Koalition (SPD und CDU/CSU) warf einen harten Schatten auf unseren Demokratieversuch. Da wurde eine neue sozialistische Partei gegründet. Das hat mich interessiert. Ich hatte Freunde unter den Gründern. Ich dachte an eine hiesige Partei, wie ich es immer nannte. Es wurde eine traurige Erfahrung. Leute, die immer alles schon wissen, haben mich ausgelacht, verurteilt usw. Ich dachte, das, was heute Eurokommunismus heißt, der italienische Weg, das müsse bei uns möglich sein. Ich habe es nicht für möglich gehalten, dass diese DDR-Funktionäre so ungeheuer beschränkt sind zu glauben, sie könnten mit einer total DDR-abhängigen Partei in der Bundesrepublik etwas bewirken. Als ich sah, dass ich gegen die Entwicklung der DKP zur DDR-Filiale nichts vermochte, gab ich auf. Ich war nie Mitglied. Ich wurde dort auch immer als der störrische Kleinbürger geführt, der nichts lernen will beim proletarischen Internationalismus. Ich bin von Haus aus föderalistisch. Nichts ist mir so zuwider wie Zentralen. Die DKP-Erfahrung ist mir inzwischen sehr wichtig. Ich habe noch einen Hauch jener internationalistischen Parteiideologie kennengelernt und den religiösen Eifer dieses Marxismus. Da ich sehr katholisch aufgewachsen bin, war das meine zweite Begegnung mit Religion. Jetzt reicht es. Und was mir auch unverlierbar wichtig ist: wie mich die Zeitungen und Institutionen und Kollegen und Freunde behandelten, solange ich für sie ein Kommunist war. Seither weiß ich, was ich von unserer Freiheit zu halten habe. Eine wirkliche Abweichung wäre nicht möglich. Ein Dissident wird auch bei uns erledigt. Man muss hierher oder dorthin gehören. Ich hatte nie das Gefühl, dass ich dorthin gehöre, aber andere hatten das offenbar. Dementsprechend haben sie mich behandelt.

Könnte man sagen, dass Sie sich heute von der politischen Öffentlichkeit fast ganz zurückgezogen haben? Gibt es da Gründe?

Ich muss sagen, dass ich meine Zeitgenossenschaft immer schon am liebsten in den mir möglichen literarischen Formen abgeleistet habe. Der direkte Auftritt wurde nie gesucht. Man gehorchte einer Notwendigkeit.

Was halten Sie von der medienwirksamen Teilnahme der Schriftsteller an Friedensdemonstrationen? Wie Sie wissen, waren Grass und Böll und zahlreiche andere deutsche Schriftsteller vor kurzem bei der Demonstration in Mutlangen. Angenommen, Sie hätten zu dieser Zeit hier nicht unterrichtet, wären Sie dann dabei gewesen?

Ich bin nicht der Meinung, dass der Intellektuelle oder gar der Prominente etwas besser weiß. Unter halbwegs normalen Umständen verstehe ich nicht, warum man eine Prominenz, die man auf einem speziellen Feld hat, für eine Partei einsetzen soll, wenn man nichts beizutragen hat als seine Prominenz. Wenn natürlich ein Schriftsteller eine Konzeption für eine bestimmte Politik hat, wunderbar. Einen solchen Schriftsteller haben wir seit 1945, glaube ich, nicht gehabt. Für mich hat das Schreiben von selbst eine politische Dimension. Aber: es gibt eben unnormale Umstände. Provokationen! Der Vietnamkrieg. Die Raketenaufstellung. Da ist es schwer, daheim am Schreibtisch zu bleiben. Ich weiß nicht, ob ich in Mutlangen dabei gewesen wäre. Ich habe von den ersten Ostermärschen bis zu den letzten Vietnamdemonstrationen einige Erfahrungen gesammelt, ich weiß, dass ich mich nicht besonders gut eigne. Am meisten würde mir liegen, an der Menschenkette von Stuttgart bis sonst wohin mitzuwirken, zwei Hände zur Verfügung zu stellen, dabei zu sein. Den Prominenten spielen, Reden halten, womöglich zündende, das ist mir nicht gegeben. Aber ich bewundere Böll und Grass und Jens dafür, dass sie das können.

Glauben Sie noch, wie Sie es in Ihrem Aufsatz Und wie geht es Ihnen, Jury Trifonow? *aus dem Jahre 1978 ausgedrückt haben, an die Einheit Deutschlands als Kulturnation? Günter Grass hat in seinem Roman* Kopfgeburten oder die Deutschen sterben aus *(1980) ja auch an der kulturellen Einheit der beiden Teile Deutschlands festgehalten. Lässt sich Ihrer Meinung nach die Teilung Deutschlands durch die Literatur aufheben?*

Die Teilung Deutschlands wird dann endgültig sein – und das wäre gleichzeitig die endgültige deutsche und vielleicht auch europäische Katastrophe –, wenn die Deutschen in Ost und West an sie glauben, sie hinnehmen. Für mich ist das ein provisorischer Zustand. Kulturelle Einheit, das ist, glaube ich, auf die Dauer eine Illusion. Ich war froh, als ich hier hörte, dass der britische Historiker E. P. Thompson, leading figure in the British disarmament movement, hier in einem Vortrag gesagt habe, man müsse Jalta wieder aufrollen, rückgängig machen. Amerika und die Sowjetunion müssten sich aus Europa zurückziehen. Das ist die einzige historische Perspektive. Der zunehmend religiöse Eifer in der amerikanischen Außenpolitik, der offenbar unverbesserlich apostolische Grimm des Sowjet-Marxismus, das muss auseinandergebracht werden durch einen aufgeklärten Kontinent: Europa. Und dazu gehört, dass Deutschland als ein Staat erscheint. Ich sage nicht: Wiedervereinigung. Das ist die Rachevokabel der CDU. Aber Einigung. Es gibt für Deutsche nichts Wichtigeres als diese Einigung. Es ist grotesk, wenn sich Deutsche die simpelsten Ängste des Auslands zu eigen machen.

Welche Ängste?

Dass die Deutschen dann zu stark wären und in ihre alten Fehler verfallen würden. Wir sind jetzt eine Gesellschaft, die auf dem Weg zur Demokratie ist. Das kann man schon sagen. Die siebziger Jahre haben das bewiesen. Trotz Tendenzwende. Wir haben keine Hohenzollern mehr in petto und keine Lust auf eine neue NSDAP. Und die SED im Osten wäre auch kein unlösbares Problem. Wenn Moskau und Washington ihre Paranoien wirklich heilen wollten, müssten sie Europa zwischen sich legen. Im Hölderlin'schen Sinn ist die Einigung dieses Vaterlandes eine heilige Aufgabe. Die beiden deutschen Teile wirken heute wie Musterschüler ihres jeweiligen Lagers. Es gibt keinen peinlicheren Anblick als den SED-Bückling Richtung Moskau und den CDU-Bückling Richtung Washington. Die CDU ist schon so pervers, dass sie jedes Bedürfnis nach Selbständigkeit als antiamerikanisch diffamiert. So weit sind wir: Europa gibt es nicht mehr. Es gibt nur noch USA und UdSSR. Das ist die Folge der deutschen Teilung.

Und was können Ihrer Meinung nach die Schriftsteller tun, um diesen zugegebenermaßen desolaten Zustand zu beheben?

Ihre Empfindlichkeit der Geschichte aussetzen. Die Geschichtlichkeit ihrer Empfindlichkeit zur Kenntnis nehmen, darauf reagieren. Hölderlin anwenden. Das heißt: nicht einschlafen im Zustand. Die einladende Unfertigkeit der BRD und der DDR nicht bloß belächeln oder verachten, sondern als unglückliche Momente unserer Geschichte empfinden. Viel ins Ausland gehen, dort lernt man, dass man Deutscher ist, zu Hause darauf reagieren. Mut, «nationell» zu sein. Das ist die Hölderlin'sche Wendung des Wortes. Fast synonym zu eigentümlich. Was gefällt uns an Engländern und Franzosen am besten? Dass sie Engländer und Franzosen sind. Wenn durch das Dritte Reich etwas verwirkt wurde, so darf das nicht vererbt werden. Das ginge auf jeden Fall gegen alles, was man in den letzten hundert Jahren Strafvollzug gelernt hat.

Gibt es eigentlich regelmäßige Kontakte zwischen Schriftstellern der BRD und der DDR?

Regelmäßige nicht. Solche wie die von Grass und Hermlin organisierten. Das war ein kühner und wichtiger Versuch. Leider kommen wir zu wenig hinüber. Ich glaube, mehr DDR-Autoren kommen zu uns. Wie viele von uns haben in der DDR gelesen oder einen Vortrag gehalten? Ich glaube sehr wenige. Ich bin froh, dass ich in Weimar und in Leipzig und in Ostberlin gelesen habe. Da habe ich erlebt, wie wenig getrennt wir sind. Die Teilung ist künstlich. Sie hat Strafcharakter. Man hat ein Land für ein Verbrechen bestraft. Aber diese Sorte Strafvollzug ist barbarisch. Womit ich meine, so hätte man zur Völkerwanderungszeit oder in dynastischen Zeiten strafen können, aber nicht nach 1789.

*Sie haben sich schon früh mit der deutschen Vergangenheits-
bewältigung beschäftigt. In Ihren Dramen* Eiche und Angora
(1961/62) und Der Schwarze Schwan *(1961/64) behandeln
Sie das Zustandekommen und Weiterleben des deutschen Faschismus. Gibt es Gründe, warum Sie sich mit dieser Thematik schon
so lange nicht mehr auseinandergesetzt haben – zumal doch vor
allem Ende der siebziger Jahre eine wahre Welle nationaler Er-
innerungsarbeit in der Literatur und im Neuen Deutschen Film
(in der Nachfolge z. T. auch des Holocaust-Films) zu beobachten
war? Glauben Sie, die deutsche Vergangenheit ist (literarisch
zumindest) kein Thema mehr?*

O doch. Mehr denn je. Nur, meine Ansprüche diesem Thema gegenüber sind so gestiegen, dass ich mich ihnen nicht gewachsen
fühle. Noch nicht. Ich hoffe, in drei bis fünf Jahren bin ich so weit.

*Wäre es möglich, die Probleme, die Sie mit diesem Thema haben,
etwas näher zu bezeichnen?*

Ich glaube, der notwendige Antifaschismus der fünfziger Jahre hat
sich nicht weiterentwickelt. Ich merke in mir vieles, das ich unterdrücken muss. Ich bin vor ein paar Jahren zufällig auf Schlageter
gekommen, zum Beispiel; ich habe gesehen, wie blödsinnig unsere Meinungen sich nach den brutalsten Weisungen der NS-Zeit
richten. Weil Schlageter nach 1933 zum NS-Heros erklärt wurde,
ist er jetzt noch ein Unberührbarer. Erschossen wurde er von den
Franzosen, nach einem Groteskprozess, im Jahre 1923. Die Linke,
außer Radek, hat ihn, ihrem internationalistischen Kommando
zuliebe, gemieden. Ernst Jünger hat seine Hämoglobinmystik mit
ihm getrieben. Heidegger hat eine schöne Rede gehalten über ihn.
Aber Heidegger gilt ja selbst als unverdaulich, das liegt uns alles im
Magen. Das ist unsere Arbeit. Man weiß nicht, wo anfangen. Die

Nation lebt im Zustand örtlicher Betäubung. Und was betäubt wurde, ist die Stelle, an der eine Nation sich selbst empfindet. Da haben wir jetzt ein Taubheitsgefühl, darauf sind, von außen, zwei Abkürzungen gepinselt. Es wird sehr schwer werden. Aber es muss etwas getan werden.

Sie haben nun fast vier Monate in den USA verbracht. Sie waren schon vorher öfter im Land, und ich weiß, dass Sie sich hier in kürzester Zeit eingelebt haben und sich auch hier sehr wohl fühlen. Mich würde nun doch interessieren, was einen deutschen Schriftsteller an dem Amerika von 1983 am meisten fasziniert.

Ja, ich fühle mich wohl hier. Natürlich frage ich mich auch, woher das kommt. Schon seit zehn Jahren. In Vermont, Texas, West Virginia, New Hampshire, New Jersey, Maryland, Kalifornien: Ich habe mich da manchmal so wohl gefühlt, dass ich mir fremd vorgekommen bin. In der Bundesrepublik waren die Zeiten jeweils nach meinen Amerikaaufenthalten meine schwierigsten Jahre. Natürlich spielt auch die Entfernung vom heimischen Betrieb, vom Kriegsschauplatz Kulturbetrieb eine Rolle. Aber auch Amerika an sich ist schön. Das von 1983 ist das problematischste so far. Aber es ist immer noch Amerika. Eine offene Geschichtswerkstatt. Nicht dieser sentimentale Make-up-Pessimismus der Euro-Kultur. Ich bin für Unfertigkeit. Aber das ist alles viel zu abstrakt. Lassen wir's. Es hat keinen Sinn, mein hiesiges Wohlbefinden auf einen Begriff bringen zu wollen.

Gibt es eigentlich Gründe, warum sie noch keinen Amerika-Roman geschrieben haben? Und wie müsste Ihr Amerika-Roman ausfallen? Welches Amerika sollte er schildern?

Es muss ja nicht gleich ein Amerika-Roman sein. Das klänge mir zu imperial. Ich werde irgendwann einmal Figuren herüberschicken. Das weiß ich seit langem. Es gibt Projekte, Titel, gehegte Hoffnungen. Kristlein war in Amerika, einer seiner Onkel war lange hier, aber wenn jetzt wieder einer herüberkommt, sollte, glaube ich, möglichst wenig Amerika als solches vorkommen, sondern nur das, was meinen Motiven wirklich dienlich ist. Niemand braucht mich, um Amerika kennenzulernen. Aber vielleicht kann ich Amerika brauchen, um mich kennenzulernen. Das will ich hoffen.

In den zwanziger Jahren gab es in der Literarischen Welt *eine interessante Serie von Gesprächen mit Autoren unter dem Titel: Was arbeiten Sie? Ich möchte Sie nun zum Abschluss ebenfalls gerne nach Ihrem work in progress fragen. Also, Herr Walser, was arbeiten Sie?*

In Amerika mach ich immer nur meine täglichen Fingerübungen. Manchmal schreibe ich etwas, was zu einem Projekt gehört, das ich hege. Aber hauptsächlich genieße ich hier die Entfernung vom Kulturbetrieb der Bundesrepublik. Die Leute glauben zwar, ich wohnte in Nußdorf. In Wirklichkeit wohne ich auf dem Stachus. Deshalb dieses Bedürfnis nach Amerika. Wenn ich wieder zurück bin, muss ich mich entscheiden, ob ich einen seit langem geplanten Roman anfange oder eine noch nicht so lang geplante Novelle. Ich richte mich dann nach der stärksten Stimmung.

Herr Walser, ich möchte noch – eine Woche nach unserem Gespräch – ein kleines Postscriptum anhängen. Sie haben jetzt unser Gespräch, das im nächsten Jahr im German Quarterly *erscheinen soll, im Ganzen durchlesen können. Was halten Sie davon? Welche Frage würden Sie sich gern selbst gestellt haben? Was würden Sie noch gerne hinzufügen?*

Die Gefahr jedes Interviews: man fühlt sich zur Generalisierung verpflichtet. Auskunft tendiert dazu, allgemein zu sein. Ort, Zeit, Stimmung werden weggedrängt. Das ist das Einzige, was mir fehlt in unserem Gespräch: 778, Contra Costa Avenue, Berkeley, CA 94 707. Und als wollte der Lokalgeist mir recht geben, hat er heute einen schönen Dezembersturm inszeniert, um 10 Uhr 28 heute Morgen blieb die Uhr stehen, die Heizung, der Kühlschrank, die ganze technische Zivilisation. So sitzen wir also abendlich bei Kerzen und einem Kaminfeuer, das mit viel Zeitungen, die ich alle gelesen habe, die Bay Area ist ein Zeitungsparadies, mit Zeitungen also und etwas nassem Holz machen wir uns warm und schafften es nicht, hätten wir nicht das Freundlichste, Beste, das hier gedeiht: den kalifornischen Wein. Den Roten. Mit Merlot und Cabernet Sauvignon aus Sonoma und Napa habe ich tiefe Freundschaft geschlossen. Fürs Leben. Sehen Sie, wie der Kerzenschein dem Roten bekommt. Und wie man, zwischen Kerzen sitzend, auf die wunderbare Lichterburg San Francisco hinschaut. Also bitte, damit will ich nur, nach so viel notwendiger Verallgemeinerung, dem konkreten Lokalgeist geopfert haben. Sonst aber muss man jeden Leser eines Interviews bitten zu bedenken, dass das Leben nicht gerinnen will in Momente, die man dann exemplarisch nennen könnte. Man muss es hineinzwingen in diese Momente. So wie es mir im Augenblick vorkommt, ist es überhaupt: das ist die kühne Fiktion des Interviews. Das ist die Kühnheit der Sprache an sich. Sie hält etwas fest, was eigentlich weiter will.

Das Sonntagsgespräch

mit Wolfgang Herles
1986

Martin Walser zu Gast im Sonntagsgespräch, vor neunundfünf-
zig Jahren in Wasserburg am Bodensee geboren. Martin Walser
schreibt über sein Verhältnis zum Bodensee: «Man versucht
natürlich wegzukommen, ernsthaft. Ich versuche es immer wieder
einmal, immer weniger ernsthaft. Sicher ist, ich bin bis jetzt ohne
Absicht hiergeblieben.»
Das haben Sie vor ungefähr zwanzig Jahren geschrieben, Herr
Walser, und Sie leben noch immer am Bodensee. Noch immer
ohne Absicht, ohne Grund?

Na ja, ich habe inzwischen festgestellt, dass ich dort arbeiten kann.
Als ich das geschrieben habe, war es rechtfertigungspflichtig, wenn
man als Intellektueller so abseits wohnt wie ich damals am Bodensee.
Damals sollte man in Berlin wohnen, in Friedenau, oder mindestens
in München oder Frankfurt. Und das geht darauf zurück, dass man
in Interviews immer wieder gefragt wurde, warum wohnen Sie oder
leben Sie eigentlich am Bodensee? Dann habe ich einmal einen Artikel geschrieben, in dem ich diese Problematik versucht habe ein
bisschen aufzuarbeiten. Heute sage ich: wenn man irgendwo arbeiten kann, dann darf man oder dann soll man sogar dort leben.

Der Wohnort ist vielleicht nicht ganz ohne Belang. Vielleicht hat
man in dieser freundlichen Landschaft im südwestlichen Eck der
Republik einen anderen Blickwinkel auf die Republik Deutsch-
land als etwa aus Bonn?

Ich glaube, von jedem Eck in der Republik hat man eine andere Perspektive als von Bonn aus, Gott sei Dank. Deswegen sollte ein Vaterland möglichst viele Ecken haben, dass es möglichst viele Perspektiven gibt. Das ist für mich ein bisschen ein Reizwort, dieses Deutschland, weil ich gerade in diesem Jahr verschiedentlich damit zu tun hatte. Ich habe gemerkt, dass diese sogenannte deutsche Frage, dass man die in den Ecken des geteilten Vaterlandes lebhafter empfindet, als man sie in Bonn empfindet, wo man eine Deutschlandpolitik hat, und damit hat es sich eigentlich. Wahrscheinlich kann man aber auch in einer sogenannten Hauptstadt nicht mehr haben als eine Politik, und die Frage ist nur, formuliert diese Politik auch, was die Leute empfinden? Da bin ich nicht so sicher. Je öfter ich mit jemandem über Deutschland spreche, desto irritierter werde ich, weil ich finde, dass immer mehr Leute dazu übergehen, diese Teilung für etwas Normales zu halten, während ich, der ich am Bodensee lebe, regional ganz und gar eigentlich befriedigt und beschäftigt bin, politisch als Deutscher je länger je unzufriedener bin mit der Art, wie über Deutschland gesprochen und wie das empfunden wird.

Das überrascht mich ein wenig, und ich könnte mir vorstellen, dass ein junger Mensch, der am Bodensee aufwächst – die Grenzen zu Österreich und der Schweiz spielen praktisch keine Rolle –, sich den europäischen Nachbarn im Westen viel verwandter fühlt als etwa den Bürgern in der DDR.

Ja, jetzt reden Sie vom Dialekt, das stimmt schon. Ich wäre auch immer für eine Nation, für einen Staat, der wirklich föderalistisch lebt und organisiert ist, das ist der Boden, den man unter den Füßen hat. Aber das Dach über dem Kopf müsste eigentlich etwas Nationales sein. Diese künstliche Sache mit diesen beiden deutschen Staaten ermöglicht es nicht, ein Bewusstsein zu haben, dass man dazugehört. Vielleicht liegt das an meinem Jahrgang. Vielleicht empfinden

Sie es anders. Ich habe neulich mit Kollegen, die bei uns in der Gegend wohnen, alle eher in Ihrem Alter als in meinem, darüber gesprochen, ein bisschen zwanghaft vielleicht, ein bisschen ungeduldig, und dann hat der eine gleich gesagt, ja, was für ein Deutschland meinst du, meinst du das von der Maas bis an die Memel, ist Ostpreußen deutsch? Und das sind gleich polemische Fragen, und die nächste Frage ist, ja, wie willst du dies ändern, willst du das wiedervereinigen wie Adenauer oder so, nicht wahr, das sind die polemischen Fragen. Und ich habe tatsächlich nichts anzubieten an Korrektur. Ich finde, man kann das gar nicht, das wäre alles abstrakt und putschistisch und gefährlich, könnte vielleicht auch revanchistisch missverstanden werden. Trotzdem kann ich nicht davon absehen, dass ich Thüringen und Sachsen als deutsch empfinde.

Es wird ja wieder geträumt von der Wiedervereinigung, erstaunlicherweise auch auf der linken Seite. Es wird getan, als sei die Trennungslinie zwischen den beiden deutschen Staaten eine rein juristische und nicht auch eine ideologische, die tiefer geht. Sehen Sie es so, dass die Wiedervereinigung wichtiger ist als die Freiheit?

Ja, erstens ist dieses Wort Wiedervereinigung für mich nicht brauchbar, das stammt aus der Adenauerzeit, und Adenauer hat das immer wieder auch so formuliert, dass man mit dem Osten nur aus der Position der Stärke reden könne. Das sind alles Empfindungs- und Redensarten, die sind mir ganz fremd. Ich meine überhaupt nichts mit Wiedervereinigung. Ich sage nur, in ganz anderen Bereichen meiner Schriftstellerei habe ich schon durch Publikationen, Ausarbeitung innerer Zustände die Erfahrung gemacht, wenn mich etwas interessiert und ich arbeite es aus und ich denke, na, hast du ein Recht, das zu sagen, sollst du das sagen, sollst du dich genieren dafür, dass es nachher auch andere gibt, die sagen, ja, das geht uns genauso, und jetzt hoffe ich in dem Fall auch, dass ich nicht ganz und gar isoliert bin. Ich glaube, dass mehr Leute daran interessiert wären, einfach eine Redeweise zu entwickeln, dass sie wieder davon reden dürften, dass sie Deutsche sind und dass sie keine Bundesrepublikaner oder DDR-Bürger sind. Das ist das Erste, das nichts mit irgendeiner politischen Gewalt- und Machtausübung zu tun hat, die man im Osten und Westen uns da vorschnell unterstellen möchte. Auf jeden Fall glaube ich, dass so, wie es jetzt im Augenblick ist, Ost und West ihren Weltgegenden gegenüber einfach heucheln. Ich glaube, dass unsere Politiker dem Westen gegenüber heucheln und dass die DDR-Bürger Moskau gegenüber heucheln. Wir sind die Musterschüler unserer Welthälften. Das sind besonders gute Kommunisten, und wir sind besonders gute Westmenschen, und ich glaube, das stimmt nicht, wir tun nur so. In der Wirklichkeit sind es tatsächlich Deutsche, die zusammengehören wollen und die nur keinen politischen Weg wissen.

Sie wissen auch keinen?

Na ja. Realistisch glaube ich, man muss dem Gefühl Raum geben, man muss sprechen dürfen darüber, man muss den 8. Mai anders diskutieren, ohne Maske. Also im vergangenen Jahr ist ja durch Weizsäcker da schon viel mehr geschehen als je zuvor vielleicht. Ich habe in diesem Jahr einmal in Stockholm eine Woche miteröffnen dürfen, das hieß von der Universität «Die deutsche Frage und Europa», und da wurden ein DDR-Schriftsteller, Stefan Heym, und ich eingeladen, vor dem schwedischen Publikum über Deutschland zu diskutieren. Das war für mich sehr interessant. Stefan Heym, mein Kollege, den ich kenne und schätze, hat die Diskussion eröffnet, und er hat, ohne dass wir vorher darüber gesprochen hätten, gesagt, ja, es wird zwischen dem Walser und mir keinen Streit geben, wir sind sicher einer Meinung und so weiter.

Und dann hat er eindeutige DDR-Standpunkte entwickelt. Das

musste er auch, weil er einfach von sich aus DDR-Standpunkte hat, und er hat dann gesagt, es geht diesen Bürgern in beiden Teilen Deutschlands viel besser, wenn sie geteilt sind usw., alles Standpunkte, die ich nicht teilen kann, und es wurde dann doch eine Diskussion, weil ich finde, es geht uns schlecht, und das hat nichts mit dem materiellen Befinden zu tun. Ich finde insbesondere, wenn ich im Ausland bin und sehe, wie in Moskau oder in New York oder in Paris die Leute Amerikaner sind und Franzosen sind und Russen sind, dagegen sind wir nichts, wenn wir Bundesrepublikaner sind.

Ja, ist das wirklich so schlimm, Herr Walser? Wir leben ja in einem Zeitalter, wo wir das gemeinsame Europa entwickeln wollen, und Sie führen da den Begriff der Nation wieder ein, der ja, im neunzehnten Jahrhundert zu schlimmer Blüte gereift, in zwei Weltkriege geführt hat.

Ja, gut, das hat einmal dazu geführt. Aber trotzdem bestehen alle anderen Nationen noch, die auch in diese Weltkriege hineingeführt worden sind, während gerade wir nicht mehr bestehen. Und ich finde schon, das ist ja längst formuliert von de Gaulle und Adenauer, das Europa der Vaterländer –, da muss es aber auch ein deutsches Vaterland sein, das dann nach Europa hineinentwickelt werden kann. Als diese technizistisch-zivilisatorisch-avantgardistischen Bundesrepublikaner sind wir kein Beitrag zu Europa. Und ich finde, es ist nicht unsere Sache, die Bequemlichkeit des Auslandes in der Hinsicht zu unterstützen, dass wir sagen, ich glaube, der Mauriac sagt, er mag die Deutschen so gern, dass es von ihm aus gar nicht genug Deutschlands geben kann. Oder Andreotti letztes Jahr: die leiseste Bewegung im innerdeutschen Aufeinanderzugehen, die leiseste Bewegung, dann sagt er gleich, das sind wieder Germanenfestspiele oder so etwas. Verstehen Sie, das Schlichteste, was man also Afghanistan sofort bereit ist zuzugestehen, man interessiert sich für das Selbstbestimmungsrecht der Afghanen. Ich glaube keinem auch nur eine Sekunde lang, dass er es mit diesem wichtigsten Recht nach 1945, das in der Welt entwickelt worden ist, ernst meint – das Menschenrecht haben wir ab 1789 entwickelt, das Selbstbestimmungsrecht ist nach 1945 in die Welt gekommen –, ich glaube keinem ein Wort, wenn er es nicht auch auf uns selber anwendet. Und ich glaube nur, dass man dann natürlich nicht mit Vorschlägen kommen kann, wie Sie jetzt vielleicht es mir zuspielen, sondern ich sage, wir müssen zuerst lange darüber reden und eine Empfindungsart und auch eine öffentliche Art darüber zu reden entwickeln und das fordern, und nicht bei jeder ausländischen Reaktion gleich wieder den braven Bundesrepublikaner, den braven DDR-Bürger spielen, nicht wahr, und so tun, als würden wir das für immer goutieren oder auch nur ertragen wollen. In Schweden habe ich Anstoß erregt beim Publikum, mit dem dann auch diskutiert wurde, bei einem Emigranten, weil ich gesagt habe, die deutsche Teilung ist das Ergebnis einer Strafaktion, einer historischen Strafaktion gegen einen Sünder. Und ich sage, eine Bestrafung, wenn man sie Einzelmenschen gegenüber appliziert, dann tut man das doch zur sogenannten Resozialisierung. Wenn man eine Nation bestraft, muss man das auch tun zur Resozialisierung.

Herr Walser, das hört sich sehr deutschnational an, wenn ich das so sagen darf. Darf ich es konkretisieren an einem Beispiel. Sie haben 1974, die Guillaume-Affäre hatte gerade den Bundeskanzler Brandt das Amt gekostet, einen offenen Brief an Honecker geschrieben und seinen Rücktritt gefordert, und zwar an den «Genossen» Honecker haben Sie geschrieben. Was würden Sie ihm bei einem Zusammentreffen heute sagen? Fühlen Sie sich als sozialistischer Genosse?

Von Honecker? Nein. Aber diese Anrede war nicht publizistisch bildhaft gemeint. Ich hätte nicht schreiben können Herr Honecker.

*Aber was würden Sie ihm sagen? Sie stehen ja auf einem ganz
anderen Standpunkt als er.*

Ja, ich würde sagen, dass ich hoffe, dass er bei allen internationalistischen Pflichtübungen, die er seinerseits hat absolvieren müssen,
dass er nicht ganz vergessen hat, wo er herstammt, und dass er bei
den politischen Erfahrungen, die er gemacht hat, dass er nicht ganz
vergessen hat, dass, von ihm ja nun wirklich unverschuldet, eine
Nation geteilt worden ist und dass das nicht ersetzt werden kann
durch solche Wörter. Die werden uns jetzt angeboten seit dem Kul-
turabkommen, nicht wahr. Auch Kollegen von mir haben plötzlich
dieses Ersatzwort Kulturnation. Die anderen, auch akademischer
Bildung, sagen, es sei eine Geschichtsnation. Also Nietzsche war
kein Ausländer, aber jeder, der heute in Sachsen an Nietzsches Stelle träte, wäre ein Ausländer. Da muss ich den Honecker fragen: Sind
Sie wirklich für mich ein Ausländer, Erich Honecker? Und ich für
ihn? Das kann ich ihm nicht abnehmen. Ich muss sagen, für mich
hat Österreich seit 1945 wirklich nationale Identität entwickelt. Ich
glaube einem Österreicher, dass er ein Österreicher ist, auch wenn,
wie Sie sehr wohl wissen, mit Vorarlberg das Regionalistische
für mich vielleicht im Vordergrund ist. Und ein Schweizer ist ein
Schweizer. Aber für mich hat die DDR keine nationale Identität und
die Bundesrepublik auch nicht.

*Jetzt muss ich aber doch mal provokant fragen: Sie haben mit
Stefan Heym diskutiert. Wäre denn Ihr Kollege Max Frisch für
Sie ein Ausländer? Er gehört doch der gleichen Kulturnation an
im Grunde.*

Auf jeden Fall sind Max Frisch und ich national Ausländer, das ist
gar keine Frage. Das merke ich zum Beispiel, wenn der Kollege
Peter Bichsel öfter mal in einem Nebensatz oder in einem ganzen

Artikel ziemlich polemische, kritische Bemerkungen über die Bundesrepublik schreibt. Da merke ich, selbst wenn ich ihm recht geben muss, wenn ich sage, gut, das verstehe ich, dass du so schreibst, ich wäre nie imstande, das zu schreiben. Das kann nur ein Ausländer so über die Bundesrepublik.

Das heißt also, dass die Sprache nicht das Entscheidende, nicht das alleinige Kriterium sein kann?

Nein. Das ist tatsächlich leider ein Fremdwort, dieses Wort Identität. Also das Selbstgefühl. Es gibt ein nationales Selbstgefühl, das kommt durch viele historische Bedingungen und Entwicklungen. Man weiß nicht genau, wie so etwas zustande kommt, aber ich finde, mir fehlt es in dem jetzigen Zustand. Bitte erinnern Sie sich an Auslandsaufenthalte. Ich weiß nicht, wie Sie sich da vorkommen, wenn man sagt, Sie seien Deutscher. Sie sind es ja eigentlich nicht, Sie sind Bundesrepublikaner. Der General, der stellvertretende NATO-Oberbefehlshaber Dr. Kiesling, war bei uns in der Gegend auf der Reichenau, und bei uns in der Zeitung, im Südkurier, stand dann ein Gespräch mit einem Journalisten. Und in diesem Gespräch hat er geäußert, nur die Deutschen sind imstande, ihre eigene nationale Frage einem Bündnis, er meinte das NATO-Bündnis, unterzuordnen. Er hat ganz eindeutig das Gefühl entwickelt, das ich auch habe. Ich habe dem Mann noch nie so zugestimmt wie in diesem Augenblick. Natürlich mag es eine Generationenfrage sein. Aber dann finde ich trotzdem, es ist eine Aufgabe, eine Arbeit, etwas, was man von uns verlangen kann, vielleicht sogar verlangen muss, dass wir über diese Heuchelei hinaus, also über diese Anempfindung ans Westliche oder Östliche, dass wir auf uns bestehen müssen.

Nun gibt es eine beliebte Frage für Podiumsdiskussionen. Sie lautet: Ist Patriotismus nach Auschwitz noch möglich? Ich will

die Frage genauer stellen: Wie muss der Patriotismus beschaffen
sein, der nach Auschwitz möglich ist für uns?

Wie soll jemand in seinem Kopf mit Auschwitz umgehen, wenn
er nicht die gesamte Nation in sich weiterhin existent fühlt? Denn
die DDR ist einfach ausgestiegen aus diesem nationalen Erbe, die
hat das einfach uns zugeschoben, das waren nur wir. Ich finde, man
muss sich der peinlichen Aufgabe stellen: Wie ist es zu Auschwitz
gekommen? Und das ist eine nationale Entwicklung, und das hat
eben dann und dann angefangen und ist so und so gelaufen und
hat zu Auschwitz geführt. Und solange man diese Frage nicht als
eine nationale beantwortet, so lang hat man gar nichts getan. Es
nützt überhaupt nichts für mich, sich von Auschwitz zu distanzieren, verstehen Sie, dass das immer jemand war: Zuerst waren es die
SS-Bestien, dann war es dieser verführte Sowieso. Die angebotenen
Erklärungen für Auschwitz haben mich noch in keiner Sekunde
befriedigt. Ich finde, das ist etwas, das wir alle miteinander tragen
müssen und auf uns nehmen müssen, und da können wir nicht
ausweichen, das sind wir als Deutsche. Ich meine, das hat auch vor
1933 angefangen. Da ist auch selbst Weizsäcker in seinen 8. Mai-
Ausführungen für mich noch zu wenig weit zurückgegangen, da
gehört 1918 dazu, da gehört 1914 dazu.

Die Suche nach der eigenen Geschichte ist ein Phänomen, das un-
abhängig von der politischen Partei da ist und zu beobachten ist.
Ist das nun ein Stückchen gewonnenes deutsches Selbstbewusst-
sein, oder ist es nur ein Reflex auf Orientierungslosigkeit auf
anderen Feldern?

Es kann sein, es ist ein Erklärungsangebot. Ich weiß nicht, ich merke
nur, vielleicht auch durch Reaktionen, wenn man einmal irgendwo
darauf zu sprechen kommt, dass ich mich unterscheide in diesem

Ein Gespräch mit Wolfgang Herles

Bedürfnis, diese Geschichte ganz mitzunehmen, das nicht liegen-
zulassen, nicht zurückzulassen. Da merke ich einfach, da läuft alles
falsch. Ein Beispiel: Schlageter. Die meisten Leute, wenn Sie den
Namen Schlageter sagen, dann zucken sie zurück, oder sie wissen
überhaupt nicht, wer das ist. Am 26. Mai 1923 von Franzosen auf
der Golzheimer Heide bei Düsseldorf erschossen usw., für meine
Generation ein Held, von den Nationalsozialisten zum ersten Soldaten des Dritten Reiches gemacht, deswegen nach 1945 verdammt
zum Bluthund, zum Faschisten, was er nie war und so weiter. So
gehen wir mit Geschichte um. Das meine ich eben, das stimmt halt
nicht. Das sind auch die Schulen, das ist alles voller Komplexe und
Heuchelei.

Jeder holt sich ja aus der Geschichte die Argumente, die er gerade
braucht. Aber ist vielleicht nicht das Einzige, was wir aus der Ge-
schichte lernen können, die Erkenntnis, dass sich Geschichte doch
nie wiederholt im Grunde, dass jede Katastrophe ihre eigenen
Bedingungen hatte, dass auch jede Chance nur ein Mal kommt?

Aber die Nation: Sie haben vorhin gesagt, das ist neunzehntes Jahrhundert. Da hat sie sich letzten Endes dann wirklich formiert, aber
unterwegs war das ja viel länger. Und Sie sagen, es kommt etwas
nicht wieder, aber es hört auch etwas nicht so auf wie 1945, als
Nation, mit Potsdamer Beschlüssen, oder davor Jalta, Teheran. So
hört eine Geschichte, die tausend Jahre lang unterwegs war, die hört
nicht durch solche Beschlüsse und durch einen Eisernen Vorhang
auf. Und das ist überhaupt nichts Revanchistisches. Ich sage nur
mein Gefühl: so kann Geschichte nicht enden.

Und das ist das, was Sie aus Geschichte lernen können, dass es
eben keinen endgültigen Schlussstrich unter eine offene Frage
gibt?

Ich unterwerfe mich da keiner gerade gängigen öffentlichen Redeweise, sondern ich richte mich nach meinem Gefühl, und mein Gefühl sagt: Der 8. Mai 1945 ist nicht der Schlusstag der gesamtdeutschen Geschichte.

Wie erklären Sie sich den Wandel? Vor ein paar Jahren beklagte man ja noch allseits ein völliges Desinteresse an Geschichte, und jetzt diese Renaissance. Wie kommt das?

Das ist auch das übrigens, was mir so ein bisschen Mut macht. Zur Wiedervereinigungsparolenzeit war das Kalter Krieg. Dann waren in den siebziger Jahren diese offiziellen Entspannungsversuche. Und jetzt, glaube ich, ist eine Zeit, wo die Bevölkerungen – also das wäre jetzt ein bisschen Wunschdenken – selber sich zu Wort melden. Ich glaube, jetzt ist ein größeres Interesse an der DDR bei uns. Das merkt man daran: Wenn man damals in die DDR fuhr, oder man hatte etwas mit der DDR zu tun, da war man ein Kommunist hier. Also unter Adenauer, wenn man einen Artikel über Bloch geschrieben hat, war man schon ein bisschen verdächtig, nicht wahr? Und umgekehrt drüben genauso. Die sind da kein bisschen anders. Was das angeht, waren die schlimmer. Aber das hat sich geändert. Jetzt ist ein freieres Interesse, und man sagt das auch schon – und das ist das Allerbeste – dass das noch existiert.

Das ist aber doch sicher nicht zu verwechseln mit dem Wunsch der Bevölkerung nach einem Neutralismus der beiden deutschen Staaten?

Das ist schon eine politische Frage. Aber bei uns würden zum Beispiel Konservative in Bonn immer gleich sagen: Moment, das ist antiamerikanisch, was Sie da sagen. Und damit wollen sie einen schon von der Mehrheit der Bevölkerung trennen, weil die Bevölkerung mit Recht hier nichts Antiamerikanisches will. Aber man muss trotzdem über das Wort nachdenken. Das Nächste ist die Stalin-Note. Dann wird so zurückgegriffen zu den Versatzstücken des Kalten Krieges. Ich glaube, man muss schon darüber nachdenken, wie das Kiesling getan hat, ob wir für ewige Zeiten und wie viel nationale Zukunft einem Bündnis in welcher Form unterordnen wollen. Und das hat überhaupt nichts auch nur mit einem Millimeter Distanz zur westlichen Welt zu tun. Das meine ich damit überhaupt nicht, denn Österreich ist bei Gott nicht antiamerikanisch und die Schweiz auch nicht, und sie sind auch nicht in anderen Bündnissen. Wir sind unglaublich eingeschlafen in unseren Denkgewohnheiten.

Eine letzte Frage, Herr Walser. Günter Grass kehrt Deutschland den Rücken, er möchte für ein Jahr nach Asien gehen, er hat die Nase voll, wie er sagt, von der gesellschaftlichen Entwicklung hierzulande, er steigt also aus. Sie dagegen haben in diesem Jahr, wie ich finde, einen sehr schönen Satz geschrieben. «Man kann die Welt auch dadurch bewohnbarer machen, dass man in ihr bleibt.» Dieser Satz war auf Goethe gemünzt, aber ist er auch die Maxime von Martin Walser?

Ja, das wäre sicher auch die Maxime von Günter Grass. Ich meine, in jedem Beruf gibt es spezielle Zuspitzungen. Und ich nehme an, dass der Grass einfach für eine Zeitlang genug hat. Ich war in den siebziger Jahren auch manchmal sehr froh – ich konnte mir nie ein Jahr Absentismus leisten –, aber wenn ich ein paar Monate in Amerika war, da war ich sehr froh. Und ich wünsche dem Grass eine gute Rückkehr in die Bundesrepublik. Das weiß er so gut wie ich, dass es sich hier sehr wohl leben lässt.

Vielen Dank.

*«Ich werde mich nicht an diese
deutsche Teilung gewöhnen.»
Ist der Autor jemand,
der neue Fragen stellt?*

Ein Gespräch mit Paul F. Reitze
1986

*Herr Walser, Sie haben nach mancherlei Einmischungen in die
Politik einmal geschrieben, der Schriftsteller müsse sich bewusst
sein, dass er sich auf ein «geliehenes Podest» begebe, wenn er
sich politisch äußere. Was kann er vom «geliehenen Podest»
bewirken; was soll er zu bewirken versuchen, er, den Sie ja immer
wieder mit der Kategorie der Ohnmacht bedacht haben?*

Das geliehene Podest, konkret gesagt, ist die geliehene Sprache des
Politikers, die eine andere ist als die des Schriftstellers. Das glaube
ich, aus eigener Erfahrung. Ich habe das auch bei Kollegen beobachtet, dass unsere Sprache doch metaphorischer tendiert als die Sprache der Politiker und dass wir nicht mit jenem oft unreflektierten
Selbstvertrauen der Politiker vor andere Leute hintreten können,
gewissermaßen mit dem Bewusstsein, wir wüssten besser als die
Leute, zu denen wir sprechen, was für diese Leute richtiger sei.

*Ist der Autor jemand, verkürzt gesagt, der neue Fragen stellt,
während umgekehrt der Politiker nur Antworten gibt?*

Ein Politiker ist einfach im Vorschlags- und Realisierungswesen
direkt beschäftigt, und man kann beim besten Willen nicht sagen,
dass es der Schriftsteller auch so sei. Ich habe diese Erfahrung sehr
früh gemacht. 1961 war ich der Erste, glaube ich, der für die SPD
eine Wahlinitiative unternommen hat mit einem Taschenbüchlein
bei rororo: *Die Alternative oder Brauchen wir eine neue Regierung?* Es
war damals sehr schwer, Kollegen zu mobilisieren für dieses Unternehmen. Das Ergebnis war, ich habe es niemandem gesagt, aber es

war für mich beschämend, auch meine eigenen Arbeitserfahrungen: Ich musste das Vorwort schreiben und einen Beitrag. Und meine Kollegen und ich haben in meinen Augen nicht gut abgeschnitten, politisch nicht gut abgeschnitten, das hängt nicht mit der Tendenz zusammen. Die besten Leute in diesem Bändchen waren die Publizisten, Erich Kuby etwa. Der hat mir imponiert. Wir anderen alle haben Betrachtungen, metaphorische Stimmungsbilder, ein bisschen Mut zum Ausdruck gebracht, ich glaube, wir beherrschen das nicht, dieses Fach.

Wie kann der Schriftsteller überhaupt in die Politik hineinreichen?

Einmal dadurch, dass das, was man schreibt, im Laufe der Zeit auch eine politische Wirkung haben kann. Ein Roman und ein Stück sowieso, das ist möglich. Oder dass ein Missstand so groß ist, dass er uns direkt provoziert, und dass der Missstand so ist, dass auch wir mit unserer Sprache einfach eine Chance haben können. Das war nach meinen Erfahrungen vor allem bei der Berichterstattung über den Vietnamkrieg der Fall. Bonn und die deutsche Presse haben diesen Krieg nach meiner Meinung falsch dargestellt; da konnte man einhaken. Aber zum normalen Politikverlauf haben wir, glaube ich, nicht sehr viel beizusteuern.

Nun hat Günter Grass ja weitergemacht.

Es gibt natürlich in meiner Generation Günter Grass, der durch seinen persönlichen Einsatz, durch die Konsequenz, durch die Hartnäckigkeit, mit der er auf seinem Wahlkampfeinsatz bestanden hat, mir von Jahr zu Jahr mehr imponiert hat. Auch in den Zeiten, in denen ich nicht seiner Meinung war. Aber es ist klar: Wenn sich ein Mann in dieser Weise engagiert, wird er auch für die öffentliche Meinung eine Figur. Da kann er indirekt eine politische Werbewirkung haben. Eine politische Werbewirkung ist etwas anderes, als wenn man selber politisch wirkt durch das, was man vorgeschlagen hat.

Geht das dann nicht zu Lasten der Literatur?

Das hängt davon ab, ob das ein einzelner Schriftsteller verkraftet, ob er sich da sozusagen kaputt macht, verschleißt, von sich abkommt. Das ist seine Sache. Es bleibt auch ihm überlassen, was ihm womöglich wichtiger ist. Nur: Für mich ist das Mikrophon, in das ich auf dem Marienplatz in München in der Vietnam-Zeit auch gesprochen habe, kein günstiges Medium. Ich habe eingesehen, dass ich mich am Schreibtisch nicht nur wohler fühle, sondern dass ich am Schreibtisch auch mehr tun kann.

Deswegen ist meine wohl abschließende Erfahrung, dass auch der vierjährige Wahlkampfrhythmus keine Möglichkeit ist. Gleichzeitig glaube ich, als Autor so sehr in die Gegenwart der Bundesrepublik zu gehören, dass ich unwillkürlich nicht gerade die Politik, aber diese Wirklichkeit beeinflusse in einem nicht mehr feststellbaren Ausmaß, homöopathisch von mir aus. Ich bin drin in dieser Gegenwart der Bundesrepublik, aber eben auf schriftstellerische Weise.

Herr Walser, wie so viele, fast alle Autoren Ihrer Generation sind Sie geprägt von Deutschland als einem Ganzen. «Aus meinem historischen Bewusstsein ist Deutschland nicht zu tilgen», sagten Sie in einer Rede einmal. Was bedeuten für Sie, der Sie so tief in der Barocklandschaft hier am Bodensee verwurzelt sind, geistige Landschaften wie Thüringen und Sachsen? Und was bedeutet Ihnen die engere Heimat?

Ein Gespräch mit Paul F. Reitze

Die engere Heimat ist eben in jener ausfüllenden Weise gegenwärtig, dass sie sehr schwer einzugrenzen und in ihrer speziellen Bedeutung feststellbar wäre, sie ist gewissermaßen überall drin, von Anfang bis Ende. Das kann ich nicht herauspräparieren als einen Teil von mir.

Deutschland, dass sich hier ein Mangel und ein Missstand manifestiert, wird mir natürlich deutlicher gegenwärtig als die mich umgebende Heimat. Ich werde mich nicht an diese deutsche Teilung gewöhnen. Ich kann Leipzig oder Thüringen oder Sachsen nicht als Ausland sehen, das ist für mich unmöglich. Ich habe mich nie vertreten gesehen in den Wiedervereinigungsparolen der Adenauer-Zeit. Ich habe jene Politik der sogenannten Wiedervereinigung, die immer auch betonte, dass mit dem Osten nur aus einer Position der Stärke zu sprechen sei, auch als Reaktion auf das gesehen, was in der DDR geschehen ist. Aber es war für mich die falsche Reaktion auf das, was in der DDR passiert ist. Es war nämlich Polarisierung, also Auseinanderentwicklung. Ulbricht, Adenauer und alles, was zu ihnen gehört, sind für mich gleichermaßen verantwortlich, dass sich dies so auseinanderentwickelt hat.

Ich glaube in der Tat, dass sich da seit den siebziger Jahren einiges umgekehrt hat, zumindest in Westdeutschland. Ich weiß nicht, ob ich mir das einbilde. Ich glaube, dass man inzwischen über Deutschland vernünftiger sprechen kann als in den sechziger Jahren.

Gut, vielleicht komme ich immer nur an Leute, mit denen man es kann, aber ich treffe immer häufiger mit Menschen zusammen, die das auch so empfinden, dass die Teilung nicht endgültig sein kann, und die auch der Meinung sind, dass es nur an uns liegt, wenn das Ausland den Zustand für endgültig hält, weil wir dem Ausland, aus Heuchelei im Osten und Westen, den Eindruck vermitteln, als hätten wir uns damit abgefunden. Immer häufiger komme ich mit Leuten zusammen, die, wenn ich es sehr gefühlvoll sagen wollte, Sehnsucht entwickeln nach einer Bewegung aufeinander zu.

Wie lässt sich die Sehnsucht umsetzen?

Selbst wenn man keine politischen Vorschläge zu machen hat, wie das gehen soll, so wäre schon etwas geschehen, wenn alle, die das Wort ergreifen und die öffentlich handeln, dies zum Ausdruck bringen würden. Auch alle, die Gelegenheit haben, mit Honecker und überhaupt mit DDR-Politikern zu sprechen. Ich tue das, wenn ich mit Leuten aus der DDR zusammenkomme. Ich kann nicht viel mehr sagen, als dass das für mich nicht hinnehmbar ist. Ich werde mich nie damit abfinden. Das Schlimmste, was passieren kann, ist, dass mit unseren Generationen dieses Bedürfnis ausstirbt, obwohl ich daran nicht glaube.

Herr Walser, mehrfach begegnet man in Ihren Essays und Reden dem Begriff der «Geschichtswerkstatt». Sie haben einmal gesagt, Sie beschäftigten sich als Autor so intensiv mit Gesellschaftlichem, weil es die Erscheinungsform des Geschichtlichen sei. Haben Sie den Eindruck, dass sich der Weltgeist nach Amerika verzogen hat? Warum lieben Sie dieses Land so sehr, das andere deutsche Autoren immer wieder attackieren?

Mir ist zum Ausdruck Geschichtswerkstatt an Amerika eben aufgegangen, dass dort nichts fertig ist. Eine amerikanische Stadt, die ist nicht fertig. Das ist ein wildes Bautengemisch. In vielen Städten fehlt noch der Kern; man kann sich noch nicht vorstellen, wie Oakland in hundert Jahren aussehen wird.

Aber genauso ist es ja mit den Herkünften. Da sind immer noch lauter Iren und Armenier und Polen und Italiener. Deutsche fallen weniger auf, sie vermischen sich und passen sich schneller an. Trotzdem: Der Amerikaner ist noch nicht fertig. Er wird vielleicht ein bisschen weniger weiß sein.

Dies ist Geschichtswerkstatt; das lädt mich sehr ein, weil ich mir wünschte, dieses Bewusstsein von Unfertigkeit zu lernen für uns, damit wir nicht so dieses Gefühl haben: Was 1945 durch Strafaktion geschah, das soll die deutsche Geschichte jetzt für immer sein. Wir haben so ein Endgültigkeitsgefühl, ich glaube, wir haben zu viel Beckett, zu viel Schlussphantasien entwickelt, und das tut mir in jeder Hinsicht weh.

Inwieweit fließt da bei Ihnen auch persönliches Erleben mit ein?

Vielleicht hat es bei mir auch damit zu tun: Ich habe nicht viel Geschichtsüberblick in der eigenen Familie, aber ich weiß, dass es Bauern in dieser Gegend waren, und das war nicht selten eine mühselige Existenz. Ich glaube, dass der Mensch jetzt freier wachsen und aufwachsen und sich entwickeln kann. Jetzt soll Schluss sein, jetzt sollen wir keine Geschichtswerkstatt mehr sein! Jetzt soll das kleine Rest-Deutschland der Entfaltungshorizont für alle künftigen Generationen werden! Ebendeswegen bin ich gern in Amerika, weil ich die dortige Offenheit für Geschichte als so anregend empfinde.

Am Beispiel Proust haben Sie analysiert, der Roman sei die «Geschichtsschreibung des Alltags». Was ist Ihr persönlicher Beitrag zu dieser Geschichtsschreibung? Wie äußert sich dies in Ihrem Werk?

Das ist natürlich nicht von mir festzustellen. Nur die Leser oder die Kritik und die Verarbeitenden können feststellen, ob ich da einen Beitrag leisten kann. Ich habe diese Geschichtsschreibung des Alltags ja auch nicht für mich. Für mich ist es einfach die Roman-Chance schlechthin. Den Ausdruck habe ich auch als Leser gewonnen, nicht nur als Autor. Man kann seine eigene Kompetenz nicht beabsichtigen; die könnte man sich wünschen.

*Wie hat sich diese «Geschichtsschreibung des Alltags» in der
Vergangenheit für Sie geäußert?*

Ich will drei für mich exemplarische Romane der deutschen Literatur nennen: *Wilhelm Meister*, Robert Walsers *Jakob von Gunten* und den *Prozess* von Kafka. Es gibt für mich kein vertrauenswürdigeres Geschichtsbuch für die ersten politischen Gehversuche des deutschen Bürgertums gegenüber dem Feudalismus als Goethes *Wilhelm Meister*. Wie der junge Bürgersohn zuerst glaubt, er könne nur als Künstler Selbstbewusstsein gewinnen und wie er eben durch seine Lehrjahre ins Ökonomische gedrängt wird, diese positive Resignation, dieser Abschied von einer Pseudoverwirklichung, dieses Hineinfinden in eine wirkliche gesellschaftliche Laufbahn, das kann man in keinem Geschichtsbuch besser lesen. Das Buch hat für seine Entstehung circa siebzehn Jahre gebraucht. Es gehört natürlich auch Glück in der Epoche dazu, dass so etwas entsteht. Da ist ein exemplarisches Werk entstanden für das Bürgertum.

Dasselbe ist im *Jakob von Gunten* für das Kleinbürgertum gelungen. Hier finden sich die Zerknirschtheit, die negativen Erfahrungen des Kleinbürgertums, radikal und höchst genau. Da ist das gesellschaftliche Schicksal einer Kleinbürgerklasse beschrieben, die vor lauter Abhängigkeit und Unselbständigkeit zu keinem Erlebnis der Gegenwart kommt. Dieser Romanheld schaut auf sein irgendwann beginnen müssendes Leben hin, und von einem Augenblick auf den anderen muss er zurückschauen auf ein Leben, das gewesen ist. Das Leben selber findet sozusagen nicht statt. Dies ist kleinbürgerliche Erfahrung, ein, wie ich auch von mir weiß, ungeheuer genaues Bild, das ganz stark mit dem Gesellschaftlichen zu tun hat. So könnte man es auch für Kafkas *Prozess* ausführen. An solchen Werken habe ich erfahren, dass für mich die vertrauenswürdigste Geschichtsschreibung die des Alltags ist, und sie findet in den Romanen statt.

Ob man selber je dazu einen Beitrag leisten kann, hängt von der Gesellschaft ab, ob sie glaubt, dass sie einen dazu brauchen könne.

Günter Grass hat Urlaub von Europa genommen; er will nun für einige Zeit in Kalkutta leben. Sein vorerst letztes Buch Die Rättin *hat ein Weltuntergangsszenario entfaltet. Wolfgang Hildesheimer will aus Verzweiflung über die Weltläufte mit dem Schreiben aufhören. Warum gibt es für Ihre Helden, Herr Walser, nach der Nacht der Verzweiflung immer einen Lichtstreifen? Warum glauben Sie, fast mit Heiterkeit, an das Leben, an ein gutes Ende?*

Ich glaube, Herr Reitze, die Zusammenbündelung von Daten, die zu dieser Frage führen, muss ich noch einmal auseinanderpflücken. *Die Rättin* und Kalkutta, ich weiß nicht, ob die wirklich zusammengehören. Ich will Günter Grass jetzt da nicht dreinreden. Aber wenn er vehement ein Untergangsszenario entwirft, wird er das wohl nicht tun, weil er an den Untergang glaubt oder gar so an- und hingezogen ist vom Untergang, dass er ihn einfach noch einmal durch Beschreibung verdoppelt, das glaube ich seinem ganzen Temperament nach nicht. Ich kenne das Buch noch nicht, aber ich nehme an, dass da stark satirische Demonstrationsabsichten sind, die verhindern sollen, was da geschrieben ist.

Ich meine, das ist etwas anderes als jene Art von resignativer, depressiver Abwendung, die Hildesheimer vollzieht.

Sie glauben nicht an die verhindernde Kraft der Satire, halten Resignation für unstatthaft?

Mir ist beides nicht gegeben. Ich könnte kein Untergangsszenario schreiben, ich kann nicht ein riesiges Fresko aus dem machen, was ich erlebe. Ich muss die Schwierigkeiten, in einer bestimmten Zeit zu leben, sehr mit Großaufnahmen einzelner Poren, Landschaften gewissermaßen, herausarbeiten. Ich gehe also in einem kleineren Maßstab vor.

Dem Leben oder der Epoche oder den historischen Aussichten kann ich nie eine so generelle und so entschiedene und gar so negative Haltung entgegensetzen, weil ich immer daran denke, dass ich heute, an diesem Tag, an dem ich auch schreibe, und sei es unter welchen Bedingungen und Stimmungen auch immer, am Leben interessiert bin. Ich möchte heute leben, verstehen Sie? Ich würde heute ungern sterben. Wenn ich an diesem Tag ungern sterben würde, dann kann ich auch keine allgemeine Untergangsvision nähren. Dann versuche ich etwas anderes.

Sie wollen dem Leben eine Chance geben?

Ich bemühe mich, aus einer entstehenden Romanmasse das positivste Ende herauszuarbeiten. Ich will nicht lügen mit einem Roman, aber ich will das unter diesen Roman-Umständen beste Ende aus einem Romangeschehen herausarbeiten.

Ich habe da schon Fehler gemacht; die Romanschlüsse sind das Schwerste, sind individuell fast nicht zu schaffen, fast nicht zu verantworten. Da lasse ich mir die Hand am liebsten führen. Das ist ein Arbeitsproblem und ein Existenzproblem. Auf jeden Fall aber bin ich am Leben interessiert; Untergang interessiert mich nicht. Ich glaube nicht an das Wort Untergang. Ich habe keinerlei prophetische Ader, auch keine Neigung dazu. Ich muss sagen, ich glaube auch nicht an Utopien. Ich bin sehr stark auf Gegenwart angewiesen.

Was bedeutet Ihnen da die Tradition? Daran anknüpfend: Was steht Ihnen aus der Gegenwartsliteratur nahe, was fern? Mit welchen Autoren der Vergangenheit fühlen Sie sich heute im Dialog, mit welchen der Gegenwart?

Ein Gespräch mit Paul F. Reitze

Tradition, ich meine Geschichte, bedeutet mir sehr viel. Ich weiß nicht, ob man das sagen kann, aber am liebsten würde ich sagen: Geschichte bedeutet mir mehr als Zukunft. Mit Geschichte kann ich umgehen, mit Zukunft nicht.

Beim Umgang mit Geschichte entsteht bei mir ein Bedürfnis danach, wie Geschichte am besten weiterginge. Das kann ich jedoch nur mit Blick auf das Vergangene tun. Denn an sich ist Zukunft leer, aber eben aus Geschichte entstehen Bedürfnis und Gegenwart.

Und die literarische Seite?

Natürlich ist meine Beschäftigung mit Geschichte eine stark literarische. Da haben sich im Laufe der Jahrzehnte ein paar Autoren als unerschöpflich erwiesen, mit denen lebe ich eigentlich von Anfang an. Von Hölderlin war ich immer hingerissen, das ist keine Kunst. Mit Goethe hatte ich es schwer, das hat beinahe dreißig Jahre gedauert; es tut mir leid, aber schneller ging es eben bei mir nicht.

Dann natürlich Robert Walser. Auch er ist für mich eine lebenslange Beschäftigung. Sehr wichtig für mich war eine Zeitlang auch Proust, sehr wichtig eine Zeitlang Brecht.

Wenn man sich mit einem Autor der Gegenwart auseinandersetzt, diskutiert man mit ihm, sagt man Ja, ja, nein, nein, ach ja, denn da liest man zustimmend und sich verwahrend, wieder zustimmend und so weiter. So habe ich mich vielleicht mit Uwe Johnson am meisten in dieser Art beschäftigt, in den sechziger, Anfang der siebziger Jahre. Dann aber nicht mehr so sehr. Ein paar Jahre habe ich mich auch mit Arno Schmidt so auseinandergesetzt. Als er begann, sich selber zu reproduzieren, da hat er mich nicht mehr so interessiert.

Da gehören natürlich auch andere dazu, Jürgen Habermas etwa. Diese Art von Literatur ist auch für mich ein Gegenstand zur Auseinandersetzung. In Zukunft werden es mehr und mehr Historiker und Philosophen für mich sein.

Von außen betrachtet, Herr Walser: Sie sind ein Mann von kaum fassbarem schöpferischen Fleiß. Sie haben nicht nur ganze Familien von Heldengeschlechtern in Ihrem Werk um sich versammelt, die in immer neuen Konfigurationen auftauchen, sondern Sie haben sich auf immer neue Themenbereiche rund um den See oder zuletzt in Kalifornien eingelassen: vom Herren-Chauffeur zum Angestellten, der Schiffbruch erleidet; vom Denkmalschutz des Schwanenhauses zum Universitätsleben der USA. Das alles bleibt ja nicht nur von der Sprache her walserisch. Wie bewältigen Sie das? Wie kommen Sie zu den Stoffen? Wie behalten Sie angesichts der bedrängenden Themen und Gestalten Freiraum?

Zu den Stoffen komme ich über Figuren, zu den Figuren komme ich, ich weiß nicht wie. Letztlich aus einem meistens eher negativen Zustand habe ich das Gefühl, diesen Zustand will ich beantworten mit Hilfe einer Figur. Das ist dann eben mein Chauffeur oder ein Handelsvertreter oder ein Lehrer oder ein Immobilienhändler.

Für einen Romanschreiber ist natürlich das Entscheidende die Kompetenz zu einer Figur. Wenn man das Bedürfnis hat, einen Chauffeur als Figur zu haben, weiß man nicht, ob man auch kompetent ist dafür, ob man es auch stofflich schafft. Da muss sich beim Schreiben herausstellen: Wie weit bin ich in einem solchen Bereich zu Hause? Nun gibt es zweierlei Arten von Zuhausesein. Die eine ist das rein Stoffliche; die andere ist das innerliche Zuhausesein.

Was ohne weiteres einleuchtet, ist, dass vielleicht der Chauffeur in *Seelenarbeit* die schwierigste Figur war und ist. Da fühlte ich mich kompetent, wie ich im Laufe der Niederschrift bemerkt habe, kompetent einfach durch meine Herkunft. Meine Onkel, Tanten, meine Familie aus Bauern, Kleinbauern mit sehr vielen Kindern, viele von ihnen sind in die Dienste von Herrschaften gegangen. Da kommt sehr viel Erfahrung zusammen. Als Kind weiß man noch nicht, dass man sich das alles merken wird, was man da zu hören und zu erleben bekam.

Es ist ein bürgerliches Bildungsvorurteil, dass zum Beispiel so jemand wie ein Chauffeur ich sei, denn der könne ja so leiden. Das Leiden hat nichts mit dem Abitur zu tun; die Leidensfähigkeit von den Tanten ist nicht vom Abitur, das sie nicht hatten, abhängig gewesen, sondern durch ihre Art und durch ihr Aufwachsen, durch ihre Erfahrungen bedingt. Daher kommen, beispielsweise, eine solche Figur und der Stoff und dann solch eine eingebildete, angemaßte Kompetenz.

Welchen Anteil hat die Recherche?

Ich kann nicht recherchieren, es ist höchstens ein Prozess der Romanmasse, wo ich mich erkundigen muss. Das bedeutet: Es muss mir zuwachsen im Laufe der Zeit, und dafür ist natürlich wichtig, dass ich hier wohne, weil ich mich da in einer Art Wirklichkeit befinde, in der ich mich nicht befinden würde, wenn ich in Schwabing oder Lichterfelde oder sonst wo leben würde. Die Gegend ernährt mich also in dieser Hinsicht. Da fließt das einfach selbstverständlich zu, nie, um dann gebraucht zu werden. Nur ist es mir in irgendwelchen Jahren zugeflossen, und dann merkt man: Man kann es brauchen zu einem Roman.

Sie haben über Kafka bei einem sehr strengen akademischen Lehrer promoviert. Kafkas Erzählung Die Verwandlung *beginnt damit, dass der Held zu einem entsetzlichen Lebensalbtraum erwacht. Die Situation des Erwachens, damit fangen viele Walser-Romane an; ist dies eine Ursituation des Erzählens für Sie?*

Ich kann nicht sehr viel dagegen tun, dass ich so anfangen muss, denn diese Stunde, in der ein Mensch aufwacht und innerhalb einer Stunde vom Aufwachen in seine volle Brauchbarkeit hinein entwickelt werden muss, das ist ein dramatischer Zeitraum. Da mag bei mir Medizinisches hineinspielen, mein Blutdruck, den ich kaum habe, und mein Kreislauf, den ich nicht habe, für mich ist das Aufwachen jeden Tag eine schier nicht zu schaffende Leistung. Aus dem Grund hänge ich an dieser Zeit.

Man macht so etwas, weil man es sehr dramatisch jeden Tag erlebt. Macht man es dann ein paarmal, merkt man: Mein Gott, du machst es ja dauernd so. Jetzt muss ich es höchstens noch ein-, zweimal machen, dann wende ich mich von diesem Figurenkreis ab. Bis jetzt sind meine Romane und meine Romanfiguren sehr stark als Antwort auf ein akutes, gegenwärtiges Daseinsproblem, auf Existenzschwierigkeiten zurückzuführen. Ich möchte aber in drei, vier Jahren zu Figuren übergehen, die in einer anderen Luft leben. Diese, wie ich vorhin sagte, Vergrößerung der Porenlandschaft habe ich dann hinter mir. Also ein-, zwei-, dreimal noch, dann ist Schluss mit Aufwachschwierigkeiten.

Sie haben in Ihrer Kafka-Dissertation beschrieben, wie Kafka von der Erzählperspektive des Ich zu der des Er übergegangen ist. Das ist ja auch eine Walser-Entwicklung seit 1976. Ist die dritte Person eine Bedingung des Romans, eine Voraussetzung für Weltfülle?

Ich habe einfach gemerkt, dass die erste Person bei mir, bei einem anderen muss das nicht so sein, in zweierlei Hinsicht prekär ist und bedrohend. Erstens verhindert sie die Entwicklung der Gegenfigur, der Gegenwelt. Die Gegenfigur, die Gegenwelt sind so abhängig in ihrer Erscheinung von dieser einen Figur, dass sie Karikaturenzüge oder andere Züge der Nichtrealität, des nur noch Vorstellungshaften annehmen. Das ist auf jeden Fall nicht befriedigend.

Ich sehe das an der Gestalt des Chauffeurs in *Seelenarbeit*. Auch der Chef dort muss eine Erscheinung kriegen, die gegründet sein muss. Die muss ein Recht für sich haben. Sie darf auch nicht einfach nur zubereitet sein von einem zu engen Blickwinkel einer Hauptfigur. Die ganze Gegenwelt hat mir in den früheren Büchern einfach gefehlt. Es war mir ein Bedürfnis, dies zu ändern, und dazu gehörte auch die dritte Person.

Jetzt kommt etwas dazu, was nach meiner Meinung die dritte Person auch ermöglicht, denn sie erlaubt dem Roman die Form der Motivbehandlung. Diese Ich-Bücher bezeichne ich inzwischen nicht als Romane, denn die haben mehr Oratoriencharakter. Sie sind einfach so lange gelaufen, wie die Sprache gelaufen ist. Sie haben Form nur durch Erschöpfung erhalten, aber nicht durch Zupacken und Machen und Wägen und Arbeiten.

Sie haben um die Form des Romans gekämpft, wie auch durch dieses Gespräch belegt wird. Sind Sie in dieser Beziehung erst seit Ihrem vorjährigen Roman Brandung *zufrieden?*

Ich möchte so sagen: Was das Handwerkliche angeht, ist die Motivführung in diesem Roman besser als in den Büchern vorher. Einen Roman schreiben ist natürlich kein Verzicht und kann kein Verzicht sein auf jene Kraft, die einmal jenes monologisierende Ich ernährt hat. Das ist die Sprache; sie muss nach wie vor das Element sein. Ich kann keine Handlungen auszirkeln und sie dann nacherzählen, das liegt mir nicht.

Es muss sowohl das sein, wie aber auch ein Anspruch auf Handlung entsteht. Man kann ursprünglich schreiben, spontan, man hat Sprache, doch es soll auch geführt werden. Ich nenne das organisierte Spontaneität. Das ist ein Widerspruch, aber so ist das Schreiben. Auf diesen Widerspruch trifft man immer irgendwo. Entweder ist zu viel organisiert oder zu wenig. Entweder zu viel oder zu wenig Spontaneität. Das ist das Arbeitsproblem. Und vielleicht ist die *Brandung* für mich um eine Spur zu überorganisiert.

Herr Walser, wenn man Ihr Werk überblickt, so fällt auf, dass Sie eine tiefe Liebe zur Lyrik haben, selber aber nur Gelegenheitsgedichte schreiben. Für das Theater haben Sie oft gearbeitet, mit der Zimmerschlacht auch einen großen Erfolg erzielt, aber insgesamt hatten Sie hier mehr Mühe, sich durchzusetzen. Sind Sie zu sehr Erzähler?

Ja, wahrscheinlich muss ich das zugeben. Ich habe immer eine große Liebe zum Dialog gehabt, und ich habe alles, was ich für das Theater geschrieben habe, nur geschrieben, weil ich halt gern Dialoge schreibe, diese direkte Ausdrucksart mag und vielleicht auch brauche. Aber ich habe gesehen, dass ich zum Theater nichts beizusteuern habe, was das Theater braucht und was es zeitgenössisch sucht. Wahrscheinlich bin ich, je länger, desto weiter, von den Bedürfnissen des Theaters abgewichen, habe bis jetzt aber die Dialogliebe in mir noch nicht gänzlich unterdrücken können.

Und noch etwas kommt hinzu: Von Anfang an hatte ich das Gefühl, für das Theater sei eine besonders zeitgenössische Rede brauchbar, während ich beim Roman nichts ertrage, was nicht wirklich durch mein Bewusstsein gegangen ist und was eigentlich gar nicht nach Veröffentlichung drängt. Da kann ich ganz bei mir bleiben und habe manchmal Schwierigkeiten, wenn ich denke, dass ich das jetzt veröffentliche, weil ich mich in einer Weise publiziere, die mir gelegentlich fast etwas weh tut. Beim Theater habe ich immer das Gefühl gehabt: Da mischt man sich in die öffentliche zeitgenössische Rede ein. So haben meine Theaterversuche immer einen aktuelleren Anlass gehabt als meine Romane, meine Prosa.

Und die Lyrik?

Lyrik, ich glaube, es gibt keinen Schriftsteller, der nicht am liebsten Lyriker wäre. Ich schreibe sehr viele Gedichte für mich, aber je länger ich das betreibe, desto mehr sehe ich, dass ich kein Lyriker bin. Ich habe eine große Liebe dazu, aber meine Achtung vor Gedichten ist zu hoch, als dass ich jetzt auch so auftreten könnte. Ich mache es lieber so: Ich löse irgendetwas, was als Gedicht geschrieben ist, wieder in Langzeilen auf und publiziere es als Text. Manchmal merkt ein besonders empfindlicher Leser dann, dass ein gewisses lyrisches Etwas in diesen Zeilen drin ist.

Nochmals zu den verschiedenen Sparten Ihres Werks. Der Walser'sche Erzählkosmos umfasst nur die zweite Hälfte des Jahrhunderts, während der Dramatiker Walser zum Teil viel weiter ausgreift. Woher kommt das?

Das hängt eben mit dieser öffentlichen Rede des Theaters zusammen. Ich habe bisher als Erzähler die Zeit vor 1945 gemieden. Jetzt aber ist eine Vorbereitung im Gange, auch zurückliegende Zeiten auf meine Art in die Prosa zu bringen. Das wäre eine Stufe des Romans, die ich noch nicht probiert habe.

Dies ist in Deutschland meiner Meinung nach besonders schwierig. Es war vielleicht für die Kollegen, die sofort in den fünfziger, sechziger Jahren damit angefangen haben, Kriegsromane zu schreiben, die vor 1945 spielen, mit dem Standpunkt dieser Jahrzehnte unangezweifelt und unanzweifelbar erlaubt und richtig und günstig. Dieser Standpunkt, von dem aus man die Zeit vor 1945 betrachtet hat, war notwendig für uns als Gesellschaft. Das war im Grunde genommen ein Abrechnungsstandpunkt, sagen wir mal: ein antifaschistischer Standpunkt. Von dem Standpunkt aus sind Romane, sehr gute Romane, geschrieben worden.

Ich glaube nicht, dass das ein alle Zeiten ausfüllender Standpunkt sein kann. Wenn es keinen Faschismus mehr gibt oder der Faschismus wirklich überwunden ist, genügt ein antifaschistischer Standpunkt zur Beurteilung der Erzählung deutscher Geschichte nicht mehr. Das klingt missverständlich. Mir kommt es vor, als sei trotz aller schönen Bücher, die es da so gibt, die deutsche Geschichte dieses Zeitraums 1918 bis 1945 noch nicht erzählt.

Wächst da in Ihnen schon etwas heran?

Auch da gehe ich natürlich nicht vom öffentlichen Bedürfnis, sondern von meinem eigenen aus. Das ist das, was wir zu Beginn über die sogenannte deutsche Frage besprochen haben. Ich finde, dass wir als Deutsche trostlos existieren. Das, was man in den fünfziger, sechziger Jahren machen musste, ist passiert. Es ist aber auch etwas verlorengegangen in dieser aktuellen Behandlung. Ich habe einmal über Theaterfragen gesagt: Wenn ein deutscher Autor, der jetzt ein Stück schreibt, die Zeit vor 1945 auslässt, dann fehlt etwas. Das könnte man auch für den Roman sagen.

Es genügt nicht, sich einfach auf der richtigen Seite zu sehen. Nach 1945 weiß jeder, wie er sich vorher hätte verhalten sollen. Wenn jetzt also ein Roman geschrieben würde, wo die Zeit vor 1945 eine Rolle spielt, und der Autor hat als ausfüllendes Bewusstsein hauptsächlich das, dass er jetzt auf der richtigen Seite ist, dann ist dies fast problemlos. Das heißt, es kann dann gar nicht mehr deutlich werden, warum das, was passiert ist, geschehen ist.

Das ist Ihnen nicht nur zu simpel, sondern zu wenig wahr?

Die Verführbarkeit ist schon verurteilt, abgehandelt, abgehakt. Es ist gar kein Problem mehr. Es wird nur noch gesagt: Ja, der Autor, der ist auf der richtigen Seite. Zum Beispiel: Er ist nicht mehr auf der Seite der Schuldigen. Aber wie viel Schuld kann ein Mensch wirklich tragen? Wie wird man mit Schuld wirklich fertig?

Das ist nicht ins Bewusstsein gegangen. Deswegen, ich merke das an mir selbst, bin ich nicht zufrieden mit dem, was ich denken soll. Ich merke auch, wie riskant das ist und wie unerlöst und –

Ein Gespräch mit Paul F. Reitze

Also nationale Defizite?

Ich glaube, dass in den nach-fünfziger, nach-sechziger Jahren etwas nicht mitentwickelt worden ist, nämlich: wie erzählen wir die deutsche Geschichte? Ich weiß nicht, ob ich das kann, weil ich selber daran laboriere. Ich habe kein Bewusstsein von diesen Zeiten, das einen Tag als solches überdauerte. Ich habe kein dauerndes, stabilisierbares Bewusstsein. Ich habe keine Möglichkeit, in der Weise daran zu denken, vierundzwanzig Stunden lang: So war es. Ich muss mich dauernd drehen und wenden, mir selbst widersprechen. Es ist nicht haltbar, das Geschichtsbild.

Da kann die Wissenschaft Ihnen nicht helfen, zuarbeiten?

Wenn ich öffentliche Diskussionen von Historikern, Philosophen lese, Habermas und Nolte beispielsweise, dann sehe ich etwa bei Habermas, den zu schätzen ich allen Grund habe, wie er von einem Historiker eine geschichtslose Betrachtung wünscht. Gut, Verabsolutieren, das ist vielleicht eine Philosophenhaltung. Ich weiß nicht, was Herr Nolte dazu geliefert hat, aber ich sehe hauptsächlich bei Habermas, dass er im Grunde genommen die Verabsolutierung von etwas will. Und da können Akademiker sich sehr vom Rest der Bevölkerung isolieren, weil sie dahin niemanden mitnehmen können, in diese Verarbeitungsart hinein.

Das ist ein neuer Elfenbeinturm, der da entstanden ist. Ich merke, ich bin in diesem Elfenbeinturm drin und fühle mich da nicht wohl. So viel weiß ich. Und aus diesem Unwohlsein möchte ich mich schreibend herausarbeiten.

Sie arbeiten an einem neuen Roman über Johann Neuhaus. Wenn man den Namen übersetzt, kommt man zu Giacomo Casanova. Sozusagen Casanova am Bodensee?

Da muss ein Missverständnis passiert sein. Ich habe schon einen Plan, der aber unter meinen Plänen nicht der wichtigste ist. Es gibt eine Figur, die so heißt, einen Johann Neuhaus, zweifellos. Aber das ist innerhalb eines Romans ein Pseudonym einer anderen Figur.

Ein Held aus der Zürn-Familie?

Nein, wenn es so bleibt, wie ich es jetzt sehe. Komischerweise ist es ein Pseudonym von Meßmer. Also Meßmer wird eine Reise durch die Bundesrepublik unter dem Namen Johann Neuhaus unternehmen. Das mache ich aber nicht jetzt. Momentan unternehme ich zum ersten Mal einen Versuch, mich kennenzulernen als Autor, der im Stofflichen überhaupt sich in die Nähe des Politischen wagt, des politischen Stoffes, wobei ich nicht sage, dass ich als Politiker auftrete, aber des öffentlich zeitgeschichtlichen Stoffes.

Ich mache ein Buch, das *Dorle und Wolf* heißt. Dorle ist von hier, der Wolf aus der DDR. Beide leben in Bonn. Ich habe weder Talent noch Neigung, das Agentengenre zu benutzen, aber ich bediene mich daraus stofflich; ich nehme ein paar fragmentarische Sachen aus diesem Genre, um einen deutsch-deutschen Eheroman zu schreiben. Einen nicht sehr umfangreichen, aber ich möchte einfach sehen, ob ich eine Schreibweise entwickeln kann, die mir das erlaubt.

Und danach?

Wenn ich das gemacht habe, kann ich in Richtung 1945 weiterarbeiten. Dann habe ich etwas, das heißt Bayreuth-Novelle. Das ist zwar dann Gegenwart, reicht aber zurück. Dann käme etwas, das direkt am Anfang des Jahrhunderts beginnt. Mein Arbeitstitel: «Der Eintritt der Mutter in die Partei». Dass meine Mutter eine sehr katholische Frau war und alles andere als eine Nationalsozialistin, das

Ein Gespräch mit Paul F. Reitze

weiß ich ganz sicher. Wenn es mir gelänge zu erzählen, warum sie in die Partei eingetreten ist, dann hätte ich die Illusion, ich hätte erzählt, warum Deutschland in die Partei eingetreten ist. Ob ich das schaffe, weiß ich natürlich nicht. Es ist ein Plan.

Triumphieren nicht gelernt

Ein Gespräch mit Hellmuth Karasek
und Rolf Becker
1990

Herr Walser, vor drei Jahren gaben Sie mit Ihrer Novelle Dorle
und Wolf *und vor zwei Jahren in Ihrer Rede über Deutschland
bekannt, dass Sie unter der deutschen Teilung leiden, dass Sie
eine Art Phantomschmerz empfinden, wenn Sie an Thüringen
und Sachsen denken. Damit standen Sie ziemlich allein unter den
deutschen Intellektuellen, und Sie haben für dieses Bekenntnis
viel Kritik einstecken müssen. Triumphieren Sie jetzt nach dem
3. Oktober?*

Triumphieren habe ich nicht gelernt und werde es auch nicht lernen.
Mir ist einfach genau an der Stelle wohl, wo mir vorher unwohl war.

Lässt sich dieses Wohlsein näher beschreiben?

Wenn ich das Unwohlsein andeuten darf, ergibt sich daraus vielleicht das Wohlsein. Es ist wahrscheinlich etwas ganz Unpolitisches.
Und es hat natürlich eine lange Geschichte in einem selber; auch
eine Geschichte der Selbstunterdrückung gehört dazu. Ich habe in
der Zeit, als ich den ersten Band von Blochs *Prinzip Hoffnung* gelesen hatte, da ich von Kindheit an religiös ein bisschen affizierbar war,
dieses höchste marxistische Glockenläuten auch nicht ohne wirkliche Beteiligung angehört und aufgenommen. Aber die marxistische
Staatsrealität war halt anders, und wenn wir sie persönlich in Augen-
schein nehmen konnten oder mussten, dann war es einem, gelinde
gesagt, unangenehm zu sehen, wie es den Deutschen dort ging. Da
war es kein Trost mehr, wenn die Politiker sagten, es handle sich um
ein Provisorium. Ringsum nahm das Gefühl der Endgültigkeit zu.

Dagegen hat sich mein Gefühl gewehrt. Also aktuelle Politmisere über den Verlust weit zurückreichender Vergangenheit. Jemand, zu dessen Kindheit Thüringen und Sachsen nicht dazugehörte wie bei mir, also weder Karl May noch Lessing, noch Nietzsche oder Richard Wagner oder die Wartburg, der kann dieses Gefühl vielleicht nicht teilen.

Nun sind Sie ja ein Süddeutscher. Und wenn wir hier am Bodensee bei Ihnen sind, dann können wir eher zur Schweiz oder nach Österreich schauen. Eigentlich müsste es einem Martin Walser schon ein Schmerz gewesen sein, dass es die Bismarck'sche Einheit gab und nicht eine andere, die mehr das, was hier im Süden zusammengehörte, im Auge hatte.

Das ist ein sehr großstädtisches Fallenangebot von Ihnen. In den letzten Jahren wurde ich, nachdem ich für die Wiedervereinigung war, immer wieder polemisch gefragt: Ja, und Österreich? Und da fiel dann auch das Wort Anschluss. Aber das ist ja schon insofern grotesk, als eben die allmähliche geschichtliche Verselbständigung Österreichs in keiner Sekunde und in keinem Detail vergleichbar ist mit der schmerzlichen, brutalen Trennung, dem Auseinanderschneiden eines existierenden Ganzen, und sei es noch so länderhaft gewachsen und nachher föderalistisch strukturiert. Was in DDR und Bundesrepublik getrennt war, ist ja trotzdem, wie jeder wird zugeben müssen, ein Deutschland, und zwar schon vor Bismarck. Man hat es schon 1848 gewollt und nicht bekommen und nachher in der Form von 1871. Aber das hat es wohl schon immer als geschichtlichen und politischen Wunsch, der fast so etwas wie eine Wirklichkeit war, gegeben, das muss ich jetzt doch nicht mehr beweisen.

Ihr Nationalgefühl, Ihr Deutschlandgefühl ist kulturell geprägt.

Wenn Sie «Ihr Nationalgefühl» sagen, dann schaudert es mich schon ein bisschen, weil das weder meiner Novelle noch den Reden oder Aufsätzen zugrunde lag. Da war vielmehr das Bedürfnis, dass diese Teilung aufgehoben werden müsse, weil sie irrsinnig war. Ich habe damals in einer Rede gesagt: Und wenn dieses Deutschland beieinander wäre und ich führe dann nach Leipzig oder Dresden, dann wäre es das Unwichtigste, dass Leipzig oder Dresden in Deutschland liegen.

Wenn diese Trennung also nicht mit einer brutalen Erziehungs-diktatur verbunden gewesen wäre, wäre es Ihnen dann egal, wenn es zwei Teile geblieben wären?

Nein, nein, nein, natürlich nicht, die gehören schon in einen deut-schen Bund, in einen Bundesstaat. Es spricht ja keine geschichtliche Vernunft dafür, dass man da irgendwelche Trennungslinien zieht. Ob die DDR rational vertretbar gewesen wäre oder nicht, das zu diskutieren war schon während ihres Bestehens überflüssig, weil es sich bei der DDR um keine Vernunftfügung gehandelt hat, sondern um ein Katastrophenprodukt.

Die Prügel, die ich von links bekommen habe, habe ich einfach insofern nicht verstehen können, weil ich da nicht mitdenken konn-te. Meine ehemaligen Kollegen und Freunde haben gesagt, die Tei-lung Deutschlands sei eine verdiente Folge der Hitlerzeit 1933 bis 1945 und die Schuld Deutschlands. Sie sei deshalb nicht anzufech-ten. Deutschland sei hin. Das hätten wir verwirkt. Ich dagegen habe gemeint, der Krieg mit seinem Ende 1945 hätte das nicht geschafft, erst der Kalte Krieg, erst die Polarisierung, erst die Gegnerschaft zwischen den ehemaligen Gegnern Deutschlands hat den Eisernen Vorhang durch Deutschland gezogen und hat es immer unmensch-licher gemacht.

*In den Auslandsreaktionen auf die vollzogene Einheit gibt es auch
die Stimme der Trauer aus Israel, weil bei vielen Opfern Hitlers
die Teilung auch als gerechte Strafe für den Holocaust angesehen
wurde. So etwa hat es ja auch Günter Grass formuliert: Nach
Auschwitz könne es keine Einheit geben.*

Natürlich würde ich mit einem Israeli darüber nicht streiten, denn
ich verstehe, dass er diese Entwicklung für sich nicht akzeptieren
kann. Aber das kann mich wiederum nicht dazu bringen, meiner-
seits, weil wir unmenschlich waren, diese neue Unmenschlichkeit
der Teilung zu akzeptieren. Aber mit jedem hierzulande war ich
immer bereit zu streiten oder bestritten zu werden.

*Ein starkes Motiv Ihres Schreibens war das, was man die «unbe-
wältigte Vergangenheit» genannt hat, war Kritik am fragwür-
digen Umgang der bundesrepublikanischen Gesellschaft mit der
nationalsozialistischen Vergangenheit. Dieses Motiv teilten Sie ja
mit den meisten Autoren der deutschen Nachkriegsliteratur. Andererseits war der Antifaschismus ja eine Hauptlegitimation für
die DDR. Haben Sie kein Verständnis dafür, dass manche Ihrer
Kollegen, drüben und hüben, jetzt mit dem Untergang der DDR
auch einen Verlust an antifaschistischer Tradition empfinden?*

Der Antifaschismus war ja in der bemühten Federkrone der DDR
die glänzendste Feder, eine dauernd übermäßig präsentierte Ausstattung. Ich glaube, die vielbeschriebenen rechtsradikalen Buben,
die jetzt da manchmal im Osten auf der Straße sind, das ist ein Versuch, mit etwas fertigzuwerden. Ich glaube, dass die Leute eines
gewissen Temperaments in einem gewissen Alter mit gewissen Erfahrungen nichts so sehr wollen, als das zu verletzen, was dem Staat
das Heiligste ist. Und da der Antifaschismus denen das Heiligste
war, gebärden sich die jetzt als Faschisten. Anders kann ich mir das
nicht erklären.

*Nachdem die DDR als negative Erfahrung wegbleibt, werden
solche Phänomene abnehmen?*

Ich glaube, jede pluralistische Gesellschaft produziert eben auch
Extreme, linke und rechte, und die nennen sich dann RAF oder Autonome oder Skinheads, und das muss man ertragen, finde ich. Und
die Republikaner? Die liegen im Augenblick bei 1,9 Prozent. Und
Ausländerfeindlichkeit? Der Umgang mit Ausländern muss auch
gelernt werden in Miltenberg oder Sindelfingen oder Böblingen.

Oder Chemnitz.

Oder Chemnitz. Das muss in Marseille gelernt werden, das muss
in London gelernt werden, aber das ist nichts spezifisch Deutsches,
finde ich. Und wenn man uns deswegen Faschismus nachsagt, dann
ist Faschismus etwas, was man geerbt haben könnte, was in den Genen steckte, und das wäre ein rassistisches Argument.

*Sie freuen sich über die deutsche Einheit. Nun gibt es andere
deutsche Schriftsteller, die sich offenkundig nicht, oder nicht so
freuen. Wie erklären Sie sich das?*

Also erst einmal muss ich wirklich deutlich sagen, dass für mich die
Entwicklung, die jetzt zur Einigung geführt hat, das schönste Politische ist, was ich in meinem Leben erfahren habe. Und zwar ganz
unmittelbar. Wenn ich das beschreiben sollte, dann würde ich wahrscheinlich nicht die richtigen Worte finden. Das ist einfach so. Nun
habe ich zum Beispiel im *Spiegel* gelesen, dass mein Kollege Patrick
Süskind das gar nicht verstanden hat.

Weil er eine Generation jünger ist als Sie.

Ja, und der hat den Momper-Satz aus der Novembernacht der Mauereröffnung, das deutsche Volk sei in dieser Nacht das glücklichste Volk der Welt, mit der Äußerung bewertet, der hat ja wohl nicht mehr alle Tassen im Schrank. Das müsste er jetzt noch von Frau Bergmann-Pohl sagen, die Mompers Satz ähnlich wiederholt hat, und sogar von Marlene Dietrich. Die hat dann jetzt auch nicht mehr alle Tassen im Schrank. Ich kann mir die Verdrossenheit, die sich in Süskinds Äußerung und denen anderer ausdrückt, nur so erklären: Es liegt daran, dass diese Einigung das Pech hat, bei uns in ein Wahljahr geraten zu sein.

Weil Kohl und nicht Lafontaine regiert?

Also stellen Sie sich einmal vor, in Bonn hätte eine SPD-Regierung das Sagen gehabt. Ganz anders hätte sie sich wohl nicht benehmen dürfen und nicht benehmen können. Das hätte jeder halbwegs vernünftige Politiker so oder ähnlich machen müssen, wie es Kohl und Genscher gemacht haben. Diese Einsprachen gegen das Tempo und auch etwa Lafontaines Nachrechnungen hängen mit dem SPD-Wahljahr-Klima zusammen. Das Tempo bei einer Rettungsaktion bestimmt ganz allein die Not des zu Rettenden. Und jetzt zu sagen, durch die Einigung seien Deutsche erster und zweiter Klasse entstanden, ist grotesk. Die sind in vierzig Jahren entstanden.

Herr Walser, Sie waren mal Wahlkämpfer für die SPD, gegen die Verkrustungen des Adenauer-Staates.

Fast der erste.

Sie haben auch mal der DKP nahegestanden.

Meine engsten Freunde waren dadrin, ich bin auf diversen DKP-Kulturkongressen gewesen.

War es für Sie eine erschreckende Erfahrung, als Sie auf einmal merkten, dass Sie mit Ihrem Verlustgefühl über die Teilung, dass Sie mit Ihrem öffentlich geäußerten Trennungsschmerz auch Ihre politische Heimat aufgeben mussten. Oder fühlten Sie sich, umgekehrt, verstoßen?

Ich habe mir zehn Jahre lang Notizen gemacht, bevor ich *Dorle und Wolf* geschrieben habe. So lange habe ich gebraucht, von 1977 bis 1987. Wenn man zehn Jahre lang so ein Buch nebenher in seinen Notizbüchern pflegt, dann prüft man natürlich das dazu sich entwickelnde eigene Bewusstsein im Unterschied zum jeweils zeitgenössischen Bewusstsein. Ich habe natürlich bemerkt, dass ich abseits treibe. Das merkt man einfach. Das ergibt sich dann abends mal im Gespräch mit Freunden, dann kriegt man Krach. Oder wenn man eine Rede hält, wird man beschimpft, da heißt es dann: Der hat den Verstand verloren. Oder: Der kann nicht denken. Und da spürte ich bei anderen eine Verdrossenheit, die nichts mit Taktik und Wahljahr zu tun hatte. Das war vielmehr eine allgemeine linke Verdrossenheit. Weil, zum ersten Mal seit 1968, ein innenpolitisches Ereignis eine Erhitzung mit sich brachte, bei der sich noch einmal und wieder diese alte Diskussion Utopie oder Nicht-Utopie ganz scharfstellte. Und all denen, die über diese Einigung verdrossen sind, das ist jetzt meine These, denen geht mit der DDR ein gar nicht definierbarer Hort von Utopiemöglichkeit kaputt. Auch wenn sie nicht einverstanden waren mit der DDR.

Wie beispielsweise Günter Grass?

Ich habe im Fernsehen einer Diskussion zugeschaut, da hat der Burgtheater-Chef Claus Peymann selber vor der Kamera nachgedacht, warum es ihm leidtut, dass die DDR nicht mehr da ist. Richtig ergreifend nachgedacht hat er, er hat dann einen Augenblick von dem Charismatischen dieses Staates gesprochen, was nicht jeder nachvollziehen kann, bis er dann ganz konkret bei DDR-Schauspielerinnen gelandet ist, die ihm eine nicht-patriarchalische Erziehung repräsentiert hätten, was ihn sehr angenehm berührt habe. So hat jeder seinen Verlust in der DDR. Und ich glaube, Intellektuelle, und vielleicht nicht nur sie, sondern alle Menschen, kann man auch danach einteilen, ob sie eine Utopie brauchen oder ob ihnen, wie zum Beispiel mir, eine schlechte Vergangenheit als Maßstab und Anweisung für Zukunftswünsche, für mögliches politisches Handeln genügt.

Nun könnte man ja einwenden, auch der Begriff der sich erfüllenden Nation ist eine Art Utopie, und in Deutschland war der Nationalbegriff ja lange Zeit eine ziemlich harsche und gefährliche Utopie. Entsteht jetzt nicht wieder eine kritische Größe für Deutschland, und könnte sich in dem neuen Deutschland nicht wieder etwas entwickeln, was uns nicht sehr sympathisch ist? Ist nicht auch Angst vor einem neuen überschäumenden deutschen Selbstbewusstsein einer der Verdrossenheitsgründe?

Also jetzt haben wir ja erst ein paar Tage und Nächte Erfahrung mit diesem neuen Deutschland, und das muss nun jeder wenigstens mal im Anflug zugeben: von dem Hurra-Patriotismus, von dem zum Beispiel Peymann gesprochen hat, ist kaum was zu spüren. Doch jetzt geistern diese Begriffe herum: Großdeutschland, Viertes Reich, Großmannssucht, Auftreten. Dagegen muss man doch sagen: militärisch absolut lächerlich. Zum Glück hat Genscher, in dieser Hinsicht doch ein wunderbarer Mann, gesagt, was wir alles nicht mehr wollen und nicht mehr haben werden. Militärisch würde doch kein Mensch bei der internationalen Einbindung dieses Staates auf die Idee kommen, dass vom Boden Deutschlands irgendeine Gefahr ausgehen könnte.

Ins westdeutsche Bewusstsein hat sich vor allem der Gesellschaftskritiker Walser geprägt. Sie haben die Gesellschaft der Bundesrepublik, den Kapitalismus der Bundesrepublik kritisiert.

Jetzt machen Sie aus meinen vielen braven Seiten Fahnentuch.

Ihre Helden litten an der Konkurrenzgesellschaft, an der Leistungsgesellschaft, am Leistungsdogma. Da liegt ja doch der Gedanke nahe, dass man eine solche Kritik übt, weil man ein Gegenbild hat. Frage: Haben Sie nie in all den Jahren, in Ihren frühen Jahren eine Hoffnung auf eine andere Möglichkeit und auch keine Hoffnung darauf gehabt, dass in der DDR vielleicht etwas Besseres entstehen könnte?

In den sechziger Jahren, in den vielen Diskussionen habe ich immer zu den SDS-Studenten gesagt: Na schön, ich muss den Marx nicht so lesen wie ihr, weil ich ihn aus eigener Erfahrung von Kindheit an kenne. Ich bin in einem kleinbürgerlichen Geschäftshaushalt aufgewachsen, wo man von Anfang an das Konkurrenzprinzip als ein Zerfleischungsprinzip kennengelernt hat. Mit wirtschaftlicher Macht, die nicht legitimiert sein kann, wenn sie über Menschen verfügt, habe ich von Anfang an meine Erfahrungen gemacht, und aus diesen Erfahrungen habe ich, allerdings vollkommen theorielos, Bücher geschrieben. Ich habe beim Bücherschreiben, das weiß ja jeder, der es je probiert hat, erkannt, dass eine Meinung einem Erzähler überhaupt nichts nützt. Zu wissen, wo es hingeht mit einem Roman, ist tödlich. Dann schreibt man ihn erst gar nicht.

*Hat denn der Autor Walser nicht eine Zeitlang gehofft, dass die
DDR vielleicht auf dem vernünftigeren Weg wäre? Ist die Enttäuschung mancher Autoren nicht auch eine Enttäuschung darüber,
dass man ihnen jetzt auf einmal mit Wirklichkeitsbeweis diesen
Anspruch zerschlagen hat, es könnte eine Gesellschaft geben, in
der Konkurrenzzerfleischung nicht stattfindet?*

Ein Beispiel. Ich war in Moskau auf einem Schriftstellerkongress;
vier Tage habe ich von morgens bis abends im Kopfhörer Überset-
zungen zugehört, was die Schriftsteller aus allen Sowjetrepubliken
da miteinander diskutiert haben. Meine Hauptbekanntschaft war
der Schriftsteller Lew Ginsburg, mit dem verbrachte ich auch noch
Abende. Und der hat mich dann noch in den Rest eingeweiht. Das
war ganz am Anfang, ich glaube 1971. Dieser Besuch in Moskau war
tödlich für jede Hoffnung. Da gab es einfach keine Hoffnung mehr.

Ich hatte eine Verabredung mit einer Journalistin der *Literatur-
naja gaseta*, die kam zu mir aufs Hotelzimmer, um mich abzuholen.
Und ich habe, einfach weil ich nicht wusste, was ich sagen sollte,
gefragt: Wie geht es Herrn Solschenizyn? Und als wir auf der Straße
waren, hat sie gesagt: Sind Sie wahnsinnig? Fragen mich im Hotelzimmer, wie es Herrn Solschenizyn geht!

*Sie sind gelegentlich auch in der DDR gewesen, zu Autorenlesun-
gen etwa. Gab es auch da Erlebnisse, die Ihnen, pathetisch gesagt,
die Augen geöffnet haben?*

Ich sollte in Ostberlin bei der Akademie der Wissenschaften einen
Vortrag über die Studentenbewegung halten, über meine Erfah-
rungen mit ihr berichten. Ich fuhr also hin und habe meine Mei-
nung gesagt. Dann stand ein uraltes Akademiemitglied, Professor
Sowieso, auf und sagte, noch bevor die Diskussion begann: Also
Genossen, diesen kleinbürgerlichen Standpunkt kennen wir vom

Anfang der zwanziger Jahre, der ist so und so und so und so. Und da war alles, was ich als meine Erfahrung von der Studentenbewegung in Westdeutschland mitteilen wollte, keinen Pfifferling mehr wert. Das kannten die alles schon vorher. Oder in Leipzig. Da wollte ich, als ich dahin kam, unbedingt den Autor Gert Neumann kennenlernen, weil ich sein wunderbares Buch *Elf Uhr*, das bei uns hier im Fischer Verlag veröffentlicht worden war (nicht aber in der DDR), gelesen hatte. Ein großartiges Prosabuch, ein Gegenwartsbuch unvergleichlicher Art. Und da wollte ich diesen Autor kennenlernen. Ich war am Samstag dort und wollte am Sonntag mit ihm frühstücken, aber irgendwie hat sich das in dieser engen Gesellschaft sofort an eine Stelle hin durchgesprochen, der das nicht recht war. Ein hoher Funktionär ist dann zu mir gekommen, unaufgefordert, und hat gesagt: Herr Walser, jetzt sind Sie mal in Leipzig, und da wollen Sie gleich mit diesem Neumann sprechen! Der Neumann war damals Heizer in einem Keller eines Kaufhauses. Ich habe diesem Funktionär gesagt: Warum nicht? Und dann haben wir über Gert Neumann diskutiert, und ich habe gesagt: Das ist ein Schriftsteller von solcher Kraft, der wird euch alle besiegen. Wenn ihr gegen diesen Menschen seid, dann seid ihr jetzt schon verloren!

Nach solchen Erfahrungen sage ich: Für mich ist jetzt in der DDR nichts mehr gestorben, worum ich trauern müsste.

Ihr Gefühl gegenüber der DDR war ja auch so eine Art Gerechtigkeitsgefühl: Warum sollten diese Deutschen dort so viel unfreier leben als Sie und wir? Aber haben Sie jetzt nicht aus dem gleichen Gerechtigkeitsgefühl eine gewisse Befürchtung, es könnte aus der berechtigten Niederlage des Kommunismus ein unberechtigter Triumph und eine unberechtigte Rechtfertigung der Konkurrenzgesellschaft entstehen?

Ich finde, das gehört nicht zusammen. Ich finde zum Beispiel, diejenigen, denen in der DDR irgendetwas Utopisches gestorben ist, die könnten das doch jetzt hier viel konkreter zu realisieren versuchen, was sie sich erhoffen. Uns hindert doch keiner daran, eine linke Position zu vertreten.

Links im Sinne von sozialer Gerechtigkeit?

Ich spreche jetzt nicht für mich. Ich spreche für die Kollegen, die deswegen verdrossen sind, die, was mich ja wundert, hier bei gewerkschaftlichen Möglichkeiten eigentlich gar nicht auftreten, die hier gar nicht so sehr als Sozialisten auftreten, aber nur dann Sozialisten sind, wenn dadrüben der Sozialismus in marxistischer Weise bankrottgeht. Die sich links gebärden und von links her polemisieren, die prügeln jetzt auf mich ein. Da ich ja auch schon Prügel von rechts bekommen habe, kann ich vergleichen und sagen: Die linken Kollegen verstehen es besser, die sind sehr viel verletzender, als die Rechten es je waren.

Das liegt vielleicht daran, weil die Prügel aus einer ursprünglichen Gemeinsamkeit kommen.

Ja, die kennen die Stellen besser, wo es weh tut. Für mich sind links und rechts keine die Nacht hindurch reichenden Positionen, das sind Sitzgeographien im Parlament, die brauchen wir, und wir haben nichts Besseres, aber sie sind für einen Schriftsteller überhaupt keine Schreibbedingungen. Ich finde immer, der Leser und die Öffentlichkeit bestimmen, ob ein Buch brauchbar ist oder nicht brauchbar und für wen brauchbar oder nicht brauchbar. Ich finde, ein Schriftsteller kann über seine eigene Zuständigkeit nichts befinden, nichts sagen, er kann seine Zuständigkeit nicht einmal beabsichtigen. Er kann nicht planen, so und so brauchbar und so und so zuständig zu sein.

Was stellen Sie sich vor, wozu Sie jetzt weiter gebraucht werden?

Ich kann meine eigene Brauchbarkeit nicht bestimmen. Ich arbeite an einem Roman, und der spielt fast in sämtlichen Jahrzehnten dieses Jahrhunderts, und er spielt auf ostdeutschem Gebiet und westdeutschem Gebiet, und für mich gibt es keine großen Ziele. Maßgebend, richtungsweisend ist der Dreck von gestern, und der gibt sehr genaue Anweisungen für heute.

Herr Walser, wir danken Ihnen für dieses Gespräch.

Das Gejammer über die Zukunft der deutschen Literatur finde ich absurd

Ein Gespräch mit Gustav Seibt
und Wolfgang Wischmeyer
1994

Sie haben in den achtziger Jahren die deutsche Einheit auf die literarische Tagesordnung gesetzt, bevor sie auf die politische kam. Sie haben damit keine Meinung geäußert, sondern ein Gefühl. Haben Romanautoren eine andere Wahrnehmung der Gesellschaft?

Das kann ich Sie genauso fragen wie Sie mich. Ich glaube, jede Art von Arbeit wird wahrscheinlich eine andere Wahrnehmung produzieren. Aber verschiedene Schriftsteller hatten auch damals sehr verschiedene Gefühle.

Aber Ihr Gefühl hatte eine prognostische Qualität?

Nein. Ganz sicher nicht. Mit Prognostischem habe ich überhaupt nichts zu tun. Ich bin vollkommen vergangenheitszugewandt. Ich habe mich einfach nicht an die Teilung dieses Landes gewöhnen können und konnte mir nicht vorstellen, dass die Geschichte eines ganzen Landes in einem Katastrophenprodukt enden soll. Das ist doch sehr unbefriedigend. Das möchte man weder auf dem Theater noch in der Wirklichkeit ertragen müssen.

Es gibt einen Autor, der heute ähnlich umstritten ist, wie Sie es damals waren: Botho Strauß. Sein neues Buch hat zu einer aggressiven Feuilletonkontroverse geführt. Wie erklären Sie sich das, gibt es literarische oder politische Gründe?

Die Frage müsste ich nun wirklich Ihnen stellen. Sie nehmen teil an dieser Kontroverse. Sie waren gegen das Buch. Und zwar in einer unangenehmen Weise, nämlich polemisch. Die Kritiker beleidigen einen der wichtigsten Autoren, der seine Arbeit getan hat, all diese Jahre. Die Medien haben die Machtmittel in der Hand. Ihr könnt schreiben, was Ihr wollt. Ihr seid die vierte Gewalt, die einzige, die sich nicht rechtfertigt. Und diese Kontroverse hat mit Machtmissbrauch zu tun.

Im Fall Botho Strauß gibt es eine merkwürdige Vermischung von literarischen zu ideologischen Problemen.

Dieses Durcheinander gibt es immer – je größer die Zeitung, desto mehr. Je mächtiger das jeweilige Feuilleton, desto mehr ist dem Literarischen das Ideologische beigemischt. Und je bescheidener eine Zeitung ist, desto eher besteht die Chance, dass eine wirklich literarische Kritik darin geübt wird.

Vielleicht geht es um einen Generationenkampf?

Nein, das glaube ich nicht. Das würde nicht erklären, warum die Kritik mit solcher Aggressivität auf Botho Strauß reagiert. Ich glaube eher, dass in seiner Sprache eine Provokation für den einfachen Intellektuellen liegt. Der einfache Intellektuelle will wissen, warum er der bessere Mensch ist, und wenn er nun einer Sprache begegnet, die das nicht in dem gewohnt erwünschten Sinn bestätigt, dann wird er misstrauisch. Und je weiter der Autor von diesem Erwünschten abweicht, in dem Sinne, dass ein Zweifel an dem eigenen Gutsein entstehen kann, dann wird der einfache Intellektuelle böse. Dafür bewundere ich Strauß.

Obwohl er ein schlechter Stilist ist?

Von einem Autor dieser Art zu sagen, er sei kein guter Stilist, dazu haben Sie kein Recht. Bei kaum einem anderen Autor ist die Ausdrucksweise schon so sehr der Inhalt wie bei Botho Strauß. Es kann allenfalls sein Stil sein, der Ihnen nicht gefällt. Er ist jemand, der es versteht, den Dialog in einem Zimmer beginnen zu lassen und durch nichts als sprachlichen Ausdruck diesen Raum zu sprengen, die Personen zu verwandeln und sie wieder zurückkehren zu lassen. Nur mit Sprache.

Dass er ein wichtiger Autor ist, bestreitet niemand.

Ein großer Autor kann kein schlechter Stilist sein, da muss man sich entscheiden. Da hat es sich die Kritik zu leicht gemacht.

Es fällt auf, dass Ihre Generation, auch die von 1968, immer präsent ist, wenn es um politische Fragen geht. Die Generation der Dreißigjährigen hält sich dagegen heraus …

… ach, das wird schon noch kommen. Verlangen Sie von mir keine diagnostischen Anstrengungen, was andere Generationen angeht.

Vielleicht haben die Jüngeren ein realistischeres Bild von der Demokratie und von den Medien als Leute wie Grass.

Da bin ich natürlich generationssolidarisch mit Günter Grass, und zwar vollkommen. Warten Sie ab. Ich hoffe, dass Sie keinen Provokationen ausgesetzt sein werden, denen andere Generationen ausgesetzt waren. Der Vietnamkrieg war eine Provokation, da konnte man nicht einfach zu Hause bleiben, wenn in der *FAZ* und in anderen Zeitungen die deutsche Sympathieteilnahme an der Bombardierung von Hanoi behandelt wurde. Da konnte man nicht so leicht still sein. Ich wäre damals auch lieber zu Hause geblieben, als öffentlich dagegen aufzutreten. Das Verstricktsein war nicht vermeidbar. Und nach den Erfahrungen dieser Jahrzehnte mit Kaltem Krieg, Vietnam, Terrorismus und vielem mehr ist es gar nicht so leicht, wieder zu einer Meinungsenthaltsamkeit zu kommen.

Auch die politischen und historischen Erfahrungen eines jungen Dichters wie Durs Grünbein in der DDR waren einigermaßen extrem. Aber er zieht andere Konsequenzen daraus. Das lässt sich nicht einfach aus einer schicksalhaften Zeitgenossenschaft verstehen.

Nein. Ich habe ja nur meinen Grass verteidigt. Ich habe die öffentlichen Auftritte von Günter Grass, auch wenn ich sie mit Meinungen nicht teilen konnte, immer bewundert. Man muss sich das einmal vorstellen, diese Wahlkampfreisen, die der gemacht hat und jetzt wieder macht. Der Einzige, der aktiv gegen die PDS antritt. Indem er Wolfgang Thierse gegen den Heym unterstützt. Das kann man doch nur prächtig nennen, wenn er dafür kämpft, dass Thierse in den Bundestag kommt, anstatt Heym für die PDS. Das ist allein schon ein staatsbürgerliches oder zeitgenössisch kluges und richtiges und fabelhaftes Verhalten. Ich sage jetzt nicht, der Grünbein hätte das auch tun müssen, aber ich kann nicht zulassen, wenn dem Grass deswegen auch nur der Hauch eines Vorwurfs gemacht wird. Nebenbei, da fällt mir ein, es gibt doch durchaus einen jungen Autor, der sehr interessant über die Frage Deutschland geschrieben hat …

Bodo Morshäuser, der ist so Mitte vierzig.

Also bitte, meine Herren, nun werden Sie nicht kleinlich. Wie dem auch sei. Vielleicht gibt es für jede Generation eigene typische Provokationen, auf die sie eher reagiert als auf andere. Ganz sicher ist für meine Generation die simplere politische Fragestellung immer provozierend gewesen. Ich habe in jedem Jahrzehnt versucht, damit nichts zu tun zu haben, aber es ist mir in keinem Jahrzehnt gelungen. Ich habe gedacht, jetzt muss doch endlich einmal damit Schluss sein. Vor fünfundzwanzig Jahren ist mir bei einer Lesung einmal gesagt worden, ich sei in meinen Reden und Aufsätzen viel weiter als in meinen Stücken und Romanen. Ich habe darauf geantwortet, da müssten Sie sich an meinen Romanen und Stücken orientieren, da halte ich mich für zuverlässiger als in diesen von jeweiligen grellen Aktualitäten provozierten Stellungnahmen …

… die Sie stets bereitwillig und bei vielen Gelegenheiten abgegeben haben. Anfang der sechziger Jahre waren Sie Mitautor eines Buches, das am Ende der Ära Adenauer eine neue Regierung gefordert hat. Würden Sie das heute auch tun?

Das sehe ich heute natürlich ganz anders. Mein Hauptmotiv hieß damals Franz Josef Strauß. Ich habe damals in dem Büchlein geschrieben, Franz Josef Strauß kann uns vor allem schützen, nur nicht vor sich selber. Das halte ich von heute aus gesehen für eine saisonal übertriebene Besorgnis. Es gibt heute keine solche Figur mehr, nichts dergleichen.

Und deshalb Wahlkampf ohne Walser …

Unter keinen Umständen würde ich noch einmal eine solche Wahlaktivität entfalten wie damals. Intellektuelle, die sich einen Namen gemacht haben, sollten mit ihrer Bekanntheit keinen Einfluss ausüben auf andere Zeitgenossen. Wenn jemand anders denkt, ist es auch gut.

Sie wollen sich nicht mehr festlegen lassen?

Wir Schriftsteller werden von mehr oder weniger öffentlichen Platzanweisern andauernd hin- und hergeschoben, und man erfährt, wo man angeblich gerade steht, mal rechts, mal links. Das sind die Bedürfnisse des Feuilletons oder des öffentlichen Unterhaltungswesens. Aber mit den Produktionen eines Autors hat das wenig zu tun. Im Grund genommen ist dieses Interesse am Autor eine immerwährende Talkshow. Und es gibt nichts Blöderes, Dümmeres, Unanwendbareres als diese Schiene links-rechts und das dauernde Hin- und Hergeschobenwerden von diesen Platzanweisern. Das ist absurd.

Trotzdem noch ein Versuch zum Thema deutsche Einheit. Sind Sie noch davon überzeugt, dass sie gelingt?

Ich will mich vor der Antwort nicht drücken, aber noch interessanter wäre, zu verfolgen, wie man dazu kommt, dass man das gefragt wird. Das ist eine eigene, vielleicht nicht wichtige, aber trotzdem für uns typische Literaturgeschichtsschreibung des Aktuellen. Meine Äußerungen zur deutschen Frage oder zur Nation haben mich in den Augen der einteilungsfreudigen Mitwelt zum Nationalreferenten für die zeitgenössische nationale Literatur gemacht. Dadurch bin ich dann beleidigt worden. Auf die Beleidigungen haben ich reagiert. Und so weiter. Wenn ich sage, dass in puncto Einheit zu viel Jammer verbreitet wird, heißt das noch lange nicht, dass ich zur Behebung des wirklichen Notstands etwas beitragen kann. Das ist nur Meinung. Ich hasse mich jedes Mal, wenn ich feststelle, dass ich wieder einmal an dem Meinungsspiel teilgenommen habe. Es gibt einen Widerwillen gegen diese Art von Äußerungen. Als ich vorige Woche in Mecklenburg-Vorpommern war, bin ich natürlich dieser massiven Stimmung begegnet. Aber was bedeutet es, wenn ich dazu etwas sage?

Beschreiben Sie die Stimmung doch einfach.

Die will ich nicht beschreiben. Die ist bekannt. Es gibt eine massive Stimmung, die mich beschämt, die mir souffliert, dass ich es mir nicht zu leicht machen dürfe mit den Schwierigkeiten dort. Natürlich war das alles nicht vermeidbar, natürlich ist das alles vorübergehend. Da sind keine Deutschen daran schuld und schon gar nicht der Kohl. Aber es darf niemand mitreden, wenn er nicht wirklich etwas gegen die Schwierigkeiten dort tut. Ich lese zwar jeden Tag den Wirtschaftsteil, bevor ich das Feuilleton lese, aber ich kann nichts tun. Was mich beschäftigt, ist eher das Verstricktgewesensein in eine Diktatur, da kann ich mitreden, mitdenken, weil ich das selber kenn. Deshalb beschäftige ich mich mit Heidegger. Mich interessiert zum Beispiel, ob man vergleichen könnte, wie Bloch momentweise dem Stalinismus verfällt, Heidegger momentweise dem Nationalsozialismus. Die Vorwürfe gegen Heidegger werden in einer ungleich boshafteren Form formuliert als die vielleicht auch möglichen Vorwürfe gegen Bloch. Und das interessiert mich, dass zwei solche Intellektuelle da vorübergehend so verstrickt sein konnten. Wie empfindlich kann ein Gewissen sein, und woran kann es sich gewöhnen, oder wie lange kann es betäubt werden?

Zum Abschluss: Herr Walser, was haben Sie in jüngerer Zeit gelesen, und welchen Weg geht die neue deutsche Literatur?

Für mich waren drei Bücher von Arnold Stadler sehr wichtig. Sein Hauptthema ist das Erzählen der Kindheit, er zeigt, wie man so etwas macht. Ich habe das immer vor mir hergeschoben und habe es nie riskiert, die Kindheit zu erzählen. Hier macht es einer exemplarisch, und da weiß ich, dass es dieser Literatur gutgeht, die solche Autoren hervorbringt. Natürlich ist da keine Kultfigurenhaftigkeit herauszuwirtschaften, wie es manche Medien eben vielleicht brauchen. Aber es geht um geglücktes Handwerk, um geglücktes Schreiben. Außerdem gibt es auch Autoren, die dazu noch so vergnügt gelesen werden können, wie Uwe Timm oder Joseph von Westphalen. Der ist deswegen so attraktiv, weil er etwas Spielerisches hat, etwas Leichtes, Freches, in die Luft Geworfenes. Mein Fazit: Die deutsche Literatur ist auf jeden Fall interessant. Und jede Klage und jedes Gejammer über ihre Zukunft halte ich für absurd, für Wichtigtuerei und für eine Selbstinszenierung schwach gewordener Kritiker.

Ich kann mich auf keinen Nenner bringen

Ein Gespräch mit Stephan Sattler
1995

Ihr Aufsatzband Zauber und Gegenzauber *umfasst Texte
aus den letzten fünfunddreißig Jahren. Wollten Sie damit dem
Publikum dokumentieren, wie Sie sich vom linken zum rechten
Autor gewandelt haben?*

Für mich sind es Stimmungsbilder aus vier Jahrzehnten, in Gedicht
und Prosa. Allerdings sind die meisten dieser Texte durch Politisches provoziert worden. Die, die mich so unermüdlich auf der Au-
toskooterbahn des Politjahrmarkts herumschubsen, sind eingeladen, hier Platzierungen zur Kenntnis zu nehmen, die ich mir selber
erschrieben habe. Ob sich daraus, wie Sie andeuten, eine Bewegung
oder gar ein Rutsch von links nach rechts ergibt, weiß ich nicht, da
ich ja eher an Inhalten als an Etiketten interessiert bin.

*Galten Sie nur als linker Autor, oder verstehen Sie sich als
solcher?*

Ich erlebte, dass ich links draußen platziert wurde. Seit 1965 etwa.
Wahljahr. Ich, nicht mehr für die SPD werbend, weil die wie die
CDU den Krieg der USA in Vietnam vernünftig finden wollte. Zwei
Millionen Tote, wie man jetzt weiß. Und die Medien machten tapfer
mit. Wer dagegen war, von dem sagte man, er sei nicht mehr auf
dem Boden des Grundgesetzes. Trotzdem, ich war auch da viel
lieber Schriftsteller als Meinungsmacher, mir war mein Roman *Das
Einhorn* auch damals wichtiger als jede politische Position, die mir
angewiesen wurde.

Warum diese Scheu, für eine politische Richtung repräsentativ zu sein?

Ich bin das Unrepräsentativste, was es gibt. Ich hoffe nur, es gibt viele meinesgleichen, von denen keiner den anderen repräsentieren will. Ich bin schon in großer Verlegenheit, wenn ich mich selber repräsentieren soll. Ich kann mich einfach auf keinen Nenner bringen.

Was irritiert Sie an den linken Feuilletonredakteuren?

Sie machen Fragen des Gewissens zum Medienthema. Ich aber glaube, jeder lügt zwangsläufig, wenn er sein Gewissen öffentlich formuliert. Mit dem Gewissen muss man alleine sein.

Gehört es nicht zum Stil intellektueller Debatten, Gegner vor das Tribunal des Gewissens zu zerren?

Fragen des Gewissens können Sache der Öffentlichkeit werden, zum Beispiel im Strafrecht. Aber wenn Menschen wegen ihres Verhaltens in der NS-Zeit oder in der DDR öffentlich gezwungen werden, persönliche Schuld einzugestehen, dann ist das Gewissensshow. Ich finde, jeder ist nur für sein eigenes Gewissen zuständig. Ich auf jeden Fall komme als Moralstaatsanwalt nicht in Frage. Müsste ich mich entscheiden, zöge ich die Angeklagtenbank vor.

Waren Ihre Proteste in den sechziger Jahren gegen die amerikanische Intervention im Vietnamkrieg nicht auch Gewissensappelle?

In *Zauber und Gegenzauber* sind alle meine Reden zum Vietnamkrieg enthalten. Politik und Medien haben uns damals falsch informiert. Ich wollte uns auf das Informationsniveau Frankreichs bringen. Frankreich hatte sein Vietnamdebakel schon hinter sich und war klüger.

Der Protest gegen den Vietnamkrieg der USA galt als Auflehnung gegen die Schutzmacht der Deutschen. Hatten Sie damals anti-amerikanische Gefühle?

Ich glaube nicht, dass ich Washington mit Amerika verwechselte. Ich war 1958 ein Vierteljahr in New England und bin sehr ungern zurückgekommen. Eine meiner Reden heißt: *Amerikanischer als die Amerikaner.* Das waren wir. Und dagegen war ich.

Bei Ihrem Protest gegen den Vietnamkrieg der USA forderten Sie mehr Selbstbehauptung der Deutschen im Westen. Stand dasselbe Motiv auch hinter Ihrer Weigerung, die deutsche Teilung – aus Gründen der Realpolitik – hinzunehmen?

Das klingt zu bombastisch. Ich bin ein träger Zeitgenosse gewesen und habe lange gebraucht, bis ich gemerkt habe, hier wird ein Provisorium für die Ewigkeit verkauft. Dass der Name Deutschland nur im Wetterbericht vorkommen sollte, war für mich als Jahrgang 1927 sehr schwer verständlich.

Günter Grass, Ihr Jahrgang, empfand da anders als Sie.

Dieser Vergleich musste ja von Ihnen kommen. Das Lieblingsspiel: zwei Schriftsteller als kontroverse Meinungsfiguren aufzubauen. Selbst wenn eine Polarisierung bestünde zwischen Grass und mir, würde ich mich persönlich von ihm in keiner Form distanzieren. Ich erlebe nur, dass es da eine Biographie von Grass gibt, die anders verlief als meine. Er hat sich – auf beeindruckende Weise – dem SPD-Feld zugehörig gefühlt. Ich eben nicht.

An sich haben Sie ja keine Berührungsängste gegenüber Parteien.
In den achtziger Jahren nahmen Ihnen linke Kollegen die Kon-
takte zur CSU übel.

Je länger das Politschauspiel geht, desto mehr mag ich nur noch Personen statt Parteien. Allerdings, ein Intellektueller darf nicht jeden mögen, den er mag. Den CSU-Vorsitzenden sympathisch finden, das ist für die linken Betbrüder wie ein Pfarrerbesuch im Bordell.

Wie haben Sie die Wende 1989/90 persönlich erlebt? Waren Sie
eher froh über die Einheit oder über das Ende der Unfreiheit in
der DDR?

Ich war glücklich, dass die Deutschen in der DDR nicht mehr in diesem Halbgefängnis leben mussten. Das war ja immer das Peinliche, wenn man früher aus der DDR abreiste und die Bekannten zurücklassen musste. Heute freue ich mich noch immer täglich, dass die Teilung vom Tisch ist.

Herr Walser, sind Sie eigentlich national?

Im Herbst 1988 habe ich in München eine Rede über das eigene Land gehalten. Als ich damals die deutsche Teilung bedauerte, habe ich hinzugefügt: Wenn sie einmal vorbei sein sollte, dann ist nichts so überflüssig wie das Sprechen über Deutschland. Es wäre dann wie das Kostüm, das man in den Schrank hängt, um es möglichst selten herauszunehmen.

Kann eine Nation auf Dauer bestehen, die nicht wenigstens einen
Teil ihrer Geschichte für zustimmungsfähig hält?

Selbst wenn jemand der Geschichte seiner Nation ganz und gar nicht zustimmen könnte, er gehörte trotzdem dazu!

Würde es Ihnen schwerfallen, die Bundesrepublik Deutschland seit 1949 und dann nach 1989 für zustimmungsfähig zu erklären?

Schwerfallen würde mir die Distanzierung. Es gibt Intellektuelle, denen geht es hier gut, sie profitieren von den staatlichen und gesellschaftlichen Leistungen dieser Republik und sind doch gleich bereit, sie mit Hohn oder Verachtung zu strafen: Ich glaube, das kommt daher, dass sie sich als Strafende deutlicher fühlen, als wenn sie in Zustimmung aufgingen.

In Ihrem neuen Theaterstück Kaschmir in Parching *gibt es eine zentrale politische Szene. Zwei Kandidaten um das Bürgermeisteramt in Parching geraten auf einer Wahlversammlung in Streit über die NS-Vergangenheit. Der Großvater des einen Kandidaten beteiligte sich an der Reichspogromnacht, drangsalierte einen Rabbiner ...*

... man muss dazu sagen: Der eine Kandidat will nicht sagen, was sein Großvater getan hat. Er wird aber von seinem Gegenkandidaten dazu provoziert vor der Wahlversammlung. Dieser Gegenkandidat geht hausieren mit der braunen Vergangenheit des Großvaters seines Gegners, liest vor, was er getan hat.

Ihnen wurde wegen dieser Szenen vorgehalten, der provozierte Bürgermeisterkandidat produziere «rechten Stammtisch».

Redakteure existieren manchmal in einem erstaunlichen Abstand zur Realität. Sie meinen wirklich, eine Meinung, die es für sie eigentlich nicht geben sollte, könne man sich vom Hals schaffen, indem man sie zum Stammtischgeschwätz erklärt. Ich will aber Figuren herausarbeiten, die wirklichen Vorbildern entsprechen können. Mir geht es darum, zwei unterschiedliche Haltungen, die es heute in Deutschland gibt, vorzutragen.

Was hat Sie zu diesem Stück gebracht?

Es war das Stück von Klaus Pohl, *Die schöne Fremde*, das ich in den Münchner Kammerspielen gesehen habe. Ich schätze Pohl als Dramatiker. Seine Sätze haben Energie. Dennoch war ich von dem Stück entsetzt.

Weil es Deutschland als einzigen Übelstand zeigt?

Da wird ein Pole wegen Falschparken totgeschlagen. Eine schöne Fremde tritt auf. In ihrem Koffer findet man schwarze Unterwäsche. Schon wird sie zur Hure erklärt. Mit Hilfe eines Dobermanns wird sie vergewaltigt. Früher wäre das Stoff für eine Boulevardfarce gewesen, heute muss daraus ein deutsches Gruselporträt werden.

Worauf zielt nun aber Ihr Stück ab?

Ich habe das Gegenteil versucht, basta! Ich bin der Meinung, dieses Land und seine Leute seien nicht böser, als Menschen eben sind. Mein Stück wollte ich eigentlich Der schöne Fremde nennen. Man hat mir abgeraten. Es ist aber die Antwort auf Pohls Stück. Der schöne Fremde kommt bei mir vor. Man sehnt sich danach, dass er da ist. Man erklärt ihn zum Juden. Jeder will sich gutstellen mit ihm. Das ist der Kern meines Stücks. Da muss natürlich auch das Dritte Reich, die Vergangenheit, hereinspielen.

Warum messen Sie dem Pohl-Stück diese Bedeutung zu?

Weil ich sehe, was aus einem begabten Autor wird, wenn er zum Schreibgehilfen des Zeitgeists wird. Die Medien züchten diese drastische Heuchelflora. Früher drehte der Heuchler den Blick fromm nach oben, heute verdreht er ihn kritisch herab auf alle, die nicht sind wie er. Allerdings, man muss zugeben, ob man dem Zeitgeist dient oder widerspricht, ist fast egal. Wer sich auf ihn einlässt, den schwächt er. Überhaupt nicht reagieren, das wär's. Ich hab's immer noch nicht gelernt.

Wie drücken Sie Ihr anderes Erleben der Deutschen aus?

Ich gebe zu, mein Stück ist fast schon theaterfremd, weil es eher angenehme Zeitgenossen präsentiert. Wer will schon angenehme deutsche Zeitgenossen sehen? Der Fremde ist meine Lieblingsfigur. Er lebt nur im Augenblick, er hält sich für eine Reinkarnation Mozarts und würde am liebsten alle Konflikte durch Liebe lösen. Er bestreitet, dass es Probleme gibt.

Gibt es schon Pläne, das Stück aufzuführen?

Ich höre von drei Theatern, in denen man darüber diskutiert.

Letztes Jahr haben Sie die Befürchtung geäußert, die Fünfzigjahrfeiern des Kriegsendes könnten peinlich werden. Waren sie so schlimm, wie Sie annahmen?

Sie waren nicht so schlimm. Im Vorfeld habe ich befürchtet, dass die öffentlichen Erinnerungsveranstaltungen auf die Alternative Befreiung oder Niederlage hinauslaufen sollten. In dem «Oder» sah ich einen Gewissens- und Lügenzwang sich vorbereiten. Ich hätte nicht lügen können. Für mich war 1945 eine Niederlage. Und eine Befreiung. – Dass der Krieg aus war, das war Befreiung. Dass ich dann als Achtzehnjähriger ins Gefangenenlager kam, das war Niederlage. Damit bin ich damals nicht fertiggeworden; obwohl ich gewusst habe, dass mir das Leben gerettet worden war. Aber die Medienart, solche Jahrestage zu begehen, bleibt peinlich. Die Medien lügen, wenn sie solche Veranstaltungen zelebrieren. Die Art, wie sie darüber schleimen! Dieses unerfahrene, unversuchte, nachträglich selbstgerechte Reden! Man sollte alle Feiertage dieser Art dem Kempowski überlassen. Der weiß, wie man das macht, dass aus Erinnerung nicht Ideologie wird.

Sie halten die Laudatio für den Geschwister-Scholl-Preis, der in diesem Jahr für die Tagebücher von Victor Klemperer – am 27. November in München – vergeben wird. Was bedeutet Ihnen der Mann?

Victor Klemperer ist die vollkommene, ja ideale Menschenfigur für den deutschen Erinnerungskonflikt. Es gibt für mich kein Leben, das exemplarischer, lehrreicher, zu Herzen gehender und, für uns, beschämender verlaufen wäre. Er, sein Vater, Rabbiner in Landsberg an der Warthe, und seine drei älteren Brüder haben ihr Leben lang das verteidigt, was sie ihr Deutschtum und Deutschsein nannten. Victor Klemperer hat sein Deutschtum zwölf Jahre lang unter den grässlichsten Umständen gegen den legalisierten Terror der Gestapo verteidigt. Durch seine Tagebücher, durch sein Leben wird noch einmal vorstellbar, wie es auch hätte anders kommen können. – Ich weiß, dass ein Gelehrter wie Gershom Scholem das anders sah. Eine Biographie wie die Victors Klemperers würde er der jüdischen Fähigkeit zur Selbsttäuschung, zu Wunschträumen zuschreiben. Dem schließe ich mich nicht an. Auschwitz war nicht schicksalsnotwendig.

Was halten Sie von dem Schriftsteller Klemperer?

Hier sieht man, was ein Schriftsteller leisten kann. Weder Geschichtsschreibung noch Psychoanalyse, keine andere Aufbewahrungs- und Verarbeitungsart kann sich an Vertrauenswürdigkeit mit dem Geschriebenen eines wirklichen Schriftstellers messen. Ich glaube, dass Victor Klemperers Beobachtungen, die immer die Selbstbeobachtung mitliefern, im Lauf der Zeit zum vertrauenswürdigsten Auskunftswerk werden über das, was Juden versuchten und wie ihnen das von uns gelohnt wurde.

Woran werden Sie nach Ihrer Rede arbeiten?

An den Schlusskorrekturen zu meinem Roman. Er wird *Finks Krieg* heißen und bei den besseren Leuten der Rhein-Main-Taunus-Welt spielen. Inhalt: Was aus einem wird, der sich nicht gar alles gefallen lässt. Heute. Unter unseren Umständen, wo Mächtige in ihrer Willkür dann doch erleben müssen, dass sie nicht allmächtig sind. Ich hoffe. Sie merken, mir läge daran, dass etwas gut ausgeht.

Ein Mächtiger
ist wie Beethoven
ohne Musik

Ein Gespräch mit Franz Kotteder
1996

Deutsche Autoren schreiben wieder über die Politik. Grass über
die deutsche Einheit, Handke über den Krieg auf dem Balkan,
Walser über eine kleine Intrige in Wiesbaden.

Ich habe ja nicht über eine Intrige in Wiesbaden geschrieben, sondern über das Leiden eines Menschen, der ungerecht behandelt
wird. Mich haben nicht die Ursachen interessiert, sondern die Wirkungen auf einen Menschen. Und dieses Leiden ist dargestellt. Das
Leiden unter Machtausübung.

Aber in der Presse ist natürlich auf den realen Vorgang zurück-
gegriffen worden, nach dem Vorabdruck in der FAZ.

Das ist ein Medienspiel, das hat mit mir nichts zu tun. Ich habe das
nicht gebraucht und nicht gewünscht. Die Leser, das merke ich Gott
sei Dank schon, die Leser kümmern sich nicht um die wirklichen
Ursachen in Wiesbaden, die lesen das Buch als solches, und die
schreiben mir aus dem Grund, weil es ihnen genauso geht. Diesmal
merke ich das sehr schnell, dass das Land voller ähnlicher Leiden ist.

Stefan Fink leidet im Grunde am politischen System. Und er stellt
fest, dass letztlich alle Parteien gleich sind. Deckt sich das mit
Ihren Erfahrungen?

Es ist ganz klar, dass die Folgen der Machtausübung für jede Partei
nur so lange interessant sind, als sie glaubt, damit einer Gegenpar-
tei schaden zu können. Das ist Machtopportunismus, und da sind

alle Parteien durch ihre Konstitution gleich. Es sind Machtfirmen, und deren erstes Interesse ist der Selbsterhaltungstrieb. Ich habe diesen leidenden Menschen beschrieben bei dem Versuch, durch die Parteien recht zu bekommen, aber auch durch die Presse, die Medien. Die sind ja kein bisschen besser. Ein Einzelner ist verloren, er muss sich selber helfen, und dadurch wird er unbeliebt und unsympathisch, er wird hässlich, schmutzig, er wird sogar extrem. Er wird unangenehm, sogar für sich selber, er wird für seine Familie unerträglich. Das ist ein Krieg, der im Alltag stattfindet.

Peter Glotz hat Ihnen in der Woche wegen Finks Äußerungen «dumpfdeutsche Fieberphantasien» vorgeworfen. Hat Sie das geärgert?

Nein, nein! Da muss ich Ihnen sagen: Ich bewundere solche Intellektuelle. Ein Mensch, der von Beruf Politik-Intellektueller ist und jahrelang die deutsche Teilung für vernünftig erklärt hat. Ich bin dadurch, dass ich sie für unvernünftig gehalten habe, von denen zu einem Nationalisten gemacht worden! Und der wagt es jetzt, mir gegenüber das Thema Nationalität überhaupt in den Mund zu nehmen! Sollte er sich selber, was dieses Thema betrifft, nicht eine Schonfrist gönnen? Und das alles mit Zitatenschinderei. Keine Ahnung davon, was das innerhalb eines Romans wiegt, ein Satz. Mein Gott!

Bleiben wir bei Zitaten. In Ihrer Laudatio auf Victor Klemperer zur Verleihung des Geschwister-Scholl-Preises sagten Sie, es habe im Dritten Reich die Bevölkerung gegeben und eine Bande von Verbrechern als Machthaber. Demnächst erscheint das Buch Hitlers willige Vollstrecker des amerikanischen Historikers Daniel Goldhagen, in dem die gegenteilige These vertreten wird. Was sagen Sie dazu?

Also, ich habe in der *FAZ* gelesen, man könne die Zahl der Willfährigen auf etwa eine Million eingrenzen.

Das kennen wir anders. Es hieß: «die überwiegende Mehrheit der Deutschen».

Warum müssen wir darüber reden, wenn wir das Buch nicht kennen?!

Nun ja, Goldhagens Thesen werden derzeit nicht nur in den Feuilletons heftig diskutiert.

Ich kann nicht über ein Buch sprechen, das ich nicht kenne. Warum sollen wir uns jetzt darüber unterhalten? Ich sehe schon. Sie möchten da jetzt wieder irgendwas rauskitzeln! Das muss doch nicht sein.

Ich dachte, die These könnte Sie interessieren.

Die These interessiert mich natürlich. Aber für mich ist es nicht eine Zeitungsnachricht, sondern ein Buch.

Sie wollen erst das Buch gelesen haben, bevor Sie darüber reden?

Das ist mir immer lieber, ja.

In Finks Krieg steht am Schluss, dass ein Machtausübender, der einmal einen Fehltritt begeht, sofort von den Medien niedergemacht wird, was auch immer er sonst richtig gemacht haben mag. Ist das ironisch zu verstehen? Sie selbst haben ja auch einmal behauptet, dass der damalige Bundespräsidentenkandidat Steffen Heitmann durch die Medien absichtlich demontiert worden sei.

Ich habe anhand von Zitaten zeigen wollen, wie political correctness praktiziert wird an Herrn Heitmann. Das habe ich mit Zitaten belegt, und dafür hat man mich dann grauenhaft beschimpft. Man sollte die Presse vielleicht nicht kritizieren, denn sie ist immer mächtiger. Sie ist eine der Haupt-Machtausübenden, die keine Kritik an sich gestatten. Und deswegen ist mir auch Finks Krieg sehr vertraut. Wenn man lange genug Objekt dieser Machenschaften ist und sieht, mit wie geringer Reflexion über das eigene Tun die Presse einen behandelt. Eigentlich müsste ich mal an der Journalistenschule ein Semester machen und mal zum Besten geben, wie in jedem Jahrzehnt die Korrektheit überwacht wird. In den siebziger Jahren hieß es bei jeder Äußerung: Der ist nicht mehr auf dem Boden des Grundgesetzes, der ist Kommunist. Damals bin ich in der *Süddeutschen Zeitung* verhöhnt worden als Kommunist. Und nach meiner Klemperer-Rede eben andersherum, das ist doch völlig grotesk.

Peter Glotz schrieb auch, Fink spreche manchmal wie ein «Ernst Nolte für Arme». Wollten Sie zeigen, dass Fink durch den Kampf auch faschistoide Züge entwickelt? Wenn er etwa einen seiner Helfer nach dem Nazi-General im Endkampf um Berlin Wenck nennt?

Jetzt halten Sie bitte einmal in sich lebendig, was Sie gesagt haben: faschistoide Züge. Und das, weil er eine Kampfmetaphorik hat. Nur einer von seinen Helfern, die alle blumige Namen tragen, hat einen Namen aus dem Zweiten Weltkrieg – ist das faschistoid? Sein Vater hat eine bescheiden antifaschistische, kleinbürgerliche Biographie, Fink selbst ist Legal Advisor der Gesellschaft für deutschjüdische Zusammenarbeit, er hat sich als Referendar seine Rechtsanwaltsstation nicht in Köln, Düsseldorf oder Frankfurt gesucht, sondern in Tel Aviv. Was fehlt euch, dass ihr denkt, das sei faschistoid? Der wirkliche Tronkenburg hat in einem Artikel in der *FAZ* – lassen Sie das nicht unter den Tisch fallen – gesagt, der Walser und sein Held scheuten sich ja nicht einmal, sich am Schluss mit Hitler zu identifizieren. Im Buch gibt es diesen Selbstentzweiungskampf zwischen dem Beamten Fink und dem Ich-Fink, dem Stefan Fink. Und als der Beamte Fink einen Abgeordneten zum General Wenck erklärt, sagt der andere Fink: Damit identifizierst du dich mit Hitler, worauf der eine entgegnet: Nicht mit Hitler, sondern mit dem von der Roten Armee bedrohten Berlin. Kann man da noch sagen, er identifiziert sich mit Hitler?

Macht es Ihnen manchmal Spaß, Reizworte hinzuschreiben, auf die Ihre Kritiker anspringen können?

Nein, so masochistisch bin ich nicht. Nein, es ist viel schlimmer. Anstatt dass ich endlich gelernt hätte, mich von der offenbar unentwirrbaren Festgefahrenheit des Denkens über gewisse Probleme einfach zurückzuziehen, zieht es mich immer wieder an, noch einmal einen Versuch zu machen zu ein bisschen mehr, wie ich es empfinde, Genauigkeit.

Wie kommt so was? Sie waren sich doch beispielsweise sicher bewusst, dass Sie nach Ihrer Rede «über das eigene Land» in den Münchner Kammerspielen 1988 von vielen Linken als Rechtsgewendeter betrachtet würden, nachdem Sie erklärten, Sie litten an der deutschen Teilung?

Nein, das habe ich nicht gewusst. Ich habe mich zu dieser Rede nicht gedrängt. Es war mir nicht klar, dass Leute dann nicht mehr mit mir sprechen oder mir ihr Du zurückgeben würden. Es hat sich mein Leben verändert dadurch. In Finks Krieg heißt es einmal: Mag ich jemanden, ist mir, was er oder sie für Meinungen hat, ganz unwichtig, und am allerunwichtigsten ist mir dann das Politische. Und

Ein Gespräch mit Franz Kotteder

da identifiziere ich mich ganz und gar damit. So geht es mir auch. Und deshalb hab ich es nie verstanden, dass mich Leute wegen politisch zu nennender Äußerungen so behandelt haben.

In Ihrem Buch steht der schöne Satz: «Die Mächtigen sind wie ein Beethoven ohne Musik».

Das sagt der Fink, ja. Stellen Sie sich mal das Gesicht Beethovens vor und stellen Sie sich vor, der hätte nicht Symphonien geschrieben, sondern einen Konzern geleitet, mit diesem Gesicht! Da hätte man Angst vor ihm, oder? Dieses Gesicht ist wunderbar, weil er diese Musik gemacht hat. Aber ohne Musik? Ein Mächtiger ist immer ein Beethoven ohne Musik.

Wir sind alle
ein historisch-zeitlicher
Gemischtwarenladen

Ein Gespräch mit Peter Laemmle
1997

Herr Walser, im Laufe Ihres Lebens hat man immer wieder versucht, Sie in verschiedene Schubladen zu pressen. Ihnen Klischees anzuhängen: der linke Walser, der rechte Walser. Dazu kam noch der Satz, der, glaube ich, von Enzensberger stammt: «Walser ist der Proust vom Bodensee», also Walser, der den größten Teil seines Lebens an der gleichen Stelle geblieben ist, Walser, der Bodenständige, der Sesshafte. Aber Sesshaftigkeit hat ja nichts mit Bewegungslosigkeit zu tun. Für Sie hat der Begriff Heimat eine besondere Bedeutung, hat der Ihren Stil, Ihre Wahrnehmungsfähigkeit beeinflusst, geprägt?

Also, wenn er das getan haben sollte, dann habe ich nichts davon bemerkt, und dann müssen es andere bemerken. Man wächst einerseits irgendwo auf, und ganz sicher, das glaube ich schon, ganz sicher wird ein Schriftsteller von der ersten Sprache, die er hört und aufnimmt und lernt und spricht, geprägt. Also ich bin ganz sicher von meiner Muttersprache geprägt worden. Meine eigene Mutter hat nie in ihrem Leben einen hochdeutschen Satz gesagt und hat hochdeutsche Wörter benutzt, die wir nie benutzen würden. Sie hat das Hochdeutsche immer in einem gequälten Alemannisch ausgesprochen, und da hab ich schon die Differenz zwischen Hochsprache und Muttersprache gemerkt, also das hat sicher eine Rolle gespielt. Ich glaube, dass eine Freude an der abhängigen Redeweise vom Alemannischen kommt, das ja eine Konjunktivkultur hat, gegen die das Hochdeutsche ein leeres Fußballfeld ist. Und meine Konjunktivbesessenheit verdanke ich liebend gerne der alemannischen Mundart. Aber sonst glaube ich, dass ich im Heranwachsen wie, glaube

ich, jeder Schriftsteller, durch Erfahrung – und die macht man überall, die macht man in Manhattan oder in Tokio oder in Wasserburg,
und die hören ja nie auf –, durch Erfahrung und dann durch Lesen
geprägt worden bin. Man greift unwillkürlich oder bleibt unwillkürlich bei den Schriftstellern und Dichtern, mit denen man am
meisten etwas anfangen kann.

*Sie hatten, bevor Sie Schriftsteller wurden, beim Rundfunk und
beim Fernsehen gearbeitet und da eine verheißungsvolle glänzende Karriere in den Medien begonnen. Heute könnten Sie auch ein
hochangesehener Intendant im Ruhestand sein, der noch viel um
Rat gefragt wird. Sie könnten auch Professor, vielleicht an einer
amerikanischen Universität, vielleicht der Präsident von einem
College sein. In der Geschichte, auch in der Lebensgeschichte, soll
man ja nicht fragen, was wäre gewesen, wenn … Ab wann waren
Sie sich eigentlich sicher, dass es für Sie keine Alternative zum
Schreiben geben würde und dass Sie damit Erfolg haben würden,
sozusagen durchkommen würden.*

Ja also, dass ich durchkommen würde, um gleich das vorwegzuneh-
men, das weiß ich heute noch nicht, und das hab ich nie gewusst,
und ich habe mich nie als durchgekommen empfunden. Ich finde
immer noch alles sehr riskant, und ich bin froh darüber, dass es riskant ist. Ich habe einige Versuchungen der festen Anstellung erlebt
und habe sie mehr instinktiv als intellektuell, also durch bedauern-
den Verzicht beantwortet. Ich hätte ja an einer amerikanischen Universität bleiben können, tatsächlich war ein Angebot da. Es gab einmal ein Angebot, an den Münchner Kammerspielen Dramaturg zu
werden. Es wäre wohl eine Möglichkeit gewesen, weiterhin Fernsehen zu machen, aber es gab keine ernsthafte Versuchung, auch nicht
in der Zeit, in der ich gar nicht wusste, wie es gehen würde. Ich habe
keine glanzvolle, wie Sie freundlicherweise färben, Fernsehkarrie-

re gehabt, sondern einen hoffnungsvollen Mitanfang mit anderen, mit Freunden miterlebt. Wir waren sehr lustig und sehr unbedacht und sehr zukunftsfroh da in Stuttgart, und das war sehr schön. Und ich war schon damals der Berater unseres fast gleichaltrigen Chefs Helmut Jedele, und ich musste ihn immer auf die ARD-Sitzungen begleiten, und ich habe da eben eine ganz entscheidende Erfahrung gemacht: Sitzungen sind langweilig. Das war eine Erfahrung, ich sitze da von morgens bis abends. Zwar sind die Themen interessant, die Entscheidungen wichtig, und das Ganze ist langweilig. Und beim Schreiben ist es so: du fängst morgens an, schreibst einen Satz, du hast diesen Satz noch nicht geschrieben. Dann ist es abends, und du hast nichts gemerkt. Und das hat irgendwie etwas Spannendes: dieser Sog war größer. Basta.

Sie haben immer wieder betont, dass Ihnen zumindest bei Ihren Romanfiguren die Verlierer lieber seien als die Sieger. Werden aber dann durch Ihre Darstellung die Verlierer nicht eigentlich doch die Sieger? Und die Schriftsteller, die als Verlierer galten, als Erfolglose zu Lebzeiten – Robert Walser, Kafka, Hölderlin, alles Autoren, die Ihnen sehr nahestehen – später sind sie doch auch Sieger geworden durch ihren Nachruhm.

Ja, ich glaube, dass in dieser Frage natürlich ein Kulturbetriebsklischee verborgen liegt. Ich bin an diesem Klischee wahrhaft selber schuld, weil ich es oft genug gesagt habe, mir seien Verlierer lieber als Sieger. Nur manchmal habe ich auch dazu gesagt, für den Schriftsteller sind einfach Verlierer interessanter als Sieger. Sieger sind nur Leute, die sich dafür halten, weil sie selber nicht genauer hinschauen. Negative Erfahrungen werden so beantwortet, dass die immer noch nicht sehr positiven Antworten darauf, wie ich sage, einen weißen Schatten werfen: alle die sozusagen Unterliegenden der Weltliteratur sind natürlich in unserem Gefühl, im Gefühl des Lesers die, auf deren Seite man sich am liebsten stellt. Und da hört dann auch ein bisschen der krasse Unterschied zwischen Sieger und Verlierer auf. Das wird dann eben doch eine Sportplatzeinteilung. Man macht ja eine negative Erfahrung und beantwortet sie, das heißt, in der Wirklichkeit ist man unterlegen, aber als Schreibender hält man dagegen. Man ist da nicht gerade Sieger, aber man ist beglückt darüber, wie gut man in der Antwort auf etwas Negatives wegkommt. Obwohl man glaubt, nicht einfach zu färben oder positiv sein zu wollen, ist es schön, die Antwort zu geben, sie so auszuarbeiten, wie man sie ausarbeiten muss, um weiterleben zu können. Und daran liegt es dann, ob man Verlierer oder Sieger ist, da liegt dann eben schon etwas Günstiges darin: nämlich die Kunst, es geschrieben zu haben.

Wenn wir heute hier in Ihrem Haus sitzen und von Ihrem Zimmer auf den Bodensee hinausschauen, auf das helle flimmernde Wasser und die Berge im blauen Föhnlicht: Haben Sie eine Vorstellung von dem, was dahinterliegt? Ich meine das jetzt natürlich nicht geographisch, sondern als Phantasie. Gibt es für Sie so etwas wie die Vorstellung von einem Paradies, von einem, sagen wir mal, Elysium? Ich meine nicht die Frage, ob Sie daran glauben, ich meine, ob Sie einen Traum davon haben – wie in Hölderlins Gedicht Echo des Himmels.

Es ist klar, da braucht man keinen religiösen Vortext dazu, und man braucht auch keine säkulare Utopie, ich auf jeden Fall nicht. In all diesen Zusammenhängen fühle ich mich immer mehr fürs Vergangene als für das Zukünftige zuständig, aber ich könnte nicht leben ohne das Bevorstehende, ohne die Einbildung von etwas Bevorstehendem. Mir ist es noch nie – da bin ich ein Mini-Faust par excellence – mir war es noch nie genug und ist es noch nie gewesen, dass ich gesagt hätte, so soll es bleiben. Das tut mir auch manchmal leid: Ich könnte jetzt schon sagen, ich habe sozusagen mein Leben, es versäumend, damit verbracht, dass ich gedacht habe, jetzt wird es dann gleich besser oder anders, auf jeden Fall anders, wenn schon nicht besser. Aber ich könnte ohne diese Vorstellung nicht leben. Das liegt natürlich auch am Schreiben: du hast ein Buch geschrieben, und du begreifst noch, warum du es hast schreiben müssen, und du begreifst, warum es so geworden ist, wie du es gemacht hast, aber vom nächsten Buch erhoffst du dir etwas, in dessen Nähe das letzte noch gar nicht gekommen ist – also das könnte man als eine sehr begrenzte Arbeitsutopie verstehen.

Was wäre denn die Grunderfahrung Ihres Lebens, wenn Sie sich auf eine festlegen müssten?

Mir ist die liebste Erfahrung, dass ich – ich übertreibe jetzt ein bisschen – keine Erfahrung ohne Antwort gelassen habe, dass mich das zum Schriftsteller gemacht hat, dass ich nichts unbeantwortet ertrage, dass ich erst leben kann mit der Wirklichkeit, mit ihren ganzen Hieben, Stichen, Streicheleien, Zärtlichkeiten und Brutalitäten, dass ich das alles nur erfahre, nur ertrage, wenn ich es beantworte, und dass dadurch das Schreiben zu einer Lebensform geworden ist. Und wenn Sie das jetzt auch noch als Erfahrung betrachten, so ist das meine Grunderfahrung: Das Leben ist nur erträglich, wenn man schreibend darauf antwortet.

Herr Walser, was haben Sie für Erfahrungen mit Menschen gemacht? Gibt es da etwas, was sich wiederholt? Wie nahe zum Beispiel steht Ihnen selber eine Erkenntnis, die Sie in dem Buch Meßmers Gedanken *formuliert haben? Es heißt dort: «Es gibt keine Nähe zu anderen, die nicht zur Feindseligkeit führt.» Und in* Die Gallistl'sche Krankheit *haben Sie gesagt: «irgendwann verkracht man sich mit jedem.»*

Ja, das in der *Gallistl'schen Krankheit* ist natürlich eine Profanisierung, das andere in *Meßmers Gedanken* ist – sagen wir mal – Dialektik der Nähe, nicht wahr. Das glaube ich schon, und durch das muss man hindurch können, das muss in Bewegung bleiben: es gibt keine Nähe, die nicht zur Feindseligkeit führt. Der Satz müsste dann vielleicht noch weitergehen: es gibt Feindseligkeiten, die keine bleiben, sondern zu einer noch näheren Nähe führen. Ich bin sehr froh, dass ich gemerkt habe, dass Nähe, Feindseligkeit, noch größere Nähe, noch größere Feindseligkeit, dass das eine Bewegung ist, die, wenn beide daran interessiert sind, lebendig zu sein und nicht bloß recht zu haben, dass es dann eine ins Unendliche zielende und auch reichende Gefühlsbewegung wird.

Jetzt, wo Sie siebzig geworden sind, könnte ich mir denken, werden Sie nach einem Resümee gefragt. Keine Sorge, ich tue es nicht, obwohl ich mir schon denken kann, dass wir, die Walser-Leser, gerne wüssten, welche Perspektive Martin Walser jetzt hat, im Alter.

Da ich seit Monaten an einem Buch arbeite, das die Jahre 1932, 1938 und 1944/45 zum Spielfeld hat, also Jahre, in denen ich soundso alt war, merke ich: Ich habe dieses Buch jahrzehntelang vor mir hergeschoben aus verschiedenen Gründen, die ich auch gelegentlich kommentiert habe. Ich habe nicht genau gewusst, warum ich das andauernd getan habe. Aber jetzt mache ich die Erfahrung, dass ich vielleicht geglaubt haben könnte, ich könnte irgendwann einmal zurückblicken und resümieren. Schreibend merke ich jetzt, dass ich diese Jahre eigentlich erst produziere. Der dritte Teil dieses Buches hat den Titel «Vergangenheit als Gegenwart»: Ich mache jetzt die Jahre 1944/45, und zwar aus einem altbekannt grauenhaften Stoff, und vielleicht ist es ganz entsetzlich, wenn ich sage – aber es geht nicht anders –: Den Ausschlag gibt nicht die Grauenhaftigkeit des Stoffs, sondern mein heutiges Bedürfnis, ihn zu erzählen.

*Herr Walser, noch zwei Texte und vielleicht einen Kommentar
von Ihnen dazu. Psalm 90, Vers 10: «Unser Leben währet
70 Jahre und wenn's hochkommt, so sind's 80 Jahre und wenn's
köstlich gewesen ist, ist's Mühe und Arbeit gewesen.»*

Ich könnte mich nie – wenn es mir möglich ist, mich selber zu empfinden – anhängen an eine wie auch immer schöne Textstelle aus
den Psalmen, ich könnte mich – und das inhaltlich jetzt dazu – nie
anschließen an eine Stimmung, die aus irgendwelchen gegenwärtig
herrschenden Belästigungen oder Lasten oder Beschwernissen das
ganze Gewesene mit Bitterkeit oder sonst was überzieht, mir läge
daran überhaupt nichts, mich davon beherrschen zu lassen als Be-
urteilungs- und Empfindungsstimmung. Sondern ich möchte auch
jetzt noch, gestatten Sie, so lebendig bleiben, wie man gewesen sein
darf. Und das heißt eben, nicht fähig zu einer Farbe für alles, zu
einer Stimmung für alles, zu einer Beurteilung für alles – sondern
jeder Augenblick ist ein totales Risiko, und kein Augenblick hat das
Recht, eine Urteilsposition für frühere Augenblicke zu verabsolutieren oder zu inthronisieren. Das läuft einfach weiter, und da gibt es
keine, für mich gibt's da keine Schlussbewertung.

Noch ein zweiter Text von Montaigne aus dem Essay Philoso-
phieren heißt sterben lernen. *«Indem sie uns an ihrer Hand
auf sanftem und fast unmerklichem Abstieg allmählich und Stufe
und Stufe dahinführt, lässt uns die Natur in diesen Zustand des
Alters gleiten und gewöhnt uns an ihn, sodass wir keinen Stoß
verspüren, wenn die Jugend in uns erstirbt.»*

Also, ich merke direkt, wie ich da von Wort zu Wort mich mit Poren-
verschluss wappne und das nicht so haben mag, wie es da gesagt ist.
Vielleicht ist das alles nur ein sich gegen Beendigung sträubendes
Lebensinteresse, was mich da widerborstig sein lassen will. Aber

wenn es Jugend gegeben hat, wenn es so etwas gibt, und nicht nur, wie Shaw gesagt hat: Das Dumme an der Jugend ist, dass man nichts davon hat, solange sie dauert. Wenn es Jugend gegeben hat, es klingt sicher wie für den Seniorennachmittag konzipiert, aber dann hört sie nicht auf, lieber Peter Laemmle: das heißt, Jugend ist also eine Lebensqualität. Ja, wenn sie das ist, dann kann sie nicht verschwinden. Ich habe das auch schon einmal irgendwie zu formulieren versucht: wenn ich einem Menschen gegenüber bin, ist es völlig egal, wie alt er ist, auch achtzig, auch siebzig, auch sechzig, wenn ich ihn anschaue und ich bin interessiert, dann suche ich in seinem Gesicht zu erfassen, zu erleben, wie hat er mit siebzehn, wie hat sie mit siebzehn ausgesehen. Und ich entdecke in jedem Gesicht, das bilde ich mir jedenfalls ein, die pubertäre Formation. Sagen wir jetzt einmal, um irgendeine zu nennen, ich hätte auch noch die frühere kindliche nennen können. Jedes Gesicht enthält noch die Siebzehnjährigkeit oder die Zwölfjährigkeit, auch in den Antworten dieser Personen, denn das Leben ist so durchsetzt mit mitzufühlenden Erwerbnissen aus allen Lebensstufen. So ist man also ein Gemischtwarenladen aus allen Jahrzehnten. Jeder hat gewisse Sachen auch sprachlich beibehalten, das ist manchmal sehr lustig, nicht wahr. Du merkst, wie Leute Sätze repetieren unvermittelt aus der Zeit, in der sie diese Sätze erworben haben – und merken das selber nicht, weil das nicht ihr Beruf ist, andauernd zu reflektieren, sagen wir mal wie ein Schriftsteller, der viel Zeit für so was hat und sprachlich dafür empfänglich ist. Der merkt halt, Moment mal, das ist eine Formulierung, die hat er in seinem einundzwanzigsten Lebensjahr erworben und die führt er aber jetzt noch mit sich. Und das ist ja schön, nicht wahr. So ein historisch-zeitlicher Gemischtwarenladen ist ein jeder. Und, gut, jetzt kommt das Wort ‹Alter› vor, und da muss ich sagen, gut, und jeder, der uns jetzt zuhört, wird sagen, typisch, der wird damit nicht fertig, der schafft es nicht, und jetzt wehrt er sich, der ist nicht reif genug geworden, und das stimmt alles. Ich habe das allerdings auch studiert, und zwar bei Dichtern und Schriftstellern. Und da habe ich gemerkt: am liebsten sind mir die, die nicht reifen konnten, die nicht reif geworden sind, die keine Männer geworden sind, die von irgendeinem Punkt aus die Sache in der Hand hatten, im Sattel saßen oder so. Gut, das ist wieder das Thema hin und her, nicht wahr: ich werde mit dem Alter nicht fertig, ich bin nicht reif, ich fühle mich unfertig, ich habe so viel zu tun und so viel zu arbeiten, dass ich also deswegen auch mit keinem bisschen an Weisheit – fünfmal Anführungszeichen hinten und vorne – dienen kann, dass die Strecke überhaupt schmerzhaft ist. Aber das war sie immer für mich, von Anfang an, schmerzhaft, darüber muss man nicht reden, das ist ganz klar.

Du bist also ein glorioses Nichts

Ein Gespräch mit Martin Krumbholz
1997

*Martin Walser, Sie haben einmal gesagt. Sie hätten, anders
als etwa Thomas Mann, «keinen Stil». Thomas Mann ist ja
– zum Entsetzen der deutschen Literaturkritik – so etwas wie
Ihr Lieblingsfeind. Aber es gibt doch den unverwechselbaren
Walser-Sound. Es gibt die Walser-Ironie.*

Ich hätte auch Uwe Johnson nennen können. Das sind Manieristen.
Es gibt geringfügige Unwahrscheinlichkeitsplatzierungen in der
Syntax, kein Wort steht genau an der Stelle, an der man es erwartet,
und das ergibt ebendas, was die Leser als Thomas-Mann-Verschränk-
ung oder Uwe-Johnson-Lakonie genießen. Mann und Johnson
können die Bibel oder die *New York Times* in ihren Stil übersetzen.
Ich habe keine Manier, die ich am Morgen bloß herpfeifen muss, so,
jetzt tu wieder Dienst für mich. Und da ich mir selber stilistisch so
nahe bin, kann ich mich nicht von mir unterscheiden. Ich sehe da
nichts Charakteristisches. Es gibt natürlich andere, die so etwas sehen. Aber ich kann das nicht produzieren. Ich habe das Gefühl, ich
müsse bar bezahlen. Nicht mit Manier.

Ihr zweiter Lieblingsfeind ist Samuel Beckett.

Nein, nein, ich lese hingerissen Thomas Manns Tagebücher, da ist er
der große Schriftsteller. Sehen Sie, wenn ich jemanden nicht in der
gleichen Tonart lobe, wie das im Feuilleton gerade Mode ist, heißt
das noch nicht, dass er mein Feind ist. Eine Zeitlang hat mich bis
zur Verletztheit gereizt der Hohn Adornos über die Verständlichkeit Brechts und dann seine Hingerissenheit, wenn er nichts mehr

Ein Gespräch mit Martin Krumbholz

verstanden hat, bei Beckett. Da habe ich gedacht, Junge, Junge, das muss man doch dem nicht so übelnehmen, wenn er deutlich machen kann, worum es ihm zu tun ist. Da steckt man sich so eine Verzweiflungsfeder an seinen hübschen Intellektuellenhut und macht noch ein Tänzchen dazu und ruft: Ist das nicht toll? Meine Reaktion darauf hat mit Beckett selber wenig zu tun. Das ist die Reaktion auf das Feuilleton.

Gegen Brecht spricht allerdings Ihr Diktum, man könne mit Literatur nichts bewirken wollen.

Ja, er hat, um den gedachten Anforderungen zu entsprechen, sein Talent in den Dienst genommen. Warum soll er sich dabei nicht übernommen haben? Aber das macht ihn doch als Gesamterscheinung in diesem Jahrhundert, als Lyriker und frühen Dramatiker, kein bisschen kleiner. Aber sehen Sie, das hängt vielleicht auch damit zusammen, dass ich nicht lang genug einen Vater hatte, dass er mir zu früh weggestorben ist: Ich kann Verehrung nicht pünktlich beenden. Als Brecht plötzlich abgemeldet war, als dieser und jener seine Witzchen gemacht hat über B. B., da war mir klar: Ich kann das nicht. Ich bin ja geistig geboren in der zweiten Hälfte des 18. Jahrhunderts. Ich musste mit vierzehn, fünfzehn, sechzehn, siebzehn alles ganz allein in gedrängter Form nachholen, den Sturm und Drang, den jungen Goethe, den jungen Schiller bis hin zu George: alles in Gedichtform. Das war eine Sucht. Mich hat auch der ganze Krieg gar nicht interessiert, die Bomben, die Toten: Ich bin durch diese Gedichtwand gar nicht mehr hindurchgekommen. Das hat aufgehört im Sommer 1945 mit Heinrich Heine. Ein ganzer Sommer Heine. Den gab's schon, vierbändig. Noch lange keinen Brecht. Diese Götter kann ich nicht stürzen, nicht abtun, nicht nicht mehr verehren. Das geht nicht. Keine dieser Textstufen, sag ich mal schnöde, könnte ich hinter mir zurücklassen.

Ihr Verlag, Suhrkamp, preist in seiner Vorschau den «Wandel im Denken» des Martin Walser.

Das kommt mir ja ganz feindselig vor. In der *ZEIT* stand anlässlich *Finks Krieg,* ich hätte mich gewandelt vom linken Kämpfer zum CSU-Festredner der deutschen Einheit. So, jetzt wissen Sie's, falls Sie's noch nicht bemerkt haben sollten. Vielleicht hat der Verlag das ja gemeint.

«Wer Veränderung will, soll auf den Jahrmarkt gehen: dort verschwindet das Kaninchen aus dem Hut.» Das haben Sie 1967 notiert. Es klingt nicht sehr marxistisch.

Ich habe immer das Gefühl, dass ich mich nicht bewegt habe. Das kann jetzt schlimm sein ...

Herr Keuner wäre erbleicht.

Wenn ich das zusammendränge, was man politisch nennen kann, habe ich nicht das Gefühl, dass sich irgendetwas Wesentliches in mir verändert hat. Trotzdem werde ich vom Feuilleton jetzt im Gegenquartier platziert. Vor kurzem habe ich Archivbilder gesehen aus der Zeit der Vietnam-Kundgebungen, ich habe mich damals vor den Mikrophonen stehen sehen: Ich muss von dem, was ich dort gesagt habe, keinen einzigen Satz zurücknehmen. Nur die äußere Aufgeregtheit hat mir jetzt fast weh getan, dass ich nicht ruhiger geblieben bin dabei. McNamara hat Vietnam nachträglich für falsch gehalten, zwei Millionen Tote, ein sinnloser Einsatz. Für mich ist es damals also notwendig gewesen zu protestieren. Ich hatte keine andere Chance.

Literatur hat man in dieser Protestzeit soziologischen Deutungen
zwangsunterworfen. Doch Ihre Romanhelden, vom Reklame-
spezialisten Kristlein bis hin zum Ministerialbeamten Fink, sind
keine Revoluzzer. Wie Kafkas Helden arbeiten sie an Legitima-
tionsmustern. Das sind Menschen, die sich den vorgefundenen
Existenzbedingungen beinahe um jeden Preis anpassen. Als
hätten sie keine Wahl. Und wie bei Kafka operiert auch in Ihren
Romanen die Ironie sehr mittelbar.

Wenn mir etwas fremd ist und wahrscheinlich auch immer war,
dann ist es das Soziologische. In der Prosa ist Soziologie der Tod.
Die Einteilung in affirmativ / nicht affirmativ zum Beispiel ist ungeheuer schlicht, das ist schlechthin keine Prüfungskategorie für
einen Romanhelden. Feldforschung ist nicht mein Fall. Kafkas *Pro-*
zess-Roman ist die Antwort auf den Anpassungsdruck der Gesellschaft, sie wirft ein Licht auf dieses Zwangsverhältnis, dieses Licht
existiert. Man kann sich nicht unter allen Umständen wehren, aber
man ist auch nicht unter allen Umständen gleichermaßen ein Opfer.

Der erste überhaupt von Ihnen veröffentlichte Satz – der Ein-
leitungssatz der Kafka-Dissertation – lautet: «Je vollkommener
die Dichtung ist, desto weniger verweist sie auf den Dichter.»
Etliche Zeit später, in Meßmers Gedanken, notieren Sie: «Kein
Kriminalroman ist so spannend wie ich für mich.»

Wenn man die meiste Zeit damit verbringt, sich selbst gegenüber
zu sein, kann man dieses Angewiesensein auf sich selber nicht ver-
bergen wollen. Auch wenn ich in meinen Romanen jetzt nicht mehr
ich sage, schreibe ich doch dauernd am selben Roman weiter, es
sind lauter schlecht und recht maskierte Ichs. Das lange Zubringen
in einem Zimmer mit sich selbst allein, das ist schon auch eine Förderung der Asozialität, und es kann schon sein, dass das bei dem

einen oder anderen in einen teureren oder billigeren Hohn auf alles in der Welt mündet. Aber ich sage ja gerne, in einem späten Echo auf frühere Hegel-Lektüre: Nichts ist ohne sein Gegenteil wahr. Und die tägliche Einladung zur Asozialität provoziert auch eine andere Haltung, nämlich dass du ohne gesellschaftliche Zustimmung unglücklich bist. Dass du dir selber nicht genügst, dass du überhaupt nicht ausreichst für dich, dass du nichts bist. Du bist also ein glorioses Nichts, die Ausschmückung einer Isolation, an der du verreckst. Und das lernst du dadurch, dass du so sehr ich bist. Das ist keine Position, dieses Ich, sondern das ist ein Sturz ins Gegenteil, nämlich Gier nach Zustimmung, nach Angeschautwerden, nach Umgebung usw. Und dazwischen bewegt sich's dauernd hin und her, es gibt keine Position, zum Glück, die sich halten lässt. Ich habe früher einmal gesagt, der Schriftsteller kann nicht die Gesellschaft verändern, sondern bestenfalls sich selber. Aber auch das ist eine Illusion. Solange du schreibst, solange du auf irgendetwas Blödes antwortest, solange bist du ein anderer. Aber nachher, wenn du nicht mehr schreibst, bist du wieder derselbe wie vorher. Nur schreibend bist du jemand.

Haben Sie eine Antwort auf die poetologische Gretchenfrage: Utilitarismus versus Ästhetizismus, Engagement versus l'art pour l'art?

Am schwersten hat es sicherlich die Haltung, die sich entwickelt zugunsten anderer. Alles Apostolische. Wenn man da tausend Meilen ums Mittelmeer rennt, um die andern zu erlösen. Brecht zum Beispiel ist ganz und gar ein Religionsdichter, der stammt aus einem ganz kirchlichen Fundus. Andere sind weltlicher veranlagt. Aber beide Haltungen kommen vor und sind also offenbar notwendig. Mir ist das Apostolische fremd, alles, was sich zugunsten anderer entwickelt, kommt mir unglaubwürdig vor. Aber daraus ergibt sich nicht, dass ich alles Apostolische für eine vielleicht durch Halbblindheit gemilderte Lüge hielte. Und daraus ergibt sich nicht, dass ich etwa unterhalten wollte. Auch das wäre ja schon ein Wollen, das mir nicht zusteht, auch das wäre schon eine Überschätzung meiner Zuwendungskräfte. Ich kann für mich nur sagen: Ich habe als Kind gelesen, wütend gelesen, von Karl May bis Dostojewski, und das ist mir geblieben bis heute. In jedem Jahrzehnt hatte ich einen favorisierten Autor. Als Leser bin ich ein Schreibender, ich halte das für eine Tätigkeit. Ich nehme einmal an, wenn ich nicht mehr lesen könnte, könnte ich nicht mehr schreiben. Und mich interessiert nur, ob jemand Bücher braucht. Schreibend oder lesend.

Inzwischen gibt es Äußerungen des Germanisten Walser, in denen er sich sehr kritisch von Sekundärliteratur abgrenzt. Von Literaturkritik sowieso.

Jemand, der sich lebenslänglich mit Literatur abgibt, der müsste nicht schielen nach der Ermäßigungsformel Sekundärliteratur. Ich finde diese Einteilung schnöde.

Ich muss über Hölderlin meinetwegen schreiben, nicht um anderer Leute willen. Ich kann nicht von mir absehen. Diese Haltung ist absurd. Das ist wieder diese aus der bastardisierten Religionspflege heruntergekommene Predigerhaltung, die so altruistisch von sich selbst absieht. Der Anlass kann ja von außen kommen: Kriegst du den Büchner-Preis, musst du über Büchner, kriegst du den Schiller-Preis, musst du über Schiller reden, usw., ich habe ja zwangsläufig die ganze Klaviatur abgearbeitet. Am 19. Dezember erfahre ich, am 8. Februar kriegst du die Heine-Plakette, also schmeiße ich sofort alles andere weg und arbeite vom 19. Dezember bis zum 8. Februar Tag und Nacht den ganzen Heine noch mal durch. Aber wenn ich da nicht auf etwas komme, was mir erschlossen werden muss, ausgedrückt werden muss, dann kann ich's schon gar nicht hinschreiben. Mich selbst kann ich belehren, indem ich vor lebenden Menschen den Mund aufmache und laut spreche. Alles andere ist absurd, vollkommen absurd. Ich muss keine Wahrheit herausbringen aus dem Kunstwerk, ich muss herausbringen, was es mir ist. Was es mir jetzt ist.

Man macht auch die Erfahrung, dass sich das Verhältnis zu bestimmten Büchern im Lauf der Zeit ändert. So ist es Ihnen wohl mit dem Wilhelm Meister *ergangen.*

Ja, den *Wilhelm Meister* habe ich ja öfter gelesen als jeder andere Mensch auf der Welt. Er gehört natürlich zu den Büchern, die nicht geschrieben, sondern diktiert sind. Es fehlt deshalb eine letzte Intimität der Prosa zum Bewusstsein. Natürlich, wenn der Autor ein toller Kerl ist, diktiert er tolle Sätze. Und die kommen ja da zuhauf vor. Aber der Schmerz des Daseins geht in der Diktierhaltung ein bisschen verloren.

Schauen Sie, wenn der Wilhelm ganz unglücklich ist, und das kommt aus einer erotischen Erfahrung, die sein Selbstbewusstsein attackiert – und das ist ein wunderbarer Satz, den ich sehr zu schätzen weiß –, dann heißt es: So ist denn alles nichts. Da sehe ich den diktierenden Goethe: Der Raum ist groß genug, dass der Satz so kurz sein darf.

Bei Robert Walser heißt der entsprechende Satz, der der gleichen Sensation entspringt: Mich muss man nackt auf die Straße werfen usw., das geht über sieben Zeilen. Da ist ein quälender Zwang, diesen Schmerz noch genauer, noch genauer, noch genauer, und dann noch ein Nebensatz, und dann genügt es noch nicht, dann ist noch eine Schublade Schmerz unaufgezogen, die muss auch noch aufgezogen werden, und dann kann der Satz erst enden. Und Goethe macht daraus souverän: So ist denn alles nichts. Das ist schon alles toll, aber es ist eben nicht so existenzintim, nicht so schmerznah wie bei Kafka oder Robert Walser. Das darf ja auch alles sein, bitte, das ist jetzt keine Polemik. – Und die Gedichte sind mit der Hand geschrieben.

Der diktierende Schriftsteller hat zugleich etwas von einem Schauspieler, der selber schreibende ist eher ein Arbeiter.

Ja, weil er nach ein paar Stunden müde ist. Kaputt. Aber ich muss zugeben, dass auch der schreibende Schriftsteller schon etwas von einem Schauspieler hat. Der erlebt sich ja auch, wenn er schreibt, seine Windungen, Wendungen, seine Lebendigkeit, Elendigkeit, all das erlebt er ja auch. Und er hört ja den Text. Der den Text diktiert, das ist ja er selbst, er hat auch so einen Schauspieler, der in ihm herumläuft, wie der Goethe in seinem Zimmer herumläuft. Und den hört er, dem folgt er aufs Wort.

Und wer ist nun der Walser'sche Hausheilige der neunziger Jahre?

Ich geniere mich fast: Das ist ganz eindeutig Nietzsche. Weil er ein toller Schriftsteller ist. Ich kann nur noch tolle Schriftsteller lesen. Wir sind ja in der deutschen Sprache ein bisschen arm dran, in Frankreich gibt es mehr Schriftsteller, die schreiben und denken können. Also, ich weiß nicht, ob es mein letzter Heiliger bleiben wird, aber für dieses Jahrzehnt erfüllt er diese Funktion ganz unumschränkt. *Zarathustra* ist eine Feuerprosa, die einen hinreißt und mitreißt, Gott weiß wohin.

So geht es einem auch mit dem letzten Kapitel von Finks Krieg: *Das ist eine Sprachlawine, eine Unflatlawine, die einen mitreißt, auch ohne dass man sich für Finks Sache nur im mindesten interessiert.*

Na ja, das ist natürlich das Mekka jedes Schriftstellers: dass jeder Satz ans Ziel kommt. Und nicht als Sinnträger schwitzend in der Prosareihe geht. Das nähert sich der Lyrik, der Musik, aber das sind eben die Sehnsüchte auch des Prosaisten. Jeder Satz müsste das Ganze enthalten. Und unabhängig sein von anderen Sätzen.

Unsere freiesten Geister sind die reinsten Pfaffen

Ein Gespräch mit Sven Michaelsen
und Michael Stoessinger
1997

Sie werden am 24. März siebzig. Wie alt fühlt sich Martin Walser?

Mein Verhältnis zu mir drückt sich nicht in Zahlen aus. Als ich über Rudolf Augstein die Überschrift las «Der alte Mann und sein Erbe», dachte ich, eigentlich müsstest du dich mit diesem Adjektiv an einen Tisch setzen und mit ihm reden: Passe ich zu dir? Passt du zu mir?

Zu welchem Ergebnis sind Sie gekommen?

Gelindes Sträuben. Natürlich fühle ich mich hinfälligst. Möchte aber am liebsten hinzufügen: Immer schon. Für mich hängt aber, wie ich mich fühle, von dem ab, was am Schreibtisch gerade passiert. Ich lerne mich eben nur schreibend kennen.

Sie werden gern von Frauen ab dreißig gelesen, heißt es im Buchhandel.

Die Leserbriefe, die ich bekomme, sind in der Mehrzahl von Frauen. Das hat mich dazu gebracht zu glauben, dass Frauen überhaupt mehr lesen. Ich habe mal leichtfertig formuliert: Leute, die sich im Sattel glauben, lesen nicht. Frauen sind ja problemanfälliger. Sie sind durch ihre Erfahrungen problematisierter, weil sie weniger an der Machtausübung teilhaben. Nichts hindert das Lesen so sehr, als zu glauben, an der Macht zu sein. Zum Glück macht Machtausübung hässlich, innen und außen. Zum Glück für die durch Machtausübung Hässlichen gibt es genug Männer und Frauen, die diese Hässlichkeit reizvoll finden, diese Blickstarre, Kinnhaltung, Gestus, kehlig karg knirschende Syntax und etwas weniger Phantasie als ein VW-Motor. Ich finde Leidende schöner als Täter. Von einem Leidenden hat man einfach mehr. Boris Becker, wenn er verliert, wie interessant wirkt er da. Was für ein Geblöke ist das, wenn er gewinnt.

Für ein Fernsehporträt zu Ihrem Geburtstag haben Sie gerade zehn Stunden lang Sendungen über sich angeschaut. Waren Sie mit sich zufrieden?

Viele dieser Beiträge beschäftigen sich mit Politik. Die Inhalte aus dreißig Jahren ertrage ich. Peinlich war mir nur die Temperatur des Kerls, dieses gierige Rechthabenmüssen am Mikrophon. In Wirklichkeit ist kein Mensch so, wie er vor einem Mikrophon ist. In der Physik heißt es: Wenn der Schwerpunkt über die Unterstützungsfläche hinausgeht, dann kippt es. So gekippt komme ich mir da öfter vor.

Die amerikanische Schriftstellerin Susan Sontag hat in Sarajevo Beckett inszeniert. Wäre Vergleichbares für Sie vorstellbar?

Was globale Zuständigkeit angeht, kann sich mit Susan Sontag nicht so schnell jemand messen. Vielleicht fehlt mir da die letzte Rot-Kreuz-Begabung. Ich habe mich auch geweigert, Lesungen in Erdteilen zu machen, wo die Menschen hungern, terrorisiert sind. Das kann Beschränktheit sein, aber südlich von Málaga möchte ich etwas anderes mitbringen als einen Roman. Ich glaube, dass ein Autor keine Verkündigungspotenz hat. Mir ist nichts so fremd wie alles Apostolische, und sei es in der schlichtesten politischen Verpackung. Je blank politischer ein Autor auftritt, umso überanstrengter kommt er mir vor. Am meisten ich selbst.

Aber ein Schriftsteller will doch wirken oder auch Beispiel geben.

Jeder Autor steuert einen Fingerhut Seele bei, disparat, antagonistisch, unkommandierbar, in keinen Dienst zu nehmen. So kann er vielleicht sogar ansteckend wirken. Vor allem, wenn er das nicht beabsichtigt. Aber die Korrektheitsanweisungen des jeweiligen Zeitgeistes ätzen möchte er vielleicht doch. Und schon nimmt er sich zu viel vor. Besser, er gibt zu, eines der vielen Flämmchen zu sein, die nichts beweisen, als dass es dunkel ist. Oder glauben Sie, Hermann Hesse sei noch ein Modell? Er ist ja ein Autor, den man kennenlernt, ohne dass man ihn lesen muss, weil er so eine Wirkung hat. Dieses im besten Sinne Erbauliche in seinen Büchern, dieses durch und durch Ratgeberische, da haben die Leser offenbar direkt etwas davon, und das führt dann zu den Hesse-Gemeinden auf der ganzen Welt. Vielleicht ist das von mir Hochmut, Verzweiflung, Schwerhörigkeit, aber ich kann mir heute gar keinen Autor vorstellen, der so eine Wirkung haben möchte. Dieses Betupfen von öffentlichen Weltschmerzen ist jetzt Talkshow. Kommt mir vor.

Wenn sich Botho Strauß, Peter Handke und Sie mit Essays oder Reden in die politischen Debatten einmischen, reagieren deutsche Intellektuelle häufig mit wutschäumender Polemik. Können Sie dieses Reizklima erklären?

Bei den besten unserer Intellektuellen kann man jede Art von Intoleranz voraussetzen. Früher hat man so was mit Passau verbunden. Heute treten die scharfen Intoleranten in den Kulissen der Frankfurter Schule auf. Das ist einfach Deutschland, das Land des Dreißigjährigen Krieges. Diese Religionskriegsgesonnenheit hat nie aufgehört. In Amerika, in Frankreich würde man nie mit Kollegen so umgehen, bloß weil sie einmal anders denken, als man selber gerade denkt. Unsere freiesten Geister sind die reinsten Pfaffen, wenn es darum geht, eine Versündigung gegen den von ihnen verwalteten Zeitgeist zu ahnden. Schon die Anerkennungs- oder Diffamierungsgewalt der Wörter links und rechts gibt es so nur bei uns. Meine letzte Erfahrung war die Laudatio auf Victor Klemperer. Mit heißem Bemühen und voller Liebe hatte ich wochenlang über den Mann geschrieben. Untertitel: *Das Prinzip Genauigkeit.* Das Ergebnis war, dass in der ZEIT stand, ich hätte Auschwitz verharmlost. Das ist eben der öffentliche Dienst der zeitgeistbesorgenden Intellektuellen. Das ist nicht mehr Religion, das ist Kirche. Da bei uns Evangelisch und Katholisch so lange die Szene beherrscht haben, hat sich das so in die Bewusstseinsgene eingegraben, dass wir zur Toleranz nicht finden können. Die Intellektuellen sind jetzt die Priester der Gesellschaft, und Priester sind scharf darauf, Sünder zu kreieren.

Sehen Sie sich selber als Ketzer oder Konvertit?

Man tut besser daran, überhaupt nicht mehr in einem Sprachfeld aufzutreten, wo man als Meinungssoldat gefangen genommen und einem weltanschaulichen Camp zugewiesen werden kann. Anstatt etwas verständlich gemacht zu haben, wecke ich jedes Mal die lautstärkere, medienmächtigere Gegenmeinung. Ich bin also nur dazu da, Gegenmeinungen zu Triumphmärschen zu animieren. Das sollte ich lieber lassen.

Wieso sind Sie trotzdem so reizbar?

Da müssen Sie meinen Arzt fragen.

Zu Wort melden sich in der Regel die Fünfzig- bis Siebzigjährigen. Worin liegt die Abstinenz jüngerer Autoren?

Ich habe auch schon mal gesagt, dass es wunderbar ist, wenn die Lage so ist, dass Schriftsteller sich nicht mehr provoziert fühlen müssen. Allerdings muss ich sagen, dass vier Millionen Arbeitslose für eine Dauerprovokation sorgen. Da möchte man sich gern durch gelegentliche Meinungsabfuhr die Gewissensillusion verschaffen, man sei nicht unberührt geblieben.

Was kann ein Schriftsteller überhaupt zur Arbeitslosigkeit sagen?

Da ist ein ratloser, aber produktionstüchtiger Kapitalismus. Man kann vom Kapitalismus nicht verlangen, dass er sich selber begreift. Es ist sicher eine zumutbare intellektuelle Arbeit, dem Kapitalismus, dem sein Feind gestorben ist, einen Feind zu liefern, ihm etwas entgegenzusetzen. Dafür gibt es keine Partei, keine bestehende Kirche. Dass der Kapitalismus sich als das begreift, was er ist – eine heillose Armee, die nichts als sich zu Tode siegen kann –, dieses Bild muss man ihm liefern. Dazu ist man da.

Kommt da wieder der alte Klassenkämpfer und Gewerkschafter Walser durch?

Dass Sie mit diesem Ladenhüterwort reagieren, ein Wort, das schon, als es noch lebendig war, weniger gesagt als vorgetäuscht hat, das zeigt mir, dass ich mich nicht verständlich gemacht habe. Dass die Gewerkschaft eine Hoffnungsrichtung ist, werden Sie aber nicht bestreiten.

Die deutschen Intellektuellen scheinen mit Kohl ausgesöhnt. Sie auch?

Der Widerstreit zwischen einer behaupteten Glanzlosigkeit und einer zunehmenden Bedeutung ist für mich faszinierend. In der

Ein Gespräch mit Sven Michaelsen und Michael Stoessinger

Beziehung hat er auch etwas von Adenauer. Adenauer war auch nicht einer, der einen mit Sätzen geblendet hätte. Für mich bleibt Kohl der Kanzler, der am Steilhang im Kaukasus Gorbatschow die Hand reicht. Der Enkel Adenauers, für den die Sowjets die Untermenschen waren, war mit einem Chefkommunisten sofort in einem besten Verhältnis. Das nenne ich historische Erlebnisfähigkeit. Das ist nicht mehr bloß CDU und Oggersheim.

Kohl sagt über die deutschen Intellektuellen: «Diese Leute sind mir wirklich gleichgültig.» Vermissen Sie Kohls Zuwendung?

Kohl hat ja mal Schriftsteller eingeladen. Da war man zu elft. Wir haben zu Abend gegessen und dann geredet. Einer dieser Schriftsteller hat das Verhältnis Kohls zur deutschen Sprache kritisiert. Ich habe mich da so geniert, dass ich sofort anfing, von seiner Sprache zu schwärmen. Unser aller Schiedsrichter habe dann, hieß es, kolportiert, das Furchtbarste an diesem Abend sei gewesen, wie ich mich bei Kohl angebiedert hätte. Dabei war ich nur durch diese scheußliche Taktlosigkeit provoziert, dass ein Intellektueller seinen belletristisch-feuilletonistischen Sprachgebrauchsmaßstab nimmt und ihn einem Politiker strafend vorhält.

Der Kanzler Willy Brandt beriet sich mit Böll und Lenz. Hat Kohl Sie schon mal um Rat gefragt?

Ich finde, dass ich mit Recht nicht angerufen werde. Es müsste ein selbstverständlicher Kontakt sein, der nicht nur stattfindet, wenn es um etwas geht. Beim Kontakt mit einem Schriftsteller kann man sich von dessen Reflexionszwang anstecken lassen. Sich durch Nachdenken schwächen ist ja überall günstig.

*Die sanfte Revolution in der DDR sei Ihnen das politisch Liebste
gewesen, haben Sie einmal gesagt. Und nun Jammerei, wohin
man blickt – in Ost und West. Sind die Deutschen undankbar?*

Es kommt darauf an, wer jammert. Wenn jemand sich konkret be-
klagt, dem es schlechtgeht, ist das was anderes, als wenn jemand die
Misere von Leuten, deren Dasein er nicht teilt, zum Grund nimmt,
die ganze Wiedervereinigung für falsch, missglückt, unnötig zu erklären. Es tut uns doch allen weh, wenn man sieht, was für Arbeitslosenzahlen dort sind. Aber dass ich deswegen die ungeheure Gunst
des geschichtlichen Augenblicks geringer veranschlagen möchte,
das keine Sekunde. Das war mein Abschied von Lafontaine, den ich
bis dahin sehr geschätzt habe. Aber von dem Tag an, als der da mit
dem Rechenschieber hinter Kohl herging und ihm sagte, es würde
zu teuer – als wenn ein Mensch für dieses Geld drüben geblieben
wäre. Ich muss leider mit einem geradezu lustvollen Masochismus
sagen, dass ich nichts so gerne zahle wie den Solidaritätsbeitrag.

*Was halten Sie von Grass' Diktum, die deutsche Einheit habe
Auschwitz wieder möglich gemacht?*

Ich finde es historisch riskant bis grotesk, mit solchen Versatzstücken zu arbeiten in einem Augenblick, in dem wir einen sogar
konservativen Bundeskanzler haben, der seinerseits mit nichts so
leidenschaftlich umgeht wie mit der Entwicklung auf Europa hin.
Man weiß doch inzwischen auch, dass wir im besten Sinne interna-
tionalisiert sind. Es gibt keine Chance mehr für Nationalismus, und
ich glaube, dass Leute, die heute mit so etwas hausieren, entweder
festgefroren sind an einem Punkt unserer unglückseligen Entwicklung oder dass sie es mit Fleiß machen, einfach um des Schaurigen
willen damit spielen. Das tut Grass sicher nicht. Er kommt mir nur
übermäßig fixiert vor. Schauen Sie, was es seit 1991 alles für Tata-

ren-Gerüchte mit Skinheads und Neonazis gab. Jetzt haben wir 1997, und die Republikaner sind so weit draußen wie noch nie.

Sie gelten als literarischer Experte für Identitätsbeschädigung. Wie viele durch Arbeitslosigkeit gequälte Seelen kann sich unser Land leisten?

Es muss in diese produktionsarme Zeit ein Mensch treten, der seine Selbstverwirklichung nicht abhängig macht von Job und Karriere. Das muss in Kindergarten und Schule beginnen. Gewerkschaften und Arbeitgeber müssten sich abseits von ihren aktuellen Kämpfen verstehen als eine Entwurfsgemeinschaft für eine gesellschaftliche Zukunft, in der der Arbeitsplatz nicht das einzig Höchste ist.

Zur Massenarbeitslosigkeit fällt Ihnen also auch kein Rezept ein.

Sagen Sie das nicht zweimal.

Sonst?

Sage ich, was mir vorschwebt. Bevor ich meine Amateurvision preisgebe, melde ich, was ein Freund von mir, der rechnen kann, mir sagt: Das einzige Mittel sei eine drastische Abwertung der D-Mark. Also trotz unseres Lohnniveaus Verbilligung unserer Exporte um, sagen wir, ein Drittel. Da die D-Mark unsere heilige Kuh ist, sage ich trotzdem meine Amateurvision auf: Die Gewerkschaften verwalten das riesige Kapital Arbeitskraft. Weil ein Überangebot besteht, ist der Wert gesunken. Andererseits sagen die Arbeitgeber, sie könnten, wenn die Arbeitskraft billiger wäre, mehr Arbeitsplätze schaffen, die Konjunktur käme ins Laufen. Also soll sich die Gewerkschaft benehmen wie eine Bank, soll einen Vertrag schließen des Inhalts: Wir arbeiten drei Jahre lang zu konjunkturfördernden Tarifen, wenn die Arbeitgeber sich verpflichten, dann soundso viele Arbeitsplätze zu schaffen.

Also Lohnverzicht, wie Kohl gefordert hat.

Eben nicht Verzicht, sondern Lohninvestition. Im Vertrag wird dieses Entgegenkommen der Gewerkschaften als Darlehen bezeichnet, das die Arbeitgeber, wenn die Konjunktur wieder läuft, zurückzahlen müssen. Mit Zinsen. Sollte sich herausstellen, dass auch durch solche Versuche die Konjunktur nicht floriert, die Arbeitslosigkeit also so immens bleibt, dann sollten wir uns nach einem neuen Modell umsehen.

Glauben Sie wirklich, dass es zu einem solchen Vertrag kommen könnte?

Ist die Not noch nicht groß genug?

Sie setzen eine noch nie praktizierte Flexibilität voraus. Und ein Vertrauen, das gegenseitig nicht existiert. Deshalb wirkt Ihr Modell eher wie ein Gesellschaftsspiel. Sie sollten es beim Verlag Ravensburger Spiele einreichen.

Sie denken geringer vom Spielen als ich, das spüre ich. Diese Gesellschaft will immer mehr Menschen nur noch als Zuschauer. Mir reicht Zuschauen nicht. Spielen ist lebenswichtig, produktiv und so seriös wie notariell verbriefter Bierernst. Ich bin wahrscheinlich nie ein reifer Mensch geworden, der ohne Spiel auskommt.

Es heißt, Sie waren roulettesüchtig.

Ein Gespräch mit Sven Michaelsen und Michael Stoessinger

Als wir in Friedrichshafen gewohnt haben, bin ich abends entweder nach links aus dem Haus gegangen und nach Lindau ins Roulette gefahren oder nach rechts ins Casino von Konstanz. Ich hatte Jahreskarten im Roulette und habe gedacht, ich könnte uns davon vielleicht auch ernähren. Wenn ich einen Winter lang in Lindau in der Spielbank war, jeden Abend so ab neun, waren da höchstens noch sechs, sieben andere: ein bankrotter Kaufmann aus Kempten, ein verzweifelter Beamter aus St. Gallen, ein Hochstapler aus Bregenz und ein Schriftsteller aus Friedrichshafen und noch zwei Undurchschaubare. Der Croupier musste dableiben bis um drei Uhr nachts. Man war da verzweifelt. Jeder hätte den anderen umbringen können, wenn der was gewonnen hat.

Wie sah Ihre Bilanz als Spieler aus?

Wenn ich an dem einen Abend was gewonnen hatte, dann bin ich heim und habe zu meiner Frau gesagt: Du, wir können uns jetzt eine Waschmaschine bestellen. Am nächsten Abend habe ich verloren, aber die Waschmaschine war schon bestellt. Das war der Fortschritt. So sind wir tatsächlich zu einer Waschmaschine gekommen. Und dann habe ich es aufgeben müssen.

Warum?

Die Zahlen. Ich bin dann jeden Abend früher hineingegangen, und wenn du das jeden Abend bis zwei Uhr nachts machst, dann haben die Zahlen eine solche sinnliche Gewalt über dich. Wenn ich am Morgen wieder geschrieben habe und wenn ein A in meiner Handschrift vorkam, dann habe ich gedacht: Mein Gott, gestern hätte ich das Finale 8/11 länger spielen müssen. Bei N habe ich vielleicht an neun gedacht oder bei S an sieben, also an das Spiel 7/9. Ich war besetzt den ganzen Tag über von den Zahlen. Da musste ich es aufgeben.

Heute spielen Sie mit Ihrem Verleger Siegfried Unseld Schach.

Wir wollen beide gewinnen. Gewinnen muss man wollen, sonst muss man nicht spielen.

Sie schreiben zurzeit an einem Roman, der zurückreicht in Ihre Kindheit.

Damals hat man die Demokratie gelähmt, weil man sechs Millionen Arbeitslose hatte. Unsere vier Millionen nehmen wir in Kauf, weil es die Konkurrenzfähigkeit unserer Wirtschaft verlangt. Konkurrenzfähigkeit ist also ein Wert, dem alle anderen Werte untergeordnet sind. Das sieht aus wie Vernunft und wirkt sich doch aus wie Gewalt.

Und deshalb soll die Gewerkschaft mit ihrem Potenzial umgehen wie eine Bank?

Mindestens. Sofort sollten sie den Dreijahresvertrag schließen. Gewerkschaftsfunktionäre sollten sich entwickeln zu Gewerkschaftsmanagern. Mich macht es eher traurig, wenn ich sehe, dass sich erwachsene Menschen rote Fähnchen und Transparente mit Prozentzahlen in die Hände drücken lassen und damit auf die Straße gehen. Statt diese Schablonen des 19. Jahrhunderts nachzuspielen, sollten die Funktionäre rechnen lernen. Nicht eine Zahl für eine ganze Branche. Firmenspezifisch kalkulieren.

Und wenn sich die Tarifpartner nicht darauf einlassen?

Dann sollen sie eben fortfahren, gemeinsam das zu ruinieren, was sie unsere Wirtschaftsordnung nennen. Das hieße: Diese Wirtschaftsordnung ruiniert sich selbst. Die natürliche Folge: Chaos.

Ein Gespräch mit Sven Michaelsen und Michael Stoessinger

Und dann?

Gehen wir baden. Was mich betrifft, am liebsten in Fuerteventura. Zu Deutsch: Wir müssen unser Glück versuchen. Auf unser Glück bauen.

Womit Sie wieder beim Spiel enden.

Nirgends lieber.

*Über die Auszeichnung mit
dem Friedenspreis
des Deutschen Buchhandels
und über* Ein springender
Brunnen

Ein Gespräch mit Heinz Ludwig Arnold
1998

Martin Walser, Ihnen ist der Friedenspreis des Deutschen Buchhandels verliehen worden. Ein besonderer Preis unter den vielen, die Sie bekommen haben?

Ja, aus den Reaktionen anderer, Zuschauender, muss ich das wohl schließen. Ich habe noch nie auf einen Preis so viele Briefe bekommen wie dieses Mal, auch noch nie so viel Presseecho, obwohl der noch gar nicht vergeben ist. Besonders interessant war, dass Leute Briefe schreiben, die zum größeren Teil nicht Literaten, nicht Leute des Literaturbetriebs sind, sondern aus allen Ländern, aus allen Berufen, die mir das nicht nur gönnen, sondern die mir das, wie sie sagen, schon immer gewünscht haben. Die Anteilnahme der, nennen wir es einmal: Gesellschaft, ist größer als bei jedem bisherigen Preis. Woher das kommt, ist mir nicht ganz klar.

Weil das wirklich ein gesellschaftlicher Preis ist, und die anderen Preise sind «nur» Literaturpreise.

Das macht ihn schwierig.

In der Begründung für den Preis heißt es, Sie haben durch Ihre «erzählerische und essayistische Kunst, die der ‹Gegenwehr gegen den Mangel› entspringt, den Deutschen das eigene Land und der Welt Deutschland erklärt und wieder nahegebracht». Das sind ja nicht nur Floskeln. Sehen sie in solchen Formeln neben den literarischen auch politische Deutungen Ihrer Arbeit?

Es sind keinesfalls Floskeln, aber es sind natürlich große Wörter, die, glaube ich, kein Schriftsteller für seine Arbeit so gebrauchen könnte. Bei mir auf jeden Fall vollzieht sich die Schriftstellerei aus Empfindungen und Erlebnissen meist negativer, unangenehmer Art. Es ist etwas so, wie man es nicht ohne weiteres erträgt, und man fängt an zu schreiben. Da dies ein Preis ist, der ins Politische, Gesellschaftliche reicht, hat er wahrscheinlich zu tun mit meiner Aufführung auf diesem Feld.

Sie waren ja immer auch auf diesem Felde der Öffentlichkeit tätig.

Ja, aber immer provoziert, nie freiwillig. Ich habe meinen Erzähler-Schreibtisch oder, ja, sogar den Stückeschreiber-Schreibtisch nur verlassen, um an die Mikrophone und in die Säle zu gehen, wenn irgendetwas mich provoziert hat. Ich bin kein politischer Schriftsteller und war es nie. Aber die Formel der Jury lässt auch noch zu, dass ich mir vorstelle, dass die Romane, die ja auch mit dieser Gesellschaft zu tun haben, auch empfunden worden sind als ein Beitrag zur zeitgenössischen Bewusstseinsfindung oder -bildung.

Es heißt in der Begründung der Jury: «den Deutschen das eigene Land nahebringen». Das bestätigt, was Sie selbst einmal so definiert haben und jetzt auch andeuten, dass Ihre Romane eine Art Geschichtsschreibung des bundesrepublikanischen Alltags sind.

Ja, das ist in der Jury-Formel groß formuliert. Natürlich ist das nicht eine leitende Formel für den arbeitenden Schriftsteller, sondern mein Hausmacher-Satz dafür heißt: Mir fällt ein, was mir fehlt. Ich arbeite aus einem Mangelgefühl heraus, und das ist, glaube ich, unser aller Alltag, das ist eo ipso bei uns der bundesrepublikanische, aber auf dieses Adjektiv kann ich verzichten: Die großen Schlachten werden in den kleinen Küchen geschlagen; die großen Leiden finden in den normalen Schlafzimmern statt. Und das macht einfach für mich die Welt literaturfähig. Kein Mensch ist zufrieden, mit Recht nicht zufrieden. Nichts ist so, wie es immer bleiben soll. Und es hat sich halt gezeigt, da ist der Schriftsteller, der arbeitet seine Schmerzen aus und sieht dann in der Reaktion seiner Zeitgenossen, dass es auch deren Schmerzen sind.

Heißt aber nicht: den anderen einen Spiegel vorhalten?

Nein, absolut nicht. Man arbeitet nicht für andere, sondern für sich. Ich habe das Problem, ich reagiere auf das Problem. Natürlich gehört für mich unbedingt dazu, dass ich das nicht unter meinem Namen mache; mein Held hat einen andern Namen und einen anderen Beruf. Ich brauche eine Puppe, um mich ausdrücken zu können. Ich würde mich genieren und mir fällt auch dann nichts ein, wenn ich's nur unter meinem Namen tun würde. Aber mit meinen Helden kann ich ziemlich weit gehen. Und darin erkennen Zeitgenossen offenbar auch sich selber.

Meint diese Formulierung – «den Deutschen das eigene Land
nahebringen» – vielleicht auch die Tatsache, dass Sie als einer
der Ersten unter den Intellektuellen der Bundesrepublik eine
Art Bedürfnis nach Vereinigung der beiden deutschen Staaten
öffentlich formuliert haben?

Das kann wohl sein. Da möchte ich jetzt einmal, um realistisch zu bleiben, vermuten, dass die Zusammensetzung der Jury in diesem Jahr eben so war, dass da Leute waren, die das so empfunden haben wie ich. Ich habe gesagt: Ich habe mich an die Teilung nicht gewöhnen können, ich bin der und der Jahrgang, der und der Jahrgang hat die und die Erfahrung gemacht, der ist zum Beispiel in einem Land aufgewachsen, das Deutschland hieß und trotz aller Grausamkeiten

Ein Gespräch mit Heinz Ludwig Arnold

und Fürchterlichkeiten nach wie vor Deutschland hieß für ihn, in seiner Geschichte, und das man nicht durch Teilung aus der Welt schaffen konnte. – Es hat sicher Jahre gegeben, da war die Jury so zusammengesetzt, dass sie gedacht haben: gerade den nicht. Und jetzt hat sich's halt so ergeben. Das will ich nicht überschätzen und trotzdem will ich es dankbar akzeptieren.

Dieses Bedürfnis nach Vereinigung gibt es bei Ihnen ja nicht erst seit zehn Jahren, sondern dieses Bedürfnis kommt schon seit Anfang der siebziger Jahre bei Ihnen vor, in Aufsätzen und Artikeln. Und zwar in einem Sinne, der mit Nationalismus, wie er Ihnen unterstellt wurde, nichts zu tun hat. Sie sagten in etwa: Die Deutschen dürfen sich durch ihre Teilung nicht aus ihrer historischen Verantwortung für das, was mit Auschwitz umschrieben ist, herausstehlen, sondern sie gehören zusammen, damit sie zusammen diese historische Verantwortung übernehmen.

Ja, das hab ich auch so zu formulieren versucht, dass das Bedürfnis nach Überwindung der Teilung – mir wurde das so und so ausgelegt, aber ich bin ganz sicher in mir – kein nationalistisches Bedürfnis ist. Es geht ursprünglich aus von Kindheitserfahrungen, dass ich als Kind einfach in Deutschland daheim war, und dass ich dann, nachdenkend, erkannt habe, die Schärfe der Teilung ist eigentlich erst durch den Kalten Krieg zustande gekommen. Die, die es geteilt haben, konnten gar nicht alles voraussehen, was nachher passiert ist. Und für die Deutschen hat es sich so ergeben, dass sie dann nicht mehr die Nation waren, die ihre gerade zurückgebliebene Geschichte zu verantworten haben, und dass wir als Nation, als Ganzes, eine Geschichte haben und dass die Überwindung der Teilung auch das Annehmen dieser ganzen Geschichte ist.

*Und nicht so, dass der eine Teil auf seinem sogenannten Anti-
faschismus besteht und der andere Teil den Kapitalismus hat mit
seiner gleichsam inneren Verwandtschaft zum Faschismus.*

Genau. Die DDR hat verschiedene intellektuelle Leistungen erbracht, auch Ausdrucksleistungen auf dem Gebiete der Kunst, die
höchst anerkennenswert sind. Aber ganz sicher war eines vom
Schlimmsten der Plakatgebrauch vom Antifaschismus, als wäre
man mit einem solchen Plakat schon ein guter Mensch. Was man
unter dieser Flagge alles treiben kann, hat man ja erlebt.

*Es heißt weiter in der Begründung des Preises: Ihr Werk entsprin-
ge der «Gegenwehr gegen den Mangel». Sie haben die deutsche
Teilung in diesem Sinne deutlich als Mangel beschrieben.*

Natürlich kann der politische Zustand einer Gesellschaft unter den
Mangelerlebnissen eines Schriftstellers nicht fehlen. Das ist wohl
klar. Man macht in einem Roman, hoffe ich, nicht den Versuch, eine
Erzählpassage, die dem und dem Mangel entspringt, jeweils explizit
auf ihre politischen Ursachen zurückzuführen. Aber die Ursachen
sind implizit, sie sind drin. Das heißt, wenn ich sage, ich reagiere
auf Provokation, dann reagiere ich auf Mangel; also aus Erfahrung,
eben: Mir fällt ein, was mir fehlt. Der Mangel macht uns schöpfe-
risch, nicht das Zu-viel-Haben, sondern das Zu-wenig-Haben; dann
kann es auch einmal direkt politisch bedingt sein, dass politisch
etwas fehlt oder geschichtlich etwas fehlt, und dass das genauso ein
Anlass zum Schreiben wird. Deswegen hab ich auch einmal versucht,
eine Novelle zu schreiben über die deutsche Teilung, *Dorle und Wolf,*
das ist allerdings das einzige Mal, dass ich einen historisch-politi-
schen Tatbestand direkt zum Anlass genommen habe. Sonst steht
bei mir immer die Privatgeschichte im Vordergrund.

Dieser Antrieb, aus Mangel zu schreiben, ist der wesentliche
Impuls Ihres Werks. In Gesprächen, die wir früher gehabt haben,
nannten Sie die in den fünfziger Jahren erfahrene Konkurrenz-
gesellschaft der Bundesrepublik, aber auch die Situation in der
Kindheit einen wesentlichen Mangel, der Ihr Werk entschieden
geprägt hat.

Ich muss schon auch sagen, dass es nicht nur mir so geht, sondern
die Werke der Weltliteratur reagieren nicht verklärend auf Zu-viel-
Haben und dass alles so schön ist und so weiter. Nehmen Sie nur
Dostojewski oder Flaubert, deren Werke reagieren auf ein Elend
oder auf eine Lächerlichkeit, auf einen Leidenspark. Das ist allgemein literarisch Brauch. Man kann es jedem nicht der Literatur
zugeneigten Menschen an einem Beispiel klarmachen: Als Boris
Becker noch die Mittelpunktsfigur des öffentlichen Interesses war,
wie interessant war er, wenn er verloren hat, und wie banal, wenn
er gesiegt hat.

Dieser Impuls ist die Klammer, die Ihr Werk zusammen-
hält, welches den Wandel der Zeiten mitgegangen ist – mit den
gewandelten Erfahrungen, aus den autoritären Fünfzigern in die
bewegten Sechziger, in die vom Terrorismus geprägten Siebziger,
dann in die eher etwas angepassteren achtziger Jahre und nun in
die «vereinigten» Neunziger. Ihr Werk hat eine Einheit?

Ja. Ich nehme einmal an, das habe jedes Werk. Aber das bekommt
es auch durch den Betrachter. Der Betrachter sieht die Einheit deutlicher als der Macher. Ich seh an einem andern Werk deutlicher das
Zusammengehörige, als es vielleicht der Mann, der das alles im
Einzelnen erschrieben hat, gewusst hat. Ich bin mir dessen nicht
bewusst, weil man überhaupt nicht auf einem theoretischen Niveau
ist als Schreiber. Man ist als Schreibender überhaupt nicht souverän,

also ich bin überhaupt nicht souverän. Ich höre was, ich reagiere, ich eile handschriftlich den erscheinenden Sätzen nach, die ich nicht kommandieren kann. Die kommen entweder oder kommen nicht, aber wenn sie kommen, dann treffen sie mich passiv, als Schreibenden.

Sie notieren immer, Sie notieren täglich?

Ja, natürlich. Immer in Entgegnung, immer auf etwas reagierend. Es gibt natürlich auch viele Reaktionen, da fasziniert mich das Geschehen, das mir da gerade in den Sinn oder vor die Augen kommt. Und da möchte ich wissen, ob ich dem sprachlich gerecht werden kann, also artistisch, handwerklich.

Da sammelt sich natürlich eine ganze Menge an Stimmungs-material, Beobachtungsmaterial, Erfahrungsmaterial, das dann später zu Romanen gleichsam organisiert wird.

So kann man sagen, wenn man es als einen geglückten Organisati-ons- und Arbeitsprozess vorstellen will. Es ist natürlich ein bisschen schwieriger. Obwohl ich genauso vorgehe, wie Sie es beschrieben haben, muss ich sagen, dass die Tagesform den Ausschlag gibt. Alles Gehortete und Archivierte und alles Zuführbare und Vorbereitete ist nur brauchbar, wenn die Tagesfrequenz es prägt und ermöglicht.

Aber ein Werk, ein Buch, ein Roman muss natürlich mehr als nur in der Tagesfrequenz stimmen, die Frequenz muss durch das ganze Buch hindurch stimmen, und das heißt eben: zwei oder drei Jahre.

Das stimmt, und trotzdem, so paradox es klingen mag, bleibt aus-schlaggebend: Die Lebendigkeit kommt nur von der Tagesform.

Natürlich, in einem Arbeitsprozess über zwei oder gar drei Jahre kommt eine allmähliche Sicherheit im Ton. Am Anfang ist der Ton nicht geschenkt und nicht gegeben. Ich sag immer, ein Buch, ein einzelnes Buch ist ein Ton. Ich mag da manchmal sagen, es ist wie eine Tonart. Zum Beispiel bei meinen früheren Büchern, da weiß ich: Helmut Halm ist immer c-Moll. Xaver Zürn hat auch schon Dur-Tonarten. Also der Ton macht das Erzählen. Du kannst erzählen, wenn du einen Ton hast, das ist klar, das ist das Kontinuierliche. Aber er muss jeden Tag lebendig sein. Dass es nachher ein Buch ist, dass es also auch ein bisschen gebaut ist, das hat in meinen Arbeiten zugenommen. Am Anfang hab ich mich einfach tragen lassen von dieser nicht enden wollenden Sprache. Und allmählich hab ich mich bereit gefunden, da auch zu konstruieren. Am Anfang wär es mir wirklich billig, trivial und vermeidenswert vorgekommen. Ich sag das mal so: durch Komposition Bedeutung zu scheffeln. Das darf ein Kriminalromanautor, da kann er vielleicht ein großer Virtuose werden. Aber da mir, ich übertreibe ein bisschen, die existenzielle Art des Schreibens, das Schreiben als Lebensart, eine innigere Auskunft ermöglicht, hab ich gedacht, die Sätze müssen's bringen und nicht die Komposition. Inzwischen bau ich schon auch ein bisschen.

Das Sich-von-der-Sprache-tragen-Lassen war Arbeitsprinzip der Halbzeit. *Aber davor lag ja* Ehen in Philippsburg, *und das war doch schon ein ziemlich konstruiertes, komponiertes Buch, ein kritisches Bild der Bundesrepublik-Gesellschaft in den fünfziger Jahren.*

Da hab ich mich auf vier Schauplätzen gehenlassen.

Nun gibt es ein neues Buch von Ihnen. Immer hatten die Romane, die Sie geschrieben haben, mit Ihrer eigenen Person zu tun, mit zwei Ausnahmen, Die Verteidigung der Kindheit *und* Finks

*Krieg. Alle anderen Bücher waren erzählerische Umsetzungen
unterschiedlicher Gestimmtheiten, wie Sie das eben beschrieben
haben. Sie schickten Ihre Figuren gleichsam probeweise in die
Welt, um Erfahrungen für Sie zu sammeln. Jetzt ist das neue
Buch da: Ein springender Brunnen. Es erzählt eindeutiger, wie
ich finde, autobiographisch, freilich wieder mittels einer Figur,
Johann, von Ihrer Kindheit und Jugend in den dreißiger und bis
etwa Mitte der vierziger Jahre. Sie haben einmal gesagt: Endlich,
jetzt seien Sie so weit, um dieses Buch schreiben zu können.
Warum? Was meint das?*

In meinen Notizbüchern gab es eine Schublade, einen Titel, der im-
mer wieder auftauchte, ernährt und weitergeführt wurde, der hieß:
«Der Eintritt der Mutter in die Partei». Und ich wusste, ich will ein-
mal ein Buch schreiben, das als Ganzes auch hätte heißen können:
«Der Eintritt der Mutter in die Partei». Nur nachher beim Arbeiten,
Erarbeiten dieses Buches hat sich das als zu beschränkend erwiesen.
Aber ich wusste, dass ich das schreiben möchte. Jeder Erzähler hat
ein Recht, auch seine Kindheit einmal als Roman zu erzählen. Gut,
Goethe hat es als *Dichtung und Wahrheit* gemacht, aber viele haben
es als Roman gemacht. Und *Dichtung und Wahrheit* ist auch ein …

… etwas anderes.

Ja. – Aber ich habe dann nicht einfach anfangen können damit.
Ich musste warten, bis ein Ton sich anbot oder gefunden werden
konnte. Und es hat natürlich damit zu tun, dass meine Kindheit und
Jugend in den dreißiger Jahren und in den vierziger Jahren stattgefunden hat. Und ich habe viele Bücher erscheinen sehen, nicht
nur deutsche, und mitgekriegt, was und wie in denen von diesen
Jahren geredet und erzählt wird. Ich hab dann einmal gesagt, 1988,
ich war weder ein faschistisches noch ein antifaschistisches Kind,

und habe gedacht, offenbar muss man ein faschistisches oder anti-faschistisches Kind gewesen sein, um Aufmerksamkeit zu erregen oder überhaupt Interesse. Und das beides war es nicht. Ich habe als Zuschauer und Leser auch gemerkt, dass zum Beispiel Antifaschismus kein literarisch tragender Wert ist. Nach meiner Meinung ist *Die Blechtrommel* der letzte mögliche antifaschistische Roman. Nach meiner Meinung, das kann jeder anders sehen. Und dann kam noch etwas dazu, die größte Schwierigkeit bei einem solchen Buch, das habe ich auch schon beim Stückeschreiben erlebt, aber in einem Roman wird das sehr viel drastischer:

Nach meiner Meinung kann man nicht ein Buch schreiben über die dreißiger Jahre und es so deichseln und drechseln und basteln, wie man das heute gerne hätte, also dem heutigen Zeitgeist über diese Zeit einfach zu entsprechen.

Obwohl das Buch aus der Gegenwart geschrieben wird, heißen ja drei Abschnitte in dem Buch «Vergangenheit als Gegenwart», und da setze ich mich ein bisschen mit diesem Umgehen mit der Vergangenheit auseinander. Und trotzdem, und es lässt sich auch rational und vernünftig und logisch nicht einwandfrei klären und erklären: Dieses intime Durcheinander von Vergangenheit und Gegenwart, das hat nur zu dienen – das ist mir also die Hauptsache – der Vorstellbarkeit dessen, was einmal dagewesen ist. Aber das verwandelt sich natürlich. Der erste Satz des Buches heißt ja: Solange etwas ist, ist es nicht das, was es gewesen sein wird. Mit diesem Ton fängt es an. Diese Begegnung von Vergangenheit und Gegenwart muss durch einen Erzählton plausibel gemacht werden. Und das hat sich mir jetzt erst ergeben. Darum ist es erst jetzt ein Buch geworden.

Das Buch erzählt von einer heillosen Zeit, von einer stets
materiell bedrängten Familie. Es erzählt von schwer arbeitenden
Müttern, aber auch von schwer arbeitenden Kindern, vom Krieg,
vom Tode des Vaters und des Bruders; und doch erscheint es mir,

als erzähle es all dieses ohne Aufgeregtheit, ohne Zorn, ohne Wut,
vielmehr so, als trauere der Erzähler dieser Zeit ein wenig nach,
weil es ja auch seine Jugend ist, als sehne er sich ein wenig nach
dieser Zeit zurück. Sind Sie froh, erzählerisch mit diesem Buch
eben genau dort angekommen zu sein, in der Kindheit, in der
Jugend?

Das ganze Untergegangene hab ich jetzt für mich – und vielleicht
auch für ein paar andere – bewahrt, in Sprache. Der Ton bringt die
Sätze, die Sätze bringen die Gegenstände, die Namen, die Gefühle,
alles, und die Vorstellbarkeit dessen, was da passiert ist. Und das
ist für mich, weil es sich um Untergegangenes handelt, wirklich ein
ganz komisches Gefühl. Vielleicht hat so ein Archäologe, wenn er
Hektors Bein in Troja ausgräbt, das Gefühl: Jetzt hab ich Hektors
Bein, wunderbar, da kann ich mir den ganzen Hektor draus stilisie-
ren. Das war für mich eine angenehme Schreiberfahrung. Ich habe
noch nie ein solches Entgegenkommen des Stofflichen, des Gesche-
henen erlebt wie diesmal. Ich musste bremsen. Natürlich hab ich
auch eruiert und nachgedacht, Leitplanken gesetzt und konstruiert,
aber hauptsächlich hab ich entgegengenommen. Ich fühlte mich in
dem Erzählklima zu Hause – ich weiß auch nicht, warum ich auf einmal den Herbst 1932 einfach erzählen konnte, wie wenn er gestern
gewesen wäre. Ich habe allerdings, das geb ich zu, sehr bald diese
Einsicht herrschen lassen, dass man mehr die Vergangenheit sich
entgegenkommen lassen muss, als dass man ihr entgegenkommt.
Ich hab gesagt, man muss sie ja nicht behandeln wie Träume; nicht
gleich nach der Bedeutung fragen: Was hat das für eine politische,
historische Bedeutung? Sondern lass es zuerst einmal kommen, wie
es kommen will, und dann schau, ob du's gelten lassen darfst.

Und eben nicht Geschichte, wie sie geschehen ist, eins-zu-eins
abgeschrieben, sondern eben ein Klima erzeugt, in dem vieles

möglich ist, auch wenn es nicht identisch ist mit dem, was ge-
schehen ist.

Ja.

Der dritte Teil des Romans heißt «Ernte», das letzte Kapitel
darin heißt «Prosa». Nun schreibt Johann, die zentrale Figur
des Buchs, eigentlich immer nur Gedichte, am Ende aber findet er
zur Prosa. Umschreibt das, wie Martin Walser selbst zu sich als
der Autor findet, der er vor allem ist, kein Lyriker, sondern – trotz
einiger Stücke – der Prosaautor, der Romancier des Alltags, aber
auch, begleitend, der Geschichte dieser Bundesrepublik und des
jetzigen Deutschland?

Wenn man das ganz systematisieren will und alle anderen Figuren
bundesrepublikanische Geschehnisfiguren sind, dann habe ich
damit die Vorgeschichte dazu geliefert. Aber das ist schon sehr abstrakt. Im Grunde genommen ist es natürlich so – das haben Sie jetzt
sozusagen herausgehoben aus dem Romanleib, aber das war nicht
vorgesehen, hat sich aber als die formende Vorstellung schlechthin
erwiesen –, dass der Johann sich sucht: ein Franziskanerprediger
oder wie Karl Erb ein Sänger oder ein Lyriker, oder eben ein Pro-
saist werden will. Und der vorletzte Satz des Buches ist ein Prosa-
satz, wie Johann ihn anstrebt: auf einem Floß aus Sätzen über ein
Meer fahren, und das Floß aus Sätzen würde andauernd untergehen,
wenn es nicht durch neue Sätze schwimmfähig gemacht würde.

Das ist eine wunderbare Formulierung für Ihren zweiten Roman
Halbzeit.

Ja, gut, dann ist halt der Johann bei der *Halbzeit* angekommen.

Und beginnt damit ein Werk, das, wenn man so will – nach dem Vorlauf von Ehen in Philippsburg *– von der* Halbzeit *in den fünfziger Jahren, der Fortsetzung der Kristlein-Trilogie in den sechziger Jahren und in die siebziger Jahre hinein, mit Gallistl und Horn und dann immer weiter mit den Zürn-Büchern und den Halm-Büchern nun zu einem bisher unbeschriebenen Anfang zurückkehrt. Dann wäre* Ein springender Brunnen *so etwas wie der Schlussstein in einem Gesamtwerk, der noch gefehlt hat, der aber erst jetzt geschrieben werden konnte, nachdem zuvor alle anderen gleichsam Mängellücken mit Literatur gefüllt, also beseitigt wurden.*

Ja, genau. So kann man es als Architektur beschreiben.

Erinnerung kann man
nicht befehlen

Ein Gespräch mit Rudolf Augstein
1998

Martin, wir haben ja ein Jahrhundertthema, das Hitler-Reich,
selbst erlebt. Inzwischen ist das über fünfzig Jahre her. Sind wir
Deutschen wieder ein ganz normales Volk – ich habe das ja auch
schon geschrieben. Oder wünschen wir uns das nur – als ältere
Zeitgenossen?

Ich war gerade in Amsterdam und habe die Frage eines holländischen Intellektuellen beantworten müssen: Was können Sie dem
europäischen Nachbarn sagen zur Beruhigung über die wiedererstarkte Großmacht Bundesrepublik, sprich Deutschland? Da habe
ich gesagt: Sie sprechen wie aus dem 19. Jahrhundert, wie zu Bismarcks Zeiten, als es noch hegemoniale Probleme gab, mit denen
dieser Bismarck wunderbar jonglierte. Seine Nachfolger haben es
dann verpfuscht. Und Sie reden jetzt wieder so, als hätten wir noch
einmal das Ende des 19. Jahrhunderts.

Du hättest ihm auch mit dem früheren amerikanischen Außen
minister antworten können: Deutschland ist an der Leine.

Nein, auch das wäre gefährlich. Etwas, was an der Leine ist, das
kann plötzlich losbrechen und beißen. Auch das ist nicht der Fall.
Aber gerade das wollte der Holländer ja von mir wissen.

Du hast ihn beruhigt.

Ich habe gelacht und gab mich unheimlich viel lockerer, als ich war,
und habe gesagt: Mein Gott, Sie wissen offenbar zu wenig über

die Leute in Deutschland. Nach meiner Kenntnis ist von diesen Menschen, die ich durch all diese Jahrzehnte kenne, nichts mehr zu befürchten. Abgesehen davon, dass einer Bevölkerung, die das einmal hinter sich gebracht hat wie die Deutschen, so etwas nie wieder passieren kann. Das ist so. Das ist eine Immunisierung.

Das ist ja klar. Aber was heißt das schon? Dass die Menschen aus der Geschichte nichts lernen, ist ein Satz, der ebenfalls ziemlich sicher gilt. Sie werden dasselbe wieder machen, aber an einer anderen Stelle und unbewusst. Sie werden dasselbe nicht an derselben Stelle machen. Allerdings haben wir aus dem Ersten Weltkrieg auch nichts gelernt.

Von dem Golo Mann – wie ich finde, zu Recht – gesagt hat: Es ist die «Mutterkatastrophe» des Jahrhunderts.

Ja, das ist wohl richtig. Aber es ist Quatsch zu sagen, niemand habe ihn gewollt. Das stimmt nicht. Der Erste Weltkrieg war natürlich ...

... die Mutterkatastrophe ...

... eine Bankrotterklärung. Und die Engländer, wohl auch die Franzosen, reden bis heute vom «Großen Krieg» und meinen damit nicht den Hitler-Krieg, die meinen den Ersten. Der Zweite Weltkrieg ist eben dann der Zweite Weltkrieg. Und die nehmen uns – wie ich hinzufügen möchte – den Ersten übler als den Zweiten.

Und danach kommt Versailles. Und erst dann 33 und dann so weiter. 1918 war kein Frieden, sondern war wirklich Diktat. Und die wirtschaftliche Misere danach ermöglichte Hitlers Aufstieg.

Hitler hat schon 1920 in einer seiner frühesten Reden gesagt, die Juden müssten weg.

Das hat 1885 auch schon dieser Philosoph Paul de Lagarde gesagt.

Der wollte sie nach Madagaskar schicken. Ja, ja. Aber er hat doch nicht gesagt, die müssten ausgelöscht werden. Hitler selbst hat ja nicht gewusst, wie er das machen würde. Das hat er seinen Kumpanen überlassen. Er wollte damit auch nicht behelligt werden. Aber es war ganz klar von Anfang an seine Absicht, zwei Ziele zu verwirklichen: den Ostraum zu beherrschen, direkt von Archangelsk bis zum Persischen Golf und indirekt das übrige Russland dazu. Das war das eine. Das Zweite war die Vertreibung und Vernichtung der europäischen Juden. Und daran hat er sich gehalten. Hätte er das Gegenteil befohlen, hätten alle das Gegenteil getan. Allerdings konnte er sich wohl auf einen gewissen Antisemitismus stützen, den es immerzu überall gegeben hat. Das Wort Antisemit setzte übrigens als Erster der Schriftsteller Wilhelm Marr in Umlauf, er war, soweit ich weiß, Hamburger. Um 1880 gab er die Deutsche Wacht *heraus, ein judenfeindliches Blatt.*

Hast du denn das alles damals schon gewusst?

Nein, wissen konnte ich das nicht, aber die Atmosphäre in meiner Familie war danach. Ich habe erst, als mein Vater tot war, bemerkt, wie politisch gebildet der war. Ich hatte ihn immer unterschätzt. Aber er wusste genau Bescheid. In dem Sinne hatte ich natürlich großes Glück. Für uns stand von Anfang an fest: «finis Germaniae».

Ihr wusstet von Anfang an das Ende?

*«Finis Germaniae» war für alle Anti-Preußen – und das war
mein Vater ja – ein geflügeltes Wort. Ab 1933 schon. Man wusste,
dass der Krieg kommen würde. Man wusste, dass man ihn verlieren würde. Und das war der Punkt. Und insofern hat man einfach seine Rolle in der Gegnerschaft gesehen. Gleichzeitig musste
man am Leben bleiben und nicht vom Regime zermalmt werden.*

Du bist ja nur vier Jahre älter. Ich bin Jahrgang 1927. Dass meine
Mutter, deren Eintritt in die NSDAP ich in meinem letzten Roman
erzählt habe, in der Partei war, habe ich erst 1945 erfahren. Mitgekriegt, nicht erfahren.

Wie mitgekriegt?

Das war nicht so, dass man darüber gesprochen hat: Ach, arme
Mutter. Du warst in der Partei. Das war eine Mitteilung, die durch-
gesickert ist, ohne dass man sagen könnte, von wem zu wem, und
ohne Bewertung.

*Für mich waren die Familienerzählungen sehr wichtig. Mein
Großvater muss ein ziemlich unausstehlicher Mensch gewesen
sein. Mein Vater durfte bei ihm nicht in seiner Militäruniform als
einjährig freiwilliger Offiziersanwärter erscheinen. Er musste sich
bei einem Freund Zivilkleidung anziehen. Geld für ein privat ge-
haltenes Artilleriepferd war freilich da. Wenn meinem Vater vom
Finanzprüfer vorgehalten wurde: Sie machen ja Spesen wie ein
preußischer General, dann sagte er, ich bin auch so viel wie ein
preußischer General. Er wählte die katholische Zentrumspartei
und hasste die Nazis.*

Es gibt Familien, die sind nicht auf Tradierung angelegt, verstehst
du, dass der eine dem anderen was erzählt. Diese Familie, aus der

ich komme, konnte sich abendliche Plaudereien über Vorfahren nicht leisten. Die war immer viel zu sehr mit dem Überlebenskampf beschäftigt.

Na ja, bei uns reichten die goldenen Jahre der Weimarer Republik auch nur bis 1928/1929. Bis dahin war mein Vater noch im Besitz von Produktionsmitteln.

Er hatte eine Fabrik?

Ja, er produzierte Kameras und fotografisches Gerät. Aber mein Vater – der war nicht sehr tüchtig, glaube ich, als Kaufmann – musste die Fabrik, bevor sie in Konkurs ging, für 35 000 Mark verkaufen. Das war 1930. Und er ist das Schlimmste geworden, was man auf der Welt werden kann.

Handelsvertreter.

Das ist entsetzlich. So was Erniedrigendes, eine ständige Demütigung. Da haben wir im Familienrat gesagt, das muss ein Ende haben. Also haben wir ihn de facto gezwungen, sich ein kleines Fotogeschäft zu kaufen. Viel war das nicht für den Sohn eines der reichsten Männer von Bingen.

Also doch. Das hätte ich sofort sagen können, dein Großvater war reich.

Der Mann war aber ein Emporkömmling. Er hat sich aus Amerika eine Hausorgel besorgen lassen. Und er hat in Bingen den ersten Tennisplatz angelegt.

Für sich oder öffentlich?

*Für sich. Er hat nicht gespielt, aber angelegt hat er ihn, um zu
zeigen, dass er sich das erlauben kann. Er war der Präsident des
Binger Weinhändlerverbandes, ein Weingutbesitzer. Als er starb,
war mein Vater achtzehn Jahre alt und musste insgesamt eine
Million Goldmark nachzahlen, die mein Großvater hinterzogen
hatte. Buße eingeschlossen. Mit achtzehn Jahren.*

Dagegen ist ja Thomas Mann Proletariat.

*Das dachte ich auch schon. Nur, mein Urgroßvater war bloß
Bäckermeister, der dann erst später mit dem Weinhandel anfing.
Ich stamme aus keiner vornehmen Familie. Reich war sie, darum
habe ich auch eine Kinderfrau gehabt, was ja nicht alle hatten.
So war das eben.*

Ich rechne mich zu den Kleinbürgern.

*Ich würde niemanden einen Kleinbürger nennen. Das ist ein sehr
schillernder Begriff, man weiß ungefähr, was gemeint ist. Aber oft
ist sehr Verschiedenes damit gemeint.*

Nach meiner Definition ist Kleinbürger der, der sich selber ausbeutet.

Mithin wären Schiller, Robespierre und Kant Kleinbürger.

Der Großbürger ist der, der andere ausbeutet. Der Proletarier ist der,
der ausgebeutet wird.

*Man kann das so sehen, aber ich hielt mich nie für einen Klein-
bürger. Ich hatte nicht die Gnade der Kohl-Geburt, sondern ich
hatte die Gnade der Vor-Kohl-Geburt. Als ich zehn war, da war*

das Jahr 1933. Mein Vater brachte mich zur Einschulung in
ein Gymnasium, das am weitesten weg war von all den anderen
Gymnasien in Hannover, weil er dachte, da sind mehr Katholiken.
Waren aber nicht. Da kamen auch schon SA-Männer in Uniform,
die ihre Kinder hinbrachten.

Bist du sicher? Das gibt es doch gar nicht, dass jemand, um sein
Kind in die Schule zu bringen, die SA-Uniform anzog. Das halte ich
für die nachträgliche Inszenierung eines Films.

Ich weiß es noch. Sonst hätte es sich mir ja nicht eingeprägt. So
was kann man nicht erfinden. Und da hat mein Vater zu mir
gesagt: Guck die Büste da vorne an. Es war die Büste des Reichs-
präsidenten Ebert. Du wirst sie nie wiedersehen.

Und das hast du dir gemerkt? Da warst du erst zehn.

Ja, sonst wüsste ich es ja heute nicht mehr. Und dann sah ich
ja, dass mein Vater zu Hause – obwohl er Antisemit war – der
Mutter ihre naiven Antisemitensprüche verbot. Ich wuchs in
politische Gespräche hinein; und als Hitler die SA-Rabauken um
Ernst Röhm erschießen ließ, da dachten wir, es wird nun besser,
dabei wurde es schlimmer.

Du warst wirklich ein frühreifer Junge.

Ja, eine gare Furie, wie es im Ruhrgebiet heißt. Aber bei uns war
ja auch alles klar. Es gab doch zum Beispiel keine Diskussion dar-
über, wer den Reichstag angezündet hatte. Das waren die Nazis.

Darüber wurde in eurer Familie geredet oder auch noch mit anderen?

Es waren vor allem mein Vater, der mir gegenüber der beste
Vater war, den man sich wünschen konnte, und ich. Wir hatten
nie Krach. Wir verstanden uns hervorragend, kriegten auch
den Übergang hin zu tolerieren, dass ich mich allmählich zum
Intellektuellen mauserte.

Wir sind in unseren Kindheitserfahrungen zutiefst unähnlich. Mein
Vater war auch der richtigste Vater, den man haben kann. Aber er
war krank und ist 1938 gestorben. Doch einer wie dein Vater, Rudolf,
war er sowieso nicht. Einer, der aus höherer Begabtheit gemerkt
hätte, wohin der Schwindel läuft. Dass Hitler Krieg bedeutet, hat
er auch gesagt. Aber dass seine Frau 1932 in die Partei eingetreten
ist, hat er nicht verhindert, konnte er wohl nicht, weil er zur Abwendung von Konkurs und Zwangsversteigerung nichts beitragen
konnte. Die Mutter aber, eben durch den Eintritt in die Partei, sehr
viel. Sie hat uns gerettet, er hat mit leiser Stimme kommentiert. Und
viel gelesen.

Wir wussten, dass der Krieg verlorengeht, und nur danach haben
wir gehandelt. Deshalb haben mein Vater und ich auch die Juden
in unserer Bekanntschaft – im Ganzen sind es vier gewesen –
gedrängt, sie sollten das Land verlassen. Ich habe ihnen Butter
hingetragen, weil sie die nicht kaufen durften.

Die konnten doch nicht weg.

Doch, sie hätten es gekonnt. Der einen Familie haben wir geraten:
Ihr habt doch die Bilder von Lovis Corinth. Verkauft sie und haut
ab hier.

Das hast du nicht gesagt, jetzt verklärst du irgendwas.

Das ist falsch.

Du wusstest doch nicht, wer Lovis Corinth ist und dass man die Bilder verkaufen muss. Gib zu, das hat dein Vater gesagt, Rudolf!

Wer was gesagt hat, weiß ich nicht mehr. Es war eben unsere Meinung. Und objektiv war sie ja auch richtig. Das muss vor den Olympischen Spielen 1936 gewesen sein oder kurz danach. Ich weiß nur noch, dass die Leute gesagt haben: Das wird ja immer besser. Früher ist es ja auch immer besser geworden. Wir glaubten das ganz und gar nicht. Auch dass die Juden dann schlechter dastünden als wir, darüber waren wir uns einig. Also schlugen sie uns vor, dass wir ihre Corinths nähmen, vielleicht zehn, und sie auf dem Land irgendwo auslagerten. Und wenn sie den Krieg überlebt haben würden, dann sollten wir ihnen die Hälfte zurückgeben. Da hat mein Vater gesagt: Ich denke doch nicht daran, solch schweinische Bilder überhaupt in Besitz zu nehmen. Und ich habe hinterher zu ihm gesagt: Sie nicht zu nehmen, war richtig. Der Grund war falsch. Wir wollen nach dem verlorenen Krieg …

Das ist doch nicht wahr.

… nicht im Besitz jüdischen Eigentums angetroffen werden.

Aber eins, Rudolf, weißt du auch: Die Auswahl von Bildern und Erlebnissen, die du so unglaublich farbig und hinreißend produzierst, ist eine ganz bestimmte Auswahl aus einer Gesamtgeschichte, die du jetzt mit der höchsten Legitimation ausstattest. Alles, was du getan hast, war richtig. Alles, was dein Vater getan hat, war richtig und toll.

Ein Gespräch mit Rudolf Augstein

*Wir fühlten uns überhaupt nicht toll. Ich hatte nur das Glück,
einen Vater zu haben, der von einem Tag auf den anderen nichts
an Antisemitismus mehr zuließ und nach dem Krieg sofort
wieder Antisemit war. So war die Sache.*

Das kann man fast nicht glauben.

Aber so war es eben.

Ich kann wirklich nicht sagen, dass ich in dem Dorf, in dem ich auf-
gewachsen bin, erst nach 1945 erfahren habe, wer ein Jude oder eine
Jüdin war. Wir hatten ja unseren Kohlenhandel, und eine unserer
Kundinnen war Frau Hensel, eine Pianistin aus München. Dass sie
Jüdin war, hat mir mein Vater nicht gesagt und meine Mutter auch
nicht. Ich glaube, sie haben es auch nicht gewusst. Und die Frau
Hensel war 1945 genauso da dir vorher.

Ich klage doch niemanden an.

Na ja, meine Mutter ist ja in der Partei gewesen, nicht erst Weihnachten 1932/33 eingetreten, wie in meinem Buch – wo dieser
Zeitpunkt kompositionell passte –, sondern noch früher. Ihr war
klargemacht worden, dass Hitler die Vorsehung ernst nimmt, den
Herrgott.

*Mit Hitlers Vorsehung hättest du in meiner Familie nichts werden
können.*

Genau, genau. Und doch hätte es meine Familie an Katholizität mit
deiner spielend aufgenommen, da könnt ihr abdanken. Denn meine
Mutter ist sozusagen Thomas von Aquin im 20. Jahrhundert, ohne
dass sie je von ihm gehört hat, verstehst du. Die hat einen vollkom-

men katholisch geschlossenen Horizont gehabt, der sie durch und durch durchdrungen hat.

Und meine Mutter war eine naive Antisemitin, die sich aber dennoch geweigert hat, das von den Nazis gestiftete Mutterkreuz anzunehmen.

Hat sie sich geweigert? Oder habt ihr ihr gesagt, das darf sie nicht annehmen?

Nein. Sie wollte es nicht. Ich habe meine sieben Kinder doch nicht für die Nazis gekriegt, hat sie gesagt.

Wenn du jetzt zurückschaust, kommen dir die anderen nicht einfach ein bisschen unterbemittelt vor, weil sie darauf reingefallen sind?

Nein, das war ja nicht unser Problem. Unser Problem war, uns über dieses Regime des Bösen hinwegzuretten.

Wolltest du dich retten?

Natürlich.

Wolltest du nicht an die Front?

Um Gottes willen, wie sollte ich das.

Komm, sei jetzt nicht so klug. Warum nicht? Das interessiert mich.

Ich verstehe dich nicht. Nun fragst du mich so etwas Selbstverständliches. Ein Anti-Nazi, der den Hitler wirklich für die Verkörperung alles Bösen hielt …

Mein Vater war auch gegen Hitler und gegen den Krieg. Aber ich habe mich trotzdem freiwillig gemeldet.

Davon gab's ja viele. Da kann man nix machen.

Jetzt pass auf, Rudolf: Wenn ich mir das heute zu erklären versuche, warum ich mich freiwillig gemeldet habe – ich war sechzehn Jahre alt –, dann komme ich nur darauf, dass ich die Leute damals, die sich gedrückt haben, verachtet habe.

Der Gedanke war mir fremd.

Du bist gleich auf der *Spiegel*-Seite der Welt geboren worden.

Ja, das scheint so. Jedenfalls …

Halt, ich muss dich noch unterbrechen. Wenn du glaubst, dass die Leute, die sich freiwillig gemeldet haben, automatisch Nazis waren, dann bist du in einer Verblendung.

Nein. Ich bin nicht in Verblendung. Nützliche Idioten muss jedes Regime haben.

Aber es geht dabei nicht um Nazis, und «nützliche Idioten» ist ein Terminus, der ist für diese Zeit nicht anwendbar. Wer sich freiwillig meldete in diesem Krieg, der hatte doch noch nichts mit Politik zu tun. Gerade dadurch, dass Hitler den Krieg angezettelt hat, hat er dafür gesorgt, dass seine billige und miese Ideologie im Gewölk des Patriotismus verschwand.

Mag wohl so sein, aber das kann ich post festum nur hinnehmen.

Gut. Aber du redest nicht von deinen sonstigen Landsleuten. Ich bin aufgewachsen in einer Atmosphäre, nicht familiär, sondern in der Schule, im Dorf und dann in der Kleinstadt Lindau, da hat man schon jeden komisch angeschaut, der sich nur zur Flak meldete, Rudolf. Da hat man gedacht: Alle anderen gehen jetzt an die Front und sterben, und der will sich drücken. Du hättest kein Selbstwertgefühl mehr gehabt. Da kannst du mir heute erzählen, was du willst – das hatte mit Politik nichts zu tun. Du warst einfach in einer privilegierten Ausgangslage. In deiner gloriosen hannoverschen Edelisolation konnte dir offenbar nichts passieren.

Also gut. Ich habe das große Glück gehabt, dass mein Vater kein Preuße und kein Nazi war, sondern ein normaler Katholik in der Diaspora, ohne festen Glauben, der mit seiner Familie zusammen diese Zeit überleben wollte. Wir hatten keine anderen Interessen, als dieses Reich zu überleben.

Ich kann mir nicht vorstellen, dass ein Jugendlicher kein anderes Interesse hat, als zu überleben. Es muss irgendeine Hoffnung, es muss irgendeinen Horizont geben, auf den zu man überleben möchte.

Nein.

Nicht? Nur davonkommen?

Davonkommen und dann sehen.

Da muss eine solche Gewissheit in der Familie gewesen sein …

Es war ja eine Gewissheit. Absolut. Ich wollte da durch. Marionettenspieler bei der Hitlerjugend, Kantinenwirt im Arbeitsdienst, Schütze-Arsch an der Ostfront. Am Ende Leutnant.

Ich nicht! Ich wäre nicht Leutnant geworden, und wenn der Krieg tausend Jahre gedauert hätte. Zu mir hat der Kompaniechef nach der Grundausbildung gesagt: Wer nicht gehorchen kann, kann auch nicht befehlen. Ich hatte, ohne es zu wissen und zu wollen, bewiesen, dass ich nicht gehorchen kann. Das hieß: Sie können kein Offizier werden. Du, Rudolf, so wie du bist, wärst in den tausend Jahren General geworden. Bitte, vergiss das nicht.

Was das Gehorchen angeht, so habe ich die mir automatisch zugestandene Stellung eines Kriegsoffiziersbewerbers offiziell und schriftlich abgelehnt, nachdem mein engster Freund bei einer Kasernenhofschinderei gestorben war. Sie sagten mir, der war doch nur herzkrank, das stimmte sogar. Eigentlich war ich immer Deserteur, wenn auch nicht richtig. Mein einziges Prinzip im Krieg war, mich nicht auf Kosten eines Kameraden zu drücken. Ich war immer auf der Suche nach meiner Einheit, und die suchte ich möglichst weit vorn, und dann konnte ich den Stab nie finden, weil der Stab erfahrungsgemäß nicht vorne ist. So ging es bis zum Ende des Krieges einschließlich eines Schrapnelldurchschusses. Die alten Splitter hätten mich vor einem Jahr beinahe den rechten Arm, wenn nicht das Leben gekostet.

Rudolf, du bist wirklich der beste, schönste, liebenswürdigste, ungefährdetste Roman, der zu Herzen gehendste, den ich je gelesen habe. Das muss ich einfach sagen. Dagegen sind alle, die es bis jetzt probiert haben, Stümper. Nur eines ist sicher: Es ist ein Roman. Mit der Wirklichkeit kann es nichts zu tun haben. Einverstanden?

Nein.

Hältst du es für Wirklichkeit?

Es ist erlebte Wirklichkeit, nicht geschönt.

Aber jetzt pass mal auf, Rudolf: Mich macht das irre. Nietzsche, dem ich sehr glaube und den ich für einen wirklichen Gefühlsimpressionisten halte, meint ja, dass Geschichte eine Fiktion sei. Und du erzählst das so, dass man glaubt, so muss es gewesen sein. Deswegen muss es ein Roman sein. Es ist ja versuchungslos. Du warst nie in Versuchung. Du bist im Grunde genommen die Krönung der Wehrmachtswanderausstellung für alle Zeiten.

Dann erzähl du doch mal was. Wie hast du denn dieses Jahrhundert erlebt?

Da schweige ich. Ich habe keinerlei chronologische Speicherung.

Hast du mir nicht erzählt, dass du die Jahre bis 1932 voll in Erinnerung hast durch deine Eltern?

Da habe ich mich missverständlich ausgedrückt. Ich mache nämlich einen Unterschied zwischen Erinnerung und Gedächtnis. Ich arbeite nicht mit Gedächtnis. Was ich von dir, Rudolf, höre, das versetzt mich von einem Staunen ins andere, obwohl ich ein bisschen ein Spezialist bin in Gedächtnisbeobachtung bei anderen, auch in der Literatur. Etwas ist in einen hineingefallen, wie es einem passiert ist, und man kann es dann gerade so herausholen. Und dann klingt es, als hätte es sich nicht verändert, obwohl es lange her ist. Das ist Gedächtnis. Damit habe ich überhaupt nichts zu tun.

Also fragt man dich, wie du dieses Jahrhundert im Gedächtnis hast, und du sagst: Das weiß ich nicht. Und dann muss ich wieder erzählen.

Jetzt muss ich wirklich ein Beispiel bringen, um es zu verdeutlichen, wie ich Gedächtnis von Erinnerung unterscheide. Also: Ich habe jetzt dieses Buch geschrieben, das in den dreißiger Jahren spielt. Als ich das Manuskript schon hatte, aber noch nicht publiziert – da habe ich am Bodensee in Wasserburg, im Lokal meines Bruders, mit Einheimischen zusammengesessen, die über ein exzellentes Gedächtnis verfügen. Und dann erzählte einer beiläufig, dass sein Vater, wenn er ihn als Bub im Dorf erreichen wollte, einen bestimmten Pfiff ausgestoßen habe – ein höherer Ton, zwei tiefer runter und kurz. Den hat er vorgepfiffen. Und da sage ich: Guido, genau dieser Pfiff, du wirst es nicht glauben, kommt auf Seite 271 in meinem Buch vor. Ich schicke dir per Fax die Seite.

Und woher kanntest du diesen Pfiff, wenn er denn derselbe war?

Das ist Erinnerung. Ich habe diesen Pfiff vom Vater meines Freundes nicht gekannt. Und doch habe ich ihn in dem Buch genau beschrieben. Das ist Erinnerung. Ich weiß ganz sicher, dass ich das nicht gewusst habe. Man kann auch sagen, ich habe nicht gewusst, dass ich es gewusst habe. Und das ist der Unterschied. Über ein Gedächtnis kann man verfügen, über Erinnerungen nicht. Von einem Gedächtnis kannst du verlangen, was du willst. Von der Erinnerung kannst du nichts verlangen. Da kann man nicht sagen: Bitte schön, wie war das damals. Insofern habe ich mich sicher falsch ausgedrückt. Ich konnte plötzlich über den Herbst 1932 schreiben, obwohl ich nichts über den Herbst 1932 gewusst habe. Die Erinnerung ist eine Produktion, an der die Gegenwart genauso beteiligt ist wie die Vergangenheit. Deshalb, lass mich dir das sagen, finde ich es ja so toll, dass du dir alles glaubst, was dir von damals einfällt.

Aber deine Erinnerung wäre natürlich anders, wenn du 1915 geboren wärst oder 1940.

Das ist richtig. Ich bin in der Weimarer Zeit geboren, und durch meinen Jahrgang bin ich festgelegt. Das habe ich gemerkt bei dieser Diskussion über die deutsche Teilung, als ich anfing zu sagen, dass ich mich daran nicht gewöhnen könnte. Da habe ich immer dazu gesagt: Das liegt an meinem Jahrgang. Ich bin in einem Land aufgewachsen, das hieß Deutschland. Und ich kann mich nicht daran gewöhnen, dass dieses Deutschland nur noch als Wort im Wetterbericht vorkommt.

Das konnte doch gar nicht anders sein. Die Bundesrepublik war doch wirklich nur ein Provisorium, Ersatzlösung und Notbehelf für eine Nation, die den Krieg als ganze verschuldet und verloren hatte und die auch den Frieden als ganze gewinnen musste. Das habe ich schon 1952 geschrieben.

Damals hatten wir schon angefangen, gegenüber der DDR diese peinliche Pseudosprache zu entwickeln, dieses Wiedervereinigungsgedröhn, das verlogenste Deutsch, das es je gab. So wuchs die Teilung allmählich ins Absolute. Im Grunde hat mich das Politische aber nach 1945 nicht interessiert. Ich hatte im Gefangenenlager gelesen, und nach Kriegsende habe ich weitergelesen. Ich habe meine Lektüre einfach fortgesetzt.

Du hast studiert.

Ja. Ich habe 1946 in Regensburg begonnen, an der Philosophisch-Theologischen Hochschule. Das war so eine Neugründung. Ich hätte natürlich lieber in Freiburg, Tübingen oder München studiert. Aber ich war weder verwundet, noch alt genug, noch verfolgt. Trotzdem hätte ich in Freiburg einen Studienplatz bekommen können – wenn ich sechs Wochen Aufbauarbeit geleistet hätte, also Steine klopfen, von den Ziegeln den Mörtel runterklopfen. Nur hatte ich in meiner Jugend und Kindheit schon so viel körperlich gearbeitet wie andere Studenten garantiert nicht. Ich hatte die Nase voll vom Körpertum.

Ich habe einen problemlosen Übergang gehabt in die neue Welt und die neue Zeit. Wir haben dann bald den Spiegel *gemacht, das ist ja alles bekannt. Ich hatte nie Schwierigkeiten, gegen etwas zu sein. Ich hatte mehr Schwierigkeiten, für etwas zu sein. Das hat sich aber im Laufe der Jahre abgeschliffen: Je älter man wird, desto weniger Einfluss hat man auf die jungen Leute.*

Mich hast du 1961 beeinflusst, indem dein *Spiegel* Angst machte vor Franz Josef Strauß als das schlechthin Bedrohende. Der Strauß will die Atombewaffnung der Bundesrepublik, habt ihr geschrieben. Deshalb habe ich ein Büchlein herausgegeben: *Die Alternative, oder brauchen wir eine neue Regierung?*, zugunsten der damaligen SPD. Nachträglich tut es mir leid, dass ich den Strauß – wie ich jetzt glaube – falsch erlebt habe. Für mich ist es ein Beispiel meiner Verführbarkeit oder Nichtzuständigkeit.

In gewisser Weise kann ich ja hier wohl als Fachmann reden.

Ja, bitte, dann rede auch einmal als Fachmann.

Ich habe ja viele vergnügliche Stunden mit Strauß verbracht, hinterher. Aber vorher musste er weg. Adenauer plus Strauß war zu viel. Beide waren untereinander Konkurrenten. Das machte die Sache nur gefährlicher.

In der sogenannten *Spiegel*-Affäre, da war ich ja vollkommen auf deiner Seite. Aber das war nicht Strauß, das war doch Adenauer.

Es war nur Strauß, der hat mich ins Gefängnis gebracht. Dem Adenauer hat das gefallen, das ist richtig. Aber der, der die Gelegenheit gesucht und gefunden hat, und innerlich habe ich sie ja vielleicht auch gesucht und gefunden, das war er, Strauß.

Dennoch, meine ganze zeitgenössische Aufmerksamkeit hat mir nachträglich aufgedrängt, dass ich den Strauß – nicht zuletzt unter allen möglichen Einflüssen, die du zu verantworten hast – falsch eingeschätzt habe.

Die Toten sind immer gut, das kennt man ja.

Ach, Rudolf, jetzt redest du so nebenhin. Es stimmt ja nicht bei Strauß, und sonst stimmt es auch oft nicht. Die Toten in Vietnam waren nicht gut, nicht damals, nicht heute. Aber wer das in den sechziger, siebziger Jahren sagte, stand nicht mehr auf dem Boden des Grundgesetzes. Das habe ich selbst erlebt, als ich Vietnam-Veranstaltungen machte, weil ich dagegen war, dass die deutsche öffentliche Meinung den amerikanischen Krieg unterstützte. Da wurde man schnell zum Feind, nur weil sich Leute beteiligten, die links waren damals, die nachher bei dieser neuen KPD mitmachten. Dabei hatte ich nicht eine einzige Nachricht verbreitet, die aus dem Osten stammte, sondern nur Nachrichten aus Frankreich und Amerika.

Das kenne ich aber auch.

Dass du nicht auf dem Boden des Grundgesetzes warst?

Ja, sicher. Ich war doch auch gegen den Vietnamkrieg und habe es ja auch kundgetan. Der Strauß im Übrigen war dafür.

Aber du warst selber eine Macht.

Ach, ich war keine Macht, ich war eine halbe Ohnmacht. Nein,
die freiheitlich-demokratische Grundordnung, die habe auch ich
in Frage gestellt. Der Vietnamkrieg war ein Verbrecherkrieg.

McNamara hat in seinen Memoiren geschrieben, es sei ein Irrtum
gewesen. Die mehr als drei Millionen Toten, die waren ein Irrtum.
In den Feuilletons zeigten sie mit Fingern auf mich, weil ich nicht
korrekt auf dem Boden der FDGO, also der freiheitlich-demokrati-
schen Grundordnung, stand. Damals waren das die Konservativen.
Inzwischen sitzen dort die Linksintellektuellen, die 68er. Die nutzen ihre Macht genauso aus wie ihre Vorgänger und sagen mir heute
nun wieder, dass meine Haltung nicht korrekt ist.

Es war ja unzweifelhaft, dass wir für die Folgen des Hitlerkrieges
haften und dass die Spaltung Deutschlands eine Konsequenz
dieses Krieges war. Aber dass daraus, wie Karl Jaspers 1960
von hoher philosophischer Warte aus dekretierte, notwendig die
Existenz zweier deutscher Staaten folgen musste – das erschien
mir schon damals eine unsinnige Haltung. Wieso sollten die
Deutschen aus moralischen Gründen auf eine Wiedervereinigung
verzichten?

Ich bin erst in den sechziger Jahren richtig wach geworden. Da habe
ich einen Roman geschrieben, der hieß *Halbzeit*, und in dem müssen sich gewisse Personen zu dieser Vergangenheit verhalten. Und
in einem Theaterstück, *Der schwarze Schwan*, habe ich zwei Ärzte
mit ihrer Euthanasieschuld konfrontiert. Das muss um die Zeit des
Auschwitz-Prozesses gewesen sein, 1963. Da bin ich natürlich gewesen. Ich habe im Gerichtssaal mitgeschrieben und hinterher einen
Aufsatz veröffentlicht: *Unser Auschwitz* heißt er, UNSER Auschwitz.

Ich habe sozusagen dagegen protestiert, dass man die KZ-Aufseher Boger und Kaduk, und wie sie alle geheißen haben, zu Bestien macht und zu Dante-Höllenfiguren, weil es eben unsere Leute sind.

Auschwitz ist und bleibt eine Katastrophe. Aber in der praktischen Politik können wir das doch nicht perpetuieren. Das geht nicht. Das können ja unsere Kinder gar nicht mehr verstehen.

Auschwitz und kein Ende heißt ein Aufsatz, den ich – nach dem Goethe-Titel *Shakespeare und kein Ende* – fünfzehn Jahre später geschrieben habe. In jedem Jahrzehnt habe ich mich neu auf das Thema eingelassen. Ich war nie entlassen aus dieser Problematik. Ich habe mich aber auch nie aufgehoben oder gar entlastet gefühlt in der Behandlungsart, die das jeweilige Jahrzehnt praktiziert hat. Und dann schreibt eine Intellektuelle in einer Buchbesprechung, nicht etwa in einer Polemik oder in einem politischen Artikel, den Satz: Er hat sich gewandelt vom linken Kämpfer zum CSU-Festredner der deutschen Einheit. Das ist meine Biographie in dieser Republik. Weißt du, was man da möchte? Auswandern. Nur noch auswandern.

In Frankreich und Italien wäre das natürlich so nicht denkbar, da kann ein Schriftsteller vor jedem Gremium reden, ohne Rücksicht auf Parteien, ohne zu überlegen, ob es diesem oder jenem genehm ist.

Aber das ist Deutschland.

Das ist tatsächlich Deutschland. Ich beispielsweise kann mit der Stasi-Verdächtelei wenig anfangen, im Spiegel *aber und auch in anderen Blättern kann ich darüber lesen. Von mir aus hätte man aus allen Stasi-Akten zusammen ein Feuerchen machen können, aber es gab eben auch zu viele, die echt gelitten hatten.*

Klar. Tolerant sein fällt in einem Herrenclub leichter als in einem Volk, das zwei Diktaturen durchmachen musste. Und jetzt bin ich auf etwas gestoßen, was mir zu denken gibt: 1794 haben Goethe und Schiller nach einer Sitzung der Naturforschenden Gesellschaft in Jena, wo Goethe ja Ehrenmitglied war, ihre Freundschaft endgültig besiegelt. Schiller war zu dem Zeitpunkt Ehrenbürger der Französischen Revolution. Und Goethe, als Staatsbeamter geadelt, hat diese Revolution sozusagen nicht zur Kenntnis genommen.

Die Revolution spielte zwischen den beiden kaum eine Rolle.
Denen ging es um die Urpflanze, aber nicht um Revolution.

Mir ist aber klargeworden – das hat jetzt nichts mit der Qualität dieser beiden Kerle zu tun, sondern mit ihnen als Intellektuelle, als Schriftsteller –, dass eine solche Freundschaft heute unvorstellbar wäre. Bei uns geht ein Graben durch die Biographien, du gehörst hierhin oder dorthin.

Und nun möchtest du von mir hören, warum das so ist?

Ja, das möchte ich wissen, Rudolf, Historiker. Gibst du zu, dass das deutsche intellektuelle Klima immer schon intoleranter war als im übrigen Europa?

Nein. Man muss doch auch unterscheiden, von welchen Zeiten man redet. Klar ist, dass Leute, die im Vormärz in Deutschland in Opposition standen, nach England, Frankreich und Belgien ausweichen konnten. Dass sie das mussten, lag natürlich an dem Metternich'schen Klima vor allem in Preußen, das ist wahr. Also: Man musste aus Deutschland weg, aber man konnte auch weg.
Trotzdem entstand, schon vor Bismarck, das Gefühl, dass es so nicht weitergehen konnte. Dann kam dieser große und gleichzei-

tig verheerende Junker und stülpte alles um. Aber man kann nicht sagen, dass eine gerade Linie von Arminius zu Luther über – wer ist der nächste Bösewicht, den wir haben? – Friedrich, Bismarck und Ludendorff zu Hitler führt. Das geht nicht. Wurde aber nach dem Krieg gemacht. Ich weiß nicht, ob ich mich daran beteiligt habe. Aber ich glaube nicht.

Du hast von einer Kontinuität des Irrtums gesprochen.

Ja, sicher. Aber irgendeine Kontinuität dieser Art gibt es in allen Staaten. Nur bei uns hat sich das so stark ausgeprägt durch diesen schmachvollsten Irrtum, an den man uns ja heute immer noch festkleben will, aus verschiedensten Gründen. Nicht nur aus moralischen.
    Das gilt es zu durchbrechen. Dazu gehört nicht so sehr Mut als zunächst einmal die Erkenntnis, dass es eine herrschende Meinung gibt, die mal durchbrochen werden muss. Ich beispielsweise – und als alter Mensch kann ich mir das gerade noch leisten –, ich wandle am Rande der political correctness.

Das Gewissen ist eines jeden Menschen ganz eigene Sache.

Du willst immer philosophisch werden.

Nein, das ist nicht philosophisch. Wenn mir jemand Auflagen macht, das soll ich so und so in meinem Gewissen empfinden, dann sträubt sich in mir etwas. Dann nenne ich das, obwohl das zum Gewissen nicht passt, Porenverschluss. Dann wehre ich mich. Wenn einer in der einflussreichsten Literatursendung des Fernsehens, offenbar von Millionen Zuschauern angeschaut, wenn einer da vorwurfsvoll sagt: In meinem Roman komme Auschwitz nicht vor, und wenn der andere dann sagt: Schon in *Ehen in Philippsburg*, also 1957, sei keiner in der HJ gewesen, keiner im BDM; ja, schon 1955 sei die deutsche Vergangenheit in *Flugzeug über dem Haus* ausgeklammert worden … Dass das 1955 kafkaeske Parabeln waren, in denen die Hitlerjugend schlecht platzierbar gewesen wäre, gilt nichts. Ästhetik gilt nichts, nur die politische Korrektheitsforderung gilt, und das erlebe ich als ungeheure Bevormundung.

Das ist es auch.

Es wird vorgeschrieben, was vorkommen muss. Und die Literatur ist nur das Feld, auf dem solche Meinungsherrschaft am leichtesten durchsetzbar zu sein scheint.

Auch der Erinnerung kann man nicht befehlen, man kann sie nicht her- und nicht wegzwingen.

Als ich mich in den sechziger Jahren als Schriftsteller damit beschäftigt hatte, dachte ich – das war naiv damals, das weiß ich wohl –, ich hätte das hinter mir: Das habe ich verarbeitet. Ich habe damit nichts mehr zu tun.

Was natürlich nicht wahr ist.

Unsere Kinder können das vielleicht sagen, denen ist das nicht mehr persönlich aufgeladen. Aber wir können uns nicht wegstehlen. Da kannst du noch so sehr, Rudolf, dieser Gnade oder jener Gnade oder Geburt angehören. Tätermäßig habe ich nie etwas damit zu tun gehabt. Aber dennoch bin ich, warum, weiß ich auch nicht, hineinverwirkt in diesen Dreck. Und ich merke nachträglich, nachdem alles zu spät ist, dass ich nicht herauskomme.

Ich fühle mich beschämt, weil ich Zeitgenosse dieser Taten war,
von denen ich nichts wissen konnte. Das beschämt mich. Meine
Kinder schon nicht mehr. Die Enkel werden gar nicht beschämt
sein. Das ist ein ganz natürlicher Vorgang.

Rudolf, ich bewundere dich, dass du das sagen kannst: Ich fühle
mich beschämt. Ich kann nur sagen: Ich fühle mich hineinverwirkt.
Ein wirkliches Gewissenswort …

Aber das ist doch dasselbe.

Nein, nein, nein.

Zu einer Zeit gelebt zu haben als Erwachsener, wo das passieren
konnte, das beschämt einen auf immer. Aber politisch sollten
wir uns nicht mehr ducken. Das geht nicht mehr. Das ist jetzt zu
Ende. Wir sind ein normales Volk, das Probleme hat, die andere
Leute auch haben. Und damit müssen wir anständig umgehen.

Du hast jetzt schon zum zweiten Mal gesagt, wir seien ein normales
Volk. Ich hoffe, deine Mitarbeiter werden dir solche Unkorrekthei-
ten nicht durchgehen lassen. Aber dass wir gern ein ganz normales
Volk wären, das wenigstens wird man doch ungescholten wünschen
dürfen.

Die Sprache verwaltet
das Nichts

Ein Gespräch mit Willi Winkler
1998

Herr Walser, hat die SPD, hat Gerhard Schröder Sie auch nach Berlin zum Kulturkongress eingeladen?

Ich habe einen englisch geschriebenen Brief von Jack Lang erhalten, nach dem ich am 19. August in Berlin hätte sein sollen, um eine Epoche of European creativity einzuläuten. Der Brief war so, dass man ihn nicht beantworten musste.

Aber Sie sind doch ein politischer Schriftsteller.

Politik hat mich nie interessiert.

Das glaub ich nicht.

Das ist ganz sicher so. In der *Gruppe 47* bin ich dagehockt wie ein Mädchen vom Land.

Begann die Politisierung der Gruppe 47 *nicht mit Ihnen?*

Der *Springer*-Boykott vielleicht. Ich habe damals die Bücher gelesen von dem Sartre, aber gewusst, das geht mich nichts an, da bring ich mein ästhetisches Bedürfnis überhaupt nicht unter.

Den Unpolitischen nehme ich Ihnen nicht ab. In Halbzeit *wird mit dem Slogan für einen Kandidaten geworben: «Einen Besseren find'st du nicht».*

Das ist nicht politisch. Wir stellten unsere Metaphern einen Sommer lang der Politik zur Verfügung. Ich habe nie politische, sondern von Politik provozierte Texte geschrieben. Auch meine Deutschland-Sachen sind nicht politisch.

Wenn Ihnen heute jemand das Buch unter die Nase hält, das Sie 1961 herausgegeben haben – Die Alternative oder Brauchen wir eine neue Regierung? – wie lautet dann die aktuelle Antwort?

Auf so eine Frage würde ich nie mehr eine öffentliche Antwort geben. Ich mag nicht mehr Leute beeinflussen. Meine Wahlempfehlung wäre, das mit der Münze zu entscheiden: Kopf oder Zahl.

1989 waren Sie eindeutiger und sind zur CSU nach Kreuth gegangen.

Ich wäre damals zu jeder Partei gegangen, die mich eingeladen hätte, meinen Deutschland-Vortrag mit mir zu diskutieren. Mir war dringend am Gespräch mit politischen Praktikern gelegen.

Der Weg von der DKP-Nähe zur CSU ist ziemlich lang.

Aber da sprechen wir nicht über die Wirklichkeit, sondern nur übers Zeitungspapier: Wir haben doch nicht übers CSU-Parteiprogramm diskutiert, sondern über meinen Vortrag. Das war die Versündigung, das durfte man nicht machen. Das ist deutsch, deutsch, nichts als deutsch. In diesem Land gibt es doch nur mehr Fahnenträger.

Hat das Gespräch mit Theo Waigel etwas gebracht?

Muss es denn was bringen? Für mich gibt es nur eins: War es angenehm oder war es unangenehm? Und es war angenehm.

Und bei der CSU hängt jetzt Ihr Geweih in der Jagdhütte.

Ich unterschätze meinen Ausstattungswert vielleicht, aber das
glaube ich nicht. Wenn ich mir manchmal etwas vorwerfe, dann das
Gegenteil, dass ich irgendwo nicht hingegangen bin. Man muss deshalb doch nicht gleich so einen Generalverdacht gegen jemanden
loslassen. Für mich wiederholt sich da die Geschichte. Aus der Jury
für den Büchner-Preis wurde mir berichtet, dass da eine ganz wichtige Persönlichkeit sagte: Solange ich in dieser Jury bin, kann ein
Kommunist diesen Preis nicht bekommen.

*Inzwischen haben Sie den Büchner-Preis bekommen, also sind Sie
kein Kommunist mehr.*

Ich werfe mir nicht die Meinungen vor, die ich gehabt habe. Meinungen sind wie alte Fotografien, das war man, basta. Wenn ich
mich ganz entspannt geben könnte, dann müsste ich sagen: Es hat
nichts gebracht. Du zahlst immer drauf, wenn du dich mit dem Zeitgeist einlässt.

Ist das dann Masochismus oder ein sportliches Element?

Nein, ich bin unbeherrscht. Erst als ich meine Schrammen angeschaut habe, habe ich gemerkt, dass ich die für meine Meinungen
bekommen habe. Wieder Leichtsinn von mir, ich hätte 's Maul halten sollen.

*Sie tun es ja trotzdem nicht. Wahrscheinlich werden Sie auch bei
der Rede in der Paulskirche wieder deutlich. Wenn es nicht Politik*

ist, dann vielleicht ein eingeborener Zorn. Darf ich ein Gedicht von Walser zitieren? «Meine Wut ist eine Katze, / die sich füttern lässt und streicheln. / Gefüttert und gestreichelt, fragt / meine Katze: was ist Wut?»

Das ist aus *Grund zur Freude.* Aber seit Sie da sind, reden wir nicht über Literatur, sondern nur über den Zeitgeist.

Gibt es den Zeitgeist überhaupt?

Mit einem Freund war ich ungefähr 1970 in Ostberlin, weil die gern den Bericht eines Intellektuellen haben wollten, der die Studentenbewegung mitgekriegt hat. Es war ein riesiges Sitzungszimmer mit vierundzwanzig Leuten um den Tisch. Als ich fertig war, ist ganz weit drüben jemand aufgestanden und sagte: Genossen, diesen kleinbürgerlichen Standpunkt kennen wir seit Anfang der zwanziger Jahre. Darüber müssen wir hier nicht diskutieren.

Hoch die internationale Solidarität. Standen Sie der Studentenbewegung nicht viel ferner als zum Beispiel Hans Magnus Enzensberger?

Diesen Schwung hatte ich nicht. Herbert Mies, der letzte Vorsitzende der DKP, hat eine Art Memoiren geschrieben, die er mir geschickt hat. Da hat er meine Rolle beschrieben als der kleinbürgerliche Intellektuelle. Ich hatte keinen Klassenstandpunkt, den kann man nicht erlernen.

Che Guevara und Régis Debray konnten das.

Oder Feltrinelli. Aber das waren oder sind reine Intellektuelle, die können von Überzeugungen leben.

*Der Anselm Kristlein, den Sie durch drei Romane verfolgen, ist
doch auch ein Intellektueller.*

Wenn das Politik wäre, dann wär's mir recht. Aber wenn man diese Biographiekurve schlicht in gesellschaftliche Bedeutung übersetzt, dann kommt keine politische Figur, sondern ein ängstlicher Mensch heraus, der Geld verdienen muss. Drei Abschnitte handeln nur von der blanken Erfahrung des Abhängigseins, aber daraus werden keine politischen Konsequenzen gezogen.

*Ohne Politik denken wir auf Anhieb dümmer, aber es muss sein.
Ohne sie?*

Für mich ist nirgends außerhalb der Literatur eine Qualität zu erhoffen. Die Theologie? Geschenkt. Philosophie ist hauptsächlich Soziologie. Aber es gibt ein paar Gedichte und Romane. Wenn Sie zum Beispiel den Arnold Stadler lesen, dann merken Sie, da ist noch ein Daseinsgefühl, das ganz traditionell gesättigt ist von allen möglichen Quellen: drastisch, frech, verzweifelt, händeringend, humorvoll. Wenn du das liest, dann teilst du diese Existenz von ihm. Wir könnten auch von dem unglaublich schönen, riskanten Versuch von Peter Handke reden.

*Woher kommt denn diese plötzliche Liebe zu Ihrem früheren
Gegner?*

Beim *Gewicht der Welt* hat's bei mir geblitzt. Vorher war ich ideologisch gegen ihn.

Als Sie Über die Neueste Stimmung im Westen *schrieben, 1970,
da waren Sie ein wenig eifersüchtig.*

Kann schon sein. Schriftsteller machen ein Existenzexperiment. Handke ist der Einzige, der ein Gesamtexperiment macht: als Wandersmann, als U-Bahnfahrer und so weiter.

Er riskiert was.

Er riskiert etwas, er wirft eine Vita an die Wand wie eine Schrift. Das hat etwas – Entschuldigung! – unmittelbar Religiöses. Damit entspricht er einer Tradition, die bei allen anderen verschüttet oder verleugnet ist: dass Literatur nicht aus Exegese entstanden ist, sondern aus einem ursprünglichen Entwurf oder Existenzverantwortung oder weiß der Teufel, wie man das nennen will. Was der Handke macht, ist nicht Fortführung irgendeiner Tradition. Er macht das alles selber.

Genau das haben Sie ihm vor dreißig Jahren vorgeworfen.

Vielleicht. Ich ersehne mir den Ton der bloßen Existenz und möchte den gern mitteilen.

Bleibt ja auch nicht viel mehr in dieser säkularisierten Welt.

Ich will keinem seinen Abscheu vor Heidegger nehmen, aber für mich ist *Sein und Zeit* der einzige philosophische Text in diesem Jahrhundert, den ich immer wieder lesen kann. Der ist ganz und gar negativ. Der füllt überhaupt nichts aus, das ist nur eine Verwaltung des Nichts. Das Einzige, was man machen kann mit der Sprache. Man kann kein Licht anzünden.

In Ihren Romanen verwalten Sie keineswegs das Nichts. Sie suchen nach einem Licht oder wenigstens nach einer Funzel.

Das ist der Nachteil der Belletristik. Ich möchte aus jeder Romanmasse den möglichst hellen Schluss herauswirtschaften. Es kann aber nicht so bleiben, es wird wieder weitergehen. Am meisten ist die Sprache bei sich selbst, wenn sie nichts transportiert. Wir sind in Europa in einem historischen Moment, wo es ums Verrecken nicht mehr klappt mit der Legitimität dessen, was wir tun. Die Verwaltung des Nichts ist da eine fabelhafte literarische Beschäftigung.

Wie in den vorletzten Sätzen in Ihrem letzten Buch Ein springender Brunnen: «*Wenn er anfängt zu schreiben, soll schon auf dem Papier stehen, was er schreiben möchte, was durch die Sprache, also von selbst aufs Papier gekommen wäre, müsste von ihm nur noch gelesen werden.*»

Bei Pascal steht der Satz: O wie glücklich sind die, die in völliger Freiheit und ganz von selber das lieben, was zu lieben sie ohnehin verpflichtet sind. Wenn ich das lese, dann verstehe ich, warum ich es mit mir im Kopf aushalten kann.

Wie geht das, dass man Kind wird?

Übertrieben gesagt: Mit Liebe. Mir fehlt nichts so sehr wie diese Kindheit. Also motiviert mich nichts so sehr wie dieser Mangel. Ich kann nicht mehr dieser Kulturillusion verfallen, dass es eine wiedergefundene Zeit gibt. Das Kind, das mir da entgegenkommt, das ich ernähre, ist die reine Fiktion. Durch Leserbriefe merke ich, dass dieser Johann vielen sehr sympathisch ist. Damit ist klar, dass es ihn nicht gegeben haben kann.

Er heißt Johann und nicht Martin.

Mein zweiter Name ist Johann. Ich will ihn ja nicht von mir distanzieren. Die Eckdaten machen nicht die Atmosphäre aus. Der Unterschied zu anderen Romanfiguren ist natürlich, dass man, wenn man so einen Buben kommen lässt und glaubt, man hat jetzt einen Ton für ihn, allmählich das Gefühl kriegt: Das weißt du, da bist du jetzt zuständig, da kannst du nichts falsch machen. Man kann von 1932 erzählen, was so sicher nicht passiert ist, aber so passiert sein könnte. Ich bin überzeugt, jeder, der von seiner Vergangenheit erzählt, erzählt etwas anderes als das, was wirklich war. Aber es ist nicht gefälscht.

Wie kann man sich als Schriftsteller ein solches Kapital wie den Knaben Johann so lange aufsparen? Er könnte ja verschwinden.

Das kann einem mit jedem Projekt passieren. Das Bedürfnis, das endlich einmal hinter sich zu bringen, ist nicht nur in mir gewachsen. Durch Beobachten von dem, was jeden Tag zu dieser Zeit in den Zeitungen steht, habe ich mich immer mehr in eine Rolle versetzt gesehen, dass ich es noch anders weiß. Ich habe nichts dagegen, dass es so erzählt und gefilmt wird, aber ich wusste, das ist es für mich nicht.

Meinen Sie wieder diesen Zeitgeist?

Du bist immer moralisch dran, wenn du nicht entsprichst. Wie bei meinem Buch, wo gewisse Leute sagen, da steht Auschwitz nicht drin. Das ist eine völlig falsche Anforderung an Literatur. Marcel Reich-Ranicki sagt, in den *Ehen in Philippsburg* kommt keiner vor, der in der HJ war, keiner, der in der Partei war, nicht mal die Wehrmacht komme vor. Das ist im Grunde der nachgeforderte Bitterfelder Weg; die wollen mich zur Anna Seghers machen. Wenn ein einziger Tag beim Schreiben verginge, ohne dass da etwas dazugekommen ist, was du am Morgen noch nicht geahnt hast, dann hätte ich mir schon längst einen anderen Beruf gesucht. Die Sätze sollten für sich möglich sein und nichts mehr zu tragen haben, was über sie hinausginge.

Ein Buch, aus dem man nichts mehr zitieren kann.

Reine Schönheit.

Impressionismus.

Oder Musik. Musik in Prosa, Satz für Satz, höchster Ton, keine Handlung, spannender Verlauf. Existenzpräsenz, die Aufhebung des Unterschieds zwischen mittelbar und unmittelbar.

Das ideale Buch für Reich-Ranicki.

Was mir da vorschwebt, wäre dem vielleicht völlig unlesbar. Das würde er, hoffe ich, nach einer Seite weglegen.

Das hoffen Sie?

Das muss man hoffen, damit er das endlich einsehen wird. In einem Satz kann alles erfüllt sein, was man von der Prosa gern möchte. Du hoffst, wenn du das Charakteristische eines Moments zur Sprache bringst, das freut dich, dass es sich so gibt. Wenn du es gemacht hast und es steht dann auf dem Papier, hoffst du, dass du dadurch Kontakt zu anderen Menschen bekommst, die das lesen. Je verstiegener dein Beginnen da ist, je mehr du da von dir erwartest, umso lustiger wird es für dich, wenn du das Charakteristische schaffst. Es darf nichts Positives dabei herauskommen.

Wo Sie das Private mit dem Politischen zusammenbringen, das Ideologische mit dem Erlebten wie im Springenden Brunnen, *müssen Sie mit Prügeln rechnen.*

Es sind ja nur wenige. Von fünfundsiebzig Leuten, die darüber geschrieben haben, sind es vielleicht fünf, die so reagiert haben.

Vor allem Das Literarische Quartett.

Die haben dem Buch nicht weh getan.

Dem Buch vielleicht nicht, aber dem Autor.

Dem Autor? Ich ertrage Auseinandersetzung auf meiner Ebene. Aber ich merke nichts mehr als die Verdammungs- und Verletzungsabsicht. Niemand kann von mir verlangen, dass ich das genieße. Da macht's bei mir zu, da sag ich, lass mich doch bitte in Ruh. Seine Fernsehsendung empfinde ich als Machtausübung. Machtausübung gegenüber bin ich wie jeder Mensch empfindlich. In unserem Verhältnis ist er der Täter, und ich bin das Opfer.

War das Fliehende Pferd *eine Reaktion auf seinen Verriss der vorangegangenen Erzählung* Jenseits der Liebe?

Das ist absurd. Man kann doch nicht auf Beratung hin schreiben oder durch Kritik lernen. Dass er das so dargestellt hat, war eine der lächerlichsten Anmaßungen, die er sich je hat leisten können. Der Betrieb ist nicht so wichtig, aber wenn man den Betrieb so beobachtet, kann man sich auch fragen, warum seine größte Erbitterung Handke, Grass, Walser heißt. Mir hat mal jemand gesagt, dass er sauer sei, weil er den Büchner-Preis nicht bekommen habe.

Tatsächlich?

In der blanken Wut, mit der er auf Handke, Grass und Walser reagiert, sehe ich die vollkommen grundlose Furcht, die drei könnten
berühmter werden als er. Die Angst muss er nicht haben – aber jemand, der als Kritiker auf den Büchner-Preis rechnet, der hat einen
Über-Eisprung im Kopf.

Das große Projekt von Reich-Ranicki besteht darin, die Literatur
zugunsten der Literaturkritik abzuschaffen. Er ist nun wirklich ein
politischer, nämlich ein Machtmensch.

Und die Macht hat er. Die Autoren sind die Opfer und er ist der
Täter. Jeder Autor, den er so behandelt, könnte zu ihm sagen: Herr
Reich-Ranicki, in unserem Verhältnis bin ich der Jude. Das Schlimm-
Schöne für uns besteht darin, dass es ihm nicht gelungen ist.

Ein Band mit Ihren Reden und Aufsätzen heißt: Deutsche
Sorgen. *Sie müssten sich nicht zur Gegenwart äußern, aber Sie
tun es trotzdem immer wieder.*

Die Nichtigkeit dieser Zeitgenossenschaft wird mir täglich bewuss-
ter. Vielleicht bringt es das Alter, aber ich glaube, das ist eine Sehnsucht nach weniger nichtigen Zuständen in meinem Bewusstsein.

Und die wären?

Ich möchte in den Spiegel schauen, daraus die Konsequenzen ziehen und darauf antworten. Das wäre eine im metaphorischen Sinn
abendfüllende Beschäftigung.

Das klang schon mal anders. Als Rechtfertigung für Ihr Stück
Eiche und Angora *haben Sie 1962 geschrieben: «Weil unser
nationales Schicksal abendfüllend ist.»*

Das ist leider noch der andere Gebrauch von abendfüllend. Das ist eine nicht ein-, sondern vieltönige Erfahrung, die ich jetzt mit dem *Springenden Brunnen* mache: Einerseits fühle ich mich konditioniert durch zeitgenössischen Erfahrungen, vor allem aus diesem Jahrzehnt. Andererseits erlebe ich in der Reaktion der Leute und der Öffentlichkeit eine Zustimmung, wie ich sie noch nie erlebt habe.

Auch nicht bei der Verteidigung der Kindheit?

Nein, nein. Ich bin zum ersten Mal nicht mehr der Autor dieser Typen. Da kam alle Zustimmung von Stigmatisierten. Diesmal aber erlebe ich eine undifferenzierte Zustimmung. Ich stehe da in meinem Geburtsort Wasserburg am Kofferraum, weil ich für jemanden drei Bücher signieren musste. Kommt ein Radfahrerpaar vorbei, steigt ab im Radfahrerdress und sagt: Wenn wir das gewusst hätten. Zu keinem anderen Buch wäre da so ein Radfahrerehepaar abgestiegen und hätte mir so eine Bekundung dargebracht. Sosehr ich also aus der Zeitgenossenschaft hinausstrebe, so muss ich ihr danken, dass sie mich dazu gebracht hat, dieses Buch zu schreiben.

Einmal Zeitgenosse für immer.

Gerade habe ich gesagt, mir sei dieses Zeitgenossesein lästig. Ich möchte einen feineren Bewusstseinsgegenstand haben, als bloß Zeitgenosse zu sein. Man müsste sich beherrschen. Andererseits muss ich dankbar sein, dass ich Zeitgenosse bin und dann in so ein Buch hineinkonditioniert werde von dieser Zeitgenossenschaft. Das heißt: Sehne dich nicht danach, dass deine Wünsche in Erfüllung gehen. Das wäre das Schlimmste, was dir passieren kann. Ich kann es nicht lassen, mich trotzdem weiter zu sehen.

Warum keine Interviews mehr, Herr Walser?

Ein Gespräch mit Michael Freitag
1998

Warum keine Interviews mehr?

Es ist paradox: Schriftsteller wollen etwas von sich mitteilen. Aber wir können nicht vorzeigen, was wir machen. Wer durch ein Elektronenmikroskop schaut und die Bildung der Nervenfasern sichtbar macht, der kann etwas vorzeigen. Wir Schriftsteller nicht. Ich habe eine Zeitlang einfach anstandshalber viele Interviews gegeben.

Waren die von Ihrem Verlag gewünscht?

Überhaupt nicht. Journalisten wollten, dass ich als Kommentator meines jeweils jüngsten Buches auftrete. Damit habe ich jetzt Schluss gemacht. Ich hatte schon lange gemerkt, dass ich auch auf verschiedene Fragen immer wieder dieselben Antworten gegeben habe. Im Fernsehen ist das vielleicht sogar verständlich. Es übt einen hohen Formulierungsdruck aus, einen intellektuellen Porenverschluss. In der jeweiligen Gesprächssituation stehen im Fernsehen vielleicht noch ein Tausendstel der Ganglien zur Verfügung. Deshalb muss jeder, der in einer solchen Situation steht, auf fixierte, schon bekannte Antworten zurückgreifen, von denen er glaubt, dass er mit ihnen überleben kann. Die Nummern, die dann ablaufen, sind beschämend, wenn man sie bei sich überhaupt noch bemerkt. Manchmal habe ich einem Gesprächspartner angesehen, dass er meine Antworten schon kannte, und er wollte sie in seinem Interview drinhaben, hat mir die entsprechende Frage gestellt, und ich habe, ohne zu lachen, so getan, als hörte ich sie zum ersten Mal. Vielleicht habe ich ein bisschen gegrinst, aber nicht sehr, schließlich wollte ich uns nicht in Verlegenheit bringen. Das hat dazu geführt, dass ich es nicht mehr geschafft habe, noch mehr Interviews zu geben. Eine Zeitlang habe ich mir, wenn die Anfragen arg rasch hintereinander kamen, damit geholfen, dass ich sagte, ich habe gerade alles abgegrast, jetzt müssen wir erst wieder warten, bis neues Gras nachgewachsen ist, fragen Sie in einem Jahr wieder an. Bei den wesentlichen Fragen wächst in einem Jahr nichts Neues. Selbst wenn der intellektuelle Porenverschluss nicht eintritt, fühlt sich der Rückzug auf etwas schon Gesagtes grausig an.

Warum war es wichtig für Sie, jetzt nicht die Interview-Tortur auf sich zu nehmen?

Interviews haben eine Entlastungsfunktion, aber die ist ja auch nicht würdig, ist eher eine Schweinerei. In einer positiven Kritik des *Springenden Brunnens* – es gab erstaunlicherweise in Zeitungen keine schlechten Kritiken – steht der Satz: Johann erlebt als Flakhelfer den Zweiten Weltkrieg als Angriffskrieg der Alliierten. Das hat mit meinem Buch nichts zu tun. Die Worte Alliierte und Flakhelfer und Angriffskrieg kommen gar nicht vor. Wenn man so etwas liest, könnte man sich vorstellen, diese Entstellungen mit einem Interview zu korrigieren; Entlastung eben. Aber das ist auch falsch. Man muss auch so etwas ruhig sich selbst überlassen können. Es bildet sich eine Meinung heraus, ganz gleich, ob die für mich richtig, akzeptabel, angenehm oder unangenehm ist. Vor kurzem war ein Mann bei mir, der ein bedeutender Politiker war und heute ein bedeutender Mann der Wirtschaft ist. Er erzählte mir, dass er, als er einmal unter einem hohen Rechtfertigungsdruck gestanden hatte, die Möglichkeit gehabt hätte, sich in der Öffentlichkeit zu erklären. Er hat es nicht getan. Das fand ich toll, wunderbar. Es hat mir imponiert, dass er eine Situation, in der ihm übel mitgespielt wurde, ohne Rechtfertigungsversuch in der Öffentlichkeit, ohne Rechthabenwollen sich selbst überlassen hat. Ich dachte, wenn ich das nächste Mal dran bin, mache ich es genauso.

Setzt das nicht sehr viel Selbstbeherrschung und Selbstbewusstsein voraus?

Man muss das Gefühl trainieren, dass Rechthaben nicht anzustreben und in Wahrheit nicht von Bedeutung ist. Für Politiker mögen andere Regeln gelten. Ich habe meine Bücher; man könnte sie ja lesen. So würden die Leser mich genauer kennenlernen als mit dem besten Interview. Die Meinungsfrequenz der Sprache ist begrenzt. Ich habe das schon früher zum Ausdruck gebracht und hätte schon damals auf weitere Meinungsäußerungen verzichten müssen. ich habe immer den Erwartungen entsprochen, wenn es sich denn irgendwie machen ließ. Zu entsprechen finde ich gefühlsschön. Es ist eine flüchtige Pseudoharmonie, die so entsteht, aber immerhin, zwei Stunden Entsprechung zu liefern ist schöner, als wild auf einer Position zu bestehen, die nicht mitzuteilen ist.

Berühmtheiten aus Amerika stehen nur dann zur Verfügung, wenn ein neuer Film, ein neues Buch beworben werden muss. Ist das besser?

Ich habe als Radioreporter angefangen; das mag meine Dauerbereitschaft zum Interviewgeben erklären. Fünfzig Mark pro Reportage, davon habe ich gelebt, war also abhängig davon, ob man nett zu mir war oder nicht. Karajan war nicht nett, Kortner war wunderbar, Brigitte Horney ging so.

War Karajan zu irgendeinem nett?

Na ja, bei mir hatte er keine Wahl. Ich habe ihn, bei schon geöffnetem Vorhang, ein Kabel hinter mir her schleifend, von der falschen Seite der Bühne aus attackiert. Mit dem Kabel habe ich die Noten der ersten Geigen heruntergemäht. Er stand in der Gasse und schaute mich so an, dass ich eigentlich tot hätte umfallen müssen. Ich selbst wollte immer unkompliziert sein wie Kortner, die Knie auseinanderstellen und wie eine Hafenmole jede Frage wie ein einlaufendes Schiff empfangen. Aber das habe ich betrieben bis zur vollkommenen Versteinerung. Etwas anderes wäre es, wenn es ausnahmsweise gelänge, in einem Gespräch, von dem man weiß, dass es für die Öffentlichkeit geführt wird, zu einer, nennen wir es einmal so, existenziellen Frequenz zu gelangen. Das ist sehr selten.

Ist das nicht auch sonst sehr selten?

Ja. Nehmen wir einmal ein Beispiel. Sie, der Interviewer, wollen von einem Menschen etwas wissen, und der Interviewte sagt: Unterhalten wir uns doch über Drewermann. Und dann hat er am Ende etwas über sich mitgeteilt, was er nur sagen kann, wenn er mit Ihnen über Drewermann spricht. Diese Art von Gesprächen würde mich noch interessieren.

Sie ist aber riskant. Denn vielleicht möchte man kritische Bemerkungen aus Höflichkeit gern vermeiden?

Ich habe Verehrung für Drewermanns Auftrittsart und bin froh, dass es einen Menschen gibt, der mit dieser Sprache auftritt. Er tritt in einem Sprachbereich auf, in dem die meisten Worthülsen vorkommen, und er gebraucht am wenigsten davon. Ich möchte mich nicht preisgeben und indiskret mir selbst gegenüber sein. Ich möchte es so blank eigentlich keinen wissen lassen, wo meine innerste Atemlosigkeit zu Hause ist. Einmal habe ich an einem Fernsehfilm über mich mitgewirkt. Der war nicht an einem Tag zu drehen, und das Ganze wurde immer existenzieller. Zum Abschluss erreichten wir eine so ausgezeichnete Situation, dass ich merkte, wir müssten eigentlich die Kamera ausschalten. Ich sagte dann der Autorin, ob sie wirklich glaube, dass ein Mensch vor laufender Kamera je einen Satz Wahrheit sagen würde. Der Satz wurde gestrichen. Dabei ist Wahrheit nicht nur eine moralische Frage, sondern auch eine der Disziplin. Jeder möchte es können, aber es reicht nicht, es bloß zu wollen.

Journalisten schnitzen nicht an Wahrheiten über Personen, sondern an deren Mythos?

Sagen wir an bestimmten Erscheinungsformen, wir müssen nicht übertreiben. Sie dürfen ja an einer bestimmten Erscheinungsweise interessiert sein. Was würden Sie sagen, wenn ich Sie am Ende unseres Gespräches fragen würde, ob Sie glaubten, ich habe Ihnen die Wahrheit gesagt?

Selbstverständlich nicht. Warum sollten Sie auch?

Durch diese Antwort machen Sie mich zum naiven Wahrheitssucher. Mich würde es reizen, etwas zu sagen, das mit mir persönlich zu tun hat, ohne mich zu sehr zu entblößen und dadurch zu verletzen.

Hat ein Leser Ihrer Romane etwas davon, wenn er ein Interview mit Ihnen liest?

Er braucht nur das Buch. Ich bekomme jeden Tag Leserbriefe. Seine wirkliche Lage lernt der Schriftsteller durch Briefe kennen. Es sind lauter Verwandte, die sich melden. Man hat ja unglaublich viele Verwandte, in allen nur denkbaren Berufen. Jedes Buch zieht eine be-

stimmte Art von Leuten an. Oft bekomme ich ausführliche unwillkürliche Selbstporträts. Jedes Buch hat den richtigen Leser und die
richtige Leserin – und die brauchen keinen Literaturbetrieb. In den
Briefen taucht nie der Name eines Vermittlers auf. Es gibt sensationell
sympathische Leserbriefschreiber. Ein Mädchen, sechzehneinhalb,
schrieb mir im vergangenen Jahr, dass sie in einem Wettbewerb bei
Bertelsmann mitgemacht hat und eigentlich eine Hi-Fi-Anlage gewinnen wollte. Daraus wurde nichts, als Trostpreis bekam sie *Dorle
und Wolf*. Sie sei gar nicht begeistert gewesen, habe aber das Buch in
die Badewanne mitgenommen. Nebenbei: Schon am Anfang stand
in dem Brief, dass sie wisse, ich werde den Brief gar nicht lesen, und
wenn ich ihn doch anfange, werde ich ihn garantiert nicht bis zum
Ende lesen usw. In der Badewanne sei das Wasser irgendwann kalt
geworden, sie habe sich eine Erkältung zugezogen, aber das Buch
habe sie in einem Zug gelesen. Das stand auf der sechsten Seite des
Briefes, und wieder so ein Hinweis: Ich konnte das nur schreiben,
weil Sie den Brief ja ganz sicher nicht bis zum Ende gelesen haben
werden. Ihre … Das war gar nicht kokett, sondern fabelhaft erlebnis-
dicht geschrieben. Von solchen Erlebnisberichten lebt ein Schriftsteller wirklich. Im Literaturbetrieb macht man aus Kleinmut mit,
aus Höflichkeit, und weil es angenehmer ist, Ja zu sagen als Nein.
Diese einundzwanzig Antworten, die ich immer gebe …

*Aber die Teilnahme am Literaturbetrieb ist doch nicht wirklich
schädlich?*

Schädlich nicht, aber der Mund schämt sich. Er ist ja eine hochdiffe-
renzierte Nervenlandschaft. Er dient, er weiß, was er tun muss, aber
er meldet zurück: Schämst du dich nicht, dass du das jetzt schon
wieder sagst. Mir tun auch die Politiker leid, die bei ihrem Lauf
vorbei an den Mikrophonen immer wieder dasselbe sagen müssen.
Es gibt schöne Sätze von Kierkegaard, vielleicht der Denker, der am

kundigsten in Sachen Sprecherfahrung war. Wir haben zu viel zu wissen bekommen, und fangen zu wenig damit an. Wenn man einen sieht, der sich den Mund mit Essbarem so vollgestopft hat, dass er nicht mehr schlucken kann, dem muss man Essen wegnehmen, damit er nicht verhungert. Das ist Kierkegaards Aufforderung, negativ zu sein. Davon kann ich nur träumen.

Ihre Zurückhaltung fällt möglicherweise einem Arrivierten leicht?

Ich erinnere mich an die erste Serie von Interviews. Damals hatte ich immer das Gefühl, überfragt zu sein. Davon konnte ich mich nur durch eine bewusstlos machende Sprechmotorik befreien. Ich warf mich in den Fluss eines noch nicht vorhandenen Gedankengangs und hoffte, dass er mich mit sich reißt und mich trägt.

Klingt faszinierend?

Wissen Sie, alle Verhaltensweisen im Literaturbetrieb können die Tendenz annehmen, taktisch zu werden. Das entwertet sie. Wenn man sich dessen bewusst ist, kann man die Entwertung geringer halten.

Klingt wie: mit gezogener Bremse fahren?

Am besten wäre natürlich Vollbremsung, gar kein Interview mehr. Aber Sie sehen es ja. Was haben wir gemacht? Man kann sich noch so drehen und wenden, heraus kommt ein Interview. Natürlich das letzte. Ich bin gespannt, wie oft noch. Gestatten Sie, dass ich Ihnen auf Ihre Laufbahn noch einen Satz meines Hauslehrers Nietzsche mitgebe: Ein Gespräch, das in der Wirklichkeit ergötzt, ist, in Schrift verwandelt und gelesen, ein Gemälde mit lauter falschen Perspektiven.

Über die Erinnerungsgenauigkeit

Ein Gespräch mit Leo Haffner
1998

*Ich würde gerne anknüpfen an einen anderen großen Roman,
nämlich Buddenbrooks von Thomas Mann. Wenn man diese
beiden Romane vergleicht [o. g. mit Walsers Der springende
Brunnen], dann gibt es trotz großer Unterschiede gewisse Parallelen:
In beiden Fällen geht es um einen jungen Mann, bei Thomas
Mann allerdings um einen jungen Mann aus einer Patrizierfamilie
hoch im Norden, und hier um eine Gastwirtschaft, und
der Johann muss natürlich sehr fleißig sein, was Thomas Mann
nicht unbedingt musste. Was mich aber besonders interessiert, ist
Folgendes: Man könnte meinen, dass der Stoff des Springenden
Brunnens für dich ebenso nahe gewesen sei, wie der der Buddenbrooks
für Thomas Mann gewesen ist. Mit «nahe» meine ich,
dass man seine literarische Laufbahn mit einem solchen Roman
beginnt. Thomas Mann hat seinen Roman, glaube ich, mit
zwanzig, einundzwanzig geschrieben, und hier haben wir einen
Autor von siebzig Jahren. Was ist der Grund für dieses Zögern, für
dieses heikle Behandeln dieses vielleicht heiklen Stoffes?*

Ich habe gespart auf ihn. Ich bin ja wie der Johann, ich werf nichts
weg. Gut, ich will jetzt nicht Gründe, klare Gründe formulieren,
die es so klar nicht gegeben hat, aber zwei Empfindungen sind mir
schon deutlich geworden: Ich bin abhängig beim Schreiben. Ein
Roman ist immer eine bestimmte Tonart, wie eine Musik nur in
einer bestimmten Tonart stattfinden kann. Und wenn man so etwas
im Kopf hat, was man gerne möchte, was einem längere Zeit vorschwebt,
das vielleicht auch mit abstrakten Notizen sich schon in
Notizbüchern anhäuft, dann hat das noch überhaupt keine literari-

sche, keine praktische greifbare Qualität, solang nicht der Ton auf dem Papier steht. Wie die Sätze sein sollen, was für ein Prosaton das sein soll, das hängt natürlich immer stark mit der Hauptfigur zusammen, die bestimmt den Ton. Manche meiner Hauptfiguren bezeichne ich mit C-Dur oder g-Moll.

Die wechseln aber manchmal auch die Tonart.

Ja, gut, aber hauptsächlich haben sie doch eine. Auf jeden Fall hatte ich für diesen Johann keine Tonart, und das hat, glaube ich, damit zu tun, dass ich immer daran gedacht habe, das sind diese dreißiger Jahre. Und je mehr Zeit vergangen ist, umso anspruchsvoller wurde die Gesellschaft gegenüber dieser nationalsozialistischen Zeit. Und nun: in den sechziger Jahren, da habe ich mich auch mit dieser so-genannten Vergangenheitsbewältigung literarisch beschäftigt, und ich habe gedacht, das ist dann irgendwann vorbei. Das wurde aber immer genauer, immer anspruchsvoller, immer vorwurfsvoller, immer eingeengter. Da sind ja auch viele Bücher erschienen, über die ich gelesen habe, und ich habe gemerkt, dass ich mit all diesen Standpunkten und Tonarten, die da im Schwange waren, nichts zu tun haben kann, weil: Ich will kein Buch schreiben, aus dem hervor-geht, wie man sich damals hätte benehmen müssen. Das weiß inzwi-schen jeder – trotzdem, in vielen dieser Bücher erfährt man noch einmal, wie man sich da hätte benehmen müssen. Sie sind kritisch und so weiter. Und das war meine Schwierigkeit. Ich habe da in München eine Rede halten müssen, 1988, über das eigene Land, so nannte sich die Reihe. Da habe ich die Rede angefangen, warum ich immer noch nicht den Roman meiner Kindheit geschrieben hätte, was ja ein Naturrecht jedes Erzählers ist – seine eigene Kindheit in einen Roman zu verwandeln, das darf man. Aber das habe ich nicht gemacht, habe ich gesagt, weil ich weder ein faschistisches Kind war noch ein antifaschistisches Kind. Und eines von beiden musste man wohl gewesen sein, um die Aufmerksamkeit seiner Zeitgenossen beanspruchen zu dürfen. Ich glaube, das hat mich gehindert. Ich hatte dazu nichts beizutragen. Natürlich kommt das alles bei mir schon vor, so wie es gewesen sein muss, aber nicht von einem Standpunkt von heute aus, wie man's gern hätte, dass es gewesen sei. Das war vielleicht ein Grund.

Ich glaube, jetzt haben wir einige ganz wesentliche Punkte gehört, die man über diesen Roman wissen muss und über die Entstehungsgeschichte. Ich kann mich aber an Gespräche erinnern, die liegen vielleicht zehn oder fünfzehn Jahre zurück, da hatte ich den Eindruck, dass die Figur der Mutter eine noch stärkere Rolle spielen würde, als es dann später herauskam.

Ja, das stimmt. In meinen Notizbüchern, fünfundzwanzig Jahre lang, hieß das Projekt immer: «Der Eintritt der Mutter in die Partei». Das war sozusagen mein Projekt. Aber eben, das sind Abstrakta, das hat man im Kopf, aber nicht in der Hand. Wenn man's schreibt, dann entwickelt sich das von selber, und da war dann ganz schnell klar, dass das nur der erste Teil sein konnte.

Die Figur der Mutter, das ist eine sehr interessante Figur. Sie ist sehr nüchtern, sie hat nicht diese Phantasien wie der Vater, aber man kann aus ihren Äußerungen erkennen, wie intensiv ihre Sorge um ihre Familie und ihre Kinder ist, und das ist ja auch einer der Gründe, warum sie dann in die Partei eingetreten ist. Aber das ist dann nicht das Hauptmotiv geworden in dem Roman.

Ja, das stimmt. Das war der Reiz. Mich hat das gereizt, und das schon sehr lange und immer mehr. Und in den neunziger Jahren wurde mir klar: das geht vielleicht jedem anders, jeder schaut auf dieses Thema in den neunziger Jahren anders, natürlich. Ich bin hochspezialisiert auf dieses Vergangenheitsthema. Wenn ich die Zeitung aufschlage, es gibt keine Zeitung heute, keine Zeitung, da mache ich jede Wette, in der nicht davon die Rede ist. Auf irgendeine Art ist immer von der Zeit zwischen 33 bis 45 die Rede. Und das und die Art, wie darüber geredet wurde, ist mir immer mehr vorgekommen wie eine besserwisserische Art, wo immer nur davon kritisch geredet wurde, wie es hätte sein müssen, was man auszusetzen hat und so weiter und so weiter. Aber eigentlich nie, nach meinem Eindruck, das kann jeder anders sehen, nach meinem Eindruck nie, wie es wirklich war. Als ich schon fast fertig war mit diesem Buch, kam im *Spiegel* eine zwei Seiten große Besprechung eines Romans einer amerikanischen Autorin deutscher Herkunft, 1964 nach USA ausgewandert, dort Professorin geworden für Creative Writing an einer Ostküstenuniversität. Die hat schon ein paar Romane veröffentlicht, nicht mit besonders viel Glück. Jetzt hatte sie einen Roman über eine rheinländische Kleinstadt geschrieben, wie der Nazismus in diese Stadt gekommen ist. Und das wurde ein großer Erfolg, in Amerika natürlich, denn da stand alles drin, wie man es einfach braucht. Für mich waren die zitierten Sätze widerwärtig billige, Entschuldigung: Meinungsware. Wie böse Diebe sind die Nazis in diese Kleinstadt gekommen und haben den Leuten ihre Seele gestohlen, und es war für mich grauenhaft. Ich war da schon fast fertig mit meinem Buch. Aber das war mein Motiv: Ich möchte, und zwar eben anhand dieser Mutterfigur, der nichts vorzuwerfen ist, erzählen, wie es gewesen sein kann. Und dabei hat sich dann allerdings ergeben, dass das nicht das ganze Buch sein darf. Da sind dann eben zwei Motive, dass der Johann sich selber finden muss und dass er das eben durch Sprachen tut. Durch die Sprache der Kirche, die Sprache des Nationalsozialismus, die vielen Sprachen des Dorfes findet er zu seiner eigenen Sprache. Es ist nachher ein bisschen ein Entwicklungsroman eines Schriftstellers geworden. Das war nicht geplant, aber das hat sich nicht anders machen lassen.

Nun etwas zur Hauptfigur, diesem Johann. In manchen Rezen-
sionen wird der Leser davor gewarnt, man solle die Hauptfigur
nicht verwechseln mit dem Autor. Das ist sicher auch im Sinne
des Autors, weil es immerhin ein Roman ist. Doch für den Leser,
für mich persönlich ist nichts naheliegender, als genau das zu tun.
Und zwar auch deshalb, weil eine derart präzise Erinnerungs-
genauigkeit vorhanden ist in diesem Roman, dass man sich
denkt: diesen Johann muss es gegeben haben. Zudem, die Namen:
Er heißt zwar Johann, aber die übrigen heißen genau so, wie
sie tatsächlich geheißen haben. Wenn ich auf den Friedhof von
Wasserburg gehe und das Grab der Familie Walser ansehe, da
lese ich Auguste Walser, dann lese ich Josef …

Nicht Auguste, Augusta.

… und Josef Walser, der im Krieg gefallen ist, und so weiter und
so fort, und das gilt für die Gierers und alle andern Figuren, die
ganz genau so heißen, wie sie früher wirklich geheißen haben.
Ganz nahe entlang der Wirklichkeit hat der Autor da sein Werk
geschaffen. Wo liegt nun die Grenze zwischen Dichtung und
Wahrheit?

Ich kann dir noch mehr – scheinbar, entgegenkommen: Mein
zweiter, im Pass eingetragener Vorname ist Johann. Aber was du Erinnerungsgenauigkeit nennst, das ist etwas anderes. Das wird jede
Erzählerin und jeder Erzähler bestätigen können. Wenn ich jetzt in
der Zeitung lese, dass ich – so steht es dann da – über ein stupendes
Gedächtnis verfüge, da kann ich nur lachen, denn ich habe fast kein
Gedächtnis. Auf jeden Fall habe ich ein unterdurchschnittliches
Gedächtnis, da bin ich ganz, ganz sicher. Wenn ich andere Leute
meines Alters und gar aus unserer Gegend treffe und die erzählen
von früher, dann können die zu jeder Tageszeit abrufen: 1934 oder

Ein Gespräch mit Leo Haffner

42 oder 59. Das kann ich alles nicht. Ich habe kein Gedächtnis. Erinnerungsgenauigkeit ist etwas, das muss man als Erzähler anders
fassen. Deswegen habe ich auch jeweils diese drei Einleitungsteile
«Vergangenheit als Gegenwart» geschrieben, und da habe ich ein
bisschen überlegt: Wie kommt das? Ich wusste, ich möchte 1932
im Herbst anfangen. Ich weiß vom Herbst 1932 nichts, überhaupt
nichts. Ich habe keine, nicht die geringste Erinnerung an den Herbst
1932. Ich habe allerdings, und das hat, glaube ich, jeder Mensch, man
hat von einer bestimmten vergangenen Zeit, von einer bestimmten
vergangenen Ortschaft oder einem Menschenkreis oder einer Be-
rufsumgebung oder Reise, man hat ein bestimmtes Gefühl. Man
weiß, das war entsetzlich oder das war wunderbar. Irgendein zu-
sammenfassendes Gefühl von einer bestimmten Zeit hat man. Und
dieses Gefühl ist eine Potenz. Und wenn, sage ich jetzt einmal ein
bisschen vollmundig, wenn Liebe dazukommt, dass man die Personen, um die es dabei geht, dass man sich ihnen verbunden weiß,
dann entsteht eine Temperatur, und aus dieser Temperatur kann
man schreiben, die bringt dann Details. Es ist natürlich eines klar:
Natürlich mache ich eine Menge faktischer Fehler, und von Auflage
zu Auflage wird der Roman fehlerfreier, weil viele Leute mitarbeiten
und mir schreiben, was alles falsch ist. Bei jedem wirklich detailge-
sättigten Roman ist das so. Ich bin darüber ganz glücklich, weil ich
diese Mitarbeit einfach auch liebe, die habe ich immer gehabt und
gebraucht, aber das meine ich jetzt nicht. Aber worin man keinen
Fehler machen kann, aus diesem Gefühl heraus, das ist: Man kann
keinen Fehler gegenüber den Personen machen, gegenüber den
Atmosphären, gegenüber dem, was sie sagen. Man könnte sie end-
los reden lassen, weil: man kennt sie so von innen, vom Gefühl her,
ohne dass man Details weiß. Ich kenne natürlich diese Mutter und
diesen Vater. Nichts ist so passiert, wie es da genau steht. Obwohl,
es gibt Fakten, die ich natürlich übernehme, aber das sind Eckdaten.
Das ist nicht die Szene, die da abläuft, dass ich da den Vater abhole.

Es gibt Eckdaten, die hat man, aber die Details entstehen aus einem
liebenden Gefühl zu einer Vergangenheit, und dann kommt vieles
dazu. Da ist noch ein wichtiges Motiv: mehr als ein Motiv ist in diesem Roman das Sprachklima in dem Dorf. Welche Sprachen haben
die gesprochen, was spielt der Dialekt für eine Rolle? Ich wollte das
alles retten, das ist Liebe. Das Wasserburg, bitte schön, ist ja weg.
Auf dem Friedhof ist noch am meisten davon übrig, aber sonst ist es
so gut wie weg. Jemand hat gesagt, der keine Ahnung von so was hat,
dass, als der Uwe Johnson Mecklenburg beschrieben hat, da war er
weg, er war da in New York, Mecklenburg war weg. Danzig, Günter
Grass: *Blechtrommel* war weg, aber der Walser: fünfzig, sechzig Kilometer von diesem Dorf hat er das schreiben können, der hat das
doch noch alles! Das ist jemand, der natürlich keine Ahnung hat,
dass die Zeit so was wegrasiert. Das Wasserburg gibt es nicht mehr.
Es heißt in dem Buch: Das Dorf blüht unterm Boden. Und so ist
das. Das kann jeder in seiner Umgebung auch ohne Neubauwunder
feststellen. Also gut, auf jeden Fall, gegen dieses Rasiermesser Zeit
ist das Buch auch geschrieben.

In diesem wunderbaren Buch werden zwei Themen berührt, die
sehr kitschgefährdet sind: das eine ist das Wort Heimat und das
andere ist das Wort Liebe.

Beide Wörter kommen, glaube ich, nicht vor, aber als Thema schon.

Für mich war das eines der schönsten Erlebnisse, dass dieses Buch
gleichzeitig so herb und so zart sein konnte. Das heißt, jedem
Anflug von, sagen wir, Sentimentalität, der vorhanden sein könnte,
wird Ironie entgegengesetzt, wird irgendeine skurrile Figur, z. B.
eine Frau mit einem Glasauge, entgegengesetzt oder andere
Figuren. Es gleitet nie und in keiner winzigen Zeile ab in eine
Gefühlstonart, die nicht stimmt. Nun, meine Frage ist: Welche

Ein Gespräch mit Leo Haffner

Rolle hat dabei die Herkunft, deine Herkunft vom Dialekt ge-
spielt? Man schreibt heute nicht im Dialekt. Ich kenne allerdings
einige Gedichte von dir, drei, glaube ich oder vier, die im Dialekt
geschrieben sind, wobei eine ganz starke Verwandtschaft mit dem
Dialekt, den wir hier in Vorarlberg zum Teil noch sprechen, vor-
handen ist. Aber welche Rolle hat die Sprache, die Anlehnung an
die ursprüngliche Sprache dieser Region, gespielt, um eben dieser
Gefühlsbetontheit auszuweichen?

Nun ja, als ich gemerkt habe, dass ich nicht so tun kann, als hätte
in diesem Dorf Hochdeutsch geherrscht, musste ich bei jeder Person miterzählen, ob sie Hochdeutsch spricht oder Dialekt spricht
und was für einen Dialekt und musste Vermittlungsfunktionen
einbauen. Diese Prinzessin mit dem Glasauge, die ist deswegen
in dem Buch. Es wäre absurd, einen solchen Roman zu schreiben,
der in einem Dorf am Bodensee damals spielt und der ein hochdeutsches Personal hat. Die Leute, die dort Hochdeutsch sprechen,
das sind auch Rollen. Das Hochdeutsch ist eine Rolle. Es gibt ein
paar Personen, die auch aus dem Dorf sind, die weigern sich: der
Vater spricht keinen Dialekt, Helmers Hermine spricht keinen Dialekt, da gibt's ein paar, die sind ganz gegen den Dialekt, und das
ist eine bestimmte Funktion im Buch. Das gibt mir die Möglichkeit, dieses Sprachklima zu differenzieren. Und das ist etwas sehr
Schönes, auch politisch: wenn plötzlich der Nationalsozialismus ins
Dorf kommt, dann kommt der nicht mit dem Dialekt. Das hat man
mir vorgeworfen. Der Karasek, der meinte, ich will den Dialekt als
unschuldiger darstellen gegenüber dem Hochdeutschen, als Widerstand gegen den Nazismus, verglichen mit dem korrumpierbaren
Hochdeutsch. Das ist natürlich Unsinn. Das käme mir niemals in
den Sinn, ich will keine ideologische Aufladung machen von irgendetwas. Aber das Dorf wird überzogen mit zwei Dialekten, Bairisch
und Fränkisch, weil die Grenzer, die Zöllner, ins Dorf kommen und

die Funktionen übernehmen, die für den Nationalsozialismus dort übernommen werden müssen. Die prägen die Sprache, und die Einheimischen, die sind deswegen nicht unschuldiger und sind nicht mehr Opfer. Die Kirchensprache ist auch eine Fremdsprache für die Einheimischen, für das Dorf. Der Nationalsozialismus ist auch eine Fremdsprache. Und sie haben selber eine Sprache, in der können sie genauso böse und genauso lieb und genauso verrucht sein wie im Hochdeutschen. Nur: sprachlich gesehen, und ein Buch ist eben aus Sprache, müssen diese Farben einfach erhalten bleiben. Es darf kein rein hochdeutsches Buch sein. Und da kommt etwas hinzu: die Dialektsätze, die dadrin vorkommen – die sind zum größeren Teil nicht von mir, oder ein paar sind auch von mir –, diese Sätze sind Summensätze, es sind Ergebnissätze, es sind Weisheiten, die tausend Jahre alt sind und die geronnen sind in solchen Floskeln. Die sind nicht sehr edel manchmal, ist ja auch egal, aber sie sind griffig und halten sich in den Mündern über fünfhundert Jahre. Das, finde ich, ist eine Ausstattung eines solchen Buches, das gehört einfach dazu.

Literatur ist Steigerung unseres Daseins

Ein Gespräch mit Thomas Groß
und Stefan Koch
1999

*Der Krieg im Kosovo macht viele Intellektuelle ratlos, da die
Nato-Luftangriffe moralisch gerechtfertigt erscheinen. Als Autor
werden auch Sie, Herr Walser, als politisch-moralische Instanz
begriffen. Wie beurteilen Sie die Politik der Nato?*

Eine politisch-moralische Instanz kann es nicht geben, weder unter
Autoren noch Bischöfen noch Redakteuren noch Ministern. Wenn
man jeden Tag diese Nachrichten konsumiert, trifft man immer auf
die Überzeugung, dass es ganz sicher ist, dass wir mit unseren Luft-
angriffen das Richtige tun – und merkt, dass die Medien kaum eine
Reflexion zulassen, ob das vielleicht alles falsch sein könnte, ob es
kritisiert werden müsste, ob ein Bewusstsein entwickelt werden
müsste, das über die empörte Zustimmung hinausgeht. Ich habe
Schwierigkeiten, da eine Meinung zu sagen, weil ich finde, was man
dazu sagt, sollte man auch handelnd vertreten können. Ein Intellektueller kann leicht sagen, wir müssen über Bodentruppen nachdenken. Ich sage nur, die Politik, die zu einem Krieg führt, ist eine
falsche Politik.

*Wie beurteilen Sie das Verhalten Peter Handkes, der für Serbien
Partei ergreift und aus Protest den Büchner-Preis zurückgegeben
hat?*

Handke wird seitdem unglaublich disqualifiziert, in jeder Hinsicht,
moralisch, politisch, professionell. Daran bemerke ich eine Kriegs-
stimmung, die mich ein bisschen erschrecken lässt.

Ein Gespräch mit Thomas Groß und Stefan Koch

Welche Rolle können und sollten Intellektuelle in der politischen Diskussion heute spielen?

Keine andere, als sie je gespielt haben. Das kann man immer nur für sich selber beantworten. Ich weiß nicht, was andere Intellektuelle für eine Rolle spielen sollen, auf jeden Fall glaub ich nicht, dass man Stellungnahmen von Intellektuellen zu moralisch-politischen Problemen erwarten darf oder soll. Die haben auch nur irgendeine Meinung beizusteuern, und die gilt nicht mehr als eine andere Meinung, vor allem, weil sie nicht handelnd gerechtfertigt werden muss, weil es nur eine Meinung ist. Und da ist es doch viel wichtiger festzustellen, dass die genehmen Meinungen favorisiert werden und die nicht genehmen disqualifiziert und geahndet werden – wie bei Handke. Das ist das, was für mich als Intellektueller am meisten auffällt. Wie die political correctness triumphiert, das ist schon fast peinlich.

Sehen Sie eigentlich in der Kultur heute noch ein utopisches Potenzial? Gibt es da noch Entwürfe, Utopien für eine zukünftige Gesellschaft?

Solange Kultur flächendeckend christlich war, da war die christliche Utopie lebensbestimmend. Das ist inzwischen nicht mehr so, und da finde ich es eher angenehm, dass wir keine Utopie mehr haben, auf die wir verpflichtet werden können. Es gibt unter Intellektuellen noch das Bedürfnis nach Universalismus, sie setzen das zum Beispiel dem Begriff der Nation gegenüber, lösen die Nation auf in einem universalistischeren Konzept. Für mich ist das fremd, ich brauch es nicht, weil ich sage, ich bin sehr vergangenheitsorientiert, und wenn ich Schwierigkeiten habe, dann bedarf mein Gewissen keiner Zukunftsvorstellung, sondern ist ganz und gar abhängig von dem, was mit uns passiert ist, und das reicht aus für die Entscheidung. Ich halte es für einen Vorteil, dass durch die Erledigung des Kalten Krieges keine zwei verlogenen, hochideologischen Konzepte mehr einander gegenüberstehen und auf beiden Seiten keine Welterlösungsvorstellungen mehr propagiert werden, die von keiner dieser beiden Seiten je erfüllt werden könnten.

Stichwort «political correctness», die Kritik an «sprachregulierenden Meinungssoldaten» hat Sie dazu veranlasst, in Ihrer Friedenspreisrede vor einer «Instrumentalisierung» von Auschwitz zu warnen. Die ständige Präsentation der deutschen Vergangenheit erzeuge eine Abwehrreaktion, haben Sie gesagt, was Ihnen in der sogenannten Walser-Bubis-Debatte Kritik, aber auch Zuspruch eingebracht hat. Wie beurteilen Sie diese Debatte im Nachhinein?

Ich habe gelernt, viel erfahren. Ich habe vor allem erfahren, wie wach, wie diskussionsbereit die Öffentlichkeit ist, ich meine jetzt die formulierte Öffentlichkeit der Medien, aber auch, welchen Anteil die Leute an so einer Debatte nehmen, dass sie sich nicht beruhigen können und Stellung nehmen über Monate hin. Das zeigt doch, dass in Deutschland alles andere als eine Schlussstrich-Mentalität herrscht. Für mich ist das Ergebnis, dass die Menschen bei uns ein Recht auf ihre Gewissensentscheidung wollen und brauchen und dass sie sich das nicht von irgendjemandem vorformulieren lassen können. Ich hielte es für einen Fehler, die Deutschen sozusagen für immer als auf Bewährung entlassene Sträflinge zu behandeln, das erzeugt eine Mentalität des Verschweigens, auch der Heuchelei. Da kommt das zustande, was Salomon Korn die Floskeln des Betroffenheitsjargons nannte: Die Erinnerung des Gewissens wird einer Öffentlichen Pflege anheimgegeben, und alle Leute werden aufgefordert, das in sich zu wiederholen.

Ein Gespräch mit Thomas Groß und Stefan Koch

*Daran anschließend: Wie beurteilen Sie die Debatte um das
Holocaust-Mahnmal?*

Wenn man, was man für sich empfindet, öffentlich sagt, dann klingt
das so, als wolle man das anderen empfehlen. Das ist bei mir nie
der Fall. Wenn ich nach irgendetwas gefragt werde, oder wenn ich
nur eine Rede halte, dann rede ich von mir. Ich führe nur mich vor
als einen Zeitgenossen, der so und so denkt, und andere können
darüber denken, wie sie wollen. Und wenn ich sage, ich brauch kein
Mahnmal, dann ist das wahr. Wenn jemand für andere denkt, und
glaubt, andere brauchen ein Mahnmal, dann soll er das eben äußern.
Und deswegen gibt es seit zehn Jahren diese Debatte. Denkmäler
bauen ist immer eine komische Sache in unserer Geschichte.

*Manche sagen, die Debatte um das Mahnmal sei doch das eigent-
lich Wichtige. Sie zeige, dass sich mit diesem Thema auseinandergesetzt würde. Wie beurteilen Sie diesen Standpunkt?*

Das ist sicher, diese zehnjährige Debatte hat viel bewegt. Da hat
man auch gesehen, wie viele Leute sich dafür interessieren. Man
kann einfach nicht sagen, dass die Bevölkerung mit der Geschichte
nichts mehr zu tun haben will.

Wie sieht für Sie das ideale Mahnmal aus?

Wenn ich da entscheiden müsste, dann gäb es für mich nur etwas,
was praktizierbar ist. Also ein Informationszentrum, ein Museum,
etwas, was man begehen, gebrauchen, benutzen kann, und nicht nur
etwas zum Anschauen. Sonst haben wir nur eine Kranzabwurfstätte
für Erinnerungsfeiern, bei denen dann eine ganz bestimmte Sprache gesprochen wird, von der ich glaube, dass sie, Entschuldigung,
eine Funktionärssprache ist und dass sie nicht das Gewissen der

Menschen erreicht. Ich weiß, Erinnerungspflege muss sein, obwohl das meiste dazu in der Schule geleistet werden muss, wenn es da nicht kommt, dann nützen alle nachträglichen Gedenkreden nichts.

Muss sie auch in der Literatur geleistet werden?

Sicher. Da ich ein vergangenheitsorientierter Autor bin, ist es ganz undenkbar, dass das Thema je aufhört, ein Thema zu sein. Mir Schlussstrichmentalität unterstellen, das kann nur jemand, der von mir keine Ahnung hat.

Erinnerungspflege muss sein, haben Sie gesagt. Ist Ihr letzter, teilweise autobiographischer Roman Ein springender Brunnen *auch Erinnerungspflege und Vergangenheitsbewältigung?*

Ja, ich habe in dem Buch den Alltag in der Geschichte gesucht. Und da musste zum Thema werden, dass es den als solchen nicht geben kann, und das wird dann erzählt und reflektiert. So wie es angeht, das ganze Buch – solange etwas ist, ist es nicht das, was es gewesen sein wird – das ist das Problem, das ich behandle: wie Geschichte erzählt werden kann. Das Wichtige ist, dass man nicht eine Informationserwartung zu erfüllen hat, sondern eine Auseinandersetzung mit sich selber, die dann auf die Leser übergeht. Und das merk ich bei jedem Buch. Die Leute jeden Alters, jeder Herkunft, jeder Landschaft schreiben mir, dass sie sich darin finden, ihre Kindheit, auch wenn die viel später stattgefunden hat. Das Wichtigste an dem Buch ist ein Kindheitsmoment. Gut, zusätzlich hat das in der Nazizeit stattgefunden. Und das hat es nicht leichter gemacht, aber ich musste mich wehren, als nachträglicher Besserwisser zu sagen, der Johann hat das schon alles mitgekriegt.

Wie schreibt man eigentlich einen Roman?

Ich habe Notizbücher, in die ich andauernd notiere, und da stellt sich dann manchmal heraus, dass das Notierte zusammengehört, das an dem Tag, in dem Monat entstanden ist. Das kriegt dann eine gewisse Solidität und macht auf sich aufmerksam, und das ist wie ein Kern von etwas, und das kriegt dann ziemlich bald einen Arbeitstitel von mir. Ich habe es nicht gezählt, aber ich habe vielleicht fünfundzwanzig Titel im Augenblick, die da mitgeführt werden. Wenn man mal ein Projekt hat, und wenn man dann anfängt zu schreiben, dann kommt erst das Problem: Man muss für eine Figur einen Ton finden. Also ich finde, erzählen ist entweder ein Ton, oder es geht nicht. Jede Figur besteht aus einer Tonart, die ist bei einer Figur wirklich so, bei der anderen so, das kann ich nur praktisch machen. Das kann man nicht im Kopf machen, nur auf Papier. Da experimentiert man herum, hat ein Bedürfnis, und irgendwann hat man das Gefühl, da kriegt etwas das, was man Sicherheit nennen kann.

Was bedeutet für Sie Literatur und wie stellen Sie sich den idealen Leser vor?

Jeder Leser hält sich an was anderes. Leser bleiben Einzelne, so wie der Autor ein Einzelner ist. Du schreibst für dich, du willst das herausbringen, du hast dieses Bedürfnis, jemanden darzustellen, Figuren zu entwickeln. Und das tust du nur für dich, denn du hast einen Genauigkeitsanspruch an dich, an deine Vorstellung, und dann, wenn andere Leute dieses Buch in die Hand nehmen, dann fangen sie plötzlich an, mit ihrem Bedürfnis, mit ihrer Potenz, mit ihrer Lebensangst und Erwartungen und Hoffnungen das Buch sozusagen zu schaffen, und sie lesen dann ihr Buch. Das ist das Hauptleseerlebnis. Lesen bewirkt bei mir eine Daseinssteigerung, weil ich das alles so gut verstehe, ich kann damit etwas anfangen. Die Leser fühlen sich deutlicher, als wenn sie jetzt gerade nicht lesen würden.

Das sag ich jetzt ein bisschen polemisch, wenn die Leute, die jeden Abend fernsehen müssen, wo ein Fernsehkonsum den nächsten erledigt, und wo nachher nichts bleibt als ein verwüstetes Bewusstsein – wenn die Tolstoi lesen würden …

Literatur ist also Daseinssteigerung – und damit für Sie unentbehrlich. Was folgt auf Ein springender Brunnen?

Ich bin an was dran, an einem Roman, aber ich habe den Ton noch nicht. Ich kann sagen, es ist diesmal besonders schwierig, weil der Held dieser Geschichte aus der Gegenwart eine Heldin ist.

Mit Menschenfänger-Instinkt

Ein Gespräch mit Jobst-Ulrich Brand
2001

*Herr Walser, Sie unternehmen eine Reise quer durch Deutschland,
um vor ersten Hörern aus Ihrem neuen Roman* Der Lebenslauf
der Liebe, *der am 21. Juli erscheinen wird, zu lesen. Wie sind die
Reaktionen?*

Ich komme gerade aus Leipzig. Dort gibt es das beste Publikum für
Literatur. Das war schon zu DDR-Zeiten so. Es herrscht eine Atmosphäre, da kannst du dir wie ein Vogel vorkommen, wie etwas,
das Flügel hat, also abheben kann.

Brauchen Sie den Kontakt zum Publikum?

Es macht mir Spaß, einen neuen Text zu erproben. Es ist bei mir
immer dasselbe: Wenn ich an einem Roman schreibe, habe ich das
Gefühl, dass ich niemals öffentlich daraus vorlesen könnte – weil es
mich geniert. Ich taste mich langsam heran: Ich lese zuerst vor den
Verlagsmitarbeitern, dann vor Buchhändlern und erst am Ende vor
nichtprofessionellem Publikum. Was ich lese, ist allerdings immer
ein höchst zubereiteter Ausschnitt. Ich suche alles Dramatisierbare
und Melodramatische heraus.

*Im neuen Buch gibt es davon genug: Sie erzählen die Geschichte
der schwerreichen Düsseldorfer Anwaltsgattin Susi Gern, die von
ihrem Mann ständig betrogen wird, ihr Vermögen verliert und
ständig nach der wahren Liebe sucht. Zum ersten Mal wählten
Sie eine Frau als Hauptfigur. Wollten Sie es sich diesmal besonders schwer machen?*

Wir gehen immer davon aus, dass die Geschlechtsmerkmale ins tiefste Innere hinein entscheidend sind. Aber das ist nicht so. Liebe ist gleich Sehnsucht ist gleich Schmerz – ganz egal, ob es sich um eine Frau oder einen Mann handelt.

Wie haben Sie sich hineinversetzt in die Lage der Susi Gern?

Ich habe fünfzehn Jahre lang immer Gespräche geführt mit einer Frau, die gewissermaßen das Vorbild ist. Es waren ganz ungerichtete, unrecherchierende Gespräche. Ich habe zugehört mit lebhaftester Neugierde, mit dem Menschenfänger-Instinkt des Schriftstellers. Es geht vor sich wie bei einer Aufnahmeapparatur, die nur bestimmte Frequenzen wahrnimmt. Man registriert etwas, aber filtert es zugleich, verändert es. So ergibt sich am Ende die Romanfigur.

Und Sie haben alles notiert, fünfzehn Jahre lang?

Ja, aber es geschah ganz unwillkürlich, ohne Plan. Irgendwann stellt sich dann ein Ton ein für diese Figur. Davon hängt bei mir alles ab. Es kann ein Dur- oder ein Moll-Ton sein. Bei Susi Gern ist es Dur, obwohl sie eigentlich nicht viel Grund zur Freude hat. Wenn du diesen Ton gefunden hast, kannst du schreiben. Der Roman ergibt sich dann von selbst. Schreiben ist eine sehr passive Tätigkeit: Ich kann nicht vorweg kalkulieren, was passiert, sondern ich nehme, wenn es so weit ist, entgegen, was mir geliefert wird. Ich höre dann der Romanfigur Susi Gern zu und verhalte mich zu dem, was sie sagt – ganz physisch. Ich bin in diesen Dialogen bei ihr, Tag und Nacht.

Wie viel hat sie noch zu tun mit der ursprünglichen Stofflieferantin?

Da muss ich diskret sein. Ein Modell zu so einem Buch ist ja nachher, wenn es das Ergebnis ist, zufrieden oder nicht. In diesem Fall war es zufrieden. Diese Frau hat aber auch gesagt, dass sie sich weit heller und leichter vorkomme, als ich es beschreibe. Gut, ich bin eben nicht hell und leicht.

Hätte sie bestimmte Aussagen verhindern können?

Ich durfte schreiben, was ich wollte. Anders würde das auch gar nicht funktionieren.

Schmeichelhaft ist das Porträt nicht: Susi ist ungebildet, dümmlich, naiv, durchschnittlich.

Sie urteilen bürgerlich-intellektuell. Susi ist sich dessen bewusst. Das ist wichtig. Daran messe ich die Intellektuellen, die das Buch lesen. Wenn die Susi verachten, weil sie offenbar nicht so klug ist wie sie, dann werde ich immer sagen: Die Susi weiß wie Sokrates, dass sie nichts weiß.

Der Suhrkamp Verlag schreibt im Klappentext, sie sei eine Heldin.

Ich finde, die Leute, die in Wohnküchen ihre Schlachten schlagen müssen, sind genauso Helden wie Blücher oder General Soundso. Roman als Geschichtsschreibung des Alltags kannst du nicht betreiben, wenn du diese Leute nicht als heldenhaft ansehen würdest. Ich öffne Susi mein Walhall.

Susi lebt in einer perfide arrangierten Ehehölle: Ihr Mann Edmund hat mit ihr verabredet, dass in dieser Ehe alles erlaubt ist, wenn es nur offen geschieht. So kann er sie mies behandeln, ohne je ein schlechtes Gewissen haben zu müssen.

Ja, sie fällt auf diesen Vertrag herein.

Warum kündigt sie ihn nicht?

Weil sie immer noch Hoffnung hat, dass Edmund eines Tages zu ihr zurückkommt. Je kränker, je elender er wird, desto mehr. Das ist ihre große Sehnsucht: Sie will einen Mann ganz für sich. Aber sie wird immer wieder enttäuscht.

Ihre Romane lesen sich häufig wie Plädoyers. Nach Die Verteidigung der Kindheit *jetzt die Verteidigung des Spießers?*

Jetzt reden Sie wie Edmund! Er will seine Frau mit diesem Wort gefügig machen. Er sagt: Wenn du das und das nicht mitmachst, Gruppensex usw., dann bist du spießig. Spießer ist wie Kleinbürger ein Einschüchterungswort, eine terroristische Vokabel. Ich lehne solche Wörter ab als Bezeichnung für Menschen. Ich bin kein Soziologe: Soziologie wurde erfunden, damit man schreiben kann ohne Erfahrung. Ich dagegen schreibe nur aus Erfahrung.

Ein Gesellschaftsbeobachter sind Sie aber schon.

Nein. Der Schreibtisch des Schriftstellers steht mitten in der Gesellschaft, nicht auf einem Beobachterposten außerhalb. Es gibt keinen gesellschaftskritischen Roman, keinen sozialistischen, keinen katholischen. Es gibt überhaupt keinen Roman mit irgendeinem Adjektiv. Das Romanschreiben ist eine diffizile Arbeit, bei der man, wenn sie überhaupt gelingen soll, keine Absicht verfolgen darf. Wenn jemand tendenziös werden will, muss er aufs Katheder steigen und Reden halten.

Was Sie immer wieder getan haben und was Ihnen viel Ärger eingebracht hat. Würden Sie die umstrittene Friedenspreis-Rede von 1998, in der Sie vor einer Instrumentalisierung von Auschwitz gewarnt haben, wieder halten?

Rindviech! Die Frage ist Unsinn: Die Möglichkeit, etwas noch einmal zu machen, auch wenn man die Folgen kennt, gibt es nur im Märchen. Im Leben gibt es kein zweites Mal.

Also anders: Worüber würden Sie reden, wenn jetzt eine Preisverleihung anstünde?

Darüber, dass es zwei Arten von Sprache gibt: adressierte Sprache – die der Politiker, Lehrer, Journalisten, Pfarrer – und meine: die unwillkürliche, nicht auf den Effekt hin kalkuliert, das reine Risiko. Ich würde diese immer der adressierten vorziehen.

Ich habe mich gewundert über die Reaktion von Intellektuellen damals: Jürgen Habermas hat gesagt: Das kann Walser auf der Couch sagen, aber nicht öffentlich. Günter Grass meinte: Das kann er privat denken, aber nicht öffentlich sagen. Die Leute verwechseln privat mit persönlich. Was ich in der Paulskirche gesagt habe, war nicht privat, es war persönlich. Es kann nicht eine Sphäre des zu Verheimlichenden geben, nur weil es momentan nicht geboten ist.

Mit dieser Haltung sind Sie auch bei den alten Weggefährten der Literatenvereinigung Gruppe 47 angeeckt. Marcel Reich-Ranicki hat unlängst einen Kanon wichtigster Bücher aufgestellt. Martin Walser kam da nicht vor.

Kanonisierung war immer eine Form der institutionalisierten Machtausübung. Da der Kulturbetrieb diesen Kritiker zum Papst ernannt hat, ist es nicht mehr als recht und billig, dass er kanonisiert, heiligspricht oder verdammt. Und mehr tut er ja nicht.

Angefeindet wurden Sie von vielen früheren Mitstreitern, als Sie Sehnsucht nach der deutschen Einheit äußerten zu einer Zeit, als die DDR noch fest und eingemauert existierte. In Berlin könnte bald die PDS mitregieren. Sie kommen gerade aus Leipzig: Spüren Sie im Osten die Sehnsucht nach dem alten System?

Ich war 1989 mehr als gerührt, weil ich die Einheit erlebt habe als das einzige politisch Gelingende für die Deutschen in jenem Jahrhundert. Alles bis dahin war ja missraten. Verglichen damit ist die akzidentelle Beteiligung der PDS an irgendeiner Regierung vernachlässigenswert.

Wenn die Leute in der ehemaligen DDR es für notwendig halten, mit einem Vermittler ihr beschädigtes Selbstbewusstsein herüberzubringen in eine neue Zeit, dann ist das ihr gutes Recht. Das muss man achten. Gleichzeitig müssen wir die Gründe, die dazu führen, überwinden. Es wird keine PDS mehr geben, wenn die Einheit wirklich vollzogen ist. Aber ich fürchte, das dauert so lange, wie die Trennung währte: Vierzig Jahre.

Die Welt ist weder
gut noch böse

Ein Gespräch mit Thomas Groß
2001

Herr Walser, seit Wochen bestimmen die Terroranschläge vom 11. September die politische Tagesordnung. Wie erleben Sie die Ereignisse?

Man hat schon viel gelesen, Bekundungen zur Kenntnis genommen von Leuten, die haarklein berichten, was sie gerade getan haben, als sie von der Katastrophe hörten, ob sie gerade den Eisschrank zu- oder aufgemacht haben oder was auch immer. Angesichts des Ereignisses, so glaube ich, verschwindet das, was man da gerade getan hat. Ich musste am Abend des 11. September in Bamberg lesen. Ich fragte mich: Wie kann man an einem solchen Tag aus einem Roman lesen, der *Der Lebenslauf der Liebe* heißt? Doch die Organisatorin der Lesung sagte, wir machen das jetzt. Einfach mit der Lesung zu beginnen ging aber nicht. Also folgte ich wie immer in solchen Situationen einem inneren Impuls und habe gesagt: Die Amerikaner pfuschen mir schon wieder drein. Die Leute haben irritiert geschaut, und ich habe erzählt, dass am 23. November 1963 mein Stück *Überlebensgroß Herr Krott* in Stuttgart uraufgeführt werden sollte, wegen der Ermordung Kennedys aber abgesagt wurde. Danach habe ich gelesen, und später haben zwei Zuhörer mir gesagt: Sie haben uns den Tag vergessen lassen. Das war eine schöne Erfahrung für mich als Autor.

Häufiger wird der 11. September bereits als Beginn eines neuen Zeitalters begriffen, als eigentlicher Beginn des 21. Jahrhunderts. Wie beurteilen Sie dies?

Das halte ich für Betriebshektik, für Medienhektik und Meinungshektik, man muss ja heute für alles gleich abschließende und großformatige Sätze sprechen. Man hat, glaube ich, in der Geschichte der Menschheit noch nie gemerkt, wann eine neue Epoche begonnen hat; das weiß man immer erst viel später. Als Kolumbus Neuland betreten hat in Amerika, wusste man nicht einmal genau, wo er sich befand.

Der Einsatz von US-Bodentruppen hat in Afghanistan mit Kommandounternehmungen begonnen. Die Hoffnung, dass Kriege der Vergangenheit angehören könnten, muss um einmal mehr begraben werden. Welches Verhältnis haben Sie zu den Militärschlägen gegen das Taliban-Regime?

Ich persönlich könnte an keinem Krieg teilnehmen, ich könnte weder auf den Knopf drücken, der die Bombe löst, noch sonst etwas Praktisches dabei tun, also kann ich auch nicht dafür sein, dass andere das machen. Ich halte Kriege für keine Lösung. Für mich bedeuten sie eine Kapitulation der Politik. Ein Krieg wie dieser jetzt, überhaupt diese neuen CNN-Kriege, die wir wie den Golfkrieg am Fernsehschirm wahrnehmen, die jetzt in der Dritten Welt stattfinden und das Bild eines angeblich sauberen Krieges vermitteln, sie erinnern mich an die deutsche Kanonenbootpolitik von Kaiser Wilhelm II.: Man macht das, was man sich aufgrund der eigenen Machtstellung glaubt erlauben zu können. Ich denke nicht, dass das politisch weiterführt. Für mich hat Präsident Bush viel zu viel von Gut und Böse geredet, und er hat schon früher ganze Staaten zu Schurkenstaaten ernannt. Ich denke, eine Politik, die darauf beruht, strikt in Gut und Böse einzuteilen, ist absolut hoffnungslos. Auf diese Weise schafft es Osama bin Laden, dass die westliche Seite genauso daherredet wie er. John le Carré hat gerade treffend geschrieben, wer jetzt nicht genau den Ton der Gut-und-Böse-Rhetorik an-

schlage, der sei schon verdächtig, und das ist jetzt nicht mehr der
Fall als beim Golfkrieg. Ich fühle mich einfach nicht auf der Seite
von Menschen, die Krieg führen. Es muss andere, politische Mittel
geben. Sonst muss man kapitulieren und sagen: Soll's doch ein anderer probieren, vielleicht könnte es ein anderer Präsident besser
machen. Und die vollmundige Zustimmung zumal, die in Deutschland gang und gäbe ist, die tut mir schon ein bisschen weh.

*Sehen Sie, wie Botho Strauß oder manche andere, in der jetzigen
Entwicklung auch eine Konsequenz der Globalisierung, der
medialen und wirtschaftlichen, sodass das eine das andere auch
wechselseitig bedingt?*

Auf jeden Fall ist es uns nicht gelungen, dem Radikalismus und
Terrorismus den Boden zu entziehen, weder durch unsere Politik
und Entwicklungshilfe noch durch Aufnahme von Beziehungen
jeglicher Art. Es kommt einer Bankrotterklärung gleich, dass wir
jetzt einen neuen Krieg führen. Ich halte diese sogenannte Globalisierung nicht für etwas ganz anderes als dasjenige, was wir vorher
hatten, die Wirtschaftsbeziehungen bestanden auch zuvor schon.
Globalisierung, das ist vielleicht eine Art Beschleunigung, aber es
ist nichts ganz Neues. Jürgen Habermas hat schon vor Jahren in der
sogenannten Globalisierung eine Bestätigung seines eigenen Universalismus gesehen, er ist immer froh, wenn die Nation relativiert
wird und es zu größeren Einheiten kommt. Das kommt mir aber
alles sehr abstrakt vor, wie eine reine Laborfiktion. Ich glaube nicht,
dass die Nationen weniger wichtig werden, und auch die jeweiligen
politischen Verantwortlichkeiten bleiben bei den einzelnen Staaten.
Wir können nichts nach Brüssel oder nach Washington oder an die
UNO delegieren. Auch den Kampf gegen den Terrorismus übrigens
nicht. Ich denke wie John le Carré: Wenn es gelingt, Osama bin Laden zu fangen und zu töten, schaffen wir einen Märtyrer, der viele
Nachfolger finden wird.

Welche Aufgabe haben die Intellektuellen in Zeiten wie diesen?
Was sollten sie tun, statt nur, mit Botho Strauß zu reden, Betrof-
fenheitsrepräsentationen zu sein oder, um das zu zitieren, was Sie
seit Jahren kritisieren, nur sprachregulierende Meinungssoldaten
der politischen Korrektheit zu sein?

Der Unisonochor der Betroffenheit, das Vibrato der Empörung, das
auch bei Außenminister Fischer und Kanzler Schröder zu hören ist,
produziert bei Intellektuellen ein Distanzgefühl, und da sagt man
dann auch schon einmal: Entschuldigung, ich weiß nicht, ob Sie
Ihre Politik wirklich mit diesem Vibrato vortragen müssen. Bundeskanzler Schröder ist doch sonst auch ein intelligenter und vernünftiger Mensch … Vielleicht fällt es mir ja leicht, so zu reden, denn
ich bin eben nicht in diesem Augenblick so gefordert wie Spitzen-
politiker. Vielleicht muss man so sprechen, wenn man an ihrer Stelle
ist. Doch im Lauf der Zeit sollte man sich auch wieder beruhigen
und nachdenken. Man darf es nicht beim Kriegführungsvibrato
belassen, darauf hinzuweisen ist eine Aufgabe der Intellektuellen.

Es gibt Menschen, die sehen mit dem 11. September das Ende der
Spaßgesellschaft gekommen, eine Rehabilitierung des Ernstes, ein
Wiedererstarken des Politischen …

Spaß oder Ernst, das sind so wenig strikte Gegensätze wie Gut und
Böse. Ich hatte übrigens nie das Gefühl, in einer Spaßgesellschaft
zu leben. Wenn die Menschen etwas mit ihrer Freizeit anzufangen
wissen, ist das doch positiv. Das macht aber doch keine ganze Gesellschaft und schon gar kein Zeitalter aus. Ich halte solche Etikettie-
rungen nicht für angemessen.

Selbst im Kontext des Terrors gibt es Dinge, die nicht immer klar
zwischen Ernst und Unernst unterscheiden lassen. Die Anschläge

aufs World Trade Center, die sich nähernden Flugzeuge und die
Explosionen liefert das Fernsehen in zigfacher Wiederholung und
aus den verschiedensten Perspektiven, wodurch sie eine grausige
ästhetische Dimension erfahren. Dies ist ja der ernstzunehmende
Kern der Aussage von Karlheinz Stockhausen, der im Übrigen
reichlich verquer die Anschläge als «größtes Kunstwerk»
bezeichnete.

Sicher, die Bilder vom Terror gehen auch ein ins allgemeine Bild-
archiv und verlieren so ihren Schrecken. Ästhetische Dimensio-
nen haben übrigens Katastrophenszenarien schon immer gehabt,
Schiffsuntergänge zum Beispiel oder auch Kriegsereignisse, Zerstö-
rungen. Aber nur solange man keine Menschen sieht, die zu Schaden kommen. Der ästhetische Eindruck hat sich für mich aufgelöst,
als ich die Person oben im World Trade Center sah, die mit einem
Tuch um Hilfe winkte.

Angesichts des literarischen Herbstes und kurz vor der Frank-
furter Buchmesse sind einige Kommentatoren und Literaturbeob-
achter zu der Meinung gelangt, passend angeblich wiederum zur
Weltlage, die deutsche Literatur habe den Ernst wiederentdeckt.
Würden Sie solch ein Urteil bestätigen, oder ist das für Sie einfach
nur abstrus?

Das gehört einfach zum Betriebsspiel, jede Saison braucht Etiketten, und da klebt man dann solche wie Ernst wiederentdeckt
oder andere Verallgemeinerungen drauf. Wo sie den Ernst entdeckt
haben, das müssen diese Literaturbeobachter sagen, nicht ich. Im
Übrigen reagiert Literatur natürlich nicht auf tagesaktuelle Ereignisse, das kann sie ja gar nicht. Deshalb war es auch Unsinn, gleich
nach der deutschen Wiedervereinigung den Roman zu fordern, der
sie reflektiert.

Nachdem Sie in Ihrem vorherigen Roman Ein springender
Brunnen *in die Vergangenheit zurückgegangen sind, sind Sie
im* Lebenslauf der Liebe *wieder in die Gegenwart zurückgekehrt, dorthin, wo Sie als Schriftsteller sich eigentlich immer
aufgehalten haben. Darf man den Roman als zeitkritischen
Gegenwartsroman lesen? Zuweilen wird er ja auch als Roman
der New Economy bezeichnet, manchmal als satirischer Gegenwartsroman ...*

Jeder Einzelne liest ja nicht mein Buch, sondern sein eigenes Buch,
fasst Dinge auf eine Weise auf, die meiner eigenen gar nicht entsprechen mag, und das ist auch richtig so. Ich habe mich dennoch
nie, so glaube und hoffe ich, missverstanden gefühlt. Auch dann
nicht, wenn jemand das Buch als Satire liest, obwohl ich nie eine
Satire schreiben könnte, eine solche Schreibhaltung entspricht mir
einfach nicht. Ich schreibe einen Roman so, wie ich ihn aus dem
jeweiligen Stoff herausarbeiten kann, und zudem habe ich gewisse
Genauigkeitsvorstellungen, gewisse Erfüllungsvorstellungen, gewisse sprachliche Erwartungen. Daraus entwickelt sich ein Buch
mit vielen Stimmungen und Farben, und dieses wird natürlich von
jedem Leser gewissermaßen simplifiziert auf sein Segment. Dadurch kommen solche Bezeichnungen zustande. Gegen sie ist überhaupt nichts zu sagen. Zum Thema New Economy: Für mich war es
nicht die Hauptsache, aber eine ganz wichtige Nebensache, dass ich
in der Figur dieses Edmund Gern einmal einen Wirtschaftenden erzählen konnte, wie der aufblüht und vergeht, weil er sich infiziert an
der neuen Spekulationsmasche. Aber das bleibt eingebettet in das
Gesamte, in den Lebenslauf der Liebe. Der Wirtschaftende ist auf
seine Art und Weise auch ein Liebender.

*Man hat Sie als Unterlegenheitsspezialisten charakterisiert. Fügt
sich Susi Gern nahtlos ein in die Reihe Ihrer Hauptfiguren, die
Helmut Halms und Anselm Kristleins?*

Meine Helden leben von ihren Schwierigkeiten, und Susi natürlich auch, sie hat einen Glücksanspruch und geht von ihm nicht ab. Das Glück gelingt aber nie so, wie sie es will, aber sie gibt nicht auf. Sie gibt zu, dass sie glücklich sein will. Das hat mich am meisten fasziniert, ein Mensch, der nicht dauernd mit der Apokalypse hausiert, sondern glücklich sein will. Das wollen zwar die meisten Menschen. Wir reden aber nicht gern davon, weil es nicht so interessant ist, wie vom Unglück zu reden. Susi spricht ja von ihrem Unglücksglück. In dem Wort ist beides drin, damit entspricht Susi Gern auch meinen früheren Helden. Gestern wurde ich sogar darauf hingewiesen, dass der Begriff, was ich nicht mehr wusste, schon in meinem *Schwanenhaus* vorkomme. Ich muss zu Hause nachschauen, ich kann es immer noch nicht fassen.

Das Buch endet in der Silvesternacht der Jahrtausendwende. Susi Gern schaut mit ihrem marokkanischen Lebenspartner Khalil aus dem Fenster ins Offene, in eine offene Zukunft. Vielleicht könnte man ja sagen, dass ihr verstorbener erster Mann Edmund gewissermaßen die alte Bundesrepublik verkörperte und sie so im doppelten Sinn vor einer offenen Zukunft stehe. Wie wird es weitergehen mit ihr und Khalil und mit der Berliner Republik?

Auf jeden Fall, und das ergibt sich ganz und gar aus dem Stoff, wird hier erzählt, dass jemand, der in der allgemeinen Erfolgsschwemme nicht mithalten kann, bei Ausländern landet, bei einem Marokkaner, einem strenggläubigen Muslim, einem Außenseiter. Eine Frau, die ihr Leben lang gelitten hat, weil sie immer wollte, dass ihr Mann nur sie liebe und keine andere, die keinen Mann mit anderen teilen kann, sie kriegt jetzt einen sehr viel jüngeren, der ihr treu ist, weil er ein strenger Muslim ist, keinen Alkohol, kein Schweinefleisch, keine fremden Frauen. Das ist ihr Unglücksglück: Sie möchte lieber, dass der sie von selber liebte oder ihr treu wäre, und sie merkt, sie muss ihn mit Gott teilen. Susi ist ein multikulturelles Erzgeschöpf, der Lebenslauf der Liebe von Susi Gern ist ja gespickt mit Nordafrikanern und Indern. Und warum? Die sind leichter zu haben. Schlüsse müssen bei mir immer so gut wie möglich sein. Ich möchte meinem Roman den bestmöglichen Schluss erschreiben. Was die Romanmasse gerade hergibt an Helligkeit, möchte ich in den Schluss hineinlenken, weil ich dafür bin, dass Sachen gut ausgehen. Man merkt schon, dass das vielleicht nicht so bleiben kann, wie es einem im Schlussbild begegnet, aber trotzdem ist der dargestellte Moment eine gesteigerte Zeit.

Haben Sie schon ein neues literarisches Projekt in Arbeit?

Ich würde ganz gern etwas schreiben, das den Arbeits- oder endgültigen Titel «Die Geheimhaltung» hätte. Das wäre nichts anderes, als das Wort sagt – kein Mensch könnte leben ohne Geheimhaltung. Man selbst ist ja vor allem in seinem Geheimgehaltenen; man spricht meist nicht aus, worin das eigene Selbstverständnis gründet. Ein solcher Text müsste teilweise erzählt werden, teilweise aber auch essayistisch sein. Dieses Projekt wäre mir das liebste.

Ich fluche nicht, ich werfe weg

Ein Gespräch mit Felix Schmidt
2001

Herr Walser, in Ihrem neuen Roman, dem Lebenslauf der Liebe, *spielt Sex eine wichtige Rolle und ist dennoch ein trauriges Kapitel. Sie beschreiben ein Paar, das den Sinn der Ehe darin erblickt, sich gegenseitig von der permanenten Untreue zu unterrichten. Während er mit den Konkubinen auf Reisen geht, beschafft sie sich mittels Zeitungsannoncen ihre Männer.*

In dieser krassen Kürze klingt das entsetzlich. Ich stamme aus einer Zeit, in der man das Geschlechtsleben noch nicht Sex genannt hat, sodass ich dem Wort gegenüber eine Reserve verspüre. Ich habe einen Roman über den Lebenslauf der Liebe geschrieben. Er handelt von einem Paar, das exemplarisch ist: Die Frau will den Mann ganz für sich oder gar nicht haben, das ist ihr weiblicher Wunsch, ihre menschliche Bedingung. Der Mann kann sich jedoch nicht auf eine einzige Frau beschränken. Das scheint mir ein fundamentales Verhältnis der Geschlechter in unserer Kultur zu sein. Die Vereinbarung des Paares, nichts hinter dem Rücken des anderen zu tun, ist nicht, wie von beiden geglaubt, eine tolle menschliche Bedingung, sondern die Strategie Lüge schlechthin. Das ist nach meinem Dafürhalten das Gewöhnliche, das Übliche, und das wollte ich darstellen.

Wie sind Sie an diese brüchige, hintergründige Ehegeschichte herangekommen?

Die Geschichte ist mir sozusagen ins Haus gekommen, wie schon bei der *Verteidigung der Kindheit* und bei *Finks Krieg*. Es hat mit einem Anruf angefangen. Der Mann von dieser Susi Gern, der

Ein Gespräch mit Felix Schmidt

Hauptfigur des Romans, wollte die Videokassette eines Filmes, den ich mal fürs Fernsehen gemacht hatte. Aus einem Telefongespräch wurde eine Bekanntschaft. Mann und Frau hatten das Bedürfnis, sich mitzuteilen.

Die Detailgenauigkeit Ihres neuen Buches verrät den geübten Rechercheur, den ehemaligen Journalisten.

Das ist kein Recherchieren. Wenn ich recherchiere, weiß ich, wonach ich suche. Das ist bei mir nicht der Fall. Ich habe einen Menschenfängerinstinkt und folge dem, und dann kriege ich da und dort, was ich brauchen kann. Das niederrheinische Platt, beispielsweise, habe ich von einem Düsseldorfer Pensionär, der ein Buch von mir signieren lassen wollte. Während ich mit ihm sprach, hörte ich diesen Stadtsound bei ihm, er sprach kein abrasiertes Hochdeutsch, auch keinen betonten Dialekt, eben diesen Stadtsound. Menschenskinder, dachte ich, der weiß, wo ich die Sprache für die Conny herkriegen kann.

Die behinderte Tochter Ihres Roman-Ehepaares.

Also, der Mann hat mir dann einen Stoß von Büchern in niederrheinischem Platt geliefert, aus denen ich meine Conny-Sätze gefügt habe. Wenn ich auf der Romanspur laufe, wird die ganze Welt zum Zulieferer.

Woher haben Sie die Detailkenntnisse vom Düsseldorfer Straßenverlauf, von bestimmten Häusern?

Ich bin für drei Monate nach Düsseldorf gezogen, um in dem Viertel zu wohnen, in dem mein Roman spielt. Das nenne ich Einstimmung ins Milieu.

Wo haben Sie gewohnt?

Im Renaissance Hotel, ich mag solche Hotels von allergrößter Zurückhaltung, was Design und so weiter betrifft, so ein Allgemeindings eben. Ich wollte bei dieser Gelegenheit auch mal ausprobieren, ob ich im Hotel schreiben kann, da ich ja schon den ganzen Stoff parat hatte. Das hat auch funktioniert. Und das hätte ich nie gedacht. Ich hatte immer geglaubt, ich sei auf meinen häuslichen Schreibtisch in Nußdorf angewiesen. Das war für mich eine wichtige Erfahrung.

Im Lebenslauf der Liebe *ist häufig von Bumsen und Vögeln die Rede, das ist man von Ihnen nicht gewohnt.*

Die Ausdrücke haben Zitatcharakter, sind Figurensprache, geben eine Atmosphäre wieder, die durch die Zumutungen der Wirklichkeit entsteht. Susi Gern hat abendliche Runden mit anderen Ehepaaren satt, die sich anöden und aneinander herumnörgeln. Da spricht sie in ihrem Abscheu so einen Satz: Wenn die dann wieder daheim sind, dann werden sie aufeinanderliegen und das wieder zurechtbumsen.

Sie lesen Ihrer Frau sicher dann und wann etwas von dem vor, was Sie geschrieben haben. Wie kommentiert sie den von Edmund Gern häufig gebrauchten Satz: «Ja, soll ich mir den Schwanz abschneiden?»

Ich lese meiner Frau niemals etwas vor, solange das Buch nicht fertig ist. Ich kann mit niemandem etwas teilen, was noch nicht fertig ist. Das mache ich dann zum ersten Mal vor den Verlagsleuten, dann taste ich und teste ich, wie die aufs neue Buch reagieren.

Ein Gespräch mit Felix Schmidt

Also, Ihre Frau ist nicht – wie bei einer Reihe anderer Schrift-
steller – Ihre erste Leserin und Kontrollinstanz?

Die erste Leserin schon. Ich schreibe ja mit der Hand, und sie gibt
den Text in den Computer ein. Sie schreibt das fertige Manuskript
ab, tausend handgeschriebene Seiten, ein Stoß Papier. Das sind
vierzehn spannende Tage für mich, sie können Erlösung, aber auch
Verlängerung der Leidensstrecke bedeuten.

Fällt nicht doch manchmal der Satz: Martin, das kannst du so
nicht schreiben?

Das ist, gestatten Sie, nicht unser Umgangston.

Was hat sie zum Lebenslauf der Liebe *gesagt?*

Sie hat sich für Susi Gern engagiert, so wie die mit ihrer zurückgebliebenen Tochter Conny umgeht, das fand sie anziehend und
menschlich. Da hat sie gesagt: Das rettet die Susi. Die ja sonst nicht
unbedingt als nur sympathisch empfunden werden muss. Das hat
mich natürlich berührt, dass das bei ihr aufgeblüht ist.

Das ist verständlich, nachdem Sie erklärt haben, wie stark Sie
sich mit der Protagonistin identifizieren.

Die Frau eines Romanschreibers lernt ihren Mann mit jedem neuen
Buch neu kennen. Wohl der Frau, die einen Mann hat, der Romane
schreibt, da bleibt sie auf dem Laufenden, erfährt, was sie sonst nie
erführe, was andere Frauen von ihren Männern nicht erfahren.

Bleibt ein Satz, wie Sie ihn geschrieben haben, stehen, oder feilen
Sie dran, bis er Ihnen gefällt?

So und so. Bei mir spielt das erste Hingeschriebene die Hauptrolle. Mit der Hand zu schreiben ist eine physisch-nervlich so provozierende Tätigkeit, die sich irgendwie den Sätzen mitteilt. Aber wenn ich Ihnen meine Manuskripte zeigen würde, würden Sie über die vielen Korrekturen und Einfügungen staunen.

Wie reagieren Sie beim Schreiben, wenn etwas nicht gelingt? Fluchen Sie so wie Bertolt Brecht?

Ich merke nicht gleich, ob etwas misslingt. Ich merke es erst, wenn ich den Text wieder lese. Erst wenn ein Kapitel zu einem Ende gekommen ist, lese ich das noch mal. Und wenn es mir nicht gefällt, fluche ich nicht, sondern streiche durch oder werfe weg.

Gibt es Geräusche, die Sie beim Schreiben stören?

Mich stört nichts. Nun bin ich daheim am Bodensee sowieso in einer privilegierten Umgebung, aber auch in Düsseldorf am Hotelzimmerschreibtisch hat mich nichts gestört, nachdem ich die aus den Wänden strömende Dauermusik habe abstellen lassen.

Wenn Sie in Ihrem abgeschirmten, hochgelegenen Arbeitszimmer schreiben, kommt da nicht Ihre Frau und sagt, der Hund muss jetzt ausgeführt werden?

Mein Tag hat einen Ablauf, der allseits respektiert wird. Und dann kommt es manchmal vor, dass ich, gewissermaßen als Berufsdreingabe, eine Mitteilung mache wie, dass wieder was aufs Papier gekommen ist, wovon am Morgen nicht einmal eine Ahnung vorhanden war. Oder: der erste Satz ist gefunden.

Wann war der erste Satz dieses Buches fertig?

Ich weiß es nicht mehr. Aber ganz sicher habe ich, als ich anfing, nicht mit dem ersten Satz angefangen, der jetzt da steht. Das ist auch eine Erfahrung, dass man sich nicht mit der Erwartung belasten darf, dass der zuerst hingeschriebene Satz auch der erste bleibt. Im Laufe des Schreibens stellt sich der erste Satz erst ein.

Erinnern Sie sich noch, wann Sie diesen Satz zum ersten gemacht haben? «Sechsmal hielt sie den Zeigefinger Domino hin, sechsmal hielt sie ihn Jeannie hin und zählte mit und wechselte ab, weil sie wusste, Jeannie hätte es für ungerecht gehalten, wenn Domino sechsmal nacheinander den aus der Quarkschüssel auftauchenden Zeigefinger hätte ablecken dürfen, bis sie zum ersten Mal drangekommen wäre.»

Aber jetzt müssen Sie noch weiterlesen. Susi Gern genoss es, gerecht zu sein. Verstehen Sie jetzt, warum dieser Satz, diese beiden Sätze am Anfang stehen?

Wann ist Ihnen dieser Satz eingefallen?

Als ich gemerkt habe, beim Hinschreiben, dass sich dieses Frühstück zu einem Ritual entwickeln würde. Ich nehme an, dass ich ihn am zweiten Tag schon hatte und den ersten wegwarf.

Haben Sie da schon das Ende gekannt?

Nach meiner Erfahrung determiniert sich das Ende eines Romans so um die Mitte. Er produziert dann sein Ende selbst. Vor ein paar Tagen haben mich zwei Leser des Vorabdrucks in der *FAZ* gebeten, den Roman nicht unglücklich enden zu lassen. Der eine schrieb: Ich ahne schon, das kann nicht gut ausgehen, aber ich bitte Sie, heiliger Martin, lassen Sie das nicht zu.

Der Schluss geht so: «Conny stand dicht bei ihnen, Susi spürte sie, dann sagte Conny zu ihr und Khalil herauf: Mer blewe zusamm wie Kätzke und Tätske bes zom Lewesjottsdach. Susi nickte, konnte sich aber solange es blitzte und knallte und läutete, nicht regen und sich schon gar nicht von Khalil lösen. Und er sich offenbar auch nicht von ihr. Conny sagte zu ihnen herauf: Ich liebe euch beide. Jetzt lösten beide ihre Münder voneinander, ohne ihre Arme voneinander zu lassen, und sagten beide zugleich zu Conny hin: Und wir erst dich.» Dieser Satz «und wir erst dich» zieht sich leitmotivisch durch den ganzen Roman.

Im Singular. Jetzt ist er zum ersten Mal im Plural. Darauf wollte ich hinaus.

Ein Happy End, wie von den FAZ-Lesern gefordert.

Ja. Das hat sich so aber ergeben, Gott sei Dank. Denn ich hätte es nicht willkürlich erschreiben können. Ich versuche jedoch immer das glücklichste Ende herauszuarbeiten, das für eine Romanmasse möglich ist, ohne dass ich fälsche. Ich bin ja selbst so veranlagt, dass ich an einem guten Ausgang interessiert bin.

Hatten Sie irgendwann eine Schreibblockade?

Ich weiß nicht genau, was das sein soll.

Nun tun Sie mal nicht so.

Für mich ist Schreiben Lebensart, und so wie ein Pianist jeden Tag drei Stunden Fingerübungen macht, so kann auch ich keinen Tag ohne Fingerübungen, ohne Schreiben sein. Ich schreibe nicht unentwegt an einem Roman, ich mache Notizen, überall wo ich bin.

Ein Gespräch mit Felix Schmidt

Mit einem Projekt kann man ja erst anfangen, wenn man anfangen kann. Das kann wie beim *Springenden Brunnen* fünfundzwanzig Jahre dauern, oder es kann von einem Tag auf den anderen passieren. Wenn man dann am Schreiben ist, kann man auch keine Schreibblockade mehr haben. Ich kenne eher Blockaden, wenn ich ein Projekt entwickle. Das Zögern vor dem Anfang. Die peinliche Ungewissheit, ob das Projekt reif ist.

Denken Sie schon über ein neues Projekt nach?

Ich habe drei Projekte im Kopf, aber ich weiß nicht, wie ich denen näherkomme, sie sind abenteuerlich weit weg. Quälend weit. Das hängt auch damit zusammen, dass ich von Susi Gern nicht wegkomme. Sie erwischen mich in einem Augenblick, in dem ich der Frau noch total verhaftet bin. Wenn ich daheim an den Schreibtisch gehe, dann liegt das Buch da. Ich schlage es auf und schaue auf irgendeiner Seite den ersten Satz an und frage mich: Steht der zu Recht da?

Es gibt viele Schriftsteller, die beim Schreiben eine Stimulanz brauchen. Schiller soll sich mit dem Geruch eines faulenden Apfels in Stimmung gebracht haben.

Ich kenne das Gerücht, aber ist das verbürgt? Zufuhr dieser Art brauche ich nicht. Aber doch. Als ich am *Fliehenden Pferd* schrieb, habe ich jedes Mal nach dem Mittagessen zuerst noch die *Meistersinger* gehört, ich weiß auch nicht warum. Und bei der *Verteidigung der Kindheit* war es dann Strawinsky, in den Schreibpausen. Andere Stimulanzen als Musik kämen mir wie Doping vor.

Auch kein Rotwein, dem Sie doch gerne zusprechen?

Wenn wir jetzt bei mir zu Hause wären, und wir würden zum Mittagessen einen Wein trinken, dann könnte ich nachmittags nicht mehr
arbeiten, ich kann nicht die geringste Spur von Alkohol vertragen,
während ich schreibe. Ich wäre mir fremd. Deswegen kommt bei
mir Alkohol erst nach Sonnenuntergang vor.

*Tun Sie sich schwer, in den Tag mit den Schreibpflichten hinein-
zukommen?*

Ich bin ein Mensch mit einem niedrigen Blutdruck, deshalb muss
ich mich zum Arbeiten zunächst einmal physisch aufrüsten. Im Laufe der Zeit ist diese Aufrüstung immer anspruchsvoller geworden.
Im Sommer schwimme ich zuerst einmal eine Stunde Kraul.

Im Bodensee?

Ja. Außerdem habe ich ein elaboriertes Programm, das falsch bezeichnet ist, wenn ich es Gymnastik nenne, und falsch bezeichnet,
wenn ich es Yoga nenne. Das ist eine Hausmachermischung aus allem Möglichen, die sich bei mir bewährt hat, und die ich einer Yoga-
lehrerin verdanke, bei der ich zwei Jahre lang in die Lehre gegangen
bin. Dieses Gymnastik-Yoga-Programm dauert auch eine Stunde.
Im Sommer fange ich also nicht vor elf an zu arbeiten.

Wie viele Seiten schreiben Sie am Tag?

Das können wir ja mal ausrechnen. Nehmen wir die gedruckten
Seiten vom *Lebenslauf der Liebe*, etwas über fünfhundert. Mehr als
sechshundert Tage habe ich geschrieben, dann komme ich nicht auf
eine Seite pro Tag.

Thomas Mann hat in der Frühe angefangen und bis mittags ge-
schrieben, ganz egal, wie viel er zustande gebracht hat. Bernhard
Schlink sitzt bis zu vierzehn, fünfzehn Stunden täglich am
Schreibtisch. Und Sie?

Früher habe ich um neun angefangen. Jetzt geht es, wie gesagt, um
elf los. Ich arbeite bis halb zwei, dann wird gegessen und danach
mit dem Hund, wie man bei uns sagt, stramm gegangen. Da komme ich vor vier Uhr nicht wieder an die Arbeit. Bis acht oder halb
neun halte ich durch. Aber nachdem ich *Finks Krieg* geschrieben
hatte, konnte ich nicht mehr gerade sitzen. Mein Schwiegersohn hat
mir so einen welligen dänischen Stuhl geschenkt, in dem man liegt,
mit einem Schreibpult auf den Knien. Ich dachte danach, das ist das
Ende. Dann habe ich zwei Jahre lang trainiert und das nie mehr aufgegeben. Jetzt kann ich wieder sechs, sieben Stunden sitzen. Und
schreiben.

Lassen Sie sich während einer Schreibperiode ablenken?
Halten Sie Vorträge oder Vorlesungen?

Seit 1978 kann ich es mir leisten, mich nicht mehr ablenken zu
lassen. Seitdem kann ich vom Schreiben leben. Früher war ich
hundertfünfzig Tage im Jahr auf Reisen. Ich ging zehn Jahre lang,
als sogenannter Gastprofessor nach Amerika, weil ich die Familie
da ein paar Monate lang versorgt sah. Seit dem *Fliehenden Pferd* ist
alles leichter geworden. Jetzt könnte ich wahrscheinlich bis an mein
Lebensende, was die materielle Ermöglichung angeht, am Schreibtisch sitzen bleiben.

Was verdienen Sie am Lebenslauf der Liebe?

Ich muss viel verdienen, weil ich so lange daran gearbeitet habe.
Wenn der Roman weniger als hunderttausend Exemplare verkauft,
zahle ich drauf. Das *Fliehende Pferd* habe ich in null Komma nichts
hingeschrieben, das hätte sich sogar mit weniger als hunderttausend
gelohnt. Ich mag beim *Lebenslauf der Liebe* noch nicht von Zahlen
reden. Ich kann nur sagen, dass seit der *Brandung* die meisten Bücher, sowohl in der teuren Ausgabe wie im Taschenbuch, ziemlich
bald die hunderttausend erreicht haben. Es ist zwar indezent von
mir, wenn ich sage, dass ich von diesem Roman das auch erwarte.
Aber ich sage es. Es stecken fast drei Jahre Schreiben und fünfzehn
Jahre Vorbereiten drin. Weil Sie die Frage so ökonomisch gestellt
haben, habe ich ökonomisch darauf geantwortet. Vielleicht verklä-
re oder stilisiere oder überschätze ich mich, wenn ich konstatiere,
dass ich weiß, was ich gemacht habe, wenn ich eine Arbeit beendet
habe – auch ohne die Antwort des Betriebs, der Welt, der Öffentlichkeit, des Publikums und der Kritik. Dieses Wissen ist auflagen-
unabhängig. Die Auflagen sind das Ökonomische, und das andere
ist für mich das Wichtige.

Das, was man mit sich selbst abrechnet.

Genau, genau. Meine Bücher sind für mich Lebensdenkmale, meinetwegen auch Grabsteine, die alle den Endgrabstein vorbereiten.

Eine Sehnsucht, die sich von der Wirklichkeit nicht belehren lässt

Ein Gespräch mit Julia Schröder
2001

*Martin Walser, im Zentrum Ihres Romans [*Der Lebenslauf der
Liebe*] steht eine Frau, eine Figur, die Sie im wirklichen Leben
kennengelernt haben. Was hat Sie gereizt an dieser Person, aus
der Ihre Susi Gern wurde?*

Nichts, was ich gleich hätte formulieren können. Es ist fünfzehn
Jahre her, dass diese Frau sich wegen einer anderen Sache an mich
gewandt hat. Sie ist dann öfter ins Haus gekommen. Und wem auch
immer sie dort bei mir begegnet ist, die haben alle ein bisschen den
Kopf geschüttelt. Ich habe mich da nicht irritieren lassen. Mich hat
– jetzt sage ich das Wort – die außerordentliche Trivialität dieser
Frau fasziniert.

*War es schwierig, vom Innenleben des anderen Geschlechts zu
erzählen?*

Ich kann mir nur zu eigen machen, was mir von mir selbst bekannt
ist. Abstrakt meint man, Männer und Frauen seien so wahnsinnig
verschiedene Menschen. Aber es geht ja um einen Lebensschmerz,
und Schmerz ist Schmerz, der mag in weiblichen Nerven anders
spürbar sein als in männlichen, aber im Grunde genommen gibt
es im Schmerz, im Leiden nur in den Anlässen Unterschiede, aber
das Leiden selber kann sich nicht unterscheiden. Von dieser unge-
prüften Behauptung gehe ich, ein solches Buch schreibend, aus. Ich
mache mir solche Gedanken nicht.

*Ein paar Gedanken müssen Sie sich schon gemacht haben; es ist
ja sehr ausführlich und eindrücklich die Rede von einer bestimmten Körpererfahrung, von einer bestimmten Art, mit dem eigenen
Äußeren umzugehen. Für die Frau ist ihre Augenfältchencreme so
wichtig, dass sie die im Supermarkt mitlaufen lässt.*

Ja, für mich auch (lacht). Was glauben Sie, wie ich mich nach Augenfältchencreme sehne und darunter leide, dass ich sie nicht stehlen
kann, und kaufen kann ich sie erst recht nicht! Ich bitte Sie, glauben
Sie, nur Frauen brauchen Augenfältchencreme?

Na gut, lassen wir das.

Nein, nein, bitte schön, so ist es. Wenn die dann im dritten Teil
überlegt, ob sie zu diesem Kosmetik-Sizilianer-Chirurgen geht, das
überleg ich jeden Tag.

Das ist nicht Ihr Ernst!

Das ist mein Ernst. Aber ich war noch nie dort. Sie haben doch keine Ahnung. Ich kann Sie dann nicht mehr fragen, aber in fünfzehn,
zwanzig Jahren werden Sie das vielleicht verstehen.

*Diese Susanne Gern, die sich Susi nennen lässt, lebt in einer
Dauerbereitschaft zur Hingabe, zur Selbstaufgabe. Sie wirft sich
immer mal vor, nicht am ersten Liebeskummer gestorben zu sein.*

Ja, ich auch!

Hat Ihnen das gefallen, haben Sie das gemocht?

Ja, natürlich. Die durch die sogenannten sekundären Geschlechts-merkmale empfohlenen Unterschiede haben viel weniger Fortset-zung im Inneren, als man von außen glaubt. Bitte schön: Sehnsucht, Liebe, nicht wissen, ob man geliebt wird – wie kann denn das ge-schlechtsdifferent sein? Bei Plato heißt es im *Symposion*, Liebe ist fast synonym mit Sehnsucht, Lieben heißt schon, etwas nicht ha-ben. Und das ist ziemlich gescheit.

Da gibt es keinen Unterschied?

Es gibt Leute, die können zufrieden sein mit sich, Sehnsucht ist ihnen fremd, das können Männer und Frauen sein. Die sitzen fest im Sattel oder auf dem höchsten Bürostuhl der Existenz, denen fehlt nichts, prinzipiell nichts! Und es gibt andere, die haben an-dauernd einen Mangel. Wie Sie wissen, ist bei mir der Mangel die Muse. Und als ich so einer Figur begegnete, die eine unbelehrbare Sehnsucht ausstrahlt, die sich einfach nicht von der Wirklichkeit belehren lässt, da kam dann mein Ehrgeiz. Ich hab gedacht: Mensch, ich möchte schreiben, dass eine solche Frau existieren darf, dass es so etwas geben darf. Das ist ja nicht gerade zeitgeistempfohlen, eine solche Frau, die sich sagt: Susi Gern, du bist bieder, und Susi Gern, du willst, dass die Leute sagen, du seist nett. Wie Sokrates sagt sie: Ich weiß, dass ich nichts weiß. Wenn ich das an einem Mann dar-gestellt hätte, hätte man gesagt, das ist ja ein Parzival. Bei einer Frau sagt man, es ist ein Gänschen. Aber das sind nicht meine Bezeich-nungen.

Man könnte Lebenslauf der Liebe *als eine wahre Geschichte bezeichnen, wie ja bereits* Verteidigung der Kindheit *oder* Finks Krieg. *Wie verändert sich eine solche Geschichte, die das Leben schrieb, wenn Sie einen Roman daraus machen?*

Erstens kann nichts wahrer sein als eine erfundene Geschichte. Aber Sie meinen jetzt die Herkunft des Stoffes aus der Wirklichkeit. Ich bin das Gegenteil von souverän, das Gegenteil von disponierfähig. Ich folge einfach einer Witterung und das fünfzehn Jahre lang. Und da vollzieht sich im unwillkürlich selektiven Wahrnehmen der Wirklichkeit eine Verwandlung: sodass nachher nicht mehr die reale Person auf dem Papier ist, sondern immer mehr das, was dazu passt. Dann musst du nur noch einen Ton finden. Das ist überhaupt nicht festlegbar durch abstraktes Nachdenken, nur durch Ausprobieren auf dem Papier. Wenn ich merke, dass ich nicht mehr an das Original denke, sondern an Susi Gern, dann weiß ich, jetzt bin ich herüben, an meinem Ufer.

Ist es nicht, wenn man eine reale Person, ein reales Gesicht vor Augen hat, viel schwieriger, sich dem eigenen Schreiben anheimzugeben, sich gehenzulassen, wie Sie das mal genannt haben, als bei der reinen Erfindung?

Es ist unmöglich, schreibend etwas, was wirklich geschehen ist, zu imitieren, nachzumachen. Dass etwas geschehen ist, genügt noch nicht. Es muss in diese Frequenz hineinkommen. Man darf nicht die Realität einholen wollen. Du musst genau wissen, welche Art von Realität, von Genauigkeit du als Anregung benutzen darfst und musst und welche Art von Genauigkeit aus dir stammen muss. Da gibt es eine Faktizität des bloß Greifbaren, und dann gibt es eine Vorhandenheit des Wesentlichen, das du bringen musst. Das ist halt Roman – ein scheckiges Ding. Roman ist nie reinrassig.

Ihr Roman handelt von der Liebe unter den Bedingungen des Altwerdens. Da erlebt eine Frau, wie ihr einst so glanzvoller Gatte zerbrechlich wird, dahinsiecht, stirbt. Dann hat sie selbst am Altersunterschied zu ihrem zweiten Mann, ein achtunddreißig

*Jahre jüngerer Marokkaner, zu knapsen. Da ersparen Sie dem
Leser nichts, da sind Sie ganz rücksichtslos. Wie geht es einem,
wenn man so etwas schreibt?*

Das gehört für mich zum Lächerlichsten des mitteleuropäischen
Kultur- und Traditionsbestandes: Schon sehr früh habe ich gemerkt,
ein Held von mir soll nie aufs Klo dürfen. Geht bei Hesse jemand
aufs Klo?

Wahrscheinlich nicht.

Jetzt weiß ich, wo das herkommt! Da man bei Hesse nicht aufs Klo
geht, soll man das als Autor also besser lassen. Und im zweiten Teil
des Buchs ist es das Klo schlechthin. Inkontinenz jeder Art. Für
mich ist etwas, wenn es geschrieben ist, wenn es richtig ausgedrückt
ist, nicht mehr peinlich. Wenn es nicht sitzt, dann ist es mir peinlich.
Aber wenn ich das Gefühl habe, ja genau, so scharf muss das heraus,
dann ist es ja auch ein Sieg über die Scheußlichkeit. Im dritten Teil,
das ist ganz anders. Das ist innig, subtil, schön, das ist die Hilflosig-
keit der Liebe, wenn sie keine Gewähr hat.

*Sie ist ja von der Sorge dauernd bestimmt. Bei allem, was sie tut,
selbst beim erwähnten Augenfältchencreme-Diebstahl, geht es
darum, dass sie Angst hat, ihn zu verlieren.*

Wer liebt, hat diese Angst, den Geliebten zu verlieren. Das ist kon-
stitutionell.

*Aber sie thematisiert es selbst: Bei ihr kommt erschwerend der
Altersunterschied hinzu. Sie fühlt sich ja, verglichen mit ihm,
nicht nur alt, sie ist tatsächlich relativ alt. Beim Lesen nimmt
man so etwas persönlich. Wie ist das denn beim Schreiben?*

Das IST persönlich! Es ist so, wenn man so etwas schreiben muss oder will: Susi nennt es diese Lebensscheußlichkeit, und dann kommt sie zu diesem Wort Unglücksglück – so, und das ist der Sieg des Schreibens über die ungeschriebene Misere. Das ist vielleicht nur eine Illusion, aber ich muss trotzdem sagen, wenn etwas ausgedrückt ist, ist es nicht mehr so unerträglich wie unausgedrückt. Das unablässige Streben, glücklich zu sein, ist keine triviale Sache, ein Mensch steigt nicht im Wert, wenn er andauernd so tut, als stünde er bis zu den Knien in der Apokalypse. Aber der Unterschied zwischen Trivialität und – nennen wir es einmal sehr keusch und schüchtern: Realismus ist, dass das Unglück dazugehört. Wie in einem Akkord; je harmonischer die Töne sind, desto flacher ist der Akkord. Das ist entweder Caprifischer, oder es ist Tristan: da sind Töne drin, die sind schrill und dagegen, aber erst dann wissen wir, es geht uns etwas an. Das ist das Unglücksglück. Und das tut gut beim Schreiben. Es ist ganz sicher: das Schreiben ist die Erlösung, das Geschriebenhaben ist Nicht-mehr-erlöst-sein.

Dann geht's von vorne los.

Ja. Wir müssen ununterbrochen schreiben – oder lesen.

Das ist eine Welt, die der Susi Gern weitgehend versperrt bleibt. Sie liest kein Buch, von Anfang bis Ende, dafür treffen wir sie oft vor dem Fernseher an. Wenn's ihr schlechtgeht, gibt sie sich gern einen Western. Die Harald-Schmidt-Show guckt sie nicht. Harald Schmidt hat seinerseits Ihr Buch vorab gelesen und seinen Zuschauern nachdrücklich ans Herz gelegt. Sieht so ihr idealer Leser aus?

Harald Schmidt würde ich sofort als idealen Leser annehmen.

Warum?

Vor ein paar Jahren gab es eine Umfrage, ich glaube, von der *Bunten*, da habe ich geschrieben, dass er der einzige Mensch im deutschen Fernsehen ist, der der Wahrheit nahekommt. Also der unverstellteste, der unverdorbenste, der reinste Wahrheitstor des deutschen Fernsehens. Der hat durch Darstellung, lassen wir mal das fahnenwehende Wort Wahrheit weg, der hat durch Darstellung Genauigkeitsgrade erreicht, das ist ein Solitär. Also, ich bin glücklich, wenn der mich lesen mag.

In diesen Tagen haben Sie in Baden-Baden Ihr Buch von vorne bis hinten für den SWR vorgelesen. Das ist eine einsame Tätigkeit. Aber wenn es erschienen ist, werden Sie, wie ich Sie kenne, wieder monatelang ununterbrochen auf Lesereise sein.

Da sieht man, wie wenig Sie mich kennen.

Sie machen jedenfalls den Eindruck, als wären Sie ununterbrochen auf Lesereise. – Was bedeutet das für Sie?

Ja, das ist schön. Das letzte Mal war's so beim *Springenden Brunnen*: ich wusste, ich würde lesen müssen, ich hab das Buch von vorne bis hinten durchgesucht, ich habe nichts gefunden, was ich vorlesen kann. Und diesmal ist es wieder genauso. Das baut man ab, indem man Besuche macht. Zuerst innerhalb des Verlags, bei Buchhändlern, dann jetzt beim Funk, vor dem Team. Man hat mich gefragt, ob ich beim Schreiben abends der Familie etwas vorlese.

Charmante Vorstellung.

Nein, das ist nicht vorstellbar. Wenn man etwas ohne Mühe geheim hält, dann das, was man schreibt. Da könnte man noch so plappersüchtig sein. Das fällt wahnsinnig schwer. Ich weiß nicht, wie das kommt, man geniert sich für alles. Ich probe ja vorher viel. Ich nehme die Sätze vorher in den Mund, wie ein Schauspieler, der eine Rolle probt.

Ist es beim Schreiben schon so, dass Sie sich vorlesen hören?

Ich schreibe auch akustisch, das ist richtig. Ich höre den Text. In diesem Fall ist es Susi Gern, die mir diktiert. Da sind wir allein, aber nachher ... Ich müsste es ja nicht machen, aber wenn ich es nicht vor einem Saal gelesen und nicht gemerkt habe, dass es lebt, dass es eine Reaktion gibt ... – von da an wird es leichter. Weil man der Wirklichkeit einen Lebensbeweis für sich selber abgetrotzt hat.

Man darf sich nichts gefallen lassen. Punkt.

Ein Gespräch mit Hans-Dieter Schütt
2002

Martin Walser, im poetischen Bodensee-Buch von 1982, das Sie
Heimatlob nannten – in diesem Buch beschreiben Sie eine Sehn-
sucht: «Ich liebe den See, weil es sich bei ihm um nichts Bestimm-
tes handelt. Wie schön wäre es, wenn man sich allem anpassen
könnte. Auf nichts Eigenem bestehen ... Das wäre Harmonie ...
Aber nein, dauernd muss man tun, als wäre man der und der.»

So eine Vorstellung, ja. Man träumt beim ausdauernden Blick in
diese Natur und auf deren wechselnde Bilder, wie erleichternd es
doch wäre, vieles nicht zu sein, statt immer nur auf ein So-und-
nicht-anders-Sein pochen zu müssen. Solches Pochen hat meist
wenig Anmut. Jede Identität ist auch Verfestigung. So kommen ihr
schnell Würde und Schönheit abhanden.

Und Sie zitieren den mittelalterlichen Dichter Seuse, auch ein
Bodensee-Mensch.

Ein Spezialist für Buddha in Europa. Er beschreibt Lebenskunst als
die Fähigkeit, zum Beispiel bei jeder öffentlichen Demütigung einfach nur immer entkrampfter zu werden.

Schwierige Übung.

Daseinsschmerz ist ja nicht aus der Welt zu bringen, aber es müsste
möglich sein, ihn auf genießbare Art empfinden zu können. Das
geht nur, wenn man gelassener wird. Was auch geschehen mag: sich
nicht aus seinem Ich vertreiben lassen. Ohne sich darin zu verbar-
rikadieren.

Warum ich Heimatlob *anführte: Hier in dieser Natur zu leben,*
das ist doch wohl eine beträchtliche Aufmunterung – angesichts
der beleidigenden Zumutungen gegen Sie, im Zusammenhang
mit dem Roman Tod eines Kritikers.

Ich weiß zwar nicht, was ich ohne diese Gegend hier tun würde,
aber sie hilft natürlich nicht, wenn der Dreck heranschwappt. Außer,
sich immer wieder des eben beschriebenen Wunschtraumes von
Gelassenheit zu vergewissern und festzustellen: Das bleibt ein
Traum. Es ist übrigens kurios, wie regionale Verwurzelung ja sogar
gegen mich verwendet wurde. Als sich mein Empfinden vor Jahren
der sogenannten Realpolitik, nämlich der deutschen Teilung, ver-
weigerte – ich sagte damals, ich könne mich nicht damit abfinden,
deutsche Geschichte in einem Katastrophenprodukt enden zu
lassen –, da hieß es: Der stammt vom Bodensee, was muss den die
deutsche Einheit kümmern.

Sie sind verletzt worden, in der Debatte um Ihren jüngsten
Roman bei weitem nicht zum ersten Mal. Am meisten von linken
Dogmatikern. Die schon beim Wort «Geschichtsgefühl» die
Fasson verlieren. Die in ihrer Borniertheit auch nicht stört, nie
richtig gelesen zu haben. Woher Ihre Ausdauer, aus Erfahrungen
mit solchen Leuten nichts lernen zu wollen, also: nicht einzulen-
ken, nicht still zu sein?

Lernen wäre: die Erfahrung zu vergewaltigen und mir zu verübeln,
sie gemacht zu haben. Nein! Vielleicht rührt das schon von sehr früh
her. Es ist einem wahrscheinlich schon genetisch beschieden, viel
oder nicht sehr viel von der Macht zu halten, in welcher Form sie
auch auftritt. Man kann ja über sich selbst nur etwas erfahren, wenn
man sich mit anderen vergleicht: Wie viel lassen die sich gefallen,
wie gesund bleiben sie dabei? Mich jedenfalls hält kein autoritäres

Sprachrohr davon ab, meine eher geringe Perspektive für wichtig zu halten. Sie ist ja mein Leben. Was richtig ist, weiß ohnehin niemand, und durch Autoritäten ist das am wenigsten zu klären.

Sie sagen, Tod eines Kritikers *hätten Sie «viel weniger wissend als empfindend» geschrieben?*

Ja, die Empfindung war: Man darf sich nichts gefallen lassen. Punkt. Egal, wer da Macht über dich ausübt. Jede Macht bedeutet Verletzung: Du darfst nicht sein, wie du sein möchtest und sein musst. Jede Macht tut dann noch so, als sei sie für das, was sie an dir ausübt, nicht mal belangbar. So geschieht das auch im Literaturbetrieb, auf seiner schlimmsten Frequenz, und nur die habe ich im Buch behandelt. Ich rede ja nicht von den prächtigen Leuten, mit denen ich seit Jahrzehnten diskutiere. Mit jenem Herrn aber befand ich mich nie in einer Diskussion.

Jener Herr ist Marcel Reich-Ranicki.

Heute suchte ich etwas in meinen Notizbüchern und landete in einem dieser kleinen Bändchen, ich glaube, Nr. 14b von 1976 – da traf ich auf das, was dieser Kritiker über meinen Roman *Jenseits der Liebe* absonderte. Es lohne sich nicht, auch nur eine einzige Seite dieses Buches zu lesen. Jenseits der Literatur war das überschrieben, ich sei ein Bajazzo, zu wenig seriös, hätte das Linke, dem ich doch eine Zeitlang zuzuordnen gewesen sei, nie ernst genommen, und, und, und. In meinem Notizbuch damals habe ich mit zwei handschriftlichen Seiten darauf reagiert – die hätte ich nie in den jetzigen Roman übernehmen können. Denn das war in der scharfen Tonlage eine Realstimmung aus direkter Notwehr heraus. Da bleibst du also über dreißig Jahre stumm, immer wieder, protokollierst nur im Stillen die fortlaufenden Verletzungen, und niemand fragt: Wie hältst du das aus? Es gibt die Abkürzung T. e. Kr.

Tod eines Kritikers.

Ja. Die gibt es seit über fünfundzwanzig Jahren in meinen Notizbüchern. Schließlich kam der Punkt, an dem ich die ekelhafte Objekthaftigkeit nicht mehr aushielt.

Ihr Buch ist, was Reich-Ranicki betrifft, kein fotografischer Realismus. Auch kein bewusst gesuchter Skandal?

Natürlich nicht. Ich habe als Schriftsteller keine Position außerhalb des Materials. Es geht um meine sehr persönliche Motivpflege, ich greife also nicht bewusst jemanden an, um einen Skandal zu inszenieren. So souverän bin ich nicht. Und so eine Methode wäre ja schon unangenehme Zugehörigkeit zur Meinungspresse, zur Zeitgeistverwaltung, also zur praxislosesten aller Kirchen. Schauen Sie, dieses Zugehörigkeitsgefühl muss sich doch heute geradezu herausreißen, wer keinen Schaden an sich selbst nehmen will. Ich kann ja auch nicht aus Zugehörigkeit zu einem Lagerevangelium schreiben, etwa einen sozialistischen oder katholischen Roman. Alle Ausgänge sind ungewiss.

Also ist ein Roman Ausdruck von Machtlosigkeit?

Schreiben ist ein verbaler Versuch, sich selbst, in seiner mehrfachen Beschädigung, irgendwie zu retten. Man will, schreibend oder lesend, den Dingen eine Qualität geben, die sie in Wirklichkeit nicht haben. Man schreibt sich weg, so wie man sich weg liest.

Den miesen Unzumutbarkeiten des Tages etwas entgegensetzen?

Ja. Das ist die Aufgabe. Ich sagte ja, ich bin kein freier Mensch; ich musste immer tasten, bin gefesselt an Satzungen und Setzungen. Ich bin unfähig zur Weltveränderung, handele demnach nicht als Herr der Lage, in die ich jeweils komme. Also schreibe ich auch nur aus meinen Abhängigkeiten heraus.

Warum obsiegen als Reaktion auf Ihre Zeitgeschichtsgedanken oft nur Schlagworte wie Moralkeule, Wegschauen, Schlussstrich – obwohl man doch einfach nur genau lesen muss? Schon 1979 führte ein Text zum fast geflügelten Wort: Auschwitz und kein Ende. *Man könnte jetzt zitieren und zitieren und stieße auf Sätze zur deutschen Vergangenheit, die vorwegnehmen, was fast zwanzig Jahre danach – Paulskirche 1998 – verwerflich sein soll: «Ich möchte lieber wegschauen von diesen Bildern. Ich muss mich zwingen hinzuschauen. Und ich weiß, wie ich mich zwingen muss. Wenn ich mich eine Zeitlang nicht gezwungen habe hinzuschauen, merke ich, wie ich verwildere. Und wenn ich mich zwinge hinzuschauen, merke ich, dass ich es um meiner Zurechnungsfähigkeit willen tue.»*

Es ist nur mit dem Hang zum Auftrumpfenmüssen zu erklären. Es sind die Lockrufe des Richteramtes. Ich frage mich auch, warum schrillt bei einem solchen Schreiber nicht die Alarmsirene, wenn er zum Beispiel, wie jüngst in der *ZEIT*, öffentlich macht, Walser habe ja vor seiner Rede in der Paulskirche bereits mit einem Vortrag in Zürich – gemeint ist mein Text *Ich vertraue. Querfeldein* – ein Bekennerschreiben geliefert: Bekennerschreiben! Derart Kontextbehaftetes darf einem, der im Wörtergewerbe arbeitet, doch nicht passieren. Aber so etwas passiert ja auch nicht einfach nur. So wird man nach der Aussortierung zu den geistigen Brandstiftern nun in einem Kirchensturm der Dummheit auch noch unter die Mörder gereiht. Ich beobachte da einen Verdächtigungsrausch, der viel über Deutschland erzählt. Noch einmal, weil damit unser Gespräch begann: Dagegen ist Natur wenig tröstlich.

*Kürzlich, in einer Ehrendoktorrede in München, verstieg sich
Reich-Ranicki im Zusammenhang mit Ihrem Erinnerungsroman
Ein springender Brunnen zu der Anmerkung, Sie hätten darin
keine Schlussfolgerungen aus einer nationalsozialistischen Kindheit gezogen. Es geht um einen Roman, der Erinnerung vor den
Angriffen der Gegenwart rettet. Da steht: «Jetzt sagen wir, dass
es so und so gewesen sei, obwohl wir damals, als es war, nichts
von dem wussten, was wir jetzt sagen.» Reich-Ranicki lässt mich
an jene Deutungsherrschenden denken, die den Ostdeutschen
erklären wollen, wie sie gefälligst gelebt haben sollen. Verstehen
Sie diese Assoziation?*

Natürlich, und daraus entsteht beim Angegriffenen immer ein
Rechtfertigungsbedürfnis: Es soll ja schließlich nicht alles falsch gewesen sein, was man gelebt hat. Erinnerung lässt sich nicht erziehen.
Die Erinnerung irgendwelchen intellektuellen Umschaltforderun-
gen zu unterwerfen, das ist das, was ich Lippengebet nenne. Eine
Gesellschaft darf solche Selbstverleugnung, und sei es aus triftigsten
und ehrbarsten Gründen, nicht verlangen. Der Erinnerung kann
man keine Befehle geben, dem Gewissen auch nicht. Man errötet
ja auch nicht auf Befehl, und seien die Schuldgefühle noch so groß.
Wer so behandelt wird, der wehrt sich. Geschichte, sagt Nietzsche,
sei ohnehin eine Fiktion. Es war nie so, wie man später darüber
denkt.

*Sie sagen, so wie die Ratio nicht unbedingt als eine unserer ver-
lässlichsten Ausstattungen anzusehen sei, so fehle Ihnen auch der
Glaube an ethisch Vorschreibbares.*

Ich kann mich irgendwelchen Erwünschtheitssuperlativen nicht
mehr hingeben. Wenn ich etwa das Wort Weltethik höre, dann wird
mir, nach all unseren westeuropäischen Erfahrungen, schwindlig. Ja,

allen Menschen helfen, die in Not sind, ihnen unser Brot schicken, unser Wasser, unser Geld unbedingt. Aber nicht unsere Auffassung von Gesellschaft. Brot wäre Zuwendung, Ideenexport wäre Misshandlung. Wasser wäre Hilfe, Ethik wäre Herrschaft. So was äußert man und gilt dann bei den Platzanweisern der Moral als diffamierungswürdig.

Platzanweisung – das meint auch die Begriffe links und rechts?

Ja, oder Optimismus und Pessimismus, diese Wörter, an denen entlang sich doch nichts, aber auch gar nichts an Dasein abbildet. Diese Wörter spricht man aus und putzt sich danach am liebsten schnell die Zähne. Ein Text, den man nach politisch links oder rechts einordnen kann, mit dem stimmt etwas nicht. Der tut mir kund, ich hätte gefälligst etwas zu lernen.

Da sind wir bei Ihrer Aversion gegen adressierte, politische Sprache.

Es gibt dieses sogenannte Engagement, jeweils durch zeitgenössische Politik hervorgerufen, und andererseits die schriftstellerische Linie, die mir natürlich näher und lieber ist. Im Provoziertsein durch Zeitgeschichte habe ich mich auch als Schriftsteller gelegentlich verloren.

Verloren heißt?

Wenn du Sprache von anderen übernimmst, aber so tust, als sei es deine Sprache. In einer Rede von mir kam vor Jahren vor, der Grundwiderspruch zwischen Kapital und Arbeit sei noch immer ungelöst. Wenn ich solche Formulierungen benutze, ist das ein Import jenseits meiner Erfahrenheit. Nun ist man zwar auch dann ein Hochstapler, wenn man einen Essay schreibt, aber man ist in solchem Falle ein schöpferischer Hochstapler, man will über sich selbst hinaus. Rutsche ich als Schriftsteller in die politische Sprache ab, bleibe ich hinter mir zurück. Ich habe früh gemerkt, ich bin kein politischer Autor. Je blank politischer sich ein Autor gibt, desto angestrengter wirkt er auf mich. Ich wirke dann besonders angestrengt auf mich. In einer Hölderlin-Rede 1970 habe ich meine Lizenz zum Beispiel überschritten, indem ich Verszeilen auf DDR und BRD gemünzt habe. Ich wollte beide Staaten in einer Hölderlin-Utopie zusammenbringen. Das ist Mystagogie, das stimmt nicht, das hat nie gestimmt.

1970. Sie haben sich das gemerkt.

Ja, weil es mir peinlich ist. Sätze, in denen ich nicht vorkomme, sind mir entsetzlich peinlich.

Könnte das nicht darin enden, dass man sich aus allem heraushält?

Das Mediengewerbe fordert Statements. Auch ich gab dem oft genug nach, aber ich fühle mich nicht wohl in Sätzen, die recht haben wollen und für die ich Sprache herbeikommandiere. Kollegen, die sich jeweils als Außen- oder Innenminister betätigen und Chefetagen des Hochkapitalismus oder anderes Vokabular verwenden, habe ich nie ganz verstanden. Aber wer in solcher Sprache drinbleiben kann, der soll es tun, meine Sache ist der Aufklärungsdienst nicht. Ich kann zum Beispiel öffentlich nur für einen Krieg sein, wenn ich selber bereit wäre, auf einen Knopf für die Bomben zu drücken. Andererseits kann ich in radikaler öffentlicher Rede nur gegen ein System sein, wenn ich dieses «Gegen» auch radikal und entschieden lebe und alles Nutznießen aus dem System ablehne.

An dem Punkt wird es für mich aber sehr, sehr schwierig. Wunschdenken, das sich in den Ton einer Forderung kleidet – dazu fehlt mir inzwischen der Mut. Ich habe es früh gemerkt, aber nicht schnell genug die Konsequenzen gezogen.

Sie schrieben auch mal, Offenheit zu einer demokratischen Tugend der Gesellschaft zu machen, sei nicht gelungen. Der Satz stimmt doch aber, gerade heute.

So? Auch der Satz tut so, als könne man an einem bestimmten Punkt ein Ergebnis feststellen. Aber wer bin denn ich, dass ich mir Bilanz anmaße? Immerzu reagieren Menschen sprachlich auf Geschichtliches, in das sie verstrickt sind – aber was folgt jenem Status, für den ich eben ein festes Urteil fällte? Ist das ein Endpunkt? Ich lebe als Schriftsteller nicht im Wichtigkeitszustand. Ich bin eher ein Hallraum für entgegenkommende, nicht für hinausposaunende Klänge. Daraus entstehen Fragen, und es entstehen daraus immer mehr Vorsichtigkeiten. Ich werde mit nichts fertig. Allein so ein strapaziertes Wort wie Moral für den jetzigen historischen Moment sprachlich eindeutig zu realisieren – ich könnte es nicht. Ich habe dazu Anlieferungen aus der Geschichte, aber es bleibt abenteuerlich, sich damit zu beschäftigen. Nur wer sich aus dem Abenteuer herausnimmt, kann fraglose Urteile fällen.

Was wäre denn Ihr sprachliches Ideal?

Ein Satz, der von sich aus an ein Ende kommt, ohne einen Satz, der ihm sinnunterstützend vorausgehen und sinnbestätigend folgen muss. Mein Ideal: absolute Tendenzlosigkeit.

Und im Politischen?

Dass einer nicht Sprachfronten errichtet gegen andere, sondern mittels Sprache Einblick in das gewährt, was sich in ihm als einander Widersprechendes herausbildet. Opposition müsste zuallererst darin bestehen, dass man sich selber, denkend, ins Wort fällt. Menschen miteinander im Selbstgespräch.

Heiner Müller meinte, eines Tages stünde die Geschichte nachts in unseren Schlafzimmern und sie wird ein Messer in der Hand haben.

Auf solche Gemachtheit reagiere ich, entschuldigen Sie, natürlich. Die gesellschaftspolitische Unlösbarkeit einer jeweiligen politischen Situation war und bleibt immer. Wer glaubt, ausgerechnet wir lebten in besonders bösen Zeiten, der irrt. An welchem Punkt der Erde weiß man etwas für das Ganze? Aber wer dieses Wissen für sich proklamiert, der soll seine Sprachmasken ruhig aufmarschieren lassen. Immer mehr apokalyptische Literatur um mich her im Untergang so emsig? Es stimmt doch was nicht an solch seriell hingesagtem Ladenschluss. Wenn ich so was lesen muss, denke ich: Aha, Ideologie. Meine Sprachhaltung ist ein Realismus, der die Gemengelage intimisiert, damit sie mich angeht. Ich muss, um mich zurechtzufinden, Größe zergliedern. Ich kann keine Fresken malen.

Es heißt allenthalben, böse Zeiten kämen, aber Sie vertrauen?

Zukunft als Angstvorstellung, das liegt mir überhaupt nicht. Ich würde gern wissen, wie in fünftausend Jahren gesprochen wird in Europa. Keine der jetzigen Sprachen wird mehr existieren, viele werden nicht mal archäologisch archiviert sein. Aber es gelingt mir nicht, mir das düster vorzustellen. Ich habe schon oft Alarmierendes gelesen, durchaus Seriöses, und dann habe ich gedacht, Donnerwetter, du bist offenbar doch zu leichtfertig in deiner Zeitgenos-

senschaftsempfindung. Wenn all das Erschreckende wahr ist, was
du da über den Gang der großen Dinge liest und von dem du keine
Kenntnis nimmst, dann bist du geradezu selbstgefährdend nicht-
panisch. Aber das eine ist das Wissen, das einer erwirbt, das andere
das Wesen, das einer hat. Das eine ist die Erkenntnis, die man benutzen kann, das andere die Existenz, der man ausgeliefert ist. Ja,
ich vertraue. Freundlichen Einbildungen bin ich mehr gewogen als
unfreundlichen.

Warum?

Ich kann nicht außer Acht lassen, dass ich trotz schlimmer Nachrichten, die täglich auch in mir einschlagen, am Leben interessiert
bin. Aber wenn ich zu leben versuche, ist das am jeweiligen Tag jedenfalls für mich schon eine Antwort aufs vermeintlich Apokalyptische. Ich kann mich nicht in die höhere Warte hinaufschwingen,
die von meinem kleinen bürgerlichen Versuch, heute am Leben zu
bleiben, absieht. Kulturkritiker zum Beispiel, die auch das Lesen
im allgemeinen Untergang verschwinden sehen, interessieren mich
einfach nicht. Ich brauche jeden Abend was zum Lesen, und ich
finde es reichlich. Wenn andere nichts finden, ist das deren Leid. Im
Übrigen tendiere ich zur Komödie, das ist meine Aufhebung. Es ist
fast nichts erlebbar, ohne dass es seine Komik mitliefert.

Kleiner Bürger. Auch ein Schmähwort gegen Sie: Kleinbürger.

Der Hass der richterlichen Linken auf den Kleinbürger ist dumm.
Diese Leute tun nichts unter höchstem Bewusstsein. Ihre Nähe zur
Offenbarung schreckt ab.

Warum ist der Kleinbürger ein so Geschmähter der Geschichte?

Aufstieg ist eine natürliche Tendenz jedes Gesellschaftsmitglieds. Aber von der Schule an kommt der Mensch in ein Konkurrenzgemenge, und quasi ganz von selber merkt er, dass er seine Möglichkeiten verfechten muss. Schauen Sie, als Goethe vom Großherzog nach Weimar eingeladen wurde, da erfuhr er alles, was man als empfindsames Wesen erfahren kann. Weimar als Aufstiegsgelände eines Bürgers, und der Weg führte in den Adel. Und für den Kleinbürger, was war für den möglich? Das Bürgertum. Es hat sich kräftig von Fleiß und Schweiß der tüchtigsten Kleinbürger ernährt. Weniger Abhängigkeit, mehr Macht, dieser Einladung ins Höhere musste man doch folgen, wenn man das Leben bestmöglich ausbeuten wollte. Aber die Zurückgebliebenen standen da ohne jeden kulturellen Ruf. Nehmen Sie den größten Gesellschaftsspezialisten der deutschen Belletristik, Jean Paul: Was er im Roman *Hesperus* über Aufstieg, Ehrgeiz und Maske schrieb, wie der Kleinbürger am Hof ironisch werden muss, um seine Demütigung zu kompensieren, das ist akut bis heute. Solche Sätze schreibt Jean Paul über Kleinbürgers Aufstiegsversuch: In jeden Freudenbecher falle ihm der bittere Wermutstropfen, dass er sie, diese Freude, gar nicht verdient habe; von einer Bitterstimmung ist da die Rede, wie sie anderen Söhnen von ihren Hofmeistern abgenommen werde. Das 19. Jahrhundert ist ein Paradegelände für diesen Aufstieg ins Adlige und Bürgerliche, aber der Klasse, die da verlassen wurde, ist das nie gedankt worden. Vor lauter Unselbständigkeit und Zerknirschtheit kam sie nie zu einem lohnenden Erlebnis von Gegenwart.

Brauchten Sie je eine Utopie?

Nein, das interessiert mich nicht. Ich lasse mich lieber von Erfahrungen leiten als von Zielen. Das Gehabte ist eine bessere Leitplanke als das Gewollte. Die schöne Glocke der Utopie hörte ich nur ein Mal, bei Ernst Bloch, im ersten Band vom *Prinzip Hoffnung*. Dieser

Ton hat mich verführt, er war anschließbar an den Kindheitskirchenton. Ein Religionston.

Aber kein Denkton.

Nein, kein Denkton. Aus der Ferne beobachtet und etwas schnöde gesagt, ist ja auch einer wie Bloch den fast christlichen Weg gegangen. Der Glockenton wurde kleinmütiger, kirchlicher. Das entspricht einem Klischee aus der Geistesgeschichte meiner Rezeptionslandschaft: Werden die Kerle älter, werden sie frömmer, weil dann zur Kasse gebeten wird. Die Theologie wartet auf solche einlenkenden Maßnahmen, sich selber abzumildern. Und das Publikum vielleicht auch. Dass unser Leben mit dem Tod aufhört, das kann ja wahrlich nicht als etwas bezeichnet werden, das gut ausgeht – vor dem Hintergrund versagt irgendwann jeder utopische Schwarm.

Herr Walser, gibt es für Sie Glück?

Manche Worte gibt es nur, weil die Sache selber nicht existiert. Ich kann nur über Glück reden, wenn ich über die Gleichzeitigkeit von Unglück rede. Ein Mensch, der nicht beides in einem ist, dem kann ich schwer glauben.

Du stehst da oben,
du willst lesen,
dann brüllen die Bengel:
Antisemit!

Ein Gespräch mit Arno Luik
2002

Herr Walser, es war doch ein Drecksjahr für Sie.

Nein, nicht ein Drecksjahr. Überhaupt Dreck. Von all meinen Jahren war es das grellste. Was habe ich getan? Ununterbrochen habe ich mich gerechtfertigt wie ein Angeklagter. Wie ein Verurteilter.

Tausende von Seiten erschienen über Sie allein in der überregionalen Presse – ich hab's nachgewogen: insgesamt 3,4 Kilogramm.

Na und? Und wenn es so gewesen ist, soll ich danke schön sagen? Wie soll ich das bewerten? Dass ich so auffalle, ist schrecklich. Ich bin kein Provokateur, ich bin harmoniesüchtig.

Ihr Buch Der Tod eines Kritikers, *Ihre Abrechnung mit Marcel Reich-Ranicki …*

Es ist keine Abrechnung.

… löste eine außergewöhnliche Aufregung aus: In den Tagen, als zwischen Pakistan und Indien ein Atomkrieg drohte, machten die Tagesthemen *mit Ihrem Werk auf, das noch gar nicht erschienen war.*

Das – und alles andere in diesem Jahr – folgte aus der Verurteilung durch die *Frankfurter Allgemeine*, in der Frank Schirrmacher das Buch in einem hohen Dringlichkeitston nicht nur mit dem Verdacht, sondern mit dem Urteil belegt hat, es sei antisemitisch.

*Schirrmacher, dem Sie den Roman zum Vorabdruck angeboten
hatten, nannte ihn außerdem «ein Dokument des Hasses»
und ...*

... darauf muss ich nicht reagieren, Schirrmacher ist eine Gefühlsnie-
te, was mich betrifft, wenn er glaubt, ich könnte aus Hass schreiben.
Das kann ich nicht. Ich schreibe nur über Leute, die ich liebe. Und
Tod eines Kritikers ist eine unglücklich verlaufende Liebesgeschichte.

*Für Schirrmacher ist es «eine Exekution», «eine Mordphan-
tasie» an Marcel Reich-Ranicki.*

Wenn jetzt das ganze Jahr so abgelaufen wäre, dass die grellen In-
szenierungen von Herrn Schirrmacher und das noch grellere Nach-
geplapper von Frau Schmitter im *Spiegel* allgemein geworden wären,
dann hätte ich ... ich hätte das nicht mehr ausgehalten.

Wie? Sie dachten ans Auswandern?

Stellen Sie sich doch mal vor, wenn alle gesagt hätten: Walser – er
ist ein Antisemit, ein Antisemit! Dann wäre das doch für mich die
perfekte Verunmöglichung des Daseins in diesem Land gewesen.
Dieser Vorwurf kommt einer Ächtung gleich. So etwas hätte ich nie
aushalten können. So etwas würde kein Mensch aushalten! Wenn
das geglückt wäre, wäre ich weg. Die wahre Beschädigung des Jahres
2002, das Schlimmste für mich ist, dass ich mich habe hineintreiben
lassen in die sinnlose Selbstverteidigung. Dieses Andauernd-sich-
Rechtfertigen – grauenhaft!

*Sagen Sie mal, Sie geben Ihr Buchmanuskript an die FAZ zum
Vorabdruck, und am 29. Mai fallen Sie vom Hocker, weil es dort
in einem offenen Brief ...*

Er durfte das nicht! Es ist ein Bruch von Brauch und Gesetz. Man könnte ihn haftbar machen, aber ich kann das nicht.

... weil es in diesem Brief heißt: Mordaufruf. Antisemitisch. Undruckbar. Wie war das für Sie?

Da hat die deutsche Sprache ein fabelhaftes Wort, das man nicht überbieten kann: fassungslos! Du bist fassungslos, weil du es nicht verstehst. Es ist schwer für mich, jetzt darüber zu reden. Wenn ich das jetzt öffne ... Ich wurde in den Tagen vorher ja immer wieder von der *FAZ* angerufen, bis zum 27. Mai war ich von der *FAZ* im Glauben gehalten: Es klappt. Und keiner hatte in dem Text Antisemitisches entdeckt, so wenig wie mein Verleger Siegfried Unseld.

Er soll ja gesagt haben: «Ein Meisterwerk!»

Nicht: Er soll gesagt haben. Er hat zu mir am 7. April am Telefon gesagt: Ein Meisterstück. Ein Meisterstück. Und was ganz wichtig ist, er sagte auch: Wir werden das machen, in die Vorschau nehmen, es in unserer Weise anbieten.

Ihr inzwischen verstorbener Verleger Siegfried Unseld war schwer krank, als ...

Wenn er jeden Tag in den Verlag hätte kommen können, wäre alles anders gelaufen. Unseld hätte hellauf gelacht. Schirrmacher hätte diesen offenen Brief nicht geschrieben, er hätte es nicht gewagt. Keine Sekunde lang wäre ich ein Antisemit. Siegfried wollte das Buch machen, er sagte auch, er könne keine Beleidigungsabsicht Reich-Ranicki betreffend feststellen.

Wie bitte? Reich-Ranicki, der in Ihrem Roman Ehrl-König heißt,
geben Sie doch, salopp gesagt, ordentlich eines mit: Man müsste
«ihm einmal mit dem Zoom aufs Mundwerk fahren», heißt es
da, «dass endlich mal das weiße Zeug, das ihm in den Mund-
winkeln bleibt, groß herauskäme, der vertrocknete Schaum … »

Ja, ja. Ja und? Was ist das? Antisemitisch?

Weiter heißt es da: «Scheißschaum, gellte Bernt Streiff, das ist
sein Ejakulat. Der ejakuliert doch durch die Goschen, wenn er
sich im Dienst der deutschen Literatur aufgeilt.»

Ja und? Das ist ein Roman. Es ist geschmacklos. Aber Literatur ist
keine bürgerliche Geschmacksparty. Ich bin doch kein Damen-
kränzchen. Was Sie zitieren, das sind zwei besoffene Schriftsteller,
die wollen jetzt einmal das Maul aufmachen gegen den, der sie öffentlich heruntergemacht hat. Nichts weiter. Das ist polemisch. Und,
bitte schön, das ist die Perspektive von zwei Romanfiguren.

Für den Spiegel ist Ihr Roman «der wohl machtvollste Antisemi-
tismus der an solchen Ausfällen nicht armen deutschen Geistes-
geschichte».

Was Elke Schmitter da geschrieben hat, ist grotesk. Dass die *Spiegel*-
Redaktion sie nicht schützt, so etwas völlig Absurdes zu veröffentlichen, ist den daran beteiligten Herren seriös vorzuwerfen. Aber
offenbar hört beim Alarmwort Antisemitismus die Denkfähigkeit
auf. Was Schmitter da geschrieben hat, halte ich für zeitgeistbefrach-
teten Opportunismus oder bösartige Voreingenommenheit.

Herr Walser, Sie …

Moment! Schmitter schreibt, ich hätte einen Juden dargestellt, der selber unproduktiv ist und einen Nichtjuden als Einflüsterer braucht. Das sagt sie! So etwas zu unterstellen nach einem Jahrhundert, das, was jüdische Geistesleistung betrifft, so produktiv war wie noch kein anderes, Kafka, Mahler, Einstein. Ich weiß nicht, ob es solchen Unsinn im Nazijargon gegeben hat. Ich kann mich bloß wundern, dass eine Intellektuelle so etwas behaupten kann, obwohl sie doch wissen muss, dass das – falls sie sich in der Kulturtradition Europas auskennt – nicht stimmen kann. Nein, es tut mir leid, aber ich bin trotz dieses auflagenstarken Schwachsinns glücklich über jede Zeile in meinem Buch.

Tatsächlich?

Ja, natürlich! Da übt jemand Macht aus …

Sie meinen nun Reich-Ranicki.

… und er übt diese Macht hemmungslos aus, zwanzig Jahre lang. Und seine Hemmungslosigkeit wird ihm honoriert als Temperament. Enthemmung imponiert den Fernsehzuschauern, das wirkt charismatisch, das bringt Quote, der Hemmungslose merkt, er darf alles. Und du darfst nicht einmal zweihundert Seiten schreiben über diese Machtausübung! Das nicht beantwortet zu haben all die Jahre, hat sich in mir zum Vorwurf ausgewachsen. Lässt du dir wirklich gar alles gefallen? Bloß weil der der Mächtigste ist in der Szene?

Und dann haben Sie ja zurückgeschlagen.

Ach was, geschlagen, ich habe eine Prosakomödie inszeniert, habe die wirkliche Figur ins Überlebensgroße gesteigert. Dankbar könnte der Herr sein.

Reich-Ranicki sah das völlig anders. Er befand, Ihr Buch darf im
Suhrkamp Verlag nicht erscheinen.

Tja, wenn ich auf eine solche Wucht von Zumutung nicht mehr
schreibend antworten kann, dann gehe ich in die nächste Gärtnerei
und pflanze Geranien. Bitte schön, über mein Buch *Jenseits der Liebe*
schrieb er unter der Überschrift: Jenseits der Literatur. Das ist ein
Platzverweis. Der Versuch eines Hinauswurfs. Über Botho Strauß
sagt er: Wer berühmt ist, kann jeden Dreck veröffentlichen. Der ist
nicht zimperlich. Ich habe das Buch gewidmet all denen, die meine
Kollegen sind.

Die jüdische Schriftstellerin Ruth Klüger ist von Ihnen enttäuscht,
sie schreibt Ihnen: «Das Gift, das Dir aus der Feder floss, ist Dir
nicht einfach zu einem schlechten, es ist eher zu einem üblen Buch
geronnen.»

Das ist für mich so unverständlich wie Schirrmacher, ein Rätsel. Ich
muss bei beiden Motive vermuten, die mit mir nichts zu tun haben.
Ruth kennt mich seit 1946. Sie müsste wissen, dass ich zu dem, was
sie mir nun nachsagt, nicht fähig bin.

Sie fühlt sich von Ihrer «Darstellung eines Kritikers als jüdisches
Scheusal betroffen, gekränkt und beleidigt».

Jüdisches Scheusal! Ich habe auf einen deutschen Kritiker reagiert,
der allgemein als der wichtigste deutsche Kritiker gilt. Ich habe
noch kein einziges Mal gehört, er sei ein jüdischer Kritiker, also
wäre er, sogar wenn er bei mir ein Scheusal wäre, was er definitiv
nicht ist, kein jüdisches Scheusal, sondern ein deutsches. Was Ruth
Klüger mir da nachsagt, muss sie mit sich, vielleicht noch mehr mit
Reich-Ranicki abmachen. Für mich ist es das traurige Ende einer
Beziehung.

Das ist doch tragisch für Sie: Am späten Abend Ihres Lebens …

… Abend genügt.

Also, am Abend Ihres Lebens wenden sich die Menschen von Ihnen ab.

Nicht die Menschen, sondern ein paar. Und dass auch ein paar sich Abwendende zu Schmerzquellen werden, ist wahr. Die wenden sich ja möglichst öffentlich ab. Sodass sie strahlend gut aussehen und ich bös schlecht. Das scheuert auf den Nerven. Manchmal glaubt man dann, man könne sich vorstellen, wie es sich anfühlt, in einer kommunistischen Diktatur aus der Partei ausgestoßen zu werden. Einerseits. Andererseits habe ich noch nie eine so stürmische Leserzustimmung erfahren und …

Sie sind aber nicht glücklich.

Und könnte doch wirklich glücklich sein. Es würde mich – ja, das kann ich schon sagen – nicht mehr geben, wenn die ganze Öffentlichkeit und auch die Leser reagiert hätten, wie Herr Schirrmacher sich wohl ausgerechnet hat. Dann wäre ich weg, wäre ich wahrscheinlich nicht mehr hier. Die *FAZ* hat es nicht geschafft, und deswegen kann ich leben. 99,9 Prozent der Stimmen, der Briefe an mich sind positiv, die *Jüdische Wochenzeitung*, jüdische Professoren im In- und Ausland haben erklärt, mein Buch sei nicht antisemitisch. Das ist unmittelbar heilend.

Gibt es dennoch Momente, in denen Sie sagen: Verdammt, hätte ich das Buch bloß nicht geschrieben!

Niemals! Ich bin mit diesem Buch so einverstanden, wie ich es selten mit einem Buch war. Das Buch hatte in mir eine angejahrte Dringlichkeitsstufe – und nun bin ich es glücklich los. Manchmal, was ich mit früheren Büchern nicht immer mache, nehme ich dieses Buch in die Hand und schaue hinein und sage: Ja! Ja! Ja!

Ihrem Jubel zum Trotz: Tod eines Kritikers *hat Sie schrecklich isoliert.*

Na gut, die Verhältnisse haben sich geklärt. Jetzt weiß ich, wie ich mit jedem stehe. Da gibt es, hysterieimmun, Günter Grass, Adolf Muschg, Joachim Kaiser, und es gibt, hysteriebereit, kirchenhaft eifrig, die Correctness-Bosse und -Bossinnen und ihre ideologischen Absahner. Und ich ahne jetzt, dass wir in diesem Land zu meinen Lebzeiten Meinungsfreiheit nicht mehr erringen. Toleranz bleibt Lippengebet.

Sie sind verbittert.

Nein, erfahrungsgesättigt, aber nicht satt.

Herr Walser, Sie haben in den vergangenen Jahren eine bemerkenswerte Karriere gemacht: vom «geistigen Brandstifter», wie Sie Ignatz Bubis 1998 nach Ihrer Paulskirchen-Rede bezeichnet hat, hin zum potenziellen Mörder, wie Sie Frank Schirrmacher nun sieht.

Ignatz Bubis hat den «geistigen Brandstifter» zurückgenommen, der von Schirrmacher versuchte Rufmord harrt noch seiner Zurücknahme. Die Karriere, die Sie mir auf den Leib zitieren, hat mit mir nichts zu tun. Ich bin der, der ich vor diesen Skandalen war.

Dann sind Sie also noch der Walser von früher, der linke Schrift-
steller, der ...

... Halt! Ich habe einen Lernprozess machen müssen. Auf die beiden
Wörter links und rechts muss ich verzichten. Ich habe keine Chance
mehr, links zu sein oder zu gelten. Und rechts zu sein oder zu gelten,
daran ist mir nicht gelegen. Ich habe mit diesen Adjektiven Schluss
gemacht. Das sind Verblendungen, Attrappen, Verlogenheiten, moralische Anmaßungen.

Egal, ob rechts oder links: Wo Sie nun auftreten, rufen Demons-
tranten Ihnen zu: «Antisemit! Antisemit!»

Das ist passiert in Leipzig. Einem liebenswürdigen Menschen zuliebe habe ich eines Nachmittags dort gelesen, da war eine Gruppe
von jungen Leuten, lauter prima Gesichter, aber ihr einziger Text
war: Antisemit!

Und die meinen Sie damit!

Das ist eine unerträgliche Situation.

Sie könnten ja mit diesen Leuten diskutieren.

Das geht nicht. Die brüllen nur. Du stehst da oben, du willst lesen,
und ich mache das wahnsinnig gern, aus dem *Tod eines Kritikers*
kann man wunderbar lesen, aber dann kommen diese Parolenben-
gel mit ihrem Ruf: Antisemit! Ich weiß gar nicht, wo der hintrifft.
Dann habe ich zu einem besonders Lauten gerufen: Kommen Sie
jetzt hierher zu mir aufs Podium, sagen Sie mir das ins Gesicht,
dann kriegen Sie eine Ohrfeige.

Und das, glauben Sie, würde Ihnen helfen?

Ich weiß es nicht. Ich habe es ja noch nicht tun können. In Erfurt habe ich mal einen vom Podium wegschieben wollen, dann hat er gerufen: Rühren Sie mich nicht an, mein Vater ist Staatsanwalt! Da wusste ich, mit wem ich es zu tun hatte: bürgerlichste Randale.

Sie müssten einfach ruhig sein.

Moment! Jetzt frage ich Sie: Da ist die *FAZ* mit ihrem gloriosen bürgerlichen Anspruch, da ist der *Spiegel* mit seiner Aufklärerfahne, und das endet dann in diesen Sprechchören, mit diesen Parolenbuben und -mädchen, die nichts gelesen haben, aber Parolen haben sie mitgekriegt, diskutieren wollen sie nicht, nur verhindern, nur Skandal machen. Diese Verführten möchte ich gern Herrn Schirrmacher und Frau Schmitter vorführen. Was sagen die dazu? Nichts. Die drücken sich. Ich nenne das Correctness-Diktatur.

Ich sag's ja: Sie sind verbittert.

Nein.

Nochmals: Sie müssten einfach ruhig sein, nichts mehr schreiben.

Das ist ja ein wunderbarer Rat! Vielen Dank! Wissen Sie, wenn ich auf einer Reise keine ruhige Minute habe, merke ich nach ein paar Tagen, dass mir etwas Wichtiges fehlt, und zwar etwas Lebenswichtiges, nämlich das Schreiben. Entweder ist die Welt zu schön oder zu scheußlich. Und beides muss man mit Schreiben beantworten.

Sie werden also immer schreiben, schreiben bis zum letzten Schnaufer.

Offenbar.

Und Sie machen sich ständig Notizen.

Ja. Soll ich an meinen Einfällen ersticken?!

Was haben Sie heute notiert?

Das geht Sie nichts an. Aber es gehört zum Spiel, also bitte. Ich schaue nach. Hier: Die Ungewissheit ist eine Flut, die steigt, ohne dich ganz zu ertränken. Die Ungewissheit ist ein Würgegriff, der immer kurz vor dem Ersticken haltmacht. Nur die Gewissheit ist tödlich, also erlösend.

Das hört sich an, als ob für Sie Schreiben ein Akt der Notwehr sei, eine Art Therapie.

Das gefällt mir überhaupt nicht. Man kann doch nicht den Normalzustand als krank bezeichnen. Wenn mir etwas fehlt, schreibe ich, und da mir viel fehlt, schreibe ich viel.

Und Sie schreiben alles von Hand.

Nach dem Krieg habe ich gelernt, mit der Schreibmaschine zu schreiben, aber es entspricht mir nicht. Ich schreibe dort an diesem Tisch. Ich muss mit zwei Ellbogen auf ihm liegen, der Tisch gibt nach, er vibriert, es muss rascheln und …

… das Schreiben macht Ihnen richtig Spaß.

Spaß? Das ist nicht das richtige Wort. Schreiben ist unglaublich, es ist das Belebende schlechthin, und mir tut jeder leid, der diese ungeheure Ermöglichung des Lebens durch das Schreiben nicht selber erfährt. Es gibt kein anderes Rettungsmittel, das so universal funktioniert. Stell dir doch mal vor: Du musst nichts unbeantwortet lassen – keine Gemeinheit, keine Machtausübung, keinen Blödsinn. Und das ist meine Aufgabe: Etwas so schön zu sagen, wie es nicht ist. Auch in einem Gespräch wie diesem, lieber Herr Luik.

Ich bin der Hauptbahnhof der Probleme

Ein Gespräch mit Roman Pliske
2003

*Herr Walser, ich möchte mit Ihnen gerne eine Flasche Wein
trinken.*

Das möchte ich auch gerne, aber das geht nicht. Ich muss heute
noch hundert Fragen des Journalisten Moritz von Uslar beantworten, und meine Genauigkeit würde darunter leiden. Stellen Sie
sich vor, die öffentliche Veranstaltung für diese hundert Fragen in
Göttingen wurde abgesagt, nachdem sich wieder Demonstranten
angesagt hatten und die Polizei mich mit einer Hundertschaft beschützen wollte.

*Man wollte also jede Antwort von einem einzelnen Wächter
beschützen?*

Ja, das ist der Kalauer der Saison. Ich wollte aber nicht schon wieder
in den Wettbewerb mit der Schreierei treten. Gestern Abend erst
verteilten Demonstranten in der Frankfurter Zentralbibliothek
– wirklich liebenswürdig aussehende Studenten – Kopien des sogenannten Offenen Briefs von Frank Schirrmacher an mich aus dem
letzten Jahr.

Sie erinnern an die Auseinandersetzung um Ihren Roman Tod
eines Kritikers.

Diese Kopien waren umrandet von Organisationsinitialen der ge-
heimnisvollsten Art, da weißt du nicht, welche siebzehn Geheim-
dienste der Abseitigkeit dahinterstehen. Der letzte Satz in diesem

Brief lautet: Ihre Freiheit ist unsere Niederlage. Übersetzen Sie das einmal ins Deutsche, das heißt: Ihre Unfreiheit ist unser Sieg. Er sagt einfach unser. Als spräche er nicht nur im Namen der *FAZ*. Das ist zwar nur Zeitgeisttheater, aber im akuten Fall ist es schmerzlich. Vor vierzehn Tagen hat Uwe Wittstock – einer der Journalisten, die es am schlimmsten gemeint haben mit mir – Salomon Korn interviewt, den neuen stellvertretenden Vorsitzenden des Zentralrats der Juden in Deutschland. Er hat ihm folgende Frage serviert: Möllemann, Walser, geplanter Brandanschlag auf die Synagoge: Wie steht es mit dem Antisemitismus in Deutschland? Und Korn über das mir vorgeworfene Abschalten bei KZ-Bildern: Ehrlich gesagt, ich schalte auch manchmal weg. Und zum Antisemitismusvorwurf: Ich halte Walser nicht für einen Antisemiten.

Kommen wir von der Person zum Autor: «Von allen Stimmen, die aus mir sprechen, ist meine die schwächste.» Und: «Alles, was ich mir sagen kann, ist nichts gegen das, was ich mir nicht sagen kann.» Ihre Muse ist der Mangel?

Und die unabschaffbare Undeutlichkeit des Menschen selbst. Anfangs leidet man bewusstlos oder dumpf, doch irgendwann merkt man es, das kann ich heute in der Rückschau sagen. Warum habe ich siebzig Bände Karl May gelesen? Es war der Ausdruck für meine Angst und meine Hoffnung. Weil ich Rettung brauchte, weil mir etwas gefehlt hatte. Und je mehr mir fehlte – das heißt nichts gegen die Eltern oder sonst jemand –, desto mehr las oder schrieb ich. Lesen oder Schreiben ist dasselbe, zwei Wörter für eine Tätigkeit. Zuerst reagiert man nur instinktiv auf die Mängel. Dann merkt man, was einem fehlt. Warum wohl hat sich die Menschheit fortentwickelt? Immer hat etwas gefehlt. Als es oben leer war, hat man Gott hingesetzt.

Als man ihn leugnete, hat auch etwas gefehlt.

Man kann ihn ja nicht verschwinden lassen, wenn man ihn verschwinden lässt, spricht man von ihm. Die Kirche ist über einen Atheisten viel glücklicher als über einen Uninteressierten. Mit Recht! Wer sagt, Gott gibt es nicht, der hat schon von ihm gesprochen. Das ist das Wunderbare der Sprache. Wenn sie etwas verneint, dann nennt sie es. Und dann ist es da.

In Ihren jüngsten autobiographischen Erkundungen Meßmers Reisen *ist eine Antwort nie eine Antwort. Sie stellen sie sofort in Frage.*

Auch eine Frage ist immer eine Antwort. Man kann nicht eine Frage stellen, ohne eine Antwort anzudeuten, zu befördern, zu erwarten und zu kanalisieren. Es sind zwei Arten sich auszudrücken. In *Meßmers Reisen* gibt es sicher Passagen, die ich zuerst geschrieben habe, und später habe ich aus dem Punkt ein Fragezeichen gemacht und das Verbum dahin gesetzt, wo es bei einer Frage hingehört. Das kam mir dann richtiger vor.

Noch ein Zitat: «Ich bin auch freundlich. Und glaube gleich, ich sei's nur vorerst.» Sie stören die Gewissheit Ihrer Sätze.

Das ist die Dialektik – du hast das Gefühl, es treibt dich in diese Richtung, und wenn es dich weit genug getrieben hat, dann dreht es dich um. Nichts ist ohne sein Gegenteil wahr. Das ist schon immer eine meiner Grunderfahrungen. Solange ich von einer Meinung nicht das Gegenteil in mir empfinde oder gedacht habe, so lange ist die Sache noch auf der Einbahnstraßenrichtung.

Reisen ist auch eine Flucht.

Man kann für Reisen jedes Wort benutzen, bei dem man das Gefühl hat, man ist enthalten. Ich will auf meinen Reisen nicht erreichbar sein, nicht nur nicht telefonisch, sondern in allem. Öffentlichkeit ist wie ein Sonnenbrand. So habe ich erfahren, dass die Entfernung etwas Heilendes ist. Wenn du in Amerika – weit weg von hier und dem Zeug, das man selber angerichtet hat, am Morgen aus dem Häuschen trittst, weißt du: Der kennt dich nicht und der will nichts von dir. Dann gibt es das: sich selbst überlassen zu sein. Deswegen wäre ich letztes Jahr auch abgehauen, wenn es so weitergegangen wäre. Weg von den Dreckschleudern des Opportunismus.

Sex scheint für Sie auch eine Form der Reise zu sein: «Schön, wenn man beim Ficken zu zweit ist» – in Meßmers Reisen gehen Sie weit.

Meßmer geht weit. Und nimmt mich auf. Die Rücksichtslosigkeit ist schön, wenn der Satz glückt. Dann tut es gut. Ich habe früh gemerkt: Ich persönlich brauche das Schreiben als Antwort auf die Zumutung des bloßen Daseins. Mir ist es wohler, wenn ich einen unmöglichen Lebenszustand beantwortet habe. Nachher ist es zwar wieder genauso, aber solange man schreibt, fühlt man sich toll. Es ist eine Stärke für den Augenblick, in dem du Subjekt bist und nicht Objekt.

Und wenn Sie doch niedergeschlagen sind?

Du kannst niedergeschlagen sein und gar nicht interessiert, von wem. Dann bist du eben Objekt der Niedergeschlagenheit. Und du kannst interessiert sein, von wem, dann kann es alles sein: Meinungen, Zeitungen, der liebe Gott und der letzte Depp – alles kann dir gegenüber unglaublich stark werden. Natürlich werden die Figuren in meinen Romanen immer häufiger von Neigungen befallen, in eine Ecke zu starren. Gut, dann sollen sie halt in eine Ecke starren. Aber nur so lange, bis sie sagen: Jetzt leck mich am Arsch, jetzt starre ich in keine Ecke mehr! Jetzt hau ich ab, spiele Tennis oder schwimme.

Meßmers Reisen wirken oft komisch, wenn Wunsch und Wirklichkeit zusammenprallen. Sind Sie ein Narr?

Ich flüchte mich gerne in ein Gefühl tiefster Unzurechnungsfähigkeit, wenn ich diesen und jenen ständig Zurechnungsfähigen, Agierenden sehe, der überhaupt alles richtig macht. Eine kleine Geschichte: Ich hatte gestern diese Lesung in der Frankfurter Zentralbibliothek, die Leute sitzen wie in einem evangelischen Supermarkt auf Stuhlreihen in der ungünstigsten Anordnung, da und dort, vor dir sind nur zwei Reihen, und du musst lesen – nach links und rechts wie auf dem Tennisplatz. Und draußen schlagen die demonstrierenden Studenten an die Glaswände. Sie glauben nicht, wie das donnert. Das war unglaublich. In den ersten zehn Minuten habe ich gedacht, kein Mensch wird mit mir gehen. Und jetzt zurück zum Narren – plötzlich fast über jeden Satz Gelächter. Gott sei Dank. Außer dem Auto keinen Freund mehr. Seit der Hund tot ist. Für mich ist das einer meiner schlimmsten Sätze. Aber ich finde es richtig, dass man da lachen kann. Denn das Lachen ist eine Form des Wiedererkennens. Ich habe es als Erwartung so in mir formuliert: Dieses Buch ist eine Flaschenpost – du schickst sie ab und willst sehen, ob es anderen auch so geht wie dir. Das genügt. Also war ich für den Abend gerettet, als ich sah: sie lachen.

«Ich bin der Hauptbahnhof der Probleme ... Bitte Vorsicht – bei der Einfahrt des Hasses.» Verliert man als Autor viele Freunde?

Natürlich. Aber vielleicht waren es auch keine, das weiß ich nicht. Ich hatte nicht unendlich viele, aber sie sind weg. Ich frag mich natürlich auch manchmal, hab ich einen falschen Begriff von Freundschaft? Der Schaffner ist mein bester Freund. Er hat mich noch nie verraten. Fast frage ich mich: Kann er dann mein bester Freund sein? Für mich war es immer unwichtig, was ein Freund denkt und meint, politisch oder ästhetisch. Ich würde niemals einen Freund verlieren, weil der jetzt plötzlich anders meint und denkt. Wenn einer mein Freund gewesen ist, war das alles inklusive. Und ich habe hauptsächlich Freunde verloren, die gemerkt haben, dass sie sich täuschen – in politischer Hinsicht und so …

Gewinnt man andere Freunde?

Ich glaube, Freunde muss man rechtzeitig horten, wenn man sie später haben will.

Ist es nicht auch erleichternd, dass man fragwürdige Freunde verliert?

Völlig richtig. Meine Verluste musternd – jetzt sage ich das krass und übertreibe: Es ist um keinen schade. Und das nicht, weil er nicht der Richtige war, sondern: Wir waren nicht die Richtigen. Das waren keine Freundschaften, sondern Zweckbündnisse.

Warum der Name Meßmer? Die These, dass in der Zweisilbigkeit die Dualität des Menschen Walser stecke, wirkte nicht überzeugend.

Und ist totaler Quatsch. Meine Großmutter ist eine geborene Meßmer. Ich brauche auch für diese Art von Schreiben etwas Figürliches. Wenigstens einen vertrauten Namen muss die Puppe haben, mit der

ich da spiele. Und diese Namen sind nicht wählbar, sie sind plötzlich da. Der Name fällt wie ein Stein durch das Fenster, das Fenster
ist kaputt, aber du hast den Stein.

*Manchmal streifen Sie in Meßmers Gedanken das Altern, doch
bei Ihrer Unruhe fällt es schwer, sich einen Abschied vorzustellen.*

Meine Erkundungen des Alterns sind Andeutungen. Ich werde in
meinem nächsten Roman zum ersten Mal etwas weiter gehen. Eine
Passage darin kratzt an ein paar bühnenfüllenden Kulissen des alt-
bekannten kulturellen Altersstücks. Das muss man aber als Roman
machen, und das darf ich Ihnen ja alles auch gar nicht sagen ... Andererseits habe ich diese kulturgesellschaftliche, literaturbetriebli-
che Situation: Durch die – seismologisch gesagt – Erschütterungen
des vergangenen Jahres hat sich in mir ein Gefühl angenehmer Ortlosigkeit ausgebreitet, was das Daheimsein in einem Verlag angeht.
Ich habe diese Illusion nicht mehr, die bei einem Autor entstehen
kann. Der Verleger sagt: Das ist mein Autor. Der Autor sagt: Das ist
mein Verleger. Mit solchen pseudo-besitzanzeigenden Fürwörtern
bezeichnen sie einander, und das sind die Wärme verbreitenden,
angenehmen Lügen des Alltags. Es ist gut, dass man einmal richtig
durchgeschüttelt wurde, mit fünf bis sechs auf der Richterskala. Es
ist schön, dass ein notorisch sesshafter Mensch wie ich unverdient
diese Ortlosigkeit empfinden darf.

*Ortlosigkeit durch den Tod des Suhrkamp-Verlegers Siegfried
Unseld?*

Das ist richtig. Dieser Tod wurde benutzt.

Ein Vogel pfeift einem Hund

Ein Gespräch mit Karin Grossmann
und Rainer Kasselt
2003

*Sie gehören zu jenen neunzehn Intellektuellen, die eine Erklärung
für Schröders Irak-Kurs unterschrieben haben. Warum?*

Nicht, weil ich glaube, dass es irgendeinen Effekt haben könnte.
Aber man kann nicht nichts sagen, man kann nicht nichts empfinden angesichts eines solchen möglichen Kriegs. Als Autor spricht
man darüber auch mit Kollegen. Einer schlug vor, diese Erklärung
zu formulieren. Den Inhalt kann ich natürlich unterschreiben. Zum
ersten Mal seit Jahren habe ich wieder das Gefühl, mich in der Ma-
jorität zu befinden.

*Im Sommer wurde die Opposition nicht müde zu behaupten, der
Kanzler sei gegen den Irakkrieg nur aus Wahlkampfgründen.*

Was sind wir für eine Gesellschaft?! Wenn ein Mann, der sich um
das höchste Amt bewirbt, damit Stimmen gewinnen kann, dass er
gegen den Krieg ist, dann ist das wunderbar! Wenn man ihm das
übelnimmt, kann man die Demokratie an den Nagel hängen. Das
ist absurd. Mir sind die Motive letztlich egal. Man kann nie in einen
Menschen hineinschauen. Wichtig ist, dass er gegen diesen blöd-
sinnigen Krieg ist. Ich habe ein Jahrzehnt erleben müssen mit dem
Vietnamkrieg, diesem scheußlichen Krieg der Amerikaner, der zwei
Millionen Tote gekostet hat. In den sechziger Jahren stand die öffentliche Meinung im Westen sklavisch an der Seite Amerikas. Die
Zeitungen, die Politiker, alle waren für den Krieg. Vergleicht man
das mit heute, könnte man fast Optimist werden.

Hoffen Sie noch auf einen Umschwung?

Ich kann mir nicht vorstellen, dass ein Präsident angesichts einer solchen Weltstimmung einen Krieg beginnen kann.

Bush meint, das amerikanische Volk habe Verständnis für diesen Krieg, den er damit ziemlich direkt ankündigt.

Man wird von ihm nicht erwarten können, dass er von seinem Volk das Gegenteil behauptet. Doch was für einen Triumph könnte Herr Bush feiern, wenn er diesen Krieg nicht führen würde! Wenn er Saddam beseitigen würde mit dem, was er Drohkulisse nennt! Er wäre der größte Feldherr aller Zeiten. Einen Krieg führen, ohne einen Schuss abzugeben!

Sind Sie mit Ihrer Unterschrift der SPD wieder näher gekommen?

Das hat mit der SPD nichts zu tun. Dass der Krieg überhaupt hineingerät in die Maschinerie zwischen Regierung und Opposition, ist mir unverständlich. Es sieht so aus, als könne die CDU momentan nicht heraus aus ihrer Ecke. Mir tut es wirklich leid um Angela Merkel, wenn ich sie tonlos reden höre und das Gefühl habe, sie glaubt selber nicht, was sie da sagt.

George W. Bush geht neuerdings mit der Vision hausieren, er wolle im Irak die Demokratie einführen. Glauben Sie, dass man Demokratie exportieren kann?

Ich bin kein Politiker. Aber das ist grotesk, nichts als grotesk. Vor allem ist es grotesk, dass seine Intellektuellen ihm nicht ein Halt! zurufen. Er will im Vorderen Orient Demokratie hinterlassen, als wäre das ein Exportartikel. Demokratie in den arabischen Ländern – das muss von selber kommen. Allenfalls kann Hollywood dafür mehr tun als die amerikanische Armee.

Hinter der Strategie der Bush-Administration stehen offenbar auch andere Interessen. Öl zum Beispiel.

Öl? Das kann man doch kaufen. Einen Krieg anzuzetteln, damit man es billiger bekommt – so schlecht kann ich von niemandem denken. Es würde in der Welt Empörung auslösen, wenn nach einem Krieg Esso und Shell an den Quellen säßen. Der Krieg wäre moralisch nachträglich verloren.

Häufig setzen Sie sich für etwas ein oder schreiben einen Aufsatz einem anderen zuliebe. Wem zuliebe unterschrieben Sie die Erklärung?

Wenn in der Gruppe einer ist, dem zuliebe ich es getan habe, dann ist es Günter Grass, obwohl ich seinen Realkurs nicht immer mitsegeln kann. Aber noch wichtiger war mir der Bundeskanzler. Ich finde, dass Schröder ungewöhnlichen Mut bewiesen hat. Ich finde auch vieles gescheit von dem, was Schäuble sagt. Aber ich frage mich, ob er recht hat. Kann man nur mit einer Drohkulisse das politische Ziel erreichen? Selbst wenn sie zum Krieg führt? Da hört es für mich auf. Diesen Poker spiele ich nicht mit. Dabei bin ich wirklich ein Spieler. Ich habe alles gespielt, Roulette, Süddeutsche Klassenlotterie, Lotto.

Und gewonnen?

Sicher. Als wir in Friedrichshafen wohnten, kam ich links aus dem Haus zur Spielbank nach Lindau und rechts zur Spielbank nach

Konstanz. Ich habe nicht viel Geld verdient und eine Zeitlang gedacht, ich könnte die Familie mit Spielen ernähren. Das hat sich
nicht bewahrheitet. Ich habe sie auch nicht direkt ruiniert. Ich habe
an einem Tag Geld gewonnen, da hat meine Frau sofort eine Waschmaschine bestellt. Am übernächsten Tag habe ich das Geld wieder
verloren. Aber die Maschine war bestellt.

Gibt es nicht eine Gemeinsamkeit zwischen Spielen und Schreiben?

Es ist dasselbe. Der Spieltrieb. Man hält es nicht aus, ohne dass man
etwas tut, was nicht direkt sinnvoll ist. Ich habe mich aber beim
Spielen eingeschränkt.

Weil Sie es finanziell nicht mehr nötig haben?

Das würde ich nicht sagen. Das Geld, das man beim Spielen gewinnt,
könnte man immer gebrauchen. Roulette habe ich zuerst aufgegeben. Vielleicht, weil ich das Gefühl hatte, mich weniger beherrschen
zu können? Vielleicht, weil ich geiziger geworden bin? Das wäre ein
Zeichen für abnehmende Lebenskraft. Ich weiß es nicht. Ich spiele
nicht mehr Süddeutsche Klassenlotterie, weil mir die Einsätze zu
hoch sind. Ich spiele Lotto, jeden Mittwoch und Samstag.

Mit festen Zahlen?

Ja. Ich habe vier Kinder, aber nur eine Tochter spielt mit. Sie hat
eine gute Hand dafür.

*Hat Sie je ein Verleger um ein Vorwort gebeten für Dostojewskis
Roman* Der Spieler?

Nein, das hat Dostojewski nicht nötig.

Vor fünfundzwanzig Jahren fragten Sie den russischen Schrift-
steller Juri Trifonow in einem Brief: Wie geht es Ihnen, Juri
Trifonow? *Fairerweise erteilten Sie auch selber Auskunft: «Ich*
habe nicht zu klagen.» Wie geht es Ihnen heute?

Ich hätte genauso gut sagen können: Ich habe zu klagen. Das ist heute nicht anders. Ich habe zu klagen, ich habe nicht zu klagen – beides
ist genau gleich richtig. Man darf sich nicht verführen lassen von
Wegweisungen, die von der Sprache angeboten werden. Trifonow
habe ich sehr geschätzt, ein großartiger Autor.

Sie haben weiter geschrieben: «Mir geht es nicht gut, wenn ich
nicht weiß, wie es weitergeht. Ich brauche den Horizont. Über-
haupt Geschichte.» Daran hat sich vermutlich nichts geändert?

Nein. Daran sehen Sie, dass es einem nicht besonders gutgehen
kann. Wir müssen das aber nicht generalisieren. Es ist immerhin
inzwischen etwas passiert, was ich für das politisch Schönste halte:
Die Teilung Deutschlands ist vorbei, der Kalte Krieg ist vorbei, die
ideologischen Fronten sind zerschmolzen. Darauf kann ich mich
immer zurückziehen, das ist zu meinen Lebzeiten passiert. Schon
1979 habe ich im Aufsatz *Händedruck mit Gespenstern* über diese
Monotheismen geschrieben, die gegeneinander standen. Man wusste immer schon vorher, was die eine Seite der Welt sagen würde und
was die andere. Für Intellektuelle ist das erwürgend und lähmend.
Der Philosoph Jürgen Habermas, der den Aufsatz publizierte, fand
ihn entsetzlich. Dabei hatte ich nur meine Erfahrung beschrieben:
Man brauchte nur auf einen Knopf zu drücken, schon erschien das
Gespenst, der präformierte Gedanke. Dass das vorbei ist!

Als Sie 1994 die Ehrendoktorwürde der TU Dresden bekamen,
sagten Sie, am Verhältnis der Partnerstädte Überlingen und

Bad Schandau könnte man das Gelingen der deutschen Einheit messen. Ist die Einheit gelungen?

Ich würde einen solchen Satz nicht überfrachten mit Prüfbarkeit. Ich fand es nur schön, wie beide Städte damals zusammenarbeiteten. Und nie kann etwas ganz gelungen sein. Das Schlimmste sind die Arbeitslosenzahlen. Solange die nicht zurückgehen, ist kein Gelingen real. Bei zwanzig Prozent Jugendarbeitslosigkeit werden alle Absichtserklärungen zum Geschwätz. Im Wahlkampf wird die Arbeitslosigkeit zur saisonalen Chefsache erklärt. Ich wundere mich, dass ein Politiker den Mut hat, dort hinzugehen. Ich würde mich genieren. Es ist zu peinlich.

Wie gut kennen Sie Ostdeutschland?

Ich komme in die großen Städte, nach Rostock, Chemnitz, Leipzig, Dresden. Magdeburg kommt mir am mattesten vor. Berlin ist eine superplombierte Höhle. Halle fand ich unglaublich toll, dort hätte ich bleiben mögen. Ich habe für den Rundfunk eine Woche lang aus meinem Roman *Die Verteidigung der Kindheit* vorgelesen. Eine Dramaturgin hat eine unglaublich gute Strichfassung angefertigt, ich habe manchmal selber nicht gemerkt, dass etwas fehlte. Mit einer solchen Intensität würde sich bei uns kein Mensch einer solchen Arbeit widmen. Das wird aussterben. Mit dieser Zuwendungsfähigkeit kann man nicht überleben.

Das Vorlesen macht Ihnen Spaß?

Ja. Sätze sind für mich etwas Akustisches. Ich sehe nichts, ich höre.

Aber Sie sprechen Ihr Manuskript nicht auf Band, wie es Strittmatter getan hat?

Ich schreibe mit der Hand.

Ärgern Sie sich manchmal beim Vorlesen, dass Sie etwas so und nicht anders geschrieben haben?

Es könnte höchstens sein, dass man sich geniert. Zu älteren Texten habe ich ein günstiges Verhältnis. Das ist wie mit älteren Fotografien. So, sagt man sich, hat man also mal ausgesehen. Ein bisschen komisch. Trotzdem kann man nichts gegen eine alte Fotografie haben.

Lesen Sie Ihre Texte Ihrer Frau vor?

Nein, nein. Ich frage meine Frau oder die Töchter nur um ihre Meinung bei Aufsätzen, wo ich weiß, ich bin in Gefahr.

In Gefahr geraten Sie beinahe regelmäßig. Das reicht bis zu tätlichen Angriffen wie in Leipzig. Wie erklären Sie sich den Hass?

Wenn ich darüber nachdenke, umfloren sich mein Gesicht und meine Seele. Ich habe mich in meinem Leben beschämend wenig verändert. Ich bin von der öffentlichen Meinung von der linksextremen Ecke in die rechtsextreme Ecke transportiert worden. Die Angriffe begannen in den sechziger Jahren, als ich gegen den Vietnamkrieg protestierte und es hieß, ich stünde nicht mehr auf dem Boden des Grundgesetzes. Sie setzten sich fort Ende der siebziger Jahre, als ich die deutsche Teilung nicht begrüßen konnte, obwohl diese wegen Auschwitz vernünftig gewesen sei, wie es hieß. Auschwitz wurde zur Vokabel gemacht, mit der man jeden Zustand legitimieren konnte. In den neunziger Jahren nahmen die Angriffe zu bis zur Rede in der Frankfurter Paulskirche. Vorher fanden die Diskussionen auf einer intellektuellen Spielwiese statt. Aber dann bin ich mit dem Zeitgeist aneinandergeraten. Was da lief, war eine Zeitgeistorgie. Ich war

Zuschauer, Beobachter, Mitleidender. Was mir passiert ist, wäre in Frankreich, wäre in Amerika völlig undenkbar. Nur hier wird gleich ideologisch zugepackt.

Welche Ursachen sehen Sie für diese Zeitgeistorgie?

Der Zeitgeist ist in diesen vierzig Jahren theologischer geworden, rechthaberischer, moralistischer – intoleranter sind wir geworden. Man könnte es auch Opportunismus nennen. Und ich weiß jetzt: Es hat keinen Sinn, dem Zeitgeist zu widersprechen. Es hat keinen Sinn. Deshalb wird mein Auftritt in Dresden der letzte sein in der politischen Debatte. Ich werde mich nicht mehr von unglaublich törichten Reaktionen provozieren lassen und mich anderen Themen zuwenden. Warum zum Beispiel nicht Frauenstimmen bei Richard Strauss? Sie klingen wundervoll.

Welche Rolle spielt FAZ-Herausgeber Frank Schirrmacher? Er hält die Laudatio in der Paulskirche, moderiert die sogenannte Walser-Bubis-Debatte und schlachtet dann Ihren Roman Tod eines Kritikers *mit dem Vorwurf des Antisemitismus.*

Es muss der Zeitgeist sein, was denn sonst. Mir wurden von Kennern der Szene alle möglichen Erklärungen angeboten. Er habe den Skandal für seine Zeitung gebraucht und so weiter. Aber warum behauptet er, Walser habe an ihm vorbei versucht, den Roman in die *FAZ* zu bringen? Das Manuskript wurde am 9. Mai in Berlin beim Frühstück im Hotel vom Suhrkamp-Verleger Günter Berg an Hubert Spiegel übergeben, den Literaturchef der *FAZ*.

Können Sie die Debatte inzwischen mit einem weinenden und einem lachenden Auge sehen? Tod eines Kritikers *wurde schließlich ein Verkaufserfolg.*

Das Buch davor und das davor war auch ein Erfolg. Nein, mit Lachen sehe ich den Krach überhaupt nicht. Denn alles, was gegen
einen gesagt wird, hat eine viel nachhaltigere Wirkung als das, was
für einen gesagt wird. Zustimmung, so willkommen sie ist, sie hält
nicht vor. Gott sei Dank hat es das Publikum gegeben.

Die Widmung in Tod eines Kritikers *heißt: Für die, die meine
Kollegen sind. Wie weit gehen Sie dabei?*

Ich kann nicht anmaßend schreiben: Für meine Kollegen. Ich meine jene, die Ähnliches wie ich erlebt haben. Ein paar haben es sicher
so verstanden, Adolf Muschg zum Beispiel. Andere haben mir Ra-
chegelüste vorgeworfen. Mein Gott, aus Rache ein Buch schreiben!

*Auffällig war im vorigen Jahr, dass Bücher, die erfolgreich wurden,
mit einem Medienauftrieb verbunden waren. Braucht das Buch
den Eklat?*

Das Zurweltkommen eines Buches findet nicht unter obligatori-
schen Geräuschen statt. Ein Buch kommt heraus, weil der Autor es
schreiben musste. Ob der Kontakt zur Wirklichkeit danach minimal
oder gewaltig ist, hat damit nichts zu tun. Ich muss Sie für präver-
führt halten, wenn Sie glauben, ein Buch kann man daran messen,
was es für Krach auslöst. Mein erstes Buch *Ein Flugzeug über dem
Haus* hatte eine Auflage von zweitausend Stück, und noch Jahre später waren davon noch Exemplare zu kaufen. Doch so kann ich nie
mehr ein Buch so empfangen wie dieses. Diese Bücher haben doch
in einem eine sehr große Hervorbringungsnotwendigkeit.

Das bedeutet, dass etwas fehlt. Welchen Mangel verspüren Sie?

Selbst wenn er fassbar wäre, würde ich ihn nicht formulieren. Ich bin gerade fertig mit einem Büchlein. 1985 war *Meßmers Gedanken* erschienen, jetzt habe ich *Meßmers Reisen* geschrieben. Es ist mehr ein Sammeln von Gedanken aus meinen unendlichen Notizbüchern. Der erste Satz heißt: Phantasie ist Erfahrung. Der zweite Satz heißt: Ein Vogel pfeift einem Hund. Und der letzte Satz heißt: Alles, was ich mir sagen kann, ist nichts gegen das, was ich mir nicht sagen kann.

Und ein nächster Roman?

Er soll heißen *Der Augenblick der Liebe*, aber ich habe keine Sicherheit, dass ich den Ton finde. In diesem Buch hat mein Held eine geistige Bezugsperson, den Philosophen La Mettrie. Mein Lektor Thorsten Arendt hat mir eine wunderbare französisch-deutsche DDR-Ausgabe von La Mettries *Der Mensch als Maschine* besorgt.

Im Aufsatz Sprache und Vokabular *sagen Sie: Gott ist das zweitwichtigste Wort nach Ich. Das wird in Ostdeutschland wohl eher auf Unverständnis stoßen.*

Der Satz bezieht sich auf meine Geschichte. Ich bin auf dieses Wort von Anfang an gerichtet worden, unter speziellen katholischen Umständen. Das hat dazu geführt, dass ich Gott als größte Figur der Menschheit bezeichne. Es gibt keine konkurrierende Figur. Er ist nicht von einem gemacht, er ist Ausdruck unserer Erfahrung. Wir haben Gott so gemacht, dass wir vergessen können, dass wir ihn gemacht haben. Er hat jetzt eine selbständige Existenz. Wir müssen an ihn glauben. Manchmal glauben wir sogar, er habe uns gemacht. Wir haben Wörter für das, was es nicht gibt: Gott, Liebe, Treue, Ehre … Je nachdem, welchen Umgang einer mit Wörtern pflegt, kann er vergessen, dass es sich nur um Wörter handelt. Er nimmt sie als Existenz. Das ist nicht meine Sache. Ich kann bei Wörtern nicht davon absehen, dass es Wörter sind.

Wer ist für Sie die wichtigste deutsche Figur des 20. Jahrhunderts?

Ich würde Sie gern vor dieser Frage schützen. Wenn mir ein Superlativ zur Parteinahme angeboten wird, spüre ich in meinen Nervenbahnen leichte Verkrampfung. Wenn wir uns auf das 19. Jahrhundert und die Literatur beschränken würden, könnte ich auch nicht sagen: Dostojewski. Sondern: Dostojewski und Flaubert. Ich habe natürlich meine erklärten Heiligen am Literaturhimmel. Sie heißen Swift, Jean Paul, Hölderlin, das geht bis Brecht. Es sind jene, die sich im Laufe der Jahrzehnte als unverzichtbar erwiesen haben.

Verwundungen

Ein Gespräch mit Heinz Sichrovsky
2003

Was ist Meßmers Reisen?

Ich muss das zum Glück nicht bezeichnen, weil ich kein Gattungs-
theoretiker bin. Für mich ist diese Art von Sprache, die ich durch
die Jahre pflege, der Versuch, mir so nahezukommen wie durch
keine andere Aussageform. Das ist auch Training – einem Satz nicht
zu glauben, bis er mich betört und sagt: Lass mich so stehen. Diese
Sätze sind ja dressiert, aussagefit. Viele waren zehnmal so lang, bevor ich sie auf ihren Kern heruntergedressiert habe. Du merkst, wie
die Sprache dich täuschen will, sie ist voller Angebote des schon
Gesagten und Halbgesagten, vielleicht sogar gut Gesagten. Aber du
willst es vielleicht noch richtiger sagen, und am Ende kommt ein
Daseinsprotokoll heraus: Dasein wird nicht einfach hingenommen,
sondern durch Arbeit auf Zuverlässigkeit geprüft.

Ich erinnere mich an ein Telefonat mit Ihnen, als Sie das Buch
vor einem Jahr zu schreiben begonnen haben. Damals waren Sie
mitten in den Intrigenmäandern und Beschmutzungsritualen um
Tod eines Kritikers. Sie sind Meßmers Reisen *damals wie eine*
Seelenreinigung angegangen.

Das ist aber zu viel der Ehre für diese blöde Aktualität! Das Buch
reagiert auf das Dasein unter allen Umständen, nicht nur unter diesen blöden und unwürdigen! Es sind die Adressen an jeden Leser:
Geht's dir auch so?

Ein Gespräch mit Heinz Sichrovsky

Hat sich in diesem Jahr seit der Kampagne um das angebliche Reich-Ranicki-Pamphlet etwas für Sie geändert? Trauen Sie weniger Menschen? Ist Ihre Distanz zum Feuilleton größer geworden?

Ich habe halt ein paar Leute genauer kennengelernt. Es hat sich allerdings keiner ganz anders gezeigt, als mein Gefühl ihn vermutet hat, im Guten wie im Bösen. Ich habe Leute kennengelernt, die haben sich bewährt, und andere, die sich gezeigt haben, wie sie eben sind. Es hat sich alles sehr verschärft, und es ist auch nicht schlimm, wenn man genauer zu wissen kriegt, wie's steht. In *Meßmers Reisen* gibt es eine Stelle, die heißt etwa: Du musst dir eine Blöße geben, besser noch zwei Blößen. Dann erfährst du, wie die Leute zu dir stehen.

Aber am Anfang schmerzen solche Erkenntnisse doch.

Natürlich! Aber reden wir nicht zu viel von diesen blöden Schmerzen. Die hab ich noch nicht verarbeitet, und sie sind noch nicht vorbei. Verglichen mit der Meßmer-Ebene sind diese Schmerzen auf einer anderen Ebene der Seele. Die Seele ist ja ein vielschichtiges Ding, und die Kammern, in denen diese Schmerzen gelagert sind, bleiben jetzt einmal verschlossen. Da warten wir die Flaschengärung ab.

Und dann?

Das weiß ich nicht. Was einem wichtig wird, ob man es will oder nicht, hat in einem ja Folgen. Das bleibt für mich jetzt lagernder Stoff und lagernde Qualität, und irgendwann mach ich dann was damit.

Was?

Keine Ahnung. Ich weiß aus Erfahrung, dass man solche Ein-
lagerungen sich selbst überlassen muss. Im Moment habe ich damit
nichts zu tun. Ich schreibe an einem Roman.

Wie heißt er?

Der Augenblick der Liebe. Das ist auch schon der Inhalt, den ich
Ihnen jetzt sagen kann.

Eine Liebesgeschichte, die auch mit Ihnen zu tun hat?

Welcher Roman hat nicht mit einem selbst zu tun? Ich würde nie
einen Roman über Leute und Geschehnisse schreiben, die nichts
mit mir zu tun haben! Selbst wenn ich über den Dreißigjährigen
Krieg schreibe, dann nur, weil ich am Dreißigjährigen Krieg beteiligt war und immer noch mit den Folgen zu tun habe.

Sind Sie seit den Ereignissen des Vorjahres einsamer geworden,
menschenabgewandter, vorsichtiger im Umgang?

Einsamkeit ist so ein gewaltiges Wort. Die Meßmer-Eintragungen
handeln doch auch von Einsamkeit! Und natürlich gibt da das Erlebnis oder die Erfahrung des Alleinseins den Brennstoff. Im Roman würde die Einsamkeit Handlung produzieren. So produziert
sie Daseinsbezeugungen.

Sie haben mir damals gesagt, Sie würden am liebsten wieder wie
in Ihren jungen Jahren mehrere Monate des Jahres in Amerika
arbeiten, um Distanz zu gewinnen.

Der Augenblick der Liebe spielt zur Hälfte in Amerika und zur Hälfte hier. Ich habe keine Zeit mehr, wie damals den Gastprofessor zu spielen. Das ist vorbei, so schön es war. Aber das kann man nur machen, wenn man noch kein Gefühl für die Knappheit der bemessenen Zeit hat. Aber in meinem Alter kann man sich nicht mehr vergeuden.

Haben Sie das Gefühl der bemessenen Zeit?

Natürlich, ja! Das habe ich sehr, sonst würde ich nicht in diesem Jahr noch einen Roman geschrieben haben. Ich habe eine Jahrgangszahl und weiß auch nicht, wie lange mir das Schreiben so viel Spaß macht wie jetzt. Ich wundere mich selber darüber. Wenn ich mir meine Voraussagen in meinen Notizbüchern ansehe – und ich war immer ein Zeithysteriker –, so würde ich zumindest ganz sicher nicht das tun, was ich heute tue.

Sie sind doch kein Greis.

Aber es stünde mir zu, einer zu sein.

Wir erleben derzeit eine Vorherrschaft der USA in allen Belangen.
Sie waren und sind seit dem Vietnamkrieg einer der großen
Kritiker Amerikas.

Was mir da zuerst in den Sinn kommen will, ist: dass ich die USA mehrfach in ihren Auftritten erlebt habe. Vietnam in den sechziger Jahren, Kennedy, Reagan und so weiter. Aber von allen Auftritten der USA finde ich den Bush-Auftritt den peinlichsten. Ich glaube nicht, dass Clinton trotz verschiedentlicher Drohungen diesen Krieg unter dem Vorwand des 11. September geführt hätte. Ich glaube auch nicht, dass diese Präventivrechtfertigung und die Globalisierung dieser These und Idee unter einer anderen Verwaltung möglich gewesen wäre. Für mich hängt alles davon ab, ob die Amerikaner diesen Bush noch einmal wählen.

Was wäre dann?

Dann würden sie bezeugen, dass sie immer noch an die Legitimität des Weltherrschaftsanspruchs glauben. Und die gibt es garantiert nicht. Es gibt keine Idee, die die Welt beherrschen darf, auch nicht die der amerikanischen Demokratie. Man kann nicht anderen Menschen sagen, wofür sie sich schämen sollen und wofür nicht. Das muss man den Leuten in jedem Land selbst überlassen. Wir können nur hoffen, dass an diesem Zustand nur eine Administration Bush Schuld trägt, die bald wieder in eine andere amerikanische Tradition überführt wird. Denn das andere Amerika gibt es ja auch. Ich weiß das, denn ich bin lang genug dort gewesen. Das ist ein wunderbares Land mit wunderbaren Leuten, und es gibt dort auch etwas anderes als dieses Kabinett, das bei jedem Zusammentritt zuerst einmal betet. Das muss man sich vorstellen: eine Macht, die die Welt beherrscht, muss zuerst einmal beten, bevor sie politisch denken kann!

Schließen Sie sich der These an, dass wir dem globalen Analphabetismus zusteuern und dass das Buch im Rückzug begriffen ist?

Das ist doch Soziologenzeitvertreib! Ich kenne davon nichts und glaube es nicht, solange ich es nicht am eigenen Leib verspüre, und dort verspüre ich es nicht. Wir waren in der Oberschule vierundzwanzig Kinder. Einundzwanzig haben Fußball gespielt, wogegen nichts zu sagen ist. Drei haben gelesen, und unter diesen drei waren wir wiederum zwei, die auch *Dorian Gray* und *Brüder Karamasow* zur Hand genommen haben. Diese zwei gibt es heute in jeder

Klasse. Ich kriege jeden Tag Post von Leuten, die lesen. Gestern ist ein sechsseitiger Brief gekommen, ich schäme mich, weil ich nicht entsprechend antworten kann. Menschen haben etwas von mir gelesen, und das regt sie an, mir von ihnen etwas zu erzählen. Jeder liest nicht mein Buch, sondern er liest sein Buch in meinem Buch. Das ist ein lebendiges Gewebe, dem nichts fehlt.

Liebenswürdige Menschen sind gefährlich!

Ein Gespräch mit Roman Pliske
2004

Herr Walser, gestern wurden Sie gefeiert, endlich und ohne Widerspruch. Wollen wir darüber mit einem Glas Bordeaux anstoßen?

Das geht leider nicht. Ich habe in der vergangenen Nacht zu viel, mehr als zu viel getrunken. Erst beim Italiener, zum Warmreden, dann bis halb drei in der Hotelbar – dort gab es nur kalifornischen Rotwein, na ja. Ich habe mich vergessen. Wissen Sie, Sturzgelegenheiten kommen immer wieder. Man müsste beizeiten stürzen lernen. Wenn ich am Stürzen bin, erbitte ich meistens eine Zigarette, rauche drei Züge und kann sie ohne große disziplinierte Anstrengung ausmachen. In der letzten Nacht habe ich mindestens fünf Zigaretten geraucht. Das sagt alles. Es waren eben liebenswürdige Menschen. Das ist gefährlich: liebenswürdige Menschen!

Hat sich ein bisschen Erleichterung in die Feierlaune gemischt?

Ein bisschen ist gut. Stürmische Erleichterung! Der Roman lebt! Der Roman ist möglich! Jeder Roman gräbt den Autor um, beziehungsweise der Autor investiert sich ganz und gar.

Haben Sie nicht Sorge, dass der Roman nun auch biographisch gedeutet wird?

Nur Klatsch-und-Tratsch-Journalisten, denen Literatur fremd ist, forschen in der Hauptfigur nach nichts als dem Autor. Das ist die Talkshowvariante des Lesens. Ich bin doch Anna und Beate, also die beiden Frauenfiguren, mindestens genauso wie Gottlieb Zürn. Der Roman als Lebensstimmung oder Weltverhältnis, das ist der Autor. Und wenn das von anderen erkannt, gespürt, geteilt wird, dann bist du mit deinem ganzen Entblößungsrisiko nicht mehr allein. Und das ist eine fürchterliche Erleichterung.

Sie haben nach fünfzig Jahren «literarischer Ehe» den Verlag gewechselt, und die Verhandlungen um Ihr Gesamtwerk sind immer noch nicht beendet.

Von außen gesehen kann es gehen wie eine Ehescheidung, da kommt es ja auch bei vernünftigen Leuten zu nie gedachten Zerwürfnissen. Aber ich glaube daran, dass dieses Auseinandergehen glücklich enden kann. Der Suhrkamp Verlag war und ist ein wunderbarer Verlag. Für mich war er das runde fünfzig Jahre lang. Dann diese Machtgeste von außen. Der *FAZ*-Herausgeber Schirrmacher, der, wie man weiß, in jedem Sommer ein schrilles Signal produzieren muss, und sei es nur, um die gerade kränkelnde Auflage zu stützen, der produziert dann einen Skandal. Und ein paar Opportunisten und, bitte, auch Opportunisten springen auf das Zeitgeisttrittbrett, und da ging der Verlag in die Knie, obwohl er wusste und es auch sagte, dass der Schirrmacher'sche Vorwurf unhaltbar ist. Also habe ich gehen müssen. Daraus Ideologie zu zapfen, dass seit Jahren schon eine Entfremdung zugenommen habe – diese nichts als Machtmache eines durch zu viel Macht ein bisschen unsensibel gewordenen Zeitungschefs –, dergleichen politisch zu verbrämen, das zeigt nur, in welch labilen Verlegenheiten manche Intellektuelle, wieder weibliche und männliche, existieren müssen. Der nach wie vor wunderbare Suhrkamp Verlag kann diesen Knick vergessen. Ich auch. Dann werden wir, der Verlag und ich, uns so benehmen, wie es dem Andenken Siegfried Unselds gemäß ist.

Ihr neuer Roman, der gestern in den ersten fünf Exemplaren ver-
teilt wurde, ist äußerst souverän. Er erzählt eine private Liebes-
geschichte, ja vielleicht sogar zwei Geschichten der Liebe. Und er
greift wie nebenbei ein großes politisches Thema auf: die Schuld-
frage der Deutschen. Man verrät nicht zu viel, wenn man sagt, dass
diese Frage mit einem sehr eleganten Kunstgriff aufgelöst wird …

Diese politische Strähne in einem Roman des bloßen Gefühls habe
ich nicht geplant gehabt, habe ich nicht gesucht. Sie ist ein Ergebnis
jener Dialektik, die sich beim Romanschreiben entfaltet. Sobald der
Roman einmal läuft beim Schreiben, das kann nach einem Viertel
oder Drittel der Gesamtstrecke passieren, hat der Autor nur noch
eine bedienende Funktion. Er bedient die Figuren und Motive. Die
Selbsttätigkeit dieser Entwicklung darf dialektisch heißen. Weil
diese Figur das und das tut, muss die andere so und so reagieren.
Und auf diesem Weg ist das Politische in den Roman hineingekommen. Und da das in Amerika passiert, passiert es so, wie es passieren
muss. Diese Zürn-Szene würde in Deutschland anders verlaufen.
Obwohl, nachträglich, aber wirklich erst nachträglich, habe ich bemerkt, dass dem Gottlieb Zürn in Kalifornien etwas passiert ist wie
mir nach der Paulskirchen-Rede. Dieses Eigenleben der Wirkungen.
Damals haben auch Siegfried Unseld und Ulla Berkéwicz meine
Rede gelesen, vorher, haben sie gut gefunden, keiner von uns ahnte,
dass passieren könnte, was nachher passierte. Man muss offenbar
immer auf alles gefasst sein. Und genau das ist man nicht. Kann man
nicht sein. Sonst würde man ja gar nichts mehr tun. Auf jeden Fall:
Gottlieb Zürn erlebt es jetzt auf seine Weise.

Im Hotel wurde Ihnen gestern das erste Exemplar des Buches
übergeben – mit den Worten: Hier habe ich noch eine Kleinigkeit
für Sie. Tatsächlich wirkt der Roman geradezu aus dem Ärmel
geschüttelt.

Das ist gar nicht der Fall. Es ist ein zwanzig Jahre alter Stoff, den ich wie einen guten Bordeaux gelagert habe. Immer wieder musste ihm ein wenig Sauerstoff zugeführt werden. Auch einen alten Stoff schreibst du unter den heutigen Bedingungen, eben wenn du denkst, dass die Zeit reif ist. Und dann entscheidet nur noch die Tagesform. Heinrich Böll hatte immer Zeichnungen mit Kurven und Farben für seine Bücher. Meine Figuren richten sich nicht nach solchen Plänen. Ich habe das nicht vorgehabt, was in dem Buch passiert. Es ergibt sich aus der Stimmung – und der Stoff gibt es her.

Wie lange haben Sie an Ihrem neuen Roman geschrieben?

Nach zwanzigjährigem Notieren ein Jahr, ein langes Jahr.

Der Leser lernt im Augenblick der Liebe: *Liebe kann immer passieren. Gottlieb trifft sie wie der Schlag in Gestalt einer jungen Studentin. Dann findet er wieder zu seiner Frau zurück. Ist der Roman letztendlich eine Liebeserklärung an die Ehe?*

Wenn es den *Augenblick der Liebe* in diesem Buch überhaupt gibt, dann, als Gottlieb seiner Frau am Ende das Sie anbietet. Es kam auch von weitem, so etwas kann man nicht planen. Mit dem Sie können sie sich neu kennenlernen, ja sogar das Erotische kommt wieder in die Ehe. Es ist das Gegenteil von Entjungferung – es ist die Verjungferung der Ehefrau. Und damit besitzt das Buch kein Ende, es ist der ideale Roman, der in sich die Fortsetzung trägt. Nur das Wort wäre eine Trivialisierung.

Inwiefern ist der Augenblick ein dramatischer Vorgang?

Natürlich lebt der Augenblick immer von einem Bild. Hier, im Buch, ist das die unglaubliche Sonnenblume. Eine Studentin besuchte mich einmal wegen ein paar Fragen, sie studierte in Konstanz, und sie brachte diese riesige Sonnenblume mit. Zack – war sie im Buch. Als Autor kannst du alles brauchen. Alles ist ein Spezialmagnet, eine Frequenz, die alles aufnimmt, was zum Buch gehören soll.

Sie haben mir einmal gesagt, dass Sie eigentlich immer schreiben. Der neue Roman liegt gerade vor. Rein rechnerisch müssten sie also jetzt wieder an einem Buch sitzen ...

Ich bin in der Phase der Vorbereitung. Mein neuer Roman hat schon einen Titel. Kennen Sie ihn? Er heißt «Mädchenleben». Es ist auch ein älterer Stoff, der gern in zwei Jahren fertig sein würde. Aber das ist alles andere als sicher.

Sagt Ihnen eigentlich das Wort Schreibhemmungen etwas?

Ich mag dieses Wort nicht, denn es steht für etwas, das man nicht genau bezeichnen kann. Ich bin einmal zu einem Kollegen nach München gekommen, der ein Diktiergerät besaß. In einer Zeit, da das noch ein Luxus war. Da sprach er seine Gedanken hinein, wenn er nicht schreiben konnte. Schreibhemmungen – das muss man sich leisten können, dachte ich damals. Wenn du nicht schreiben kannst, musst du etwas anderes schreiben oder es anders schreiben. Wenn du es von dir nicht kriegst, musst du nachdenken, was du von dir kriegen kannst. Denn: Du kannst immer etwas von dir kriegen.

Was macht Martin Walser abends?

Sie können es sich vielleicht nicht vorstellen, aber: Schreiben ist anstrengend. Ich schreibe ja von Hand. Abends bin ich müde, also wirklich erschöpft, physisch. Das ist klar, dass ich dann ein Glas Rotwein trinke – nicht zur Entspannung, sondern zur Entkrampfung.

Gestern sahen Sie in Ihrem hellen Anzug sehr elegant aus.

Mein einziger Sommeranzug, ein italienischer. Alles Schöne kommt aus Italien. Auch meine Tasche, sie ist aus San Remo, nachdem mir meine letzte in Nizza auf dem Flughafen überfallartig entwendet wurde. Das Schlimme dabei – mit meinem Notizbuch!

Nur Ihre Schuhe – die dunkelbraunen Budapester, die Sie gerade tragen – sind nicht von dort, oder?

Nein, es sind schlichte Sioux, die einzigen, die ich zum Anzug anziehen kann. Ich habe noch ganz tolle, Hogan, das ist der Sohn von Todds, aber die kann man zu einem Anzug leider nicht tragen. So wenig wie die Schuhe von MBT, das bedeutet Masai Barefoot Technology. Es gibt sie in einer Sandalenversion, einer geschlossenen Sommerversion und als Businessschuh. Ich habe sie bei meinem Physiotherapeuten gesehen, sie sind ganz speziell, denn in der Mitte ist die Sohle am dicksten. Damit geht man dann wie die Massai in der Wüste. Es sind Gehwerkzeuge der besten Art, wahre Wunder. Man muss dazu allerdings neu gehen lernen. Aber Lernen vermittelt ja die Illusion, man lebe noch.

Träume sind unser Größtes

Ein Gespräch mit Jörg Magenau
2004

Herr Walser, die Titel Ihrer Bücher lassen eine besondere Affinität zum Wort Liebe erkennen. 1976 erschien Jenseits der Liebe, *2000 dann* Der Lebenslauf der Liebe. *Ihr neuer Roman, der Ende des Monats erscheinen wird, heißt* Der Augenblick der Liebe. *Fürchten Sie nicht, mit diesen Liebestiteln in Trivialitätsverdacht zu geraten?*

Solche Überlegungen sind mir fremd. Wenn ein Titel nach meinem Gefühl für ein Buch passt, dann nehme ich ihn. *Jenseits der Liebe* musste so heißen, das war ganz klar, und das ist ja auch nicht trivial. Da ging es um das Erloschensein von allem, was Liebe heißen kann. *Der Lebenslauf der Liebe* ist das Unterwegssein zur Liebe oder der Weg von der Liebe weg. Im neuen Roman geht es darum, dass es Augenblicke der Liebe gibt, die hervorgehoben sind, die aber wieder durch andere Augenblicke konterkariert werden, die auch Liebe heißen und die mit den ersten Augenblicken überhaupt nicht zu vereinbaren sind. Das ist eben so. Das muss man hinnehmen. Das lässt sich nicht ausräumen. Das ist ein Widerspruch, der in uns liegt. Die drei Vorkommen des Wortes Liebe sind völlig unterschiedlich. Sie mit Ihrem groben Betriebsblick müssen natürlich sagen, das ist trivialitätsverdächtig – für mich ist es das nicht.

Schon in Ihrem ersten Roman von 1957, Ehen in Philippsburg, *ging es um Liebesverhältnisse, auch wenn Sie damals als «gesellschaftskritischer» Autor wahrgenommen wurden. Kann man sagen, die Liebe in all ihren Erscheinungsformen ist Ihr eigentliches Lebensthema?*

Das stammt nicht von mir: gesellschaftskritischer Autor. Das ist das, was Leute wahrnehmen. Leute nehmen ja immer wahr, was ihnen entspricht. Wenn ich sagen müsste: Liebe ist mein Lebensthema, wäre mir unwohl. Das ist doch blöde. Das wäre gerade so, wie wenn Sie fragen: Brauchen Sie Sauerstoff? Und ich sage: Ja, Sie haben recht, ich brauche Sauerstoff.

Ist Gesellschaftskritik und Liebe ein Gegensatz? Bedeutet Liebe als etwas Privates den Verlust von Gesellschaftlichkeit, oder ist sie eine soziale Kompetenz?

Das sind alles Wörter, die weitab von mir liegen. Sagen wir so: Der Roman – ich glaube, alle Romane, aber meine ganz sicher – sind ein Ausdruck der Schwierigkeit, Selbstbewusstsein zu erringen und zu bewahren. Nichts anderes. Da finden Sie Ihre Themen sofort unter einem Hut. Schon als Zwölfjähriger, lange vor dem Berufsleben, ist man durch die Pubertätserfahrungen großen Gefährdungen ausgesetzt. Ich habe mein Selbstbewusstsein von Anfang an als ein problematisches erlebt, das mir von der Welt nicht ohne weiteres zugestanden wird. In Karl-May-Romanen habe ich gefunden, wie sich Stärke gegenüber der Gefahr manifestiert. Old Shatterhand mit seinen Gewehren besiegt seine Gegner. Die, die er besiegt, sind böse. Der Held von Karl May ist mühelos erfüllt von unangreifbarem Selbstbewusstsein. Er ist immer auf der rechten Seite, er macht taktische Fehler und kassiert mal eine Niederlage, aber er besitzt ein ungefährdetes Selbstbewusstsein. Das macht es für das Kind so rasant und so toll, dass man immer auf der richtigen Seite ist. Dann gibt es aber auch Winnetou, der die Liebe besorgt, für Old Shatterhand. Winnetou darf man lieben.

Das heißt, es gibt auf der einen Seite Selbstbewusstsein als Pol und auf der anderen Liebesfähigkeit?

Die Liebesfähigkeit Winnetous nennt man vielleicht nicht unmittelbar Selbstbewusstsein, aber seine Umarmbarkeit gehört zum Lebensgefühl von Old Shatterhand. Er sagt: Du bist mein Bruder. Die Herzlichkeitsgewissheit gehört zur Bildung des Selbstbewusstseins dazu. Für den Zwölfjährigen im wirklichen Leben gibt es die Schule, Freunde, vielleicht die Straße und das Elternhaus. In der Schule gibt es Noten, als Erfolgs- oder Misserfolgsbestätigungen, die am Selbstbewusstsein nagen oder es preisen. Und daneben entwickelt es sich genauso auf der Straße und mit den Mädchen am Abend. Es geht um nichts anderes als darum, geliebt zu werden und dass ich gut bin in den Leistungen.

Kommt das Liebesbedürfnis also eher aus einem brüchigen Selbstbewusstsein, aus dem Wunsch, beim anderen etwas zu finden, das einem fehlt?

Ich finde das viel zu definitionssüchtig, was Sie da sagen. Da wird doch überhaupt nicht analysiert. Da wird zugegriffen in jede Vergeblichkeit hinein. Wenn ich einen Aufsatz in der Schule geschrieben habe, dann war das genauso, wie wenn ich zu einem Treffen mit einem Mädchen ging, mit dem ich verabredet war. Ich wollte jedes Mal einen Einser. Von dem Mädchen und von dem Lehrer. Ob ich ihn bekam oder nicht, das hat sich auf mein Selbstbewusstsein ausgewirkt.

Das ist ja richtiges Marktverhalten!

Wieso brauchen Sie denn immer ein soziologisches Wort? Das ist doch ein Gefühlsverhalten. Ich will es konzentrieren. Ich will es auf die eine Seelenstelle lenken, wo das Selbstbewusstsein sich bildet. Dass da nicht zwei getrennte Herzkammern sind, sondern eine Stelle: Selbstbewusstsein. Sie kann ernährt werden durch Leistung oder durch Liebe. Darum geht es immer.

*Aus Ihren Romanen lässt sich ablesen, wie sich die Liebesverhält-
nisse verändert haben. 1957 hat man anders geliebt als 1968
oder 2000.*

Das glaube ich nicht.

Das zeigen aber Ihre Romane.

Ich merke davon nichts.

Ehen in Philippsburg *ist ein Roman, der die Verhältnisse der
fünfziger Jahre und des Wirtschaftswunders beschreibt. Die Ehe
wird als bürgerliche Institution im Stadium ihres Niedergangs
beschrieben. Alle Philippsburger Ehen sind hochgradig verlogen
und fassadenhaft.*

Das muss ich zugeben. Es gibt kein anderes Buch von mir, in dem
Liebe so von gesellschaftlichen Umständen abhängig ist. Dieser
Hans Beumann will sich etablieren und macht einen peinlichen
Liebesfehler. Der wird dann auch nicht mehr behoben, oder?

*Er heiratet eine Tochter aus einflussreichem Haus, weil er in
die Gesellschaft der Stadt hineinkommen will. Im Roman* Der
Sturz *von 1973 taucht er noch einmal auf. Seine Gattin ist fett
geworden und er endet mit Selbstmord.*

Heilandzack, ja! Schrecklich. Aber das geschieht ihm recht. So wie
den Beumann habe ich keinen Helden mehr behandelt. Da habe
ich die gesellschaftlichen Bedingungen siegen lassen über die Figur.
Später wird es viel schlichter. Etwa bis zu *Ein fliehendes Pferd* heißt
es, die Helden müssen Geld verdienen. Das wirkt sich weniger aus
als die bürgerlichen Formalitäten in *Ehen in Philippsburg*. Anselm

Kristlein fährt durch diese Bedingungen wie durch Slalomstangen.
Der weiß nur, er will Geld verdienen, aber er lässt sich nicht klein-
kriegen. Er wehrt sich. In einem Roman wie *Seelenarbeit* ist die gesellschaftliche Bedingung des Helden dann wieder profilgebender
als seine Beziehung zu seiner Frau. Xaver Zürn ist Chauffeur. Wenn
er seine Herrschaften fährt, sitzt vorne der Direktor und hinten die
Frau Direktor. Die sieht er im Rückspiegel, diese Frau, die alles, was
zwischen fünfzig und sechzig ist, wegschminken und wegliften will.
Im Gesicht seiner eigenen Frau, Agnes, blühen dagegen die Jahre.
Da hält er einen begeisternden inneren Monolog über seine Agnes.
Das finde ich immer noch eine sehr schöne Stelle, die ich gerne vorgelesen habe. Der gesellschaftliche Druck in diesem Roman ist sehr
stark. Nachts liegt der Xaver wach und denkt an seinen Chef, aber
er weiß, der Chef denkt nicht an ihn. Das ist auch eine enttäuschte
Liebe. Ganz sicher. Am Ende lasse ich das Ehepaar wie zwei Felder
in der Sonne nebeneinanderliegen. Das ist meine Sucht, dem Negativen auszuweichen und Romane erträglich enden zu lassen.

Im Einhorn *bekommt Anselm Kristlein den Auftrag, einen
Roman über die Liebe zu schreiben. Er scheitert an der Aufgabe.
Er stellt fest, keine Sprache dafür finden zu können.*

Ja? Das stellt er fest? Wenn ich mich daran erinnere, erinnere ich
mich an etwas anderes. Ich erinnere mich daran, dass er einen irren
oder verzweifelten oder grotesken Versuch macht, mit Hilfe von
Sprache seine Frauen in eine einzige zu bringen.

Also seine Ehefrau und seine Geliebte.

Dass Sie so ein Wort ertragen! Die Orli ist doch nicht seine Geliebte,
sie ist seine LIEBE! Durch Orli macht er eine alles vorläufige Be-
nennungswesen entkräftende Erfahrung. Und am Schluss macht

er aus Orli und Birga – Orga. Das ist eine Kunstfigur. Eine Sprach-
schöpfung. Das heißt: Es gibt dafür keine irdische Stadt, nur den
Roman!

Was ist es, was sich in der Wirklichkeit nicht vereinbaren lässt?
Wofür stehen die beiden Frauen?

Die stehen für nichts als sich selbst. Die sind keine Repräsentationen
von etwas. Die Orli ist nur die Orli. Natürlich kann man sagen, sie
ist eine exotische Erscheinung, verglichen mit der Birga. Das eine
ist die Wirklichkeit, das andere ist die Vorstellung. Beides geht nur
in Wörtern zusammen. Das macht die Schriftstellerei aus, finde ich.

*Das Einhorn erschien 1966, in einer Zeit, als mit der Studenten-
bewegung auch die Liebesverhältnisse zum Politikum wurden.
Damals hieß es: Das Private ist politisch. Was hielten Sie davon?*

Das ist Blödsinn. Dann kann man genauso gut sagen, es gibt nichts
Privates. Es gibt keine Wohnung, durch deren Wände nicht andauernd alles Öffentliche durchflutet und die Leute mehr oder weniger
glücklich oder unglücklich macht. Umgekehrt haben seriöse Intellektuelle, Diskursfürsten, mir 1998 vorgeworfen, in welcher Sprache
ich in der Paulskirche, bei der Friedenspreisrede, über die nationale
Beschwernis gesprochen habe. Sie warfen mir vor, das Politische zur
Privatangelegenheit gemacht zu haben. Weil sie denken, dass eine
Sprache erwartbar bis vorgeschrieben sei, wenn man an diesem Ort
zu dieser Zeit über dieses Thema spricht. Aber dann ist es sinnlos zu
sprechen. Es gibt keine eingeführte Sprache, deren ich mich bedie-
nen kann. Dann kommt ein Gerhard-Schröder-Text dabei heraus.
Als Bundeskanzler kann ich mir jede Menge Textglätte leisten, da
werden die Leute diese zehn Minuten überstehen. Ich als Schriftsteller kann nur auftreten, wenn ich ich selber zu sein versuche. Das

nennen die dann privat. Da haben Sie die Umkehrung: Das Politische ist privat. Das wäre doch der gleiche Unsinn. Für einen Autor gibt es diese Einteilung nicht. Die gibt es ja auch nicht in der Liebe.

Formeln sind immer blöd, aber sie sind manchmal als prägnante Verkürzung notwendig. 1968 ging es doch um etwas, darum, die erstarrten bürgerlichen Ordnungen auch in den privaten Beziehungen aufzubrechen.

Aber das schafft man nicht mit derselben Formelhaftigkeit! Es gab damals einen Fachmann fürs Erotische: Günter Amendt. Ich konnte seine Bücher nicht aufblättern. Ich kann in diesem Vokabular nichts erfahren. Ein anderer, der damals wichtig war: Wilhelm Reich. Für mich war das null. Langweilig. Da wird der Versuch gemacht, alles in einem bestimmten Vokabular recht haben zu lassen. Da war mir zu wenig Naturwissenschaft drin. Als ich noch etwas jünger war, hat mich alles Psychologische interessiert. Und alles Neurochemische. Da habe ich mich umgeschaut. Aber nicht im gesellschaftlichen Vokabular fürs Erotische. Mein Aufwachen, Älterwerden, Erwachsenwerden habe ich in diesen Vokabularen nicht untergebracht. Ich habe sogar am heiligen Freud keine Freude gehabt. Ich weiß noch, wie ich meinen ersten Zwist mit Habermas hatte. Es war nach einer Lesung von mir, etwa 1980, da sind wir auf Freuds *Traumdeutung* gekommen. Als ich sagte, ich hätte Freud instinktiv abgelehnt, konnte Habermas nur breitseitenhaft polemisch reagieren. Instinktiv?! Um Gottes willen! Damals hatte ich noch keine eigenen Versuche oder Erfahrungen im Umgang mit Traummaterial. Inzwischen habe ich das und kann nur sagen, wie richtig ich meine instinktive Abwehr dieses technischen, instrumentalisierenden, pseudosprachlichen Umgangs mit Träumen finde. Ich bin gegen das Übersetzen von Träumen. Ich glaube nicht an die Traumarbeit, wo etwas übersetzt werden muss, weil man es sich nicht gestattet. Dass man aus bürgerlichen Sowiesogründen Schamhaare in ein Bahnhofswäldchen verwandelt. Nein. Träume sind deutlich. Ich träume sowohl ganz direkt wie vollkommen phantastisch. Aber nie undeutlich.

Träume sind eine Art Erzählung?

Die Zusammenfügungskraft von Träumen ist das Wildeste, was es gibt. Man kann Schriftsteller sehr gut danach beurteilen, wie sie Träume aufschreiben, was sie bieten als Traum. Vergleichen Sie mal den Traum bei Robert Walser im *Jakob von Gunten*, und schauen Sie im *Zauberberg* den Schneetraum an, wo es ganz am Schluss heißt, glaube ich: Ja, trefflich geträumt. Das haben wir gut hingekriegt. Man weiß inzwischen, dass dieser Traum nach einem Jugendstilbild gemacht worden ist. In Goethes *Wilhelm Meister* – da bin ich jetzt philologisch nicht sicher – gibt es einen Traum, den finde ich handwerklich-technisch das Schwächste am ganzen *Wilhelm Meister*. Da brennt ein Haus und so weiter. Das ist wie präpariert für Freud. Im Grunde genommen ist diese Art von Umgang mit dem Traum ein bürgerliches Bühnenbild, mit dem man die Wirklichkeit aufs Billigste verstellt. *Jakob von Gunten* ist dagegen ein ganz wilder Traum. Träume dürfen nicht aufgehen. Dazu gehört aber die Fähigkeit, aufzupassen. Das Tagesbewusstsein am Morgen neigt dazu, die Träume verständlicher zu machen, als sie sind. Diese wilde Schnittfolge von kreuz und quer flutenden Bildern! Das geht so schnell. Und dann lässt man weg, was man nicht unterkriegt, und schon hat man eine verständliche Geschichte. Ich glaube, dass die Leute an ihren Träumen sündigen. Träume sind unser Größtes. Unser Unausschöpfbares. Die Szenen, die Scheußlichkeiten, die Großartigkeiten sind durchflutet von Wirklichkeitskommandos und Erfahrung. Der Traum geht wüst um mit diesen Wirklichkeitskommandos und bringt sie zu einer allerhöchsten Deutlichkeit, die keiner Deutung bedarf. Das ist für mich das Wichtigste.

Eine ganze Reihe Ihrer Romane beginnt damit, dass die Helden morgens im Bett erwachen und das Aufstehen bewältigen müssen. Mühsam finden sie in den Tag, weil das bedeutet, wieder in der Gesellschaft funktionieren zu müssen.

Das ist der simpelste Vorgang. Darum geht es. Gottlieb Zürn hat sogar einmal das Gefühl, er stünde auf dem Kopf beim Aufwachen. Er steht natürlich nicht auf dem Kopf.

Ihre Romanhelden sind stets verheiratete Männer, die eine oder mehrere Geliebte haben und die unterschiedlichen Verhältnisse ausbalancieren müssen. Die Ehe genügt ihnen nicht, obwohl sie unverheiratet verloren wären. Was ist das Ungenügende an der Ehe? Und warum geht es ohne Ehe nicht?

Gut. Also. Wenn Sie das so schicksalhaft präsentieren: Ich habe mal einen Aufsatz über Frauenstimmen bei Richard Strauss geschrieben. Desaströser kann es nicht zugehen als in den Frauenrollen der großen Opern des 19. Jahrhunderts. Bei Verdi und Wagner müssen die Frauen alle untergehen, verrecken, vergiftet werden, sich umbringen, ihm nachsterben und so weiter. Dann kommt der Strauss und lässt diese Frauen singen und überstehen. In seiner Oper *Ariadne auf Naxos* geht es in der Arienorgie der Zerbinetta um das Naturrecht der Frau auf Untreue. Ebenso in *Helena*. Bei Homer entführt Paris die Helena nach Troja. Sie geht begeistert mit ihm mit, verlässt ihren Mann Menelaos, vergisst glatt ihre Tochter Hermione. Es folgt der Krieg, Menelaos zieht mordend durch Troja, säbelt alles nieder. In der letzten Palastkammer kauert Helena und hat schon ein schlechtes Gewissen. Sie denkt, der säbelt jetzt auch sie nieder, denn sie war ja zehn Jahre das Weib von einem anderen, hat nicht nur mit Paris geschlafen, sondern auch mit dessen Bruder. Zweihundert Jahre nach Homer haben Stesichoros und nach ihm Euripides die Geschichte neu erfunden. Demnach entführte Paris nicht die wirkliche Helena, sondern eine Imitation. Die wirkliche Helena kam nach Ägypten zu so einem Edelwilden, Edelexoten. Da konnte der Menelaos sie abholen. Strauss und sein Librettist Hugo von Hofmannsthal wandeln das um. Was Menelaos bei ihnen zu singen hat, ist Kindergarten. Das sind simple Sätze. Helena aber muss ihm klarmachen, dass sie trotz dieser zehn Jahre jetzt sein Weib ist. Das singt sie unglaublich. Da merkst du, der Strauss will uns dahin bringen, dass wir das akzeptieren. Das ist ähnlich mit der Zerbinetta. Sie singt: Und manchmal waren es zwei. Der Ödipuskomplex wäre viel realistischer, wenn man ihn Marienkomplex genannt hätte. Die Männer, die diese Kultur gegründet haben, stellen sich lieber eine jungfräuliche Geburt und Zeugung vor, als eine wirkliche Frau, die man nicht besitzen kann. Es ist doch wahnsinnig, was die Maria bei uns für eine Rolle spielt. Sie ist uns lieber, denn sie hat keinen anderen. Die habe ich ganz für mich. Deshalb ist mir Ihre auf den Mann zielende Frage zu eng.

Aber in keinem Ihrer Zürn- oder Kristlein-Romane gibt es eine Szene, in der der Mann mit der Untreue seiner Frau konfrontiert wäre.

Da bin ich mir nicht so sicher. Wahrscheinlich ist das aus der männlichen Perspektive so dargestellt, aus dieser Kultur, dieser Überlieferung. Diese Männer brauchen ihre Frauen so dringend für ihr Gesamtselbstbewusstsein, dass die Frauen kein Eigenleben neben dem Mann haben. In *Halbzeit* gibt es ein Tagebuch von der Birga, da steht ein bisschen was davon drin. Im *Lebenslauf der Liebe* ist das ganz einfach. Die beiden haben sich getrennt.

Da ist es sowieso anders. Susi Gern und ihr Edmund haben ein Arrangement, bei dem Untreue zur Vereinbarung gehört.

Trotzdem ist es leidvoll. Das ist nicht hinzukriegen. Es gibt kein Arrangement, keine friedliche Vereinbarung. Susi Gern hat ja nun wirklich alles probiert. Sie ist auf das Arrangement ihres Mannes eingegangen und versucht selber, mit vielen Männern das zu realisieren und genauso zu leben wie ihr Mann. Und leidet und leidet. Und nachher heiratet sie einen neunundzwanzig Jahre jüngeren Mann. Da kann sie nur noch leiden. Ich kann mir nicht vorstellen, wie dieses Verhältnis zur Ruhe kommen kann. Weil Sie das vorhin so genannt haben – die Ehe hier und da die Geliebte …

Man kann es ja auch anders nennen: Dauer und Erneuerung als zwei Bedürfnisse, die sich nicht zusammenbringen lassen.

Auch Dauer muss ernährt sein, im Sinne von ermöglicht werden. Sie muss glaubhaft gemacht werden können. Sich selbst und dem anderen gegenüber. Davon handeln alle Bücher.

Sie lassen Susi Gern sagen: «Liebe – bis jetzt hieß das immer, auf sich selber verzichten, um dem anderen nicht weh zu tun.» Ist das ein brauchbarer Satz?

Das ist auf jeden Fall Liebe. Ich weiß nicht, ob es alles ist, sicher nicht, aber das ist nicht die unwirklichste Form ihres Vorkommens. Man weiß ja nicht, worauf man verzichtet, wenn man auf sich verzichtet. Auf jeden Fall ist das eine schöne idealistische Vorstellung. Das hätte sie von ihrem Mann gerne gehabt, dass er so operiert hätte. Sie sagt, und da bin ich ganz auf ihrer Seite, dass sie Glück immer als Unglücksglück empfunden hat. So wie es beim *Meßmer* einmal heißt, dass man den Schmerz als vierte Kunst erleben können sollte und vielleicht sogar kann, nach Dichtung, Kunst und Musik. Der Schmerz als vierte Kunst. So gibt es kein Glück ohne Unglück.

Ein Gespräch mit Jörg Magenau

Das klingt, als müsse man die Unauflösbarkeit der Widersprüche hinnehmen. Kann man denn in Liebesdingen gar nichts dazulernen? Ist Liebe eine Erfahrung, der es nichts nutzt, sie fünfzigmal zu machen?

Fünfzigmal – das ist doch Unsinn! Das wird in jedem Leben vollkommen anders sein, aber man wird doch Casanova nicht für einen Liebenden halten. Der ist ein Affärenvirtuose. Das ist etwas anderes. Ich weiß nicht, ob man etwas lernen können soll. Das Leben ist nicht verbesserbar. Es gibt überhaupt nichts zweimal, also auch nichts zu lernen. Schauen Sie, Gottlieb Zürn, dieser Kerl im neuen Roman, zuerst denkt er: Nichts wie hin zu Beate. Dann: Nichts wie zurück zu Anna. Dann wieder: Nichts wie hin. Und wenn es da nicht zu spät wäre, weiß der Teufel, was da noch passiert wäre. Er ist nicht belehrbar.

Das ist wie eine Pendelbewegung.

Ja. Aber das glaubt man nicht. In dieses böse Bild will man sich nicht fassen. Wäre es so, könnte man sich ja tragen lassen. Man ist aber jedes Mal ganz entschlossen, ganz genötigt, ganz hin. Und dann wieder das Gegenteil. Im Roman pressiert das. Mit Fleiß. Das will so dargestellt sein.

Der Altersunterschied zwischen Gottlieb Zürn und der mehr als dreißig Jahre jüngeren Beate spielt dabei eine erstaunlich geringe Rolle.

Er spielt eine große Rolle, ich bitte Sie! Das Mädchen kann ihm nicht erklären, warum sie ihn liebt. Er stellt sich vor, wie furchtbar das für sie ist, ihn anschauen zu müssen. Diese Gedanken nehmen mit dem Alter zu. Das muss Ihnen wenigstens abstrakt vorstellbar sein. Was wir am Anfang gesagt haben: Es gibt Leute, die von einer Siegesszene in die nächste wanken. Weil sie sich unanfechtbar fühlen. Unter allen Umständen. Einer mit Selbstbewusstsein, der fühlt sich geliebt. Andere haben es schwerer. Unter den Konstellationen, mit denen ich es in *Der Augenblick der Liebe* zu tun hatte, ist das Warum der Liebe problematisch. Und das ist ein Selbstbewusstseinsproblem.

Ich bin todesscheu

Ein Gespräch mit Eckhard Fuhr
2004

Auf dem Schutzumschlag Ihres neuen Romans Der Augenblick
der Liebe *steht jetzt Rowohlt und nicht mehr Suhrkamp. Haben
Sie sich schon daran gewöhnt?*

Das ist ja keine unbekannte Firma. Ich habe da keine Gewöhnungs-
probleme. Das mag vielleicht für jemanden vom Fach interessant
sein. Aber beim Schreiben ist das kein Problem, welcher Verlag das
nachher publizieren wird. Beim Schreiben denkt man nicht: Jetzt
schreibe ich für Rowohlt oder für Suhrkamp. Nachher, die Produktion des Buches lief bei Rowohlt wunderbar.

*Sie waren jahrzehntelang ein Suhrkamp-Autor. Ist das nicht ein
Bruch mit Ihrer Arbeitsbiographie?*

Das ist das andere. Das hat sich zwei Jahre lang in mir entwickelt,
und ich hätte vielleicht vor zwei Jahren anders darüber gesprochen
als jetzt. Jetzt kann ich sagen, ich lege das vorläufig in meiner Arbeitsbiographie, wie Sie das nennen, so ab. Ich war in einem wunderbaren Verlag. Dann kam eine Machtausübung von außen. Und
da hat mein wunderbarer Verlag sich mehr beeindrucken lassen, als
es für mich erträglich war. Das ist zu einem Lehrstück über Machtausübung im Kulturbetrieb geworden. Das war drastisch, das war
ungeheuer, dass so etwas möglich ist, dass dann noch in verschiedenen Quartieren ein paar Opportunisten aufspringen auf diesen
Saisonzug. Das bleibt.

Sie sprechen über die Debatte um Ihren Roman Tod eines Kritikers. *Fühlten Sie sich von Suhrkamp verraten?*

Nicht verraten. Enttäuscht. Die im Verlag, die kannten ja das Buch. Die hätten sich nachträglich nicht so beeindrucken lassen dürfen durch die Skandalgestik eines *FAZ*-Herausgebers. Ich hoffe, das wird nicht zu einer Auseinandersetzung werden wie bei verfeindeten Ehepaaren, die sich scheiden lassen.

Nehmen Sie Ihre alten Titel mit zum Rowohlt Verlag?

Darum geht es ja jetzt. Das wird noch verhandelt. Um Humangüter sollte man nicht streiten wie um Kolonien.

Tod eines Kritikers *wurde als Schlüsselroman über den Literaturkritiker Marcel Reich-Ranicki gelesen.* Der Augenblick der Liebe *könnte als Antwort auf einen Roman gelesen werden, der seinerseits als Schlüsselroman rezipiert wird: Martina Zöllners Debüt* Bleibtreu. *In der Zeitschrift* Literaturen *wurde dieser Roman als Verarbeitung einer Liebesaffäre zwischen der Autorin und Ihnen dechiffriert.*

Dechiffriert nennen Sie das! Versuch einer Skandalproduktion im Dienste der Auflagensteigerung. Als ich das las, habe ich gedacht: Das ist ein listiges Lehrstück, sich um des Profites willen als Sittenrichter aufzuspielen. Ich habe das *Bleibtreu*-Buch sehr gern gelesen. Es ist ein guter Roman. Aber warum kommen Sie mir jetzt damit? Der Stoff für den *Augenblick der Liebe* ist seit zwanzig Jahren in meinen Notizbüchern. Es ist doch lächerlich zu glauben, ein Autor schreibe ein Buch als Antwort auf ein anderes Buch.

Glauben Sie, dass die Rezeption Ihres neuen Romans von diesem Klatschkonzert unberührt bleiben kann?

Haben denn meine Figuren irgendetwas zu tun mit den Figuren in diesem anderen Buch? Der Vergleich wäre doch nur sinnvoll, wenn in meinem Buch etwas vorkäme, was mit dem anderen essenziell zu tun hätte.

Es gibt einen Punkt, Ihre Figur der Ehefrau, Anna, kann man lesen als eine vehemente Verteidigung der Ehefrau gegen die Geliebte, als Gegenbild zur Ehefrau in Bleibtreu, *die nur als hysterisches Eifersuchtsbündel erscheint.*

Also bitte. Die Anna gibt es bei mir schon seit 1980, seit dem *Schwanenhaus*. In *Jagd* taucht sie 1987 wieder auf. Und da hat sie schon alles, was sie jetzt zum Gegenbild macht. Aber vielleicht können wir statt Talkshow-Journalismus auch ein Gespräch über Literatur versuchen.

Was ist der Augenblick der Liebe? Ich habe beim Lesen Ihres Romans immer auf ihn gewartet. Bis ich dahintergekommen bin, dass dieser Augenblick nicht in der doch ziemlich flüchtigen Begegnung Gottfried Zürns mit der jungen Beate zu suchen ist, sondern in den Augen und dem Blick Annas. Über diesen Blick wird ja viel gesprochen. Sie habe Augen zum Hineinsehen, heißt es. Sie hat offenbar auch einen magischen Blick, einen Hexenblick. Anna versteht etwas von Heilkräutern, und sie hat Macht über ihren Mann. Der Augenblick der Liebe ist also nicht etwas Flüchtiges. Man sagt nicht, verweile doch. Er ist allgegenwärtig. Und Zürn ist sich zeitweise nicht sicher, ob er das gut finden soll.

Der Augenblick der Liebe ist ein Wort, das keinen Plural kennt. Augenblicke der Liebe, das wäre sofort Quatsch. Es geht um die Singularität eines jeden Augenblicks der Liebe.

Als Zürn von seiner Vortragsreise nach Amerika, die ja eigentlich dem Treffen mit Beate dient, zurückkommt, holt Anna ihn am Flughafen ab. Sie halten auf einem Parkplatz und machen einen Waldspaziergang. Im Wald, auf einem Holzstoß, kommt es zu einer sehr heftigen und unbequemen sexuellen Begegnung zwischen beiden. Danach verlaufen sie sich im Wald, finden kaum zum Auto zurück. Das Ehepaar ist also auch Hänsel und Gretel.

Jetzt geht Ihre Phantasie mit Ihnen durch, was ja gut ist. Mein Motiv war aber ein anderes. Bei der Plötzlichkeit, mit der Zürn in den Wald muss, bei diesem Drang, kann er nicht auf den Weg achten und der Rückweg wird zum Irrweg. Verstehen Sie? Das ist einfach realistisch. Es geht bloß um eine Steigerung dieser Heimkehrszene.

Es ist die Heimkehr eines alten Mannes, die Heimkehr von einer Flucht vor dem Alter.

Mir kommt der Umgang unserer Kultur mit dem Alter ziemlich verlogen vor. Ich habe mir gedacht, wenn ich so ein Buch schreibe, dann muss ich Situationen bringen, die im Ausdruck der Schwierigkeit des Alterns weiter gehen, als bisher gegangen wurde. Es gibt wenig, über das wir so viel Kulturtünche schmieren wie über die Entsetzlichkeiten des Alterns. Das wird alles zugeschmiert mit Würde und Lächeln. Da haben wir unsere speziellen Alterspriester. Und das war für mich ein entscheidendes Motiv. Das Befreiungsmotiv, der Ausbruchsversuch, und dann das Altersmotiv. Das sollte man nicht mit diesem Buch verbinden.

*Nach dem Alter kommt das Sterben. Im kirchlichen Verständnis
der Ehe steht der Tod mit am Traualtar, Bis dass der Tod euch
scheidet. Das wäre der ideale Lebenslauf der Ehe. Eigentlich
müsste Ihre nächste literarische Versuchsanordnung dem Tod,
dem Sterben gelten.*

Ich bin todesscheu. Im *Tod eines Kritikers* stirbt auch niemand. Das
wird nur als Gerücht produziert. Ich habe Schwierigkeiten mit Tod
im Roman. Warum? Ich habe auch Schwierigkeiten, wenn in einem
Film oder Theaterstück jemand stirbt und man sieht das. Es gibt
für mich Grenzen der Darstellung. Der Herr Gern, der im *Lebenslauf der Liebe* elend stirbt, der muss sterben, damit gezeigt werden
kann, was seine Frau zu erleiden hat. Es wird nicht der Sterbende
vorgestellt, sondern der Leidende. Das halte ich für gerade noch erlaubt. Die Susi Gern könnte ich nie sterben lassen. Bis jetzt habe ich
keinen Zugang zum sogenannten Tod. Da bin ich hilflos. Ich könnte über das Sterben nur schreiben, wenn ich spürte, dass ich dabei
etwas weniger löge, als normalerweise gelogen wird.

*Der Anlass für die Begegnung von Beate Gutbrod und Gottlieb
Zürn ist der französische Philosoph La Mettrie, der in der Phi-
losophiegeschichte gemeinhin als Materialist verbucht wird. In
Ihrem Roman heißt es über diesen Denker des 18. Jahrhunderts:
«Trotz aller Bildung kommt er wie ungelehrt daher. Normatives
ist ihm fremd. Das Denken geht den Sätzen nicht voraus, sondern
findet in ihnen, durch sie statt. Er gibt, was er gibt, nur in seinen
Sätzen. Die Sätze bezeugen unmittelbar, aus welcher Erfahrung
sie stammen.» Kann man das auch als ein intellektuelles Selbstporträt Martin Walsers lesen?*

Schön wär's. Es ist aber Bewunderung für den La Mettrie-Stil. Es ist
der Versuch, einen Denker zu charakterisieren, der nicht einfach die

Ergebnisse des Denkens in einem vorgefertigten Vokabular abliefert. Das ist das Gegenteil von unseren soziologistischen Philosophen.

Wie kamen Sie auf La Mettrie?

Ich kannte ihn zunächst auch nur, wie man ihn halt so kennt, als Materialisten eben. Eher durch Zufall habe ich dann *L'homme machine* gelesen und gedacht, der würde gut zu meinem Gottlieb Zürn passen. Zürn war ich einfach ein drittes Buch schuldig. Er war noch nicht fertig. Er ist als Liebhaber nicht fertig. Als ich dann bei La Mettrie diese Befreiungsenergie entdeckte, dachte ich, das ist doch ideal. Außerdem ermöglicht diese Wissenschaftsgeschichte, der Vortrag in Amerika und so weiter, Welthaftigkeit. Das tut der Figur gut. So ist eben das schriftstellerische Handwerk.

Aber Sie sind doch auch fasziniert vom Denken La Mettries.

Ja. Es führt aus diesen blöden Teilen, hier Geist, hier Körper heraus. Als ich nach meiner katholischen Kindheit mit dem in Berührung kam, was man so Welt nennt, da hatte ich das Problem: Die Seele, das Ergebnis von allem, was wir sind, kann doch nicht aus einem anderen Stoff sein als der Körper. Aber da war überhaupt keine Sprache dafür da.

La Mettrie, dessen erfahrungsbezogenes Denken gegen eine abstrakte Moral gerichtet ist – Sie sprechen von seiner «Kritik des schlechten Gewissens» –, führt im Roman auch auf das Feld der Politik. In Berkeley wird Zürn nach seinem Vortrag von einem amerikanischen Intellektuellen angeprangert. Der Versuch, das schlechte Gewissen philosophisch zu erledigen, sei aus dem Mund eines Deutschen unerträglich.

Zürn hat das nicht politisch gemeint. Er dachte an sein Privatleben: La Mettrie, Amerika, Beate, jetzt komme ich endlich ins Freie. Er hat nicht daran gedacht, dass ein Deutscher im Ausland immer zuerst ein Deutscher ist. Schließlich entschuldigt er sich. Doch das hilft ihm nichts. Es wird ihm eine große Niederlage zugefügt.

Wie empfinden Sie die politische Atmosphäre heute in Deutschland? Das Land scheint ja seit dem Streit um Ihre Friedenspreis-Rede 1998 ideologisch um einiges entspannter geworden zu sein.

Ich möchte es zu gern hoffen, dass es so sei. Ich finde die Stimmung lächerlich, die wir damals hatten. Was mich persönlich angeht, so wird mir immer noch von grotesken Situationen berichtet, wenn in diesem oder jenem Zusammenhang mein Name genannt wird. Ich würde mich gern Ihrer Sichtweise anschließen, dass es jetzt gelassener zugeht.

Hat es Sie berührt, dass der neue Bundespräsident nach seiner Wahl gesagt hat, er liebe dieses Land?

Ich habe aber, für meine Verhältnisse, gejubelt über diesen Bundespräsidenten. Ich finde es fabelhaft, dass wir jetzt einen Mann aus dieser Sphäre, von dieser Weltläufigkeit haben. Ich höre ihm aus Gründen seiner Erfahrenheit gern zu. Ich bin froh, dass er mir nicht den Kleinen Katechismus interpretiert, sondern von der Welt etwas mitbringt.

Nichts ist ohne sein Gegenteil wahr

Ein Gespräch mit Arno Widmann
2004

Herr Walser, Sie kannten Helmut Kohl?

Das kann ich nicht sagen. Einmal war ich eine Stunde allein mit ihm. Er sprach 59 Minuten lang. Ich saß da und dachte: So ist es, wenn du der Flut gegenüberstehst. Ich weiß nicht mehr, worüber er sprach. Aber, was hätte ich ihm sagen sollen? Dass ich bei der Arbeit an meinem Roman an eine schwierige Stelle geraten sei und nicht recht wisse, wie ich da wieder herauskäme? Er hätte mir nicht helfen können, aber ganz unabhängig davon, es wäre lächerlich gewesen, ihn damit zu behelligen. Die eigenen Themen für so absolut szenefüllend zu halten, kann nur einem Politiker gelingen.

Weil er unseren Roman schreibt.

Er muss unser Interesse, ja unsere Dankbarkeit voraussetzen. Vielleicht aber hatte ich nur die aufmerksamsten Ohren, mit denen er es an diesem Tag zu tun hatte.

Vielleicht auch nur den verschlossensten Mund?

Der war sicher staunend halb offen.

Wer erst abends mit der Meinung zu tun hat, der ist fein heraus, haben Sie einmal geschrieben.

Wer erst abends im Fernsehen damit zu tun hat und nicht schon den ganzen Tag von Meinung überschwemmt wird oder sich gezwungen sieht, sich dagegen zu verteidigen, der also, der bei sich selbst ist, der ist fein heraus. Eine wunderbare Vorstellung, den ganzen Tag nichts damit zu tun zu haben. Wie ein Chirurg zum Beispiel, der seine Arbeit macht und erst abends ein wenig Meinung konsumiert.

Sie sprechen sich immer wieder gegen Meinungen aus. Dabei sind Sie einer der meinungsstärksten Autoren.

Nein, nein, nein.

Können Sie mir einen lebenden deutschen Autor sagen, der mit seinen Meinungen für mehr Wirbel gesorgt hat als Sie?

Ich habe zum ersten Mal mitbekommen, dass ich anecke, als ich Mitte der sechziger Jahre ein Vietnambüro in Frankfurt mit gründete. Ich bin damals mit einem Vortrag herumgezogen *Amerikanischer als die Amerikaner*. Damals stand in der Zeitung, ich befände mich nicht mehr auf dem Boden des Grundgesetzes. Das war damals die höchste Form des Aneckens. Du galtest dann als Kommunist. Ich hatte nicht Meinungen verbreitet. Ich hatte mich aus französischen und amerikanischen Zeitungen und Zeitschriften verproviantiert, um hier eine andere Ansicht über den Vietnamkrieg und die deutsche – propagandistische – Beteiligung an ihm zu verbreiten. Ich wollte hunderttausend Unterschriften sammeln, um zu erzwingen, dass der Bundestag das diskutiert. Ich kam nur auf dreißigtausend. 1965 befragte ich Willy Brandt auf seiner Wahlreise in der Fähre von Konstanz nach Meersburg nach seiner Haltung zu Vietnam. Seine Antwort war flau. Da wusste ich: die SPD ist es nicht mehr. Ich lernte Freunde kennen, die waren bei der «Aktion Demokratischer Fortschritt», in der «Deutschen Friedensunion» und im «Fränkischen Kreis». Das war das Politgebiet, aus dem nachher die DKP wie Aphrodite hervorging.

Eine einäugige Aphrodite.

Schaumgeboren!

Aber, ob das unbedingt ein Lustschaum war?

Was ich damals substanziell gehegt habe – und das war keine Meinung –, das war, dass es auch Gerechtigkeit am Werktag geben soll. Die Abhängigkeit von Menschen sollte so vermittelt werden, dass die Menschen nicht durch Abhängigkeit deformiert werden. Ich hatte mich zum Beispiel auf die fünfzig Bände der im Fischer Verlag erschienenen Arbeiten des Werkkreises der Literatur der Arbeitswelt gestützt und versucht, mir klarzuwerden über die Situation der Abhängigen. Ich stellte aus den fünfzig Bänden eine Anthologie in einem Bande zusammen. Das war alles der Versuch, die Ungerechtigkeit meiner eigenen Existenz nicht allein federführend werden zu lassen, und hatte mit Meinung nichts zu tun. Ich habe mich damals instinktiv gegen alles gewehrt, was Abhängigkeit schuf oder Abhängigkeit legitimieren wollte. Damals bin ich sehr angeeckt. Für die Feuilletons war ich dann DKP. Ich war eine Zeitlang, vier, fünf Jahre lang, kurzgeschlossen. Ich habe dabei eine Sprache übernommen, Begriffe, für die mir die Erfahrung fehlte, und so habe ich dann doch auch meine Erfahrung mit der Abhängigkeit und mit der Meinung gemacht. Ich war wahrscheinlich nie weiter von mir weg als bei diesen Vokabularentleihungen.

Meinungen sind ein Zustand der Sprache …

… ein Zustand, der mir am wenigsten liegt. In mir haben fast alle Meinungen Platz. Wichtig ist es, zwischen Meinungen und Erfahrungen zu unterscheiden. Wer mit seinen Erfahrungen nichts als Meinungen hervorbringt, ist elend dran. Meinungen sind Äu-

ßerungen, die ihr Gegenteil nicht zulassen. Ich habe mir immer gewünscht, mich in ein unprovozierbares Gespinst hüllen zu können.
Das ist mir nicht gelungen. Das ist doch schrecklich. Du blickst
zurück auf dein Leben und stellst fest, dass du es damit zugebracht
hast, auf Provokationen geantwortet zu haben. Ich habe in jedem
einzelnen Fall, in dem ich mit der herrschenden Meinung zusam-
mengestoßen bin, gesagt, dass ich niemanden überzeugen möchte.
Ich will nur öffentlich sagen, wie es mir geht, um zu erfahren, ob
es nur mir so geht. Und wenn ich dann wieder Anstoß erregte, angeeckt bin, dann habe ich mir überlegt, ob es vielleicht daran liegt,
dass ich recht haben will. Wenn ein Intellektueller merkt, dass er
dazu tendiert, rechthaberisch zu sein, dann ist ihm das nicht recht.
Ich will nicht rechthaberisch sein. Ich wäre am liebsten nie rechthaberisch gewesen, aber wenn ich in solche Öffentlichkeitsdispute
hineingerate, dann bin ich unwillkürlich dieser Rechthaberei, dieser
Selbstverteidigungswut verfallen. Trotzdem sage ich immer: Ich
habe nicht angefangen. Es waren die anderen.

Das verdoppelt die Redezeit!

Oh, bitte schön, das nimmt man gerne in Kauf, anstatt der Einbahn-
straßenveröffentlichungen durch den mehr oder weniger hübschen
Mund von Frau oder Herrn Sowieso. Mein Hausmachersatz ist:
Nichts ist ohne sein Gegenteil wahr. Das habe ich nicht nur so gesagt.
Ich hätte gerne, dass das praktiziert würde. Ich habe es selbst vielleicht nicht ausreichend praktiziert. Es gibt da eine Erfahrung, und
das ist immer das Gegenteil einer Meinung. Bei meinem Lieblings-
definierer Johann Gottlieb Fichte, den ich ja nicht haben darf, ich
bin ja schon erledigt, wenn ich nur seinen Namen nenne, fand ich:
Erfahrungen sind Vorstellungen, die von dem Gefühl der Notwendigkeit begleitet sind. Hören Sie das? Erfahrungen sind unwählbar.
Man kann sie nicht aussuchen. Ob man zu einer Erfahrung kommt

oder nicht kommt, darüber ist man nicht Herr. Eine Meinung ist leicht zu haben und leicht wieder nicht zu haben. Sie ist luftig und leicht. Sie hat viel mehr Disponibilität als eine Erfahrung. Eine Erfahrung geht dir unter die Haut, sie geht dir kreuz und quer. Ich sage Ihnen jetzt eine für mich sehr wichtige Erfahrung des Jahres 2002, eine krasse Erfahrung: Angela Merkel. Irakkrieg. Dieser schnelle Flug nach Washington. Canossa. Mich hat das erinnert an Weihnachten 1964 oder 1965, als die Amerikaner Hanoi bombardierten, da hat unser damaliger Bundespräsident ein Glückwunschtelegramm geschickt. Er war nicht aufgefordert. Es war nicht nötig. Die Amerikaner brachten mit ihren Bomben Menschen um, und dafür mussten wir ihnen Glück wünschen! Sehr viel harmloser, aber nicht unbezeichnend flog Angela Merkel – und sie ist damit für mich unwählbar geworden, ich hatte ihr bis dahin mit einer gewissen Freude zugeschaut, weil sie eine intelligente Person ist – nach Washington und hat dort Bekenntnis abgelegt zu diesem Krieg. Ich habe mich gefragt, warum tut sie das? Wozu?

Und? Warum tat sie das?

Ich glaube, wenn Frau Merkel in der alten Bundesrepublik aufgewachsen wäre, hätte sie diese Parteiergreifung ein wenig milder behandelt. Sie ist dadrüben aufgewachsen und hat aus irgendwelchen politischen Herkunftsgründen das Parteilichseinmüssen überschätzt. Das hat ihre zivile Intelligenz überwältigt und sie ist hinübergeflogen. So etwas passiert, wenn die Meinerei überhand über die Erfahrung gewinnt. Wir bekommen heute so viel Information, so viel Meinung, dass unsere Erfahrungen zurücktreten. Wir können unmöglich so viele Erfahrungen machen, dass die mit allen Meinungen konkurrieren könnten. Bei meinem Freund La Mettrie, dem aus *Der Augenblick der Liebe*, gibt es den Satz: Ich weigere mich, über die Erfahrung hinauszugehen und das, was mir an Erfahrung fehlt, durch Einfälle zu ersetzen. Setzen Sie Meinung statt Einfälle und Sie haben es! Meine Sinne sind meine Philosophen, sagte La Mettrie.

Sie lieben ihn.

Ich bedurfte seiner, das Gefühl Notwendigkeit – Sie erinnern sich! Ich hatte eine katholische, eine sehr katholische Kindheit. Als ich in Regensburg zu studieren begann, da war der zentrale Philosoph Thomas von Aquin. Stellen Sie sich das vor. Ich habe damals in einem Aufsatz von Hans Driesch einen Satz gefunden, dass nämlich die Seele, die das Ergebnis von allem ist, aus keinem anderen Stoff sei, als das, wovon sie das Ergebnis ist. Das war ein befreiender Satz. Ich habe das Bedürfnis danach, dass alles eins ist. Es kann nicht noch etwas anderes geben. Was soll das sein? Wenn sie so denken, dann kommen sie zu La Mettrie. Der sah das alles schon in der ersten Hälfte des 18. Jahrhunderts. Er sagte: Alles ist aus einem Teig. Es unterscheidet sich nur durch den Grad der Organisation. Materie und Leben ist eine Frage der Organisation. Deswegen meine Begeisterung für La Mettrie. Ich weiß nicht, wann er wieder bei mir auftauchte. Irgendwann in der Konzeptionszeit von *Der Augenblick der Liebe* ist der Kerl mir untergekommen. Da habe ich gesehen, der passt, und habe ihn einfach mitgenommen.

Da war also zunächst der Gottlieb, den wir schon kennen aus Jagd, *und dann kam La Mettrie, und deren Verbindung war* Der Augenblick der Liebe?

1987 hatte ich einen Roman geschrieben *Jagd*. Das war der zweite Auftritt des Gottlieb Zürn. Damals war ich dieser Figur etwas schuldig geblieben. Es war ein erotischer Roman, der auch an diesem Terrassentisch angefangen hatte. In diesem Roman machte sich eine Gisi, ein, wie Gottlieb sie nannte, erotisches Genie, an ihn heran, kippte ihn total aus seinen Halterungen. Sie schleppt ihm in ihr gemeinsames Bett noch eine Frau, eine mit einer Paranoia, in der sich die politischen Härten der siebziger und achtziger Jahre meldeten, sie hieß – solche Namen wähle ich dann – Mittenzwei. In dieser Geschichte wurde Gottlieb, man kann sich das vorstellen, total zum Beobachter. Er war unbetroffen. Er fand es ganz toll, aber es war doch rein observatorisch. Das hatte mit Liebe nichts zu tun. Da habe ich es ihn jetzt – wie man so sagt – mehr angehen lassen müssen. Da passte mir natürlich – die Sinne sind meine Philosophen – La Mettrie.

Das ist also alles wahr?

Bei einem ähnlichen Gespräch, in dem mir diese Frage andauernd gestellt wurde, habe ich einmal – unter der Interviewfolter – ja gesagt. Ja, habe ich gesagt, es saß hier einmal eine Studentin. Sie schrieb an einer Magisterarbeit. Über mich. Sie hatte einen wunderbaren Namen, sie kam aus Rumänien, und was hatte sie mitgebracht? Eine Sonnenblume. Gut. Weg. Aus. Dann schreibst du zwei, drei Jahre später einen Roman, und dann benützt du diese Sonnenblume. Daraus schließt dann Ihre folternde Kollegin, alles sei so passiert, wie es im Buche steht. Mein Gott, man kann die Sonnenblume brauchen. Wenn etwas so geschrieben ist, als sei es gestern Nachmittag passiert, dann glauben die journalistischen Pfadfinder, es sei gestern Nachmittag passiert.

Das ist doch gut, dass sie es glauben.

Das ist der Unterschied zwischen Leser und investigativem Medienmensch. Die Leser können etwas mit einem Buch anfangen. Sie beziehen es auf sich. Der im eingebildeten öffentlichen Alltag forschende Medienmensch, der will immer am liebsten die Geschichte der Geschichte. Da war zum Beispiel ein Journalist, der betrachtete bestimmte Wörtlichkeiten des Buches als Ausdruck des Alters des Autors. Zum Beispiel Scheiden schlämmen, eine Vorstellung, der der auf Beate wartende Gottlieb sich erlässt. Das sei, so ihr Kollege, Ausdruck des Alters des Autors. Sehen Sie, das ist Meinung. Ich habe oben meine sechsundvierzig Bände Notizbücher. Jedes hat ein Register hinten drin. Diese Stelle stammt aus Band 14. Aus dem Jahre 1976. Da war ich neunundvierzig. Dann war ich eben schon mit neunundvierzig altersgeil. So etwas dient nur vorgefertigten Meinungen. Es geht nur um Verwertung.

Ihr Traum sei, erklärten Sie, dass jeder Bundestagsabgeordnete nicht nur die eigene Meinung vortrage, sondern immer auch die Gründe für die Gegenmeinung. Das ist die Haltung des Romanautors Walser. Der Dramatiker aber käme nicht zum Zuge, wenn einer alles sagte.

Tschechow hat den Widerspruch mit raffinierter Freude in die Figur selbst gelegt. Er konnte seine Personen von ihrem ersten Auftritt an steigern in noch eine und noch eine und noch eine Vorstellbarkeit. Den Widerspruch hat doch jedes menschliche Wesen in sich. Nur im Bundestag und im Leitartikel darf unser aller Reichtum nicht vorkommen. Wir stammen eben nicht aus einer Einbahnstraße, sondern aus einer Gegenläufigkeit. Dass die Vorstellung, unsere Abgeordneten könnten sich so menschlich verhalten, auch das Gegenteil von dem, was sie zu denken glauben, zu sagen, niemals in die Praxis umgesetzt werden, dass sie eine Utopie bleiben soll, das ist furchtbar.

Die Moderne hat sich immer darüber gewundert, dass bei Homer die Trojaner so gut wegkommen.

Döblin hat einmal geschrieben, die Entdeckung des Ichs breche dem Erzähler den Hals. Damit hat das zu tun. Standpunkt heißt die gerechte Domestizierung des Ichs. Der Autor muss seinen Figuren vertrauen. Er darf nicht glauben, er wisse mehr über sie als sie selber. Und doch muss, was immer passiert, alles durch ihn. Sonst kommt es nicht aufs Papier. Am Ende von *Der Augenblick der Liebe* bietet Gottlieb seiner Frau das Sie an. So etwas kann man nicht planen. Das bringen die Figuren, und so helfen sie einem auch über das Problem, einen guten Schluss zu finden. Sie haben und bringen ihn. Ganz einfach.

Wenn man sich der Sprache anvertraut.

Ich kann etwas völlig Verkehrtes hinschreiben, aber ich kann es nicht stehenlassen. Wenn du dich der Sprache anvertraust und nur wenn du das machst, wenn du die Kontrolle an die Sprache abgibst, wenn du nur das machst, was sprachlich gelingt, dann ist auch dafür gesorgt, dass etwas – das ist jetzt anmaßend formuliert – Unmögliches passiert.

Es ist die Sprache, die den Autor vor Meinungen schützt?

Zumindest entdeckt er an ihr, ob er Meinungen verbreitet oder oder ob er eine Erfahrung mitteilt. An der Sprache merkt er, ob er nachplappert oder noch bei sich ist. Als ich von Kapital und Arbeit schrieb, hatte ich mich von meiner Erfahrung verabschiedet und Anleihen bei einem Vokabular gemacht. Ich habe damals nicht gemerkt, wie weit ich abgerückt war, von meiner Erfahrung. Aus meinem katholischen Gerechtigkeitsbedürfnis heraus habe ich da und dort Anleihen gemacht. Ich habe solche Texte nicht entfernt aus meiner Gesamtausgabe. Jeder, der will, soll den Weg sehen können, den ich gegangen bin.

Ein Gespräch mit Arno Widmann

Wie haben die Attacken nach dem Tod eines Kritikers auf Sie gewirkt?

Trotz aller Leser und Kritiker, die bezeugen, beweisen, dass die Angriffe ungerechtfertigt waren, bleibt an dir etwas hängen. In manche Sprachen werde ich nicht mehr übersetzt. Muss ich jetzt vorsichtig sein? Gewissen Erfahrungen darf ich jetzt keinen Zutritt mehr zu mir gestatten.

Das wird nicht funktionieren.

Ich tue alles, damit es nicht funktioniert.

Die Menschen sind so, dass man nicht von ihnen abhängig sein darf

Ein Gespräch mit Julia Schröder
2006

Jetzt muss ich ein bisschen aufpassen. Das letzte Mal, als wir uns zum Interview getroffen haben, habe ich mein Aufnahmegerät mit dem Mikrophon so hingelegt, dass Sie genau nicht zu hören waren.

Das haben Sie geschafft?

Ja, und ich musste dann alles erfinden. Nein, stimmt nicht. – Apropos erfinden: Kann man Träume erfinden?

Ganz klar: nein. Und wenn man sie erfindet, sieht man es den Träumen an. Im Wilhelm Meister gibt es einen Traum, der seine Bedeutung im Gesicht trägt, ganz aufdringlich, der liest sich, wie wenn er für Freud erfunden worden wäre. Und im *Zauberberg* gibt es einen Traum, da hat man festgestellt, dass Mann ein Jugendstilgemälde abgedichtet hat. Bei Träumen, die erfunden sind, weiß man immer, warum sie erfunden sind. Allerdings: im *Jakob von Gunten* von Robert Walser gibt es einen langen Traum, der in die Unterwelt führt – und das ist ein Traum! Träume dürfen nicht so leicht übersetzbar sein, und trotzdem müssen sie passen.

Der Held in Angstblüte, *Karl von Kahn, träumt viel und zuweilen so deutlich oder unzweideutig, dass, wie seine Frau Helen meint, Freud für ihn die Traumdeutung nicht hätte erfinden müssen. Helen will diese Träume erzählt bekommen, Karl will sie nicht erzählen. Jetzt gehen Sie hin und erzählen diese Träume all Ihren Lesern. Sie liefern damit ja nicht nur Ihre Figur aus.*

Sondern? – Mich?

Zum Beispiel.

Ich wüsste nicht, dass der Karl sehr viel träumt. Nur, dass er von der Joni gleich diesen Traum hat mit dem Kaugummi.

Und dem Diego …

… und dem Diego, wo eine Kaugummihälfte an seinem Gesicht vorbeigereicht und wieder zurückgereicht wird. Natürlich kann man einen Traum nicht so brauchen, wie er geträumt wurde. Nehmen wir mal diesen Traum, wo der Karl sitzt und links von ihm sein Freund Diego und rechts von ihm diese Joni. Und der Diego beleidigt die Joni, und sie nimmt einen Kaugummi und halbiert ihn und an Karls Gesicht vorbei stopft sie den Kaugummi in Diegos Mund, und er macht dann dasselbe mit ihr. Können Sie mir sagen: Hat der eine aufdringliche Bedeutung?

Sie schreiben ja auch im Roman, dass man gerade das nicht machen kann: sagen, was so ein Traum genau bedeutet.

Der Karl von Kahn will sich diesen Kaugummiverkehr vor seinen Augen nicht gefallen lassen, will aufspringen und spürt, dass er gefesselt ist an diesen Stuhl. Gut, es ist uns beiden klar: dieser Traum ist voller Erotik.

… Erotik, Konkurrenz, das ganze Verhältnis zu beiden Leuten in diesem Dreieck.

Und trotzdem – jetzt pass auf! – und trotzdem ist der Traum nicht erfunden. Nur, ich musste ihn natürlich bearbeiten für ein Buch.

Und da muss man sehr zart sein. Ein Traum, den man nicht rational versteht, wirkt, wenn er überhaupt passt, viel stärker als ein sich mit Bedeutung anbietender Traum. – Ob ich mich da ausliefere? Das hoffe ich nicht.

Nun gehören Sie zu den Schriftstellern, deren literarische Arbeiten unwiderstehlich dazu einladen, ihre Inhalte mit Person und Leben des Autors zu korrelieren. Und ich nehme an, dass Sie das wissen. Ist das beim Schreiben nicht ein bisschen hinderlich? Denken Sie daran?

Nein, sonst könnte ich gar nicht schreiben. Weil ich das Schreiben als ein Von-mir-weg-Schreiben erlebe. Ich könnte über mich nichts schreiben. Zu mir fällt mir nichts ein. Ich brauche Figuren. Es würde mir zu mir nie einfallen, was mir zu Karl von Kahn eingefallen ist. Karl von Kahn ist weiter von mir weg als andere Romanfiguren. Irgendeinen Zürn, den kann man mir leichter in die Tasche stecken. Und das hat Schreiben für mich ermöglicht. Ich habe da eine Erfahrung gemacht, die ich nicht vergessen werde: Ich werde hoffentlich jede weitere Figur, falls es noch mal eine Figur gibt, mit genau solcher Distanz behandeln wie Karl von Kahn. Das ist keine politische Distanzierung, das heißt nur, der ist unabhängiger, selbständiger als andere Figuren.

Mir kam es vor, als wäre Angstblüte *eine Art Gegenstück zu* Lebenslauf der Liebe.

Ja.

Die Susi Gern ist auch eine Figur, die zunächst mit Ihnen überhaupt nicht zu verwechseln ist. Auch wenn man dazu wahrscheinlich schön diesen Flaubert-Spruch über Emma

Bovary sagen kann. Aber Susi Gern ist mit einem Mann
verheiratet gewesen, der mit Karl von Kahn gewisse Ähnlich-
keiten hat.

Das Wichtigste ist: Susi heiratet dann einen Mann, der achtunddreißig Jahre jünger ist als sie. Karl von Kahn möchte gerne eine
Frau heiraten, die auch um etwa so viel jünger ist. Ich bin froh, dass
ich diese Susi-Gern-Strecke geschrieben habe. Das ist keine blöde
Altweibergeschichte, das ist eine glühende Liebe, die im Wort Unglücksglück gipfelt. Man kann jetzt sagen, schön, es sollen immer
lauter Gleichaltrige zusammenarbeiten und heiraten und dann
einträchtig in Hamburg im Kulturbetrieb ihr Glück empfinden. Ist
in Ordnung. Ich habe nichts dagegen. Aber es muss auch möglich
sein, diese bis aufs äußerste gespannte Existenzialität eines großen
Altersunterschieds zur Gänze zu erleben. Shakespeare hat einen
Schwarzen – Othello – genommen, um die Leiden der Eifersucht
auszudrücken, und wir wissen, dass das eine tolle Entscheidung war.
Der Karl von Kahn ist doppelt so alt wie die Joni. Das steigert die
Leidensintensität, weil das eigentlich nicht geht.

Die Frage wollte ich Ihnen stellen, jetzt sind Sie von allein drauf-
gekommen. In den letzten Jahren sind vier Romane von Ihnen
erschienen, in dreien davon sind zentral prekäre Liebesgeschich-
ten zwischen Alt und Jung. Das ist so in …

Augenblick der Liebe, Lebenslauf der Liebe …

… und jetzt in Angstblüte, und es ist ja nicht allein das Eifer-
suchtsthema, was Sie daran interessiert.

Welche Farbe das Leiden jeweils annimmt, ob das Eifersucht ist,
Sehnsucht oder Angst – auf jeden Fall sind es Dispositionen, die die

Steigerung der Empfindung erlauben. Das ist mein Othello. Deswegen auch das Othello-Projekt als Filmdrehbuch im Roman.

Als vor bald dreißig Jahren Seelenarbeit erschienen ist, meinte mancher, das ist ja alles schön und gut, aber dieser Chauffeur Xaver Zürn, der denkt, wie Martin Walser denken würde. Und jetzt dieser Anlageberater Karl von Kahn: Der redet über Geld und Zins und Zahl so, wie Martin Walser über die Sprache, die Sätze und die Wörter geschrieben hat. Nämlich als Wirklichkeitsdimension von metaphysischer Qualität. Wie sind Sie denn auf diese hochinteressante Übertragung gekommen?

Das ist ja keine Übertragung. Geld ist genauso ursprünglich wie Sprache. Das ist ein Element. Die Sprache gibt's auch in der lächerlichsten Politikerverwendung, in der lächerlichsten Werbeverwendung. Und es gibt Hölderlin. Und so ist es mit dem Geld auch. Das Geld gibt es banal, trivial, scheußlich, böse – und es gibt es anders. Das ist etwas, das der Karl von Kahn geleistet hat.

Ich habe mich gefragt, wie leicht es Ihnen möglich war, das in dieser Qualität wahrzunehmen. Und damit zu sagen, eigentlich ist Geld etwas Elementares, Primäres. Das ist erst durch die Figur gekommen?

Ja, ja. Natürlich. Da haben Sie recht mit *Seelenarbeit*: Beim Xaver Zürn musste sich herausstellen, ob ich eine völlig abhängige Figur legitimieren kann, die bis ins Innerste unselbständig ist, die nachts an den Chef denkt, und der Chef denkt nicht an die Figur. Und mein Gefühl war damals, ich kann mir das nur leisten, weil ich die Abhängigkeitserfahrungen meiner ganzen Verwandtschaft auf mir lasten fühlte. Alle meine Tanten, Onkel, von meiner Mutter abgesehen – was die mitgemacht haben in Abhängigkeit, habe ich alles mitgekriegt. Und dieses Mal? Der Karl von Kahn ist das reinste Gegenteil von Xaver Zürn: unabhängig. Das habe ich nicht geplant, aber als diese Figur sich gebildet hat, hat sie sich dazu gedrängt, dass ihr höchster Wert Unabhängigkeit ist. Und jetzt kommen wir zum Geld zurück. Die Menschen sind so, dass man nicht von ihnen abhängig sein darf.

Und Unabhängigkeit gibt es nur mit Geld.

Es gibt kein anderes Medium, das dich unabhängig macht von der Zustimmung anderer. Das mag jetzt wahnsinnig traurig und öde klingen, weil man dem Geld das nicht gönnen möchte. Es ist mir nicht ganz leicht geworden, das zu vertreten, weil ich natürlich auch weiß, das Geld ist in dem und dem Ruf. Deshalb habe ich diese ganzen Sachen mit dem Zins und dem Zinseszins mit hineingenommen, Matthäus für Anleger und Einstein und alle möglichen Helfer und Paten.

Sonst wäre das Buch aber auch viel dünner geworden; man hätte dann nur sagen können: Geld ist Geld, wichtig ist, Geld zu haben und zu vermehren. Mit der Verehrung von Zahl und der Anbetung von Zins und Zinseszins wird metaphysisch, was schlechthin nicht metaphysisch ist.

Genau. Das ist genau diese Paradoxie.

Die Kunst hingegen erfährt Karl von Kahn nicht nur bei seinem Freund, dem Kunsthändler, eigentlich immer in der Funktion eines Äquivalents, als Währung, für die man gesellschaftliche Anerkennung, das Gefühl von Überlegenheit und die Aufmerksamkeit schöner Frauen bekommt. Ist das Ihre Erfahrung: Kunst ist Währung und sonst nichts?

Jetzt habe ich spontan das Gefühl, Sie tun dem Diego ein bisschen unrecht. Einerseits ist er ein Händler, und das darf er sein, ein Kunsthändler. Andererseits empfindet er sich auch als Erzieher. Er bringt Leute dazu, das zu sammeln, was zu ihnen passt. Aber er ist natürlich auch ein Gegentyp zu Karl von Kahn, weil er viel vitaler tendiert. Er will ja beneidenswert sein, er will der Erste sein. Der hat einen richtigen Ehrgeiz. Er will auch die schönste Frau, die derzeit im Fernsehen ist, und die erobert er vom Platz weg.

Das funktioniert doch nur, weil er nicht mit Socken oder Zitronen handelt, sondern eben mit diesen äußerst aufgeladenen Gegenständen, die immer noch etwas anderes versprechen.

Ja. Aber über sein eigenes Kunstverständnis oder Kunstbedürfnis hat er mir wenig souffliert. Ich habe ihn immer in Beziehung zu seinen Kunden gesehen.

Vielleicht ist der Eindruck bei mir auch eher entstanden durch die Umgebung, in der man Diego Trautmann oft sieht. Im Kreis seiner Bekannten sitzend und von Voltaire schwärmend, aber auch von dem, was an den Wänden hängt und wie das Haus eingerichtet ist und was er seiner Frau um den Hals und ums Handgelenk bindet. Da scheinen alle diese schönen Gegenstände in einer stark dienenden Funktion vorhanden zu sein. Das ist das, was ich mit Währung meinte.

Das klingt ein bisschen herabsetzend, und so empfinde ich es nicht ganz. Er ist ja glücklich, wenn er Leute mit der Währung versieht, die zu ihnen passt. Aber das wichtigste Trennende zwischen beiden ist: der Diego ist zwar ein Händler, aber wegen der Gegenstände, mit denen er handelt, gehört er zur Kulturfraktion. Er gehört zu denen, die da abends herumsitzen und die Welt verbessern, wo Karl von Kahn Pause hat.

Ein Gespräch mit Julia Schröder

Wenn ich denke an das, was Karl von Kahn als Kulturfraktion
bezeichnet, und vor allem an Diegos Frau, die Talkshow-Gast-
geberin Gundi, schien es mir, dass, wer im Art-déco-Sesselchen
sitzt, sich alles leisten kann. Die Ästhetik rechtfertigt ein Dasein
voller Wichtigtuerei und eine Welt voll Verrat. Mir kam das vor
wie ein umgekehrter Nietzsche.

Ich muss ja jede Figur, solang sie dran ist im Buch, ernst nehmen
auf ganzer Linie. Es passiert mir oft, dass ich eine karikaturistische,
fast satirische Vorstellung von einer Figur habe – im Kopf oder in
einer Notiz –, und wenn ich dann zwei, drei Wochen mit einer Figur
beschäftigt bin, dann bleibt mir nichts anderes übrig, als die volle
Legitimität dieser Figur zu verteidigen gegen alles, was es auf der
Welt gibt.

Das gilt auch für die Gundi?

Es steht manchmal jetzt in der Zeitung: Pass auf, das sei eine Medien-
kritik oder Mediensatire … (macht ein wegwerfendes Geräusch) –
Die Gundi lebt sich aus dem Fernsehen. Und jetzt kommt etwas
sehr Wichtiges; was ich jetzt sage, ist eigentlich sehr nachträglich,
das weiß ich nicht, bevor ich mit Gundi auf die Strecke gehe: Wenn
ich die Gundi anschaue, sehe ich, das Fernsehen ist kein Medium
wie das Buch und die Zeitung und der Film, wo überall Wirklichkeit dargestellt wird. Das Fernsehen produziert Wirklichkeit. Die
Gundi ist zuerst die große Verfechterin der Ansicht: kein Schmuck!
Die Frau mit Schmuck ist das Opfertier. Dann kommt der Diego
und schenkt ihr ein japanisches Armband, und dann vertritt sie den
Schmuck mit der gleichen Entschiedenheit. Und dann verkündet
sie die Haltlosigkeit als Lebensmotto. Keine Verbindlichkeit! Und
das kann sie nur machen, weil sie von Millionen angeschaut wird,
die alle im Anschauen dieser Musterfigur ein Stück von sich sehen,

sich empfinden. Sie macht im Fernsehen eine Liebeserklärung so, als wenn sie mit dem Mann allein wäre. – Ich sage, das ist die tollste Fernsehshow, die es je gegeben hat.

Aber es gibt solche Fernsehshows nicht, bedauerlicherweise.

Nein, nicht in der Wirklichkeit. Dazu sind wir alle viel zu sehr innerlich Rotes Kreuz. Ich hab gedacht, diese Frau geht so aus sich heraus, wie in der Wirklichkeit keine Frau aus sich herausgeht. Und Karl von Kahn kriegt Satzgeschenke von Frauen, die natürlich nur denkbar sind, weil ihm vorher das und das passiert ist.

Satzgeschenke ist ein schöner Ausdruck für das, was Karl da zu hören glaubt.

Rein schriftstellerisch sind diese Satzgeschenke nur möglich, weil er sich geniert, dass ihm das passiert. Und trotzdem passiert es ihm. Er hat ja immer Angst, dass die Leute hören, was die Frauen ihm sagen. Und das Verrückte daran ist genau so verrückt wie das bei der Gundi. Man muss natürlich das Bedürfnis haben, dass es so was gäbe. Das ist alles. Dass ein Mann einmal aus sich herausgeht, wie es nicht üblich ist und eigentlich nicht erträglich ist. Was dann passiert, hat natürlich Folgen für die sogenannte Moral.

So etwas wie die Genealogie der Moral *spielt in diesem Roman eine gewichtige Rolle. Die schon angesprochene Kulturfraktion peinigt sich und die anderen mit dem, was eine Figur als «Eo-ipso-Bessersein» bezeichnet, also mit irgendwie links-christlich-bürgerlichen Rechtfertigungszwängen.*

Ja.

*Sind denn heutzutage die meisten Leute nicht vielmehr damit
beschäftigt, einander immerfort zu versichern, sie seien kein
bisschen politisch korrekt und das sei auch gut so?*

Da leben Sie in eigenartigen Umgebungen.

*Ich meine nicht im privaten Beieinandersitzen, sondern in
der öffentlichen Selbstpräsentation, gerade in dieser Fernseh-
welt.*

Glauben Sie, dass das Eo-ipso-Bessersein nicht mehr die herrschen-
de linke Mentalität ist? Wenn ich dreißig oder vierzig Jahre zurück-
denke, dann war unter Linken nichts so gewiss und sicher wie, dass
sie besser sind als der Rest. Das musste man gar nicht prüfen. Verstehst du, wir waren einfach … besser. Ich meine jetzt gar nicht intelligenter und so, sondern legitimer für den Geschichtsprozess als
die Konservativen.

*Eine besonders windige und dämonisch fesselnde Figur neben
Gundi ist der Filmregisseur Theodor Rodrigo Strabanzer. Dessen
Motto beim Filmemachen ist «Immer am Leben entlang». Für
die Gundi könnte das auch gelten, die segelt ja auch immer sehr
hart am Leben entlang.*

Genau.

*Irgendwann überfiel mich der Gedanke: «Immer am Leben ent-
lang», ist das vielleicht auch ein bisschen selbstironisch?*

Sprachlich empfinden Sie das wohl genau richtig. Das ist ein Witz,
immer am Leben entlang – und trotzdem: wenn man es als Dogma
realisiert, was darf dann nicht stattfinden und was muss stattfinden?

Da macht Strabanzers Kompagnon Rudi Rudij ein paar Formulierungen, die ich durchaus zustimmend von ihm empfangen habe.

Was zum Beispiel?

Alles, was Rudi Rudij über Kunst und Leben sagt, können Sie vergleichen mit Thomas Manns *Tonio Kröger* – da heißt es, hier das Leben, und da, streng geschieden, die Kunst. Nichts lächerlicher als diese Gespräche im *Tonio Kröger!* Und das ist genau das Gegenteil davon. Rudi Rudij sagt: Das Leben wird durch Kunst ausgebeutet, und wenn es glückt, dann kommt das Leben in der Kunst zu sich selber. Das ist kein Gegensatz. Der Karl von Kahn ist da ja ganz naiv und sagt, er liebe das Nachgemachte. Und wird belehrt von Strabanzer: Kunst macht nicht nach, Kunst macht.

> *Eben die Kunst ist hinterher das, was dem Karl von Kahn klarmacht, was in seinem Leben in Wirklichkeit passiert ist. Als er das Drehbuch liest, erkennt er die Täuschung. Und das Beste ist, er hat diese Täuschung finanziert, und die Aufdeckung der Täuschung finanziert er auch.*

Genau, so ist es. So soll es sein. Und dann, wenn das alles passiert ist, dann will er das seiner Frau vermitteln. Dann schreibt er diese Briefe. Als ich das vorhatte, war ich von einem ganz unsachlichen Ehrgeiz getrieben und dachte: Jetzt muss mal aufs Papier, was noch nicht drauf war. Ich hätte dieses Programm, dass man mehr von einem inneren Mann – übrigens, *Seelenarbeit* heißt auf Englisch *The Inner Man* – dieses Programm, dass davon mehr auf dem Papier ist als je zuvor, das hätte ich beschädigt, wenn ich diese Satzgeschenke, diese unanständigen Sätze weggelassen hätte. Karl von Kahn geht da so aus sich heraus, ganz ohne Unanständigkeit, und sagt einmal, von was er überhaupt in seinem Leben abhängig war. Lauter Täuschungen, lauter Illusionen, lauter Jagden. Ich habe gedacht, diese zwei Briefe am Schluss geben die Möglichkeit – das war eine typische Autorenillusion –, dass der Leser entscheidet, was mit dieser Ehe wird.

Wer ein Jahr jünger ist, hat keine Ahnung

Zusammen mit Günter Grass

Ein Gespräch mit Iris Radisch
und Christof Siemens
2007

Grass: Worüber wollen wir denn plaudern?

Über Sie beide natürlich.

Walser: Ich hab was dabei. (Legt eine Klarsichthülle voll hand-
beschriebener Blätter auf den Tisch)
Grass: Hast du dich vorbereitet oder was?
Walser: Natürlich! Glaubst du, ich komm daher und habe nichts
dabei?! So, das ist alles.
Grass: Ist ja ungeheuer.

Das gehen wir jetzt der Reihe nach durch?

Walser: Ja, ja, Kinder. Der Günter muss natürlich auch einverstanden sein.

*Dürfen wir vorher noch fragen, wie das überhaupt ist, wenn Sie
sich wiedersehen – freuen Sie sich?*

Grass: Wir sehen uns leider zu selten. Wir kennen uns seit 1955.
Da wurde ich zu einer Tagung der *Gruppe 47* in Berlin eingeladen,
und er bekam damals den Preis der Gruppe. Dann waren wir beide
engagiert, als es in den sechziger Jahren darum ging, den Schriftstellerverband zu gründen. Und da wir beide fleißige Menschen sind,
gab es auch immer wieder Anlässe, lesend voneinander Kenntnis zu
nehmen. Und ich liebe ihn.

Herr Walser, lieben Sie ihn auch?

Walser: (wirft Grass einen Kuss zu) Und ob! Bei manchen meiner Bekannten, die beinahe Freunde waren, ist es mir so gegangen, dass sie mir, nachdem wir in politischen Dingen unterschiedlicher Meinung waren, die Freundschaft entzogen haben. Manche haben sogar das Du zurückgenommen. Da fiel mir auf, dass mir das ein paar wenigen gegenüber nie passieren könnte. Und da hat Günter Grass immer dazugehört. 55 in Berlin, da warst du eher ein schöner Schatten, der mit Lyrik hereinschwebte und wieder draußen war. Du hast wirklich toll ausgesehen. Und das tust du auch heute noch.

Grass: Hast du also gar nicht zugehört bei meiner Lesung?!

Walser: Damals hattest du dieses vom Bodensee aus gesehen Exotische, kaschubisch Exotische. Für mich spielt leider, Entschuldigung, das Aussehen eine wahnsinnige Rolle. Das ist diese natürliche Ungerechtigkeit, über die man nicht gut hinwegkommt.

Grass: Was du vorhin gesagt hast mit den Meinungen, die du nicht teilst oder die dir gleichgültig sind: das kann ich nicht sagen. Wir sind, gerade in politischer Hinsicht, oft gegensätzlicher Meinung gewesen, und das war mir nie gleichgültig. Aber das war auch nie ein Grund, den Stab zu brechen. Das ist eine Grundlage unserer Freundschaft.

Bei Ihnen, Herr Walser, findet man manches Kritische über Grass. In einem Brief an Frisch schreiben Sie über ihn: fremd, zu viel Abenteuerliches, zu viel Heraldisches.

Walser: Das ist ein Wurzelgeflecht, da gibt es nicht einen Hauptstrang. Bei seinem Auftreten mit der *Blechtrommel* 1959 war er eine übermächtige Erscheinung, auch für einen Kollegen, der auf dem gleichen Feld tätig war. Das habe ich natürlich gelesen mit, gestatten Sie, einem prüfenden Blick.

Ich wollte neben dem bestehen. Es sind dabei zwei Eindrücke geblieben. Erstens: *Die Blechtrommel* war der letztmögliche antifaschistische Roman, der noch geschrieben werden konnte. Zu einem antifaschistischen Roman gehört noch ein Affekt, damit das Anti ernährt werden kann. Das ist ja nicht nur eine Aufarbeitung von Geschichte. Und dieser direkte Affekt war in der *Blechtrommel* drin. Ich fühlte mich durch das Buch immer entlastet. Das Zweite ist das Sprachliche: Günter ist ein Spätexpressionist. Das ganze lyrische Temperament, das in seiner Prosa dirigierend ist, war für mich nie ein Konkurrenzprosaprinzip. Ich bin erzählerischer.

Grass: Aber es knüpft unmittelbar aneinander an. 1959 kam die *Blechtrommel* raus und 1960 *Halbzeit*. Dieses Buch hat mich sehr beeindruckt, auch wenn es mit meinem Schreiben überhaupt nichts zu tun hat. Aber dass ein Autor meiner Generation zu dem Zeitpunkt, der tiefsten Adenauer-Zeit, wo ich mich mit meiner Geröllmasse an historischem Stoff beschäftigte, sich so mit der Wirtschaftswunderzeit, dieser neu entstehenden Gesellschaft, diesen Vertreterexistenzen beschäftigte mit einem Sprachvolumen, einer Suada – und das meine ich nicht abfällig –, das ist ein episches Wagnis gewesen ohnegleichen, meiner Meinung nach bis heute nicht erreicht.

Das klingt jetzt aber doch sehr nach: Nenn ich dich Goethe, nennst du mich Schiller.

Grass: Es gibt auch Bücher von ihm, die mir wenig sagen. Es gibt aber auch eins, das ist überall grauenhaft verrissen worden, auch aus politischen Gründen, wahrscheinlich auch in der ZEIT: *Jenseits der Liebe*. Das ist für mich ein wunderbares Buch.

Walser: Lieber Günter, Reich-Ranicki hat es furchtbar verrissen, siebenundzwanzig andere Kritiker haben es auf Platz zwei der Bestenliste gesetzt. Aber so ist das immer: Je negativer sich einer aufführt, umso berühmter wird er. Aber das, was Sie eigentlich über

Zusammen mit Günter Grass. Ein Gespräch mit Iris Radisch und Christof Siemens

uns hören wollen, kann ich eher sagen als der Günter. Denn er hatte immer den größeren Erfolg. Das ist nicht in jeder Saison gleich gut zu ertragen.

Grass: Aber das hat doch zwischen uns keine Rolle gespielt.

Vielleicht liegt es daran, dass Sie nie im selben Verlag waren. Mit dem Suhrkamp-Autor Uwe Johnson haben Sie, Herr Walser, wahnsinnige Eifersuchtskämpfe durchgefochten.

Walser: Moment, Moment: nicht als Schriftsteller. Haben Sie das nicht kapiert?

Grass: Ging es zwischen dir und Uwe um Frauen? Das kann ich mir nicht vorstellen.

Walser: Nein! Heilandzack!

Grass: Ich bin Zeuge gewesen dieser Streitereien. Die gingen von Uwe Johnson aus, der, bis ihn der Alkohol einholte, wie eine Amme um Martin Walser besorgt war. Martin, es ist jetzt schon halb zwölf, wann gedenkst du ins Bett zu gehen? Johnson stand immer wie ein Wächter dahinter und lief hin und her. Und je mehr ihn Uwe ermahnte, umso mehr goss Martin sich nach.

Walser: Ich hab den Uwe ja in meinem Fiat immer mitgenommen.

Grass: Mit dir Auto zu fahren war immer ein Abenteuer, ja.

Walser: Darüber jetzt nicht, bitte. Uwe war mein Hauptaccessoire auf vielen Autoreisen, und er durfte meinem Fiat alles nachsagen, was er nicht verstand. Fiat hatte ja oft Probleme mit der Elektrik, und der Uwe hat dann immer die Motorhaube aufgemacht und getan, als sei er der Chefmechaniker von Agnelli.

Grass: Leider, muss man sagen, hätte man Uwe Johnson einen Uwe Johnson als Amme zur Seite stellen müssen, der auf ihn aufgepasst hätte in seinen letzten Lebensjahren. Wir waren mal Nachbarn in Berlin …

Walser: Niedstraße 12 und 15.

Grass: 13 und 14. Und wir haben auch mal eine gemeinsame Lesereise gemacht und kamen nach Wuppertal. Johnson äußerte den Wunsch, in eine richtige Nachtbar zu gehen. Ich habe dann eine Kneipe aufgetrieben mit Nackttänzerinnen, die an den Brustwarzen Troddeln hatten und diese wild drehten. Eine Zirkusattraktion. Und Johnson starrte gebannt auf die Brüste und sagte: Das ist also der Westen.

Aber keine Konkurrenzkämpfe mit Ihnen?

Walser: Also bitte: Ich habe in der *Süddeutschen Zeitung* einen hymnischen Willkommensartikel für Uwe Johnson geschrieben.

Grass: Ich habe auch das Gefühl, dass Sie aus Ihrer Generationserfahrung fragen. Dass der Konkurrenzkampf, auch angeheizt durch das Feuilleton, heute viel stärker ist. Bei uns gibt es einen Zusammenhalt. Und ich bin sicher, dass Martin Walser jetzt widersprechen wird: Die Grundlage war die Gruppe 47.

Walser: Natürlich widerspreche ich!

Grass: Aber lass mich das mal ein bisschen ausführen. Wir mussten uns dort gegenseitig ertragen. Die Bandbreite war ungeheuer groß, vom herkömmlichen Naturalismus bis zu Heißenbüttels experimenteller Lyrik. Ich hab dort eine Menge lernen müssen, was Toleranz betraf, denn ich hatte ja meine Meinungen und Ablehnungen. Aber ich lernte zu akzeptieren, dass das alles möglich sein durfte. Das ist eine Grundlage geworden, nicht nur für die Beziehung zwischen Martin und mir.

Walser: Der Günter hat das anders erlebt als ich. Ich musste immer seinen Erfolg mitbuchen. Ich habe jetzt wieder gelesen in meinen Tagebüchern von 1963 bis 1973, die erscheinen im Herbst. Da gibt es eine Zeile: Günter Grass streichelt den Hermelin seines Erfolgs.

Grass: Schöne Formulierung. Im *Spiegel* würde jetzt stehen, was der Hermelin gekostet hat. Aber schleichen wir nicht um den Brei herum: Es gab und gibt auch die Situation, in der mal der eine oder der andere Objekt einer Hatz in der Öffentlichkeit war und ist. Zum Beispiel, als gegen Martin auf eine unsägliche Art und Weise, gestützt sogar durch sogenannte Dissertationen, ein Antisemitismusvorwurf laut wurde. Da war es für mich selbstverständlich, bei Lesungen erst mal über Martin Walser zu sprechen und darüber, dass es in seinem Werk keine einzige Halbzeile gibt, die den Verdacht von Antisemitismus erlaubt.

Walser: Das können Sie wahrscheinlich schlechterdings nicht ermessen, was es heißt, durch eine Saison, an der Sie mitgewirkt haben, in einen solchen Schlagwortverdacht zu kommen, und Sie erleben, dass Intellektuelle, die Sie seit dreißig, vierzig, fünfzig Jahren kennen, das nicht nur gelten lassen, sondern durch diese und jene Bemerkung mitmachen. Günter war der Einzige, der dagegen den Mund aufgemacht hat. Bei meiner Paulskirchen-Rede hatte er eine leise, kritische Distanz, aber überhaupt keine bösartige. Diese Rede war vorher gelesen worden von Siegfried Unseld und Ulla Berkéwicz, und nachher haben beide nicht merken lassen, dass sie vorher gesagt haben, das sei eine ganz tolle Rede.

Wie fanden Sie die Rede, Herr Grass?

Walser: Ich weiß noch genau deinen Satz, und darüber könnte ich, wenn wir ins Jenseits kommen, tagelang diskutieren. So was kann man denken für sich, hast du gesagt, aber so was kann man nicht öffentlich sagen. Ich habe mich instinktiv dagegen gewehrt. Weil gerade das der Sinn meiner Rede war: Gewissen kann man nicht delegieren, das muss jeder auf sich nehmen. Aber es ist keine Privatsache. Wenn du etwas der Sprache anvertraust, ist es persönlich, aber nicht mehr privat. Denn die Sprache ist eo ipso ein öffentliches Element.

Grass: Was mich wundert bei solchen Auseinandersetzungen, die ja auch mich betreffen: wie die westdeutsche Presse, die sich doch immer ungeheuer differenziert gab, in solchen Fällen fast unisono auftritt und sich erfreut am Niedermachen. Sie haben doch als Journalisten eine Sorgfaltspflicht! Sie müssen doch prüfen, ob es zum Beispiel erlaubt ist, im Zusammenhang mit Berichten über meine wenigen Monate in der Waffen-SS Bilder von der Auslöschung des Warschauer Ghettos zu zeigen und so eine Verbindung herzustellen zwischen dem SS-Mann Günter Grass und diesen Verbrechen. Das ist doch grauenhaft! Im Ausland schüttelt man den Kopf darüber, wie man mit uns beiden hierzulande umgeht.

Walser: Was du unisono nennst, hat bei mir ein anderes Wort: Zeitgeist. Wenn wir uns verhalten zu den Auswirkungen des Zeitgeists in den Medien, dann bleibt in den Medien übrig, dass wir uns über die Medien beklagen, als sei das eine Halskrankheit von uns.

Die heftige Reaktion der Öffentlichkeit auf die Nachricht, dass Günter Grass in der Waffen-SS war, ist auch auf Enttäuschung zurückzuführen. Niemand kritisiert Sie dafür, dass Sie erst jetzt ein Buch darüber schreiben. Aber es gab auch immer den Bürger Grass, der in Reden und Essays Stellung bezogen hat – auch in Dingen, die die eigene Biographie betrafen. Warum ging das hier nicht?

Walser: Er war doch immer im aktuellen Dienst! Der Bürger Grass hat für die SPD getrommelt, was unsereiner oft nicht eingesehen hat. Aber es war immer achtenswert. Ich habe fast keinen öffentlichen Auftritt von Günter Grass mitmachen oder auch nur innerlich bejahen können. Das war immer seine Nummer, dieses Engagiertsein, das ich letzten Endes doch nicht für praktisch werden können gehalten habe. Genauso hat er mir vorgeworfen, dass ich zu weit in einem Irgendwo bin. Aber da hab ich es ganz gut ausgehalten.

Aber noch mal: Warum konnte das nur literarisch mitgeteilt werden?

Walser: Heilandzack, das ist doch seine Sache!

Grass: Weil ich Schriftsteller bin. Ich befinde mich nicht in der SED, wo ich öffentlich Schuldbekenntnisse ablegen muss. Ich gehöre auch nicht zu einer christlichen Sekte, die sich aufgrund eines Pfingstwunders hinstellt und öffentlich bekennt.

Walser: Jetzt brauche ich Zigarillos! Das kann ich nur noch als Raucher bestehen. (Grass holt Zigarillos und portugiesischen Weißwein) Ihr Journalisten dürft nicht so aktualistisch eingestellt sein. Dieses Gespräch muss auch ein Gespräch sein über das Medium Öffentlichkeit, das ihr verwaltet und mit dem wir vierzig Jahre lang zu tun haben. In der *ZEIT* muss auch stehen, wo ihr es euch zu leicht gemacht habt. Die vierte Gewalt dürfte sich ruhig auch einmal selbst kritisieren.

Zuerst wollen wir aber noch mal zurück zu Grass' letztem Buch, seiner Autobiographie. Sie, Herr Walser, haben ihn verteidigt.

Walser: Als ich davon in der Zeitung gelesen habe, hat sich für mich gleich die Frage gestellt: Was ist an dieser Empörung und Kritik sachlich richtig, und was ist mediale Selbstgerechtigkeit? In jedem Jahrzehnt gibt es einen anderen zeitgeistempfohlenen, zeitgeistkonformen Umgang mit der deutschen Vergangenheit. In den Sechzigern hat niemand das zur Kenntnis nehmen wollen, weil es nicht dran war. Jedes Jahrzehnt ist dann empfindlicher und anspruchsvoller geworden.

Wurde es immer schwieriger, darüber zu reden?

Walser: Mein Aufsatz *Unser Auschwitz*, sechziger Jahre, mein Aufsatz *Auschwitz und kein Ende*, siebziger Jahre – das hat überhaupt keine Rolle gespielt, als ich in den neunziger Jahren auf das Übelste angegriffen wurde von Leuten, die nie Kenntnis genommen haben, dass ich geschrieben hatte: Seit Auschwitz ist noch kein Tag vergangen. Ihr nehmt keine Rücksicht auf den Menschen, was er war und was er ist. Es gibt zum Beispiel nichts Lächerlicheres als Ihre Reaktion und die Ihrer Kollegen auf Botho Strauß' Aufsatz vom *Anschwellenden Bocksgesang*. Oder Sloterdijks *Rede vom Menschenpark*. Diese beiden Skandale, die ihr hochgejubelt habt: Faschistische Rhetorik! Neonazitum! Der *Bocksgesang* ist nach meiner Lektüreerfahrung vielleicht der gescheiteste, erleuchtetste, am weitesten reichende Text, den ein deutscher Intellektueller seit 1945 veröffentlicht hat. Ihr habt ihn nicht gelesen! Ich habe ihn erst gestern wieder gelesen.

Aber was werfen Sie uns vor? Dass wir falsch lesen?

Walser: Da ist ein Intellektueller, der hat x Stücke geschrieben, die wir bejubelt und bejaht haben. Und dann schreibt er einen Text, der nicht ganz einfach zu verstehen ist, und dann wird er der faschistischen Rhetorik beschuldigt – dann sage ich: Da hätte man doch in irgendeinem seiner Stücke schon mal merken müssen, dass was Neofaschistisches drin ist. Und das meine ich jetzt auch im Fall Grass: Man muss immer den ganzen Autor lesen, insbesondere wenn man glaubt, ihn an einem prekären Punkt beurteilen zu müssen. In *dpa*-Notizen werden aber ganze Autoren erledigt wegen eines Aufsatzes. Ich plädiere für eine Achtung vor dem ganzen Autor – im prekären Punkt. Wenn ich über Gänseblümchen schreibe, könnt ihr *Halbzeit* weglassen. Aber nicht, wenn ich am prekären Punkt formuliere.

Grass: Bei dir hat man das Ding überdreht und meinte, aus deinem ganzen Werk mit Mutmaßungen einen Antisemitismus beweisen zu können. Das ist ungeheuerlich! Wie man auch versucht hat, der Gruppe 47 Antisemitismus zu unterstellen. Es gehörten doch Juden dazu, bei den Kritikern und den Autoren! Das wird alles unterschlagen oder relativiert oder unterstellt, die Gruppe 47 sei antisemitisch, nur weil Paul Celan eine schlechte Kritik bekommen hat. Ich vermisse bei all dem Wolfsgeheul eine Differenzierung. Denken Sie an den *Spiegel*-Titel zu meinem Buch *Ein weites Feld* – ein Wüterich zerreißt mein Buch. Dieser Mangel an Respekt unseren Leistungen gegenüber, den finde ich entsetzlich.

Aber wer stellt denn das her, was Sie Zeitgeist nennen? Das sind doch nicht nur Journalisten, sondern zum Beispiel auch Sie, die Schriftsteller.

Grass: Meine Bücher sind alle gegen den jeweiligen Zeitgeist entstanden.

Walser: Wer den Zeitgeist macht, ist egal, aber es gibt ihn in jedem Jahrzehnt. Ich habe das dreimal erlebt: Schon in den sechziger Jahren habt ihr – ich sage das jetzt stellvertretend – gesagt, ich sei nicht mehr auf dem Boden des Grundgesetzes, nur weil ich versucht habe, die deutsche Öffentlichkeit zu bewegen, den amerikanischen Krieg in Vietnam nicht zu unterstützen. Dieser Krieg in Vietnam hat zwei Millionen Menschen das Leben gekostet, aber ihr, eure Vorfahren in den Redaktionen, habt denjenigen denunziert, der gegen die Propaganda für diesen Krieg war. Journalisten haben mich zum Kommunisten gemacht! Danach war ich ein Rechtsextremist, weil ich die deutsche Teilung nicht gut fand. Und dann war ich ein Antisemit, weil ich einen Roman gegen einen Kritiker geschrieben habe. Egal. Der jeweilige Zeitgeist hat da ein Urteil gefällt.

Wo wir noch von Kritik reden, sprechen Sie bereits von Kampagne.

Grass: Aber wir reden doch jetzt von Literaturkritik! Das machen wir seit annähernd sechs Jahrzehnten mit. In den Kampagnen ging es nicht um die Bücher, sondern um die Person.

Wir nehmen aber an, dass Sie, Herr Grass, den Strauß-Text anders gelesen haben als Martin Walser.

Grass: Ja, aber das sind Meinungen. Ich toleriere Martins enthusiastische Einschätzung, die ich nicht teile. Ich behaupte allerdings, wenn der Aufsatz von Strauß heute erscheinen würde, bekäme er Beifall. Weil der Zeitgeist vielen seiner Thesen entspricht, weil er neokonservativ ist.

Nur eine verständnisvolle Kritik wäre also zulässig?

Grass: Kritik von jemandem, der in der Lage dazu ist. Der Historiker Mommsen hat zum Beispiel in meinem Fall darauf hingewiesen, dass die Division, in der ich mich befand, nicht aus Freiwilligen bestand. Ich wurde einfach gezogen. Das sind Dinge, die unterschlagen werden. Unter dem Schreckenswort SS wird das alles subsumiert und in Zusammenhänge gebracht, die nur verletzend sind, nicht aufklärend.

Walser: Mit der Literaturkritik habe ich zu leben gelernt. Ich habe aber nicht zu leben gelernt mit der Beschuldigungslust in politischen Situationen.

Eine Debatte über politische Meinungen jenseits literarischen Handwerks ist nicht statthaft?

Walser: Wie sagt Sloterdijk? Die Ära der hypermoralischen Söhne von nationalsozialistischen Vätern läuft zeitbedingt aus. Diese Kultur der Bezichtigung, in der der Angegriffene immer schon der Ver-

Zusammen mit Günter Grass. Ein Gespräch mit Iris Radisch und Christof Siemens

lierer war. Die Kultur des Verdachts und der Bezichtigung! (Schreit) Hat diese Kultur existiert oder nicht?

Man kann sie auch eine Kultur der Debatte, vielleicht des Meinungskampfes nennen.

Grass: Das setzt doch voraus, dass es gegensätzliche Meinungen in der Öffentlichkeit gibt. Davon kann doch überhaupt nicht die Rede sein.

Walser: (schreit noch immer) Hat diese Kultur des Verdachts existiert oder nicht?

Nein.

Walser: (empört) Nicht?

Es gab immer auch Gegenstimmen, einen Meinungspluralismus.

Grass: Entschuldigung, dann müssen wir das Thema wechseln. Meine Erfahrung spricht gegen das, was Sie behaupten.

Walser: Sie haben doch nicht widersprochen, als ich in der *ZEIT* zum Neuheiden gemacht wurde!

Eine liberale Öffentlichkeit ist doch nicht nur dann liberal, wenn jeder veröffentlichten Meinung sofort widersprochen wird. Auch Sie haben sich an der öffentlichen Meinungsdebatte beteiligt, mit Aufsätzen und Reden in Zeitungen. Sind Sie sicher, dass Sie dabei nur gerechte und gesicherte Urteile gefällt haben?

Grass: Das habe ich nicht behauptet. Nur bedenken Sie, dass derjenige, der sich in der Öffentlichkeit gegen Angriffe und Diffamierungen verteidigt, immer in einer schwachen Position ist.

Walser: Sie kennen mich besser als ich. Aber habe ich je einen Aufsatz oder eine Rede benutzt zur Verurteilung des anderen? Ich habe, hoffentlich, nie pädagogische, politische, religiöse Anmaßung betrieben, um anderen etwas beizubringen. Mir ging es immer darum, mich zu äußern, um zu erfahren, ob ich allein sei mit dem, was ich fühle. Ich habe immer festgestellt, dass ich in mir so viele Meinungen beherbergen kann, dass ihr mit einer Zeitung gar nicht hinkommt. Nichts ist ohne sein Gegenteil wahr.

Auch das haben Sie immer sehr meinungsstark vorgetragen.

Walser: Ich sage dazu: erfahrungsgesättigt.

Auch die Meinung der angeblich Meinungslosen ist eine Meinung.

Walser: Wissen Sie nicht, was der Unterschied zwischen einer Meinung und einer Erfahrung ist?

Sagen Sie es uns.

Walser: Erfahrungen sind nicht wählbar. Erfahrungen sind notwendig. Meinungen dagegen, die lade ich ein, die bewirte ich, die behandele ich stiefmütterlich, aber Platz haben sie alle in mir. Deswegen muss ich auch nie einem anderen seine Meinung übelnehmen. Ich habe einmal als Meßmer geschrieben: Das, was ich sage, ist umso weniger meine Meinung, je heftiger ich es sage.

Gibt es keine unhintergehbare Grenze, wo Meinungen nicht mehr tolerierbar sind?

Grass: Abscheulich sind nicht Meinungen, sondern Taten.
   Walser: Reden wir von Peter Handke. Er ist der Einzige, der eine

originale Erfahrung mit den jugoslawischen Schauplätzen hat. Der hat ein ganz anderes, realistisches Geschichtsverhältnis. Wenn man die Bücher von Handke gelesen hat, kann keine Kampagne, kein Zeitgeist mehr behaupten, seine Serbienbücher seien ein moralisches Desaster.

Wenn Handke in seinen Büchern die bosnischen Serben, die auf Sarajevo schießen, mit um ihre Freiheit kämpfenden Indianern vergleicht, soll man das nicht moralisch kritisieren dürfen? Sie sprechen von Kampagnen der Presse, deren Opfer Sie geworden sind. Viele werden Ihnen da zustimmen. Aber warum ist es nicht möglich, Ihnen kritische Fragen zu stellen?

Grass: Aber was reden Sie denn da! Ich bin mein Leben lang kritisiert worden und habe das ertragen. Hier hat aber in einem Unisonoton eine Hatz stattgefunden. In der *FAZ* ist eine Karikatur über mich veröffentlicht worden, die hatte *Stürmer*-Qualität. Auch bei Handke kann man von einer Kampagne sprechen.

Sind Sie auch der Ansicht, dass man Handke nicht kritisieren darf?

Grass: Natürlich darf man ihn kritisieren. Aber die Unterstellungen gingen zu weit. Und das Außerachtlassen, dass Handke noch andere Dinge vorzuweisen hat als diese Texte, die ich für misslungen halte.

Ist es möglich, dass das, was Sie eine Kampagne nennen, ein sich immer stärker abzeichnendes Verständigungsproblem zwischen den Generationen ist? Es ist die Enkelgeneration, von der Sie sich missverstanden und verfolgt sehen.

Walser: Das kommt mir arg einfach vor, diese Sache auf Generationen zurückzuführen.

Grass: Sie beide sind offenbar nicht bereit, diese Verwerfungen innerhalb der Printmedien auch kritisch zu sehen.

Was ist an der Frage, warum Sie erst nach über sechzig Jahren über Ihre Wochen bei der Waffen-SS sprechen, so verwerflich? Ihre Antwort muss man respektieren, aber dasselbe gilt für die Frage.

Walser: Man wollte sich an einer Vormachtstellung rächen, die Grass angeblich als politisch-moralische Instanz gehabt hat.

Grass: Auf der Leipziger Buchmesse hat man mir Spitzel auf den Leib geschickt! Den Titel Gewissen der Nation habe ich nicht erfunden, den habe ich zurückgewiesen, genauso wie Böll. Das ist eine Erfindung des Feuilletons.

Walser: Trotz seiner ganzen Streitbarkeit und Präzeptorialität kann man sicher sein, dass Günter viel mehr als jeder andere an diese Winzigkeit in seiner Biographie gedacht hat. Es gibt gar kein politisches, geistiges, gesellschaftliches Bedürfnis, das jetzt so groß herauszustellen. Das ist nur das, was Sloterdijk die Kultur der Verdächtigung nennt. Natürlich, wenn ich in den Reden von Grass so etwas gelesen habe wie die Chefetage des Kapitalismus, da dachte ich schon: Junge, Junge, weißt du, wovon du da redest?! Du kannst keine Ahnung haben von den Chefetagen des Kapitalismus.

Grass: Woher weißt du das?

Walser: Ich habe einen Roman geschrieben über das Geldvermehren.

Grass: Du hast Ahnung davon?

Walser: Ich habe einmal über Kapitalismus und Demokratie gesprochen. Das ist die schlimmste Rede, die ich je gehalten habe. Ich habe einsehen müssen, dass ich das Wort nur ergreifen sollte in Zusammenhängen, in denen ich nicht lediglich eine Meinung habe, wo ich kein fremdes Vokabular benutzen muss, sondern wo ich selber eine Erfahrung habe. Daran versuche ich mich zu halten. Du hattest einen viel konkreteren politischen Einsatz. Und in diesem konkreteren politischen Einsatz musstest du auch über deine Erfahrung hinausgehen. Ich glaube nicht, dass die SPD so viel besser ist als die CDU, wie du behauptet hast.

Sie, Herr Walser, misstrauen also den großen Worten. Sie sind der Autor des deutschen Kleinbürgertums, das sich rühmt, immer auf dem Teppich geblieben zu sein.

Grass: Mit dem Wort Kleinbürger haben wir beide zu tun. Ich finde das wunderbar, wenn selbsternannte Großbürger jetzt naserümpfend über Kleinbürger reden. Für mich ist meine kleinbürgerliche Herkunft eine dauernde Quelle der Inspiration und des Einfallsreichtums. Ich halte diese Internationale der Kleinbürger für die einzig funktionierende.

Walser: Ja, ja, ja. Die haben ja auch das 19. Jahrhundert gemacht. Kleinbürger ist der, der sich selbst ausbeutet.

Sie werden beide in diesem Jahr achtzig. Was bedeutet Ihnen das?

Walser: Was die Welt mit so einer schlichten Zahl alles anstellt … Ich zitiere Elke Heidenreich: (holt einen seiner Zettel hervor) Das ist eine ganz ekelhafte Altmännerliteratur, die wir da jetzt haben. Grass, Walser, diese eitlen alten Männer, die den Mund nicht halten können. Ich finde, dass Grass und Walser seit Jahren nichts Gutes geschrieben haben. Ich habe aufgehört, Walser zu lesen, seit *Dorle und Wolf*, ein grottenschlechter Roman, und bei Grass hat mich immer das Übermaß an Eitelkeit und Selbstgefälligkeit gestört. Eine Literaturkritikerin, die als Päpstin bezeichnet wird, hat nichts mehr von uns gelesen und findet trotzdem, dass Grass und Walser seit Jahren nichts Gutes mehr geschrieben haben. Das ist genial. Die Kritikerin muss, was sie verurteilt, gar nicht mehr lesen.

Herr Walser, Sie ärgern sich über eine Fernsehkritikerin?

Walser: Jetzt seid ihr elitär daneben. Diese Frau hat mehr Macht als Sie.

Auch wenn sie unrecht hat: Darf sie nicht sagen, was sie denkt?

Grass: Sie sind naiv. Das ist an Dummheit und Unverschämtheit nicht mehr zu übertreffen, was Martin Walser da gerade zitiert hat. Und Sie wissen, welche Wirkung diese Frau auf den Buchhandel hat. Nicht nur wir beide, sondern eine Vielzahl von Autoren sind von diesen Dummheiten betroffen. Wir beide können von unseren Büchern leben. Aber für andere sind solche Urteile absolut vernichtend. Ich erwarte von einer Zeitung wie der ZEIT, dass sie zu so etwas Stellung nimmt.

Walser: Ich erinnere mich an die fünfziger Jahre. Damals gab es Hesses *Glasperlenspiel* und Thomas Manns *Doktor Faustus*. Ich habe das alles gelesen, war aber vollkommen unfähig, diese Literatur zu erleben. Dennoch wäre ich niemals auf die Idee gekommen, diese Autoren als alte Männer abzutun. Das ist etwas Neues: dass einem das Alter vorgeworfen werden kann. (Er schlägt auf den Tisch)

Grass: Literatur fällt doch nicht vom Himmel. Jeder Autor hat seine Vorgänger, knüpft an. Die Altersfrage kann doch keine Qualitätsfrage sein.

Können Sie sich nicht vorstellen, dass es junge Schriftsteller heute ärgert, dass Sie beide ihnen immer noch das Licht wegnehmen?

Walser: (laut) Es war noch nie so unerlaubt, älter zu werden als arbeitender Mensch, wie jetzt! Und wenn ein Älterer liebt, ist es nicht Liebe, sondern Altersgeilheit.

Grass: Meine Erfahrung mit dem, was unter dem Stichwort Altersgeilheit läuft, ist die, dass die erotische Liebe im Alter differenzierter wird, sich verlangsamt.

Walser: Du musst jetzt nicht für die möglichen Freuden des Vollzugs in den späteren Jahren plädieren.

Grass: Ich sehe das Alter aber zu meiner Überraschung in diesem Bereich als Gewinn an. Doch nicht nur das. Ich habe mit meiner Frau zusammen acht Kinder und eine Vielzahl von Enkelkindern. Dadurch werde ich mit dem jeweils neuesten Jargon vertraut, das ist eine Bereicherung am Rande. Außerdem erlebe ich, dass bei mir die Arbeits- und Schaffensfreude nicht nachlässt. In mir läuft ein ständiger innerer Formulierungs- und Wortsucheprozess ab, der nicht aufhören will.

Wird das Schreiben im Alter einfacher oder schwerer?

Grass: Einfacher auf keinen Fall. Das Papier ist nach wie vor erschreckend weiß. Man kann nicht wie bei technischen Berufen auf bestimmten Erfahrungen aufbauen. Das Wagnis, in eine ungeordnete Stoffmasse so etwas wie eine erzählbare Ordnung hineinzubringen, ist für mich ein durch nichts zu ersetzendes Abenteuer. Als ich die *Blechtrommel*, *Hundejahre* und *Katz und Maus* in einem Zug durchgeschrieben habe über acht Jahre hinweg, hatte ich ein Mangelgefühl von Leben. Ich kam mir vor wie ein Instrument, das nur noch etwas umsetzt. Und ich hatte die aberwitzige Befürchtung, ich müsste das zu Ende bringen, bevor ich jung sterbe. Das war keine Angst vorm Älterwerden, aber vorm Abkratzen, bevor das Buch fertig ist.

Schreiben Sie mit mehr Druck, jetzt, wo die Zeit knapp wird?

Grass: Nicht mit Druck, eher mit Erstaunen, dass ich allen Wünschen, die in der Öffentlichkeit geäußert werde, zum Trotz in einem Manuskript stecke. Das macht mich fröhlich und macht mich auch überlegen.

Das Alter kann Ihnen nichts anhaben.

Grass: Es gibt Veränderungen. Ich hätte zum Beispiel im Alter von fünfzig oder sechzig Jahren keine Autobiographie schreiben können. Weil sich die Erinnerung erst altersbedingt umschichtet. Ich kann mein Erinnerungsvermögen heute sehr weit zurück mobilisieren. Wenn Sie mich aber fragen, was vor vierzehn Tagen war, weiß ich es manchmal nicht. Dann kommt natürlich die Hinfälligkeit dazu, der tapsige Schritt, größere Vorsicht. Der operierende Arzt, der mir einen Bypass ins Bein setzte, stellte ganz begeistert fest, dass in meinem Körper noch genügend Material ist, um weitere Reparaturarbeiten durchzuführen, etwa an den Herzkranzgefäßen. Ich habe also ein Ersatzteillager im Körper. Das sind späte Erkenntnisse, die mich auch stabilisieren.

Haben Sie, Herr Walser, sich als junger Mensch vorm Alter gefürchtet?

Walser: Ich habe mir als Dreißigjähriger mal notiert: Was mit fünfzig nicht geschrieben ist, wird nicht mehr geschrieben werden können. Heute habe ich geradezu instinktiv eine Abneigung, dieses Schlagwort auf mich anzuwenden. Ich habe mal in einem Roman eine Figur sagen lassen: Wer ein Jahr jünger ist, hat keine Ahnung. Das ist so. Aber alle reden und haben keine Ahnung. Es ist eine öffentliche Manie, jetzt in dieser Weise vom Alter zu reden. Seniorenschwemme, Rentenkatastrophe, Überalterung – das halte ich für Zeitgeistunsinn. Es kann sein, dass man sich in zwanzig Jahren wieder wie wild fortpflanzt. Auch eine Rentenkatastrophe wird es nie geben. Das behaupten diese Häkler am konkreten Unmöglichen. Das ist Alarmismus, wie es ihn schon immer gab. Eine Saison lang lebt man von einem Alarmgerücht. Sie und Ihre Generation tun heute so, als sei die Fortpflanzung ein unübersteigbarer Wert. Dabei haben Sie selber, Frau Radisch, in Ihrem Buch gesagt, dass man auch die Freiheit zum Untergang haben sollte. Da haben Sie sich intellektuell so verhalten, wie man sich verhalten muss. Dann gestatten Sie es sich aber, zu schreiben, wenn alte Männer sich amourös verjüngen, sei das ein biologisch abwegiges Liebesgebaren. Sie erlauben mir, dass ich als phantasierender Autor über diese Einschätzung des Alters in erotischer Hinsicht anderer Ansicht bin.

Grass: Martin, jetzt machen wir mal einen Dialog daraus. Was den Alarmismus betrifft, hast du sicher recht. Aber du kommst an bestimmten Fakten nicht vorbei. Die Kinderlosigkeit wird sich trotz der Zeugungswut, die du erwartest, in dreißig, vierzig Jahren bei jenen auswirken, die auf eine Rente angewiesen sind. Ein, zwei Generationen werden davon betroffen sein, dass sehr viele Alte da sein werden und wenige, die für sie aufkommen können.

Walser: Günter, du sprichst einfach nach, was die dir vorreden.

Grass: Nehmen wir die Chinesen und deren Einkindpolitik, mit der sie riesige Schwierigkeiten bekommen werden …

Walser: Das ist doch nur Statistik!

Sie haben sich offenbar nie Sorgen gemacht, wie Sie im Alter über die Runden kommen.

Walser: Nein, nie! Ich bin letztes Jahr zu zwei empfohlenen Bankhäusern gegangen, Besprechungsthema: Altersvorsorge.

Da sind Sie erst mit neunundsiebzig hingegangen?

Walser: Ja. Vorher habe ich, ohne genauer zu rechnen, meine Bücher für meine Alterssicherung gehalten. Das war eine Illusion. Insbesondere weil ich den Verlag gewechselt habe. Die Rechtslage, die durch die Verramschung entsteht, könnt ihr euch nicht vorstellen.

Grass: Doch, das kann ich mir sehr gut vorstellen! Die halten hundertfünfzig Exemplare auf Lager, deshalb kriegst du die Rechte nicht frei. Sie können liefern, aber du kriegst nichts.

Walser: Aber, Günter, keine Gewerkschaft, kein Schriftstellerverband kümmert sich darum!

Grass: Wie kannst du also sagen, dass ich davon keine Ahnung habe? Ich habe mich ums Urheberrecht gekümmert und mehrfach darüber geschrieben. Und zwar nicht als Gewissen der Nation, sondern weil uns das alle angeht.

Walser: Hör auf! Ich bin zu den Banken gegangen.

Und was haben die gesagt?

Walser: Nun, ich habe alles auf den Tisch gelegt. Ich hatte nie solche Einnahmen wie der Günter, aber ich habe die beim Verlag stehenlassen, ich wollte immer nur so viel Geld, wie wir gebraucht haben.

Grass: Und die Zinsen hat der Verlag gehabt?

Walser: Der Siegfried hat immer gesagt, das brauchen wir, um jüngeren Autoren Vorschüsse zu zahlen, oder wenn wir Koeppen … Egal. Und letztes Jahr im Januar habe ich das Konto abräumen lassen. Und die Hälfte davon musste ich dann deinem Staat geben.

Grass: Meinem Staat? Meinem SPD-Staat, musst du jetzt sagen!

Walser: Und mit dem verbliebenen Geld mach ich jetzt Altersvorsorge.

Grass: Martin, du hast vorhin gesagt, ich hätte keine Ahnung von den Chefetagen des Kapitalismus. Das mag stimmen. Aber was du gemacht hast, ist dumm.

Walser: Das haben mir inzwischen auch Dümmere gesagt als ich. Aber weg damit. Ich wollte sagen: Die Alterseinschätzung überlassen Sie besser den Alten.

Dann erzählen Sie uns als Jüngeren doch mal, wie es wirklich ist im Alter.

Walser: Komm, das ist doch ein Roman! Der Günter hat das angedeutet, ich werde das nicht.

Grass: Ich habe mehrere Gründe genannt, warum ich das Alter wunderbar finde. Immer mit der Einschränkung, dass ich keine Erfahrung mit Altersgebrechen habe.

Walser: Das ist das Thema vom Karasek.

Aber haben Sie nicht als Schriftsteller das Problem, dass Sie immer klüger und reflektierter werden und es deshalb immer schwieriger wird, etwas Neues zu schreiben? Schon wir schreiben bei unseren Artikeln gelegentlich von uns selbst ab.

Walser: Das glaube ich Ihnen nicht. Ihre überkritische Selbsteinschätzung diktiert Ihnen das. Das heißt nur, Sie stammen aus einer ganz bestimmten belasteten Kindheit, das kenn ich. Kein Mensch muss sich etwas vorwerfen, wenn es ihm nicht beigebracht wurde, sich etwas vorzuwerfen. Der Tatbestand ist nie objektiv. Es ist immer eine Beschädigung, die irgendwo herkommt. Da kann ich Ihnen ein Buch empfehlen, das heißt *Selbstbewusstsein und Ironie:* Du musst lernen, Ja zu sagen zum Nein der Welt. Das ist alles. Das ist Religion.

Also lassen Sie uns endlich über die Religion reden. In einem Ihrer Aufsätze, Herr Walser, heißt es: «Ich vertraue auf ältere Erbschaften. Natürliche. Unzerstörte. Deren Universalität oder Globalität nur darin besteht, dass der Planet aus lauter lokalen Bemessenheiten besteht. Die Natur ist der Inbegriff des Lokalen, des Hiesigen, also des überall Hiesigen.» Ist das Ihr Glaubensbekenntnis?

Walser: Das ist kein Glaubensbekenntnis, das ist Erfahrung. Natur hat man nur konkret. Schau hier: Dieser Nussbaum, dieser Weidenbaum, das ist das Hiesige, Konkrete, das ist Natur. Da vorne war ein kleines Vögelchen, das noch keine vierzehn Tage alt war, und im wilden Gras waren ein paar Vergissmeinnicht. Basta. Nur das zählt.

Grass: Wir stimmen überein! Wunderbar! Aber darf ich dich, Martin, einen Augenblick unterbrechen, wenn das möglich ist, versuchsweise? Aber nicht, dass Sie jetzt wieder wie die *FAZ* schreiben, ich hätte ein Geständnis abgelegt: Ich glaube weder an Gott noch an Götter.

Walser: (streichelt Grass den Arm) Das musst du nicht sagen, Günter.

Grass: Nein, nein, nein, das ist ja erst der Anfang eines Satzes! Ich stehe, auch das ist eine Folge des Alters, staunender ...

Walser: Gut!

Grass: ... staunender vor der Natur, auch vor der beschädigten Natur. Es mischt sich jetzt, was Religion und Alter betrifft: Ich nehme den Wechsel der Jahreszeiten deutlicher wahr, mit mehr Erstaunen als in jüngeren Jahren.

Walser: Du könntest ruhig mal einen Satz ohne das Wort Alter sagen!

Grass: Ich steh ja dazu. Und dabei bleibt's auch. Ich habe nur eine Bitte an alle Monotheisten und Vielgötteranbeter: dass sie meinen Unglauben tolerieren, wie ich ihren Glauben toleriere.

Walser: Wenn ich heute Abend bei dir bleiben könnte und nicht zurückmüsste, würde ich …

Grass: Würdest du mich bekehren?

Walser: Würde ich mit dir über das Wort Unglauben sprechen.

Grass: Ich habe ja einen Glauben. Dass alles, was da ist, alles Lebendige, zählt. Und dass jeder dem gegenüber auch ein Verantwortungsgefühl hat.

Walser: (klopft ungehalten mit der Hand an die Banklehne) Ah, komm, dies Wort Verantwortungsgefühl ist ein solcher Ladenhüter.

Grass: Lass mich doch! Ein Teil meiner gesellschaftlichen Bestrebungen bis ins Schreiben hinein kommt natürlich aus diesem Verantwortungsgefühl! Du kannst sagen, das ist vorbei, aber nehmen wir mal das Waldsterben: Dem bin ich auf den Grund gegangen und zeichnend in die Kammlagen des Harzes gestiegen. Und habe gesehen, wie die Wälder aussahen. Und immer noch aussehen. Übrigens: Das Wort Angstblüte kommt daher. Das machen die Bäume, wenn sie absterben. Das hättest du bei mir in *Totes Holz* nachlesen können. In ihrer Panik vor dem Tod schmeißen sie auch noch mit Samen um sich.

Walser: Toll, Günter.

Aber die große Frage, von der alles Religiöse abhängt: Zufall oder nicht Zufall?, ist damit ja nicht beantwortet.

Grass: Ein Narr nur kann leugnen, dass im Wechsel der Jahreszeiten, im Verhalten der Tiere, wie sie sich an veränderte Gegebenheiten anpassen, nicht eine Gesetzmäßigkeit waltet.

Walser: (pocht wieder ungehalten) Diese Frage musst du sofort so beantworten: Zufall ist immer eine nicht durchschaute Gesetzmäßigkeit. Ist doch klar. Nie sich solche Fragen anziehen! Günter, das Wort Unglauben aus deinem Mund, mit deiner Vergangenheit, mit deinem Verhältnis zur ganzen Tradition … Ich möchte dir ein Wort vermitteln, ist ja nicht von mir, aber vielleicht sagt dir der Satz etwas, von Kierkegaard: Die Größe des Glaubens ist immer kenntlich an der Größe des Unglaubens. So. Nur dass du weißt, wovon du redest.

Und was glauben Sie, woran Grass glaubt?

Walser: Man muss das doch nicht verinhaltlichen! Das ist so viel, so schwierig. Mich können Sie auch nicht fragen: Was meinen Sie mit Gott?

Grass: Du hast aber heute viele Meinungen geäußert.

Walser: Jetzt müssen wir doch noch zu einer neuen Definition von Meinung kommen: Meinung ist immer eine noch nicht geprüfte Erfahrung.

Grass: Dann hast du heute einige noch nicht geprüfte Erfahrungen geäußert. Das ist aber auch dein gutes Recht, Martin. Und das ist es, was ich an ihm so liebe. Unter anderem. Aber auch – entschuldige, dass ich das Wort Alter gebrauche –, dass wir bis ins hohe Alter hinein immer noch staunen können. Das hält uns beide weiterhin kreativ.

Walser: Das Wort kreativ mag ich nicht. Kreativ ist jede Werbeagentur.

Grass: Du schreibst ein Buch nach dem anderen.

Walser: Aber nicht kreativ. Sondern weil mir etwas fehlt.

Schreiben ist also eine Mangelerscheinung?

Walser: Mir fällt ein, was mir fehlt. Basta.

Was ist Ihr Schreibantrieb, Herr Grass?

Walser: Günter hat immer geschrieben, weil er zu viel hatte.

Grass: Es gibt bei mir mehrere Antriebe. Weil ich etwas genauer wissen will, bei mir selbst oder auch gesellschaftliche Dinge. Und dann auch dieser offenbar angeborene Drang (Walser nickt sehr heftig), dass in mir drin ständig etwas auf Wörtersuche ist.

Walser: Das mit dem Mangel ist natürlich unvollständig. Mein Haupttrieb ist: etwas so schön sagen, wie es nicht ist. Jeder Roman wirft einen weißen Schatten. Deshalb bin ich Dostojewski-Leser oder Nietzsche-Leser: weil es so schön wie dort nirgends ist.

Haben Sie bei Ihrer Hingabe an die Kunst Ihr Leben zu kurz kommen lassen?

Walser: Aaach, das hat Thomas Mann schon sentimental genug formuliert, im *Tonio Kröger*. Das Leben darzustellen, ohne an ihm teilzunehmen – das ist bürgerliche Sentimentalität. Das ist bürgerlicher Quatsch, Kunst und Leben in einen Gegensatz zu verwandeln. Das Leben wird nur erträglich durch die Verlängerung in die Kunst. Nietzsche: Die Welt ist nur gerechtfertigt als ästhetisches Phänomen.

Machen Sie sich eigentlich Sorgen um Ihren Nachruhm?

Walser: Selbst wenn ich mir welche machte, würde ich sie jetzt nicht ausplaudern.

Grass: Sorgen habe ich auch keine. In der Literatur gibt es Phasen des Vergessens und des Wiederentdeckens. Wir erleben das ja mittlerweile sogar bei lebenden Autoren, wie durch Machenschaften, durch Aufkäufe von Verlagen Autoren der mittleren Generation, wie Herburger etwa, völlig in Vergessenheit geraten sind. Eine Ungerechtigkeit, die nichts mit der Qualität der Bücher zu tun hat.

Und Sie haben keine Vermutung, was von Ihnen bleiben könnte?

Grass: Im Gegensatz zu Ihrer Kritik seinerzeit, Frau Radisch, glaube ich, dass zum Beispiel *Ein weites Feld* noch Interesse erregen könnte, wenn man auf erzählerische Weise erfahren will, wie das war in den Jahren 1989/90. Und auch ein Buch, das in Deutschland total verrissen wurde wie *örtlich betäubt*, das über die Situation 1967/68 schreibt, über den verbalen Radikalismus auf der linken Seite wie bei der Springer-Presse.

Walser: Über die historische Belangbarkeit hinaus sind Bücher eine Daseinssteigerung. Und wenn jemand mit meinen Büchern so etwas erlebt, bin ich sehr froh. Das kann man aber nicht beabsichtigen, denn das Schreiben ist das Unwillkürlichste, was es gibt.

Grass: Insgesamt bin ich eher skeptisch, da muss man sich nur umgucken, wie wir mit unseren sogenannten Klassikern umgehen. Ein Autor wie Jean Paul ...

Walser: Nein, Entschuldigung, ein Autor wie Jean Paul wurde von mir gelesen! Das genügt doch für ein ganzes Jahrhundert. Der hat nicht umsonst gelebt, ich war seine Auferstehung.

Wir sind vor über vier Stunden losmarschiert bei Ihrem ersten Treffen 1955 ...

Walser: Da hatte ich einen Anzug an, 1955, das hast du natürlich vergessen, aber es gibt ein Foto. Einen Anzug mit Schalkragen. Was es da heute mit diesem gezackten Kragen gibt, das war mir widerlich. Ich bin zu meinem Wasserburger Schneider, Herrn Hörer, und hab gesagt: Mach mir einen Anzug mit einem runden Schalkragen. Und er hat mir einen gemacht, der Meister Hörer in Wasserburg. Und den trug ich in Berlin, kriegte den Preis und wurde mit Ingeborg Bachmann und Böll zusammen fotografiert. Das musst du dir mal vorstellen. Das ist jung sein. Es ist dir völlig egal, dass niemand außer dir einen Schalkragen trägt am Nachmittag. Diese vollkommene Rücksichtslosigkeit auf Reaktionen der Welt.

Grass: Ich weiß nicht mehr, was ich anhatte. Ich kam in die Kaffeepause herein, und die Kellnerin fragte: Sind Sie auch Dichter? Und ich habe laut und deutlich ja gesagt. Und Hans Werner Richter hat mir dann vor meinem Auftritt noch geraten: Lesen Sie laut und deutlich. Daran habe ich mich gehalten, bis heute.

Aber hatten Sie nicht einen literarischen Ehrgeiz, einmal ein bestimmtes Ziel zu erreichen?

Walser: Ich wollte einen Schalkragen. Und der war sehr gut. Günter, du hast zu Beginn gefragt, ob ich denn deine Lesung anno 55 gar nicht gehört hätte. Ich habe. Trotz Schalkragen. Und ob du es glaubst oder nicht: Es war ein Ansturm der reinen Poesie!

Für jeden Ärger
gibt's einen Vierzeiler
im Tagebuch

Ein Gespräch mit Bernd Mathieu,
Thomas Thelen und Andrea Zuleger
2008

Herr Walser, Sie fahren derzeit durch das Land und stellen Ihr Buch vor. Warum tun Sie sich das noch an, diese Reisen, jeden Abend in einem anderen Hotel?

Was bedeutet hier noch?

Es bedeutet, dass Sie in einem Alter sind, in dem eine solche Anstrengung etwas Besonderes ist.

Leben ist anstrengend. Die Lesungen gehören zu meinem Leben.

Eine Pflicht?

Nein, das hat mit Pflicht überhaupt nichts zu tun. Ich könnte sagen, es ist Gewohnheit. Aber auch das trifft es nicht. Eher ist es so: Wenn man ein Buch geschrieben hat, dann will man im Kontakt mit dem Publikum spüren, ob und wie es lebt. Und zur Anstrengung: Das Leben selbst ist nicht anstrengend, wenn man richtig atmet. Außerdem bin ich ein leidenschaftlicher Hotelgänger.

Welche Beziehung haben Sie zu Ihrem Publikum?

Wenn man oft einen Text aus einem Buch liest, dann kriegt man eine ganz scharfe Notation für das Publikum. Ich merke genau, bei welchem Satz wie reagiert wird. Ich warte auf die Reaktionen, und wenn sie an bestimmten Stellen nicht kommen, dann habe ich es schwer. Aber das passiert Gott sei Dank fast nie.

Aber was ist, wenn es passiert? Lesen Sie dann anders, gehen Sie dann anders mit dem Publikum um?

Wenn man merkt, das Publikum reagiert langsamer, dann liest man noch nachdrücklicher. Nach dem Motto: Bitte schön, wie wäre es damit? Aber bei diesem Buch sind die Reaktionen fast jeden Abend sehr, sehr gut. Sie sind anders als bei jedem Buch von mir zuvor.

Es ist ja auch ein ganz anderes Buch. So wird es jedenfalls beurteilt.

Na gut, aber für mich ist es das nicht. Ich sehe ein: Es rührt an keine gegenwärtige Empfindlichkeit.

Welche Rolle spielt die Eitelkeit des Schriftstellers, der den Applaus braucht?

Applaus lasse ich gelten. Eitelkeit ist eine Daseinsvoraussetzung, auch bei Ihnen. Da wollen wir gar nicht vergleichen. Aber klar: Zustimmung ist wichtig. Ich frage mich oft, ob ich weiterschreiben würde, wenn es keine Zustimmung gäbe.

Ihre Antwort?

Ich weiß es nicht. Aber das weiß ich: Man darf sich eine dauernde Negation nicht gefallen lassen. Gelegentliche Totalverneinungen von Herrn Reich-Ranicki habe ich mir eine Zeitlang gefallen lassen müssen, und dann habe ich auch einmal etwas geschrieben (*Tod eines Kritikers*). Ich bin sehr froh, dass ich das gemacht habe. Seitdem ist mir wohler.

*In Ihrem Buch steht der Satz: «Die Welt ist immer bereit, dich
zu verwunden.» Damit haben Sie auch die Kritiker gemeint.*

Da geht es um mehr. Die Welt kann sich nicht auf die Empfindlichkeit eines jeden Menschen einstellen, also verwundet sie ihn.

Ein autobiographischer Satz?

Na ja, er lässt sich auch ohne weiteres auf Goethe übertragen. Der
hat die schärfsten Sätze gegen die Negierer gesagt: Schlagt ihn tot,
er ist ein Rezensent. Goethe war sehr empfindlich, sein Leben lang.

Wie gehen Sie generell mit Kritik um?

Nehmen wir mein neues Buch. Da gab es meines Wissens nur zwei
halbwegs negative Kritiken: im *Spiegel* und in der *Welt*. Ich freue
mich darüber, dass beide Zeitungen landauf, landab widerlegt werden. Wäre das nicht so, hätte ich es schwerer.

*Fühlen Sie nicht den Impuls, Kritiker selbst öffentlich zu
widerlegen?*

Ich habe mir vor vielleicht dreißig Jahren etwas angewöhnt: Ich ver-
arbeite die negativste Reaktion auf ein Buch in meinem Tagebuch
in einem Vierzeiler. Da lade ich meinen Ärger ab. Das funktioniert.
Irgendwann werde ich das auch als Buch veröffentlichen. Der Titel:
Ross und Reiter. Eine Selbstwiederherstellung durch gereimte Polemik. Das kann ich aber erst veröffentlichen, wenn ich sonst nichts
mehr veröffentliche.

Können Sie eine Kostprobe geben?

Nein, lieber nicht. Aber jetzt erklären Sie mir doch endlich, wie das bei Ihnen funktioniert: zwei Zeitungen, hergestellt von einer Redaktion. Das interessiert mich sehr. Das entspricht zutiefst meinen inneren Stimmungen. Denn nichts ist ohne sein Gegenteil wahr.

Der Satz kommt auch in Ihrem Roman vor.

Ja. Da ich das als Hausmacherwahrheit pflege, habe ich ihn der Ulrike mitgegeben.

Ist Ihnen das Schreiben an diesem Roman schwergefallen?

Stofflich war ich vorbereitet. Es stellt sich bei mir aber immer erst beim Schreiben heraus, ob ich für eine Sache legitimiert bin. Es muss sich ein Ton ergeben, dann kann ich auch schreiben. Hier hatte ich den Ton sofort. Dann macht man so ein Buch in acht Wochen, weil es wie von selbst läuft.

War der Titel von Anfang an klar? Ein liebender Mann: *Das kann sich auf Sie und Ihre Beziehung zu Goethe oder auf Goethe und seine Beziehung zu Ulrike beziehen.*

So ist es. Den Titel hatte ich ziemlich schnell. Ich hätte ihn nicht ersetzen können. Titel sind für mich elementar. Ich erinnere mich an mein Buch *Seelenarbeit*. Da hat mein damaliger Verleger Unseld, ohne das Buch überhaupt gelesen zu haben, gesagt: Um Gottes willen, wieder so ein Psychiatrie-Roman. Dabei ist es der Roman eines Chauffeurs. Da habe ich gesagt: Da führt kein Weg dran vorbei, der Titel bleibt. Das Wort hat sich nahezu durchgesetzt. Das ist doch auch ein unglaublich schönes, wichtiges Wort: Seelenarbeit.

*Sie haben vorher schon drei Romane über Liebespaare mit
großem Altersunterschied geschrieben. Das Thema hat Sie
besetzt.*

Offenbar.

Warum?

Keine Ahnung. Das ergab sich so, das war ungeplant. In *Lebenslauf
der Liebe* ist die Frau doppelt so alt wie der Mann. In *Augenblick der
Liebe* und *Angstblüte* ist der Mann älter. Vor allem Kritikerinnen
haben mir das übelgenommen. Es sei ästhetisch, moralisch, biologisch peinlich. Komisch, dass diese erwachsenen Frauen glauben,
sie müssten die jungen Frauen davor in Schutz nehmen, dass sie von
älteren Männern geliebt werden. Wahrscheinlich glauben die, das
sei feministisch. Komischerweise hat dann bei *Ein liebender Mann*
keine mehr den Mund aufgemacht.

*Ist denn das Thema Altersunterschied jetzt für Sie literarisch
erledigt?*

Jawohl, denn ein größerer Unterschied ist nicht mehr möglich. Diese Konstellation ist unübertrefflich. Meine nächsten Projekte sind
anderer Art. Aber Liebe wird doch schon noch vorkommen dürfen,
oder?

*Selbstverständlich. Was sagen Ihre vier Töchter dazu, wie Sie das
Thema aufgearbeitet haben?*

Wir reden da nicht drüber. Ich habe nie erfahren, was meine Töchter
von mir lesen. Ich nehme an ihren Arbeiten viel mehr teil. Aber wir
hatten in unserer Familie ja auch nie ein literarisches Milieu.

Ein Gespräch mit Bernd Mathieu, Thomas Thelen und Andrea Zuleger

Sie hatten keinen missionarischen Ehrgeiz?

Nein. Was die Kinder gelesen haben, war mir egal. Theresia etwa hat früher Gedichte gelesen, die keine sind. Der Autor war mir immer sehr sympathisch. Erich Fried. Aber seine Gedichte waren – nun ja, ich habe gehört, die würden vor allem bei evangelischen Hochzeitsfeiern gelesen. Bücher müssen ihre Leser finden, und Leser müssen zu ihren Büchern finden.

Interessiert Sie Politik überhaupt noch?

Wissen Sie, in meinen Tagebüchern heißt es in einer Notiz aus den sechziger Jahren: Wir werden unser Leben mit einer CDU/SPD-Regierung verbringen. Ich finde es heute nicht mehr nötig zu differenzieren. Es geht nicht mehr um CDU oder SPD, es geht um den Zeitgeist, und der ist viel tyrannischer. Ich habe da selbst meine Erfahrungen gemacht.

Nämlich?

Der Zeitgeist hat in jedem Jahrzehnt ein anderes Bekenntnis. In den sechziger Jahren durfte man nichts gegen den Krieg in Vietnam sagen, weil die Russen auch dagegen waren. Sonst war man ein Kommunist. So ist es mir ergangen. In den siebziger Jahren war es die deutsche Teilung. Ich hatte die bis dahin ertragen als Provisorium. Doch allmählich ging mir das auf die Nerven, und ich habe laut und öffentlich gesagt, dass mir das unangenehm ist, dass ich nicht anerkennen könne, dass Leute aus Leipzig nicht in Stuttgart ins Theater gehen dürfen. Da war ich ein Nationalist. Seitdem bin ich immer weiter nach rechts gewandert worden.

Hat sich das Verhältnis der Intellektuellen zur Politik generell verändert?

Früher war man entweder aufklärerisch oder affirmativ, also entweder für das Gute in der Welt oder dafür, dass alles so weitergeht, wie es ist. Diese simplen Gegensätze sind Gott sei Dank vorbei.

Aber es gibt aktuelle Diskussionen, die man nicht allein den Politikern überlassen sollte. Stichwort: Generationenkonflikt.

Sie benutzen natürlich die Wörter, die man in Ihrem Milieu für Realitäten hält. Der ganze hysterische Quatsch! Soweit es nicht meine Rentenmathematik betrifft, interessiert mich das nicht.

Die öffentliche Wahrnehmung der Person Walser ist aber eine andere. Das Magazin Cicero hat Sie zum zweitwichtigsten deutschsprachigen Intellektuellen gekürt, direkt hinter dem Papst.

Da gehöre ich auch hin, direkt hinter den Papst (lacht). Ich rede vielleicht auch eher von einem Wunschbild als von einer Wirklichkeit. Aber die Mitwirkung am Diskurs verknüpft sich für mich mit einem höheren Anspruch. Wenn Sie wollen, können Sie auch meine Romane politisch lesen, aber sie sind nicht mehr so schlagwortartig zu katalogisieren, wie das früher der Fall war. Im Augenblick arbeite ich über *Kritik oder Zustimmung oder Geistesgegenwart*. Da geht es um die schon routinehafte Kritikfreudigkeit in der Bundesrepublik. Da mische ich mich ein, aber ich mische mich in mich ein. Ich zitiere mich selbst aus Aufsätzen der vergangenen dreißig Jahre und schaue, wie sich das verändert hat. Und ich stelle in diesem Zusammenhang auch Ansprüche an die Medien.

Welche wären das?

Vor allem das, was Kant transzendental genannt hat: Wenn du etwas denkst, musst du auch daran denken, dass du es denkst. Du wirst dir deiner eigenen Tätigkeit bewusst. Jeder Journalist, jeder Kritiker müsste in seine Texte mit einbringen, dass er es ist, der da schreibt, und dass er es weiß. Das nenne ich Geistesgegenwart. Ich habe eine Utopie: Wenn jemand im Parlament für eine Sache spricht, müsste er auch all das formulieren, was gegen die Sache spricht. Und wenn er uns dann überzeugt, dann hat er uns richtig überzeugt.

Herr Walser, wir bedanken uns für das Gespräch.

Kultur und Wirtschaft, das ist nahezu ein Synonym!

Ein Gespräch mit Erna Lackner
2009

Herr Walser, reden wir über Kultur und Wirtschaft. Hat denn Kultur eine wirtschaftliche Bedeutung?

Das ist doch gar keine Frage! Bitte schön, das Theater! In Deutschland gibt es viele hundert Theater. Das Fernsehen gehört auch zur Kultur. Die Buchproduktion. Ich würde gerne auch die Mode zur Kultur zählen. Das Design. Kein Wirtschaftszweig, der nicht von Kultur belebt ist. Also, das ist eine Scheinfrage – so, wie wenn man heute fragen würde, ist das Auto wichtig für die Bewegung? Kultur und Wirtschaft, das ist nahezu ein Synonym! Es gibt auch kulturlose Wirtschaft, aber es gibt auch kulturlose Kultur.

Ich habe einen Roman geschrieben, mit einem Geldmenschen. Er hat einen Freundeskreis, alles Kulturmenschen …

… der Vermögensverwalter Karl von Kahn, im Roman Angstblüte.

Ja, und er merkt, dass er als Geldmensch immer ein bisschen über die Schulter angesehen wird. All diesen Kulturleuten ist zwar das Geld ungeheuer wichtig, aber kulturell nehmen sie das Geld nicht ernst. Das Geld hat für sie keine Würde. Sie begreifen überhaupt nicht, welches Lebenscredo dieser Geldmensch hat. Karl von Kahn sagt, aus Erfahrung: Geld ist die einzige Möglichkeit, unabhängig zu sein. Und unabhängig zu sein, ist der höchste Wert des menschlichen Lebens. Reden wir nicht von Freiheit, das sind andere Fakultäten. Dort kann man über alles Mögliche diskutieren, ob es die Freiheit gibt oder nicht – aber Unabhängigkeit, das ist unmissverständlich! Entweder bist du abhängig, dann bist du elend. Oder du bist unabhängig, dann bist du fein heraus. Und unabhängig kannst du nur! nur! nur! durch Geld sein. Das ist Karl von Kahn.

Aber das ist doch auch Martin Walser?

Ja. Ich habe das mit innerstem Anteil geschrieben, aber außerhalb des Romans kann ich es nicht genauso hymnisch verteidigen, wie es Karl von Kahn als meine Figur tut. Noch eins ist wichtig, was die Kulturfraktion auch nie begreift. Dass er Geld vermehrt – als eine Kunst. Er will nichts einkaufen, will nicht konsumieren, will nicht der Reichste sein oder der Bestangezogene, auch nicht das größte Auto haben, er will nur Geld vermehren. Und bitte, er hat ein großes Vorbild, eine Herzensikone: Warren Buffett.

Der Inbegriff eines Geldvermehrers, der den größten Teil seines Vermögens spendete.

Nicht nur seine Kinder sollten davon leben können. Nachdem ich den Roman schon veröffentlicht hatte, hat Warren Buffett dem Bill Gates und Stiftungen 35 Milliarden übergeben und gesagt, macht etwas damit! Das hat mir noch einmal beschrieben, was auch mein Karl von Kahn will: das Geld nicht besitzen, sondern es vermehren um des Geldvermehrens willen. L'art pour l'art.

Geldvermehrung als allerreinste Technik, entkeimt, absolut moralfrei – ja, in keiner Gefahr. Im Englischen heißt ja, was wir schnöde «spekulieren» nennen, to bet. Wetten. Das ist der vollkommene Ausdruck. Dass bei uns alles «spekulieren» heißt, das zeigt ja schon unseren moralisierenden Zugriff auf diese Tätigkeit. Karl von Kahn zitiert auch Einstein mit dem Satz: Der Zinseszins ist eine der geistreichsten Erfindungen des menschlichen Denkens.

Könnte es sein, dass die angedeutete intellektuelle Arroganz von Künstlern und Denkern gegenüber den schnöden Geldverdienern ...

Der blödeste Ausdruck heißt: der schnöde Mammon!

... dass solche Klischeebilder und eine gewisse Überheblichkeit gegenüber den bloßen Ökonomen auch zur kulturellen Entwicklung in der zweiten Hälfte des zwanzigsten Jahrhunderts gehörten?

Nein, nein, das hat es immer gegeben. Die ganzen zweitausend Jahre schon. Thomas von Aquin. Der Zins wurde diffamiert. Man hat den Zins schnell zum Wucher erklärt, hat das nur die Juden machen lassen, um sie nachher verfolgen zu können. Andrerseits, es gibt auch Matthäus 25: Der reiche Herr fährt weg und übergibt sein Geld den Dienern. Der eine bekommt ein Talent, der andere zwei, der dritte fünf Talente. Als er zurückkommt, gibt ihm der erste Diener die eine Münze, die er vergraben hatte, damit sie ja nicht gestohlen wird, brav zurück. Der zweite mit zwei Talenten hatte vier daraus gemacht, und der dritte mit fünf Talenten hat zehn daraus gemacht. Und ihn, der sein Geld voll vermehrt hat, betraut der reiche Herr künftig am stärksten mit wirtschaftlichen Aufgaben. Den, der es vergraben hatte, beschimpft er nur – das ist Matthäus!

Künstler wurden über die Jahrhunderte beschäftigt von Mäzenen, von Höfen, von der Kirche. Sie waren mit dem Wirtschaftsleben verbunden. Warum hat sich diese gewisse leise Verachtung, vielleicht auch nur in Europa, so ausgeprägt?

Da müsste man vielleicht Balzac-Romane lesen. Jedenfalls, ich kenne keinen heutigen Roman, wo ein Geldmensch eine so positive Rolle spielt wie bei mir. Aber, das muss ich noch dazusagen, Karl von Kahns Zwillingsbruder Erewein, dem geht es ganz anders, der verachtet die Reichen. Er sagt, wer reich ist, der wird im Gesicht hässlich. Und man sehe es, dass einer reich ist, weil das seine Züge verzerrt, den Mund wüst und die Augen hart macht.

Und wie sehen Sie das?

Ich habe das so gesehen – teilweise. Deshalb ist es ja der Bruder geworden! (Martin Walser lacht.) Nun, als ich diese Physiognomie des Reichwerdens geschrieben habe, da habe ich ständig zwei Kerle vor Augen gehabt. Es sind natürlich nicht alle so, aber das gibt es auch, dass Reichtum hässlich macht.

Warum?

Weil man glaubt, über anderen zu sein. Mehr im Recht zu sein. Weil man glaubt, die anderen bräuchten einen mehr, als man sie braucht. Aber Karl von Kahn ist eben nicht George Soros, sondern Warren Buffett. Soros ist so ein Reichwerder, er hat es so auch ausgesprochen, er wolle reich sein, dass andere abhängig sind von ihm und nicht er von ihnen. Da widerspricht mein Karl von Kahn deutlich: Er will nicht, dass andere abhängig sind von ihm – nur er selbst will unabhängig sein. Das ist ein Unterschied, an dieser Grenze würde für mich, wenn ich das so sagen darf, Humanität beginnen.

Haben Sie für Ihren Anlageberater Karl von Kahn noch andere Studien betrieben?

Da ist mein immerwährendes Interesse für den Wirtschaftsteil. Der hat mich immer interessiert, mindestens so sehr wie das Feuilleton. Für einen Romanautor sehr früh, schon in den achtziger Jahren habe ich wissen wollen, was ein Aktionär ist, wie er behandelt wird, und Aktien für 5000 Mark angelegt, sie aber nach fünf Jahren verkauft, für immerhin 20 000 Mark. Ich fand das immer spannend. Wie es BASF geht, oder jetzt: Porsche, VW, Wiedeking, das ist doch Shakespeare!

Andrerseits ließen Sie Ihre Buchhonorare, eine halbe Million Euro soll es gewesen sein, jahrelang zinsenlos beim Verleger liegen, weil er das Geld für andere Autoren brauchte. Als Sie den Verlag wechselten, schlug der Steuerstaat zu. Passen Kulturschaffen und ökonomisches Denken überhaupt zusammen?

Man kann das vielleicht als ein länger dauerndes Jungsein bezeichnen, wenn man sich keine Sorgen um die Zukunft macht. – Ich habe mit dem Siegfried auch nie um Prozente gekämpft, damit erst angefangen, als ich fünfundsechzig war. Wenn ich das heute überlege! Aber es war mir einfach scheißegal, dass da im Vertrag steht, zehn Prozent, ab 20 000 verkauften Exemplaren zwölf Prozent, ab 50 000 fünfzehn Prozent, die waren ohnehin nie drinnen; ich habe einfach gedacht, es wird laufen. Oder habe eben nicht gedacht.

Das kann ich heute nicht begreifen bei jungen Leuten: dass sie Angst vor der Zukunft haben und sich fragen, was mit ihnen wird. Wenn man ein Leben vor sich hat, das ist doch das Gegenteil von beängstigend! Das ist doch das Ungeheuerste, was man vor sich haben kann: ein ganzes Leben! Ich habe diese Angst einfach nie gehabt.

Meine Mutter, die hat natürlich Angst gehabt, ob man mit der Schriftstellerei etwas verdienen kann, das ist klar.

Sie sind einer der erfolgreichsten Schriftsteller Deutschlands. Dennoch haben Sie vor kurzem gesagt, Ihrem Gefühl nach nie genug Geld zu haben.

Geld haben wir immer zu wenig gehabt. Es war immer zu wenig Geld, und es ist heute noch immer zu wenig Geld, und es wird immer zu wenig Geld sein! Das ist eine Kindheitsprägung. Der Gerichtsvollzieher als Stammgast, das bringst du nicht mehr weg. Selbst wenn du dir das mit Zahlen widerlegen könntest, die Grundangst bleibt. Aber ich finde diese Angst nicht lähmend. Ich finde sie mobilisierend. Man bleibt tätig.

Aber nicht als Geldanleger, sondern zu unserem Glück literarisch! Wie wichtig ist Geld für die Kunst? Ich denke zum Beispiel an das Festival in Luzern, wo reiche Menschen und Unternehmen großzügig sponsern.

Ich finde wenige amerikanische Errungenschaften so einladend wie dieses Sponsoring, dieses Spenden für die Kunst und das und das. Errungenschaften, die Bräuche geworden sind. Dass Reiche Geld hergeben, das leuchtet mir viel mehr ein als die Vermögenssteuer.

Womit wir beim Thema Kultur und Staat sind.

Wenn ich einen Staat zu entwerfen hätte – und ich bin natürlich ein unbelehrbarer Optimist, weil ich glaube, dass das Höchste, neben der Unabhängigkeit, die Freiwilligkeit ist, und dass Menschen, die man zu nichts zwingt, das Erwünschte eher tun. Warum hat es sich in Amerika eingebürgert, dass man sein Selbstgefühl, sein Standing, seine Geachtetheit so sehr darauf gründet, dass man etwas für seine Stadt und für sein Land tut? Das würde ich höher einschätzen und im Gesetz berücksichtigen, als denselben Effekt durch Steuern zu erzwingen. Der Staat hätte dann mehr von seinen Bürgern, als wenn er sie abkassiert. Ich würde die Leute zur Freiwilligkeit entwickeln. Nicht erziehen, sondern entwickeln!

Das hätte letztendlich eine Form der Liebe als Grundlage?

Ja, alles Mögliche. Kann auch Selbstgefälligkeit sein.

Die übliche Meinung ist, die Wirtschaft unterstützt die Künste. Könnte man nicht auch umgekehrt sagen: Die Kultur trägt die Wirtschaft?

Dass die Wirtschaft die Künste trägt, in Deutschland vermittelt über den Staat und die Kommunen, ist einfach Tradition, ist unsere Kultur. Die Nützlichkeit der Künste ist eine ganz andere. Es ist eine existenzielle Nützlichkeit. Der Kirchner hat gemalt, dadrüben (Martin Walser, auf der Terrasse seines Hauses sitzend, zeigt mit der Hand über den See), hinter Davos, droben, krank – und heute sieht man so ein Bild von ihm, ein von Farben glühendes Bild, aber auch, der Maler, der da nur noch über dem Tisch hängt, ist erledigt, ist am Sterben. Trotzdem malt er eine Glut da hinein, die jenseitig ist. Und das nützt allen Menschen, die das Bild anschauen. Das ist der Nutzen der Kunst! Diesen Nutzen kann man nicht quantifizieren.

Auf einer oberflächlicheren Ebene nützt Kunst, wenn sie etwa, um auf reiche Welten zurückzukommen, als künstlerischer Rahmen benützt wird.

Für die Künste selbst ist es nicht wesentlich, dass sie auch zur Dekoration des Lebensstils brauchbar sind. Natürlich kann man sich auch mit einer Opernaufführung schmücken. Oder Bregenz schmückt sich mit der Seebühne, und mit Recht! Die Seebühne hat eine enorme Wirkung, ist ein Exzess an Ausdruckskraft. Wenn man das im Bodenseemilieu betrachtet: Kein Ort am Bodensee hat auch nur ein Minimum Vergleichbarkeit mit dem, was da in Bregenz abgeht. Konstanz, Friedrichshafen, Überlingen, Lindau – verglichen mit Bregenz leben diese Städtchen sozusagen in einem unerweckten Mittelalter. Da gibt es nichts von Bregenz, auch nicht im Ansatz. Woher kommt das!? Das ist Österreich.

Ist das jetzt Ironie?

Nein, das ist Österreich. Das ist meine Bewunderung. Wenn wir nicht eine so miserable Straßenverbindung hätten, diese B 31, da kann man einfach nicht fahren, wenn Festspielzeit ist.

Man kann mit dem Schiff direkt am Steg der Seebühne anlanden.

Einmal sind wir auch mit dem Schiff gefahren, ein fabelhafter Bankmann hat ein paar Leute eingeladen, Cocktail in Bad Schachen, und dann mit dem Schiff hinüber zu Verdis *Troubadour.* Es war wunderbar.

Wohin fährt der Kulturtourist Martin Walser sonst noch?

Mit dem Auto nach Zürich, in die Oper, auch nicht ganz einfach, aber das schaffen wir. Stuttgart, München, ein bisschen zu weit. Und früher sind wir nicht nur zu den Bregenzer Festspielen gefahren, sondern, bitte schön, auch zur Schubertiade! Wir haben Jessye Norman in Feldkirch gehört, die Fassbaender in Feldkirch, Janet Baker in Hohenems, das muss man sich mal vorstellen, drei solche Sängerinnen hätten wir nie persönlich gehört ohne diese vorarlbergische Leistung! Janet Baker auf zehn Meter Entfernung! Aber auch Wiener Streichquartette, die Beethovenquartette. Das alles ist die Kultursonne über dem sonst leicht nebligen Bodensee.

So strahlend leuchtet Vorarlberg von Überlingen aus?

Ja, absolut. Nie hätten wir hier so gute Musik gehört.

Überschreitet man, wenn man in der Bodenseegegend lebt, die
Grenzen leicht?

Grenzen hat es nie gegeben. Das ist eine Wiener Erfindung – dass es
da eine Grenze gibt zwischen Bregenz und uns.

Im Zug hierher haben sich zwei Damen aus Norddeutschland
unterhalten. Die eine hat der anderen gar nicht glauben können,
dass Bregenz nicht zu Deutschland gehört.

So deutsch habe ich es nicht gemeint, überhaupt nicht. Meine Eth-
nie ist die Mundart.

Das Alemannische.

Ja, und das vorarlbergische Alemannische ist in meinen Ohren das
Schönste, das es überhaupt gibt. In den Konzertpausen in Bregenz,
in Hohenems, in Feldkirch: wunderbar gekleidete Vorarlbergerin-
nen und Vorarlberger, und voll in der Mundart! Das gibt's nicht in
Friedrichshafen, nicht in Lindau, nicht in Konstanz, nicht in Überlingen. Da ist eben ein Unterschied, und den habe ich lebenslänglich studiert.

Und was ist der Unterschied?

Stuttgart und München haben mit ihrem kulturimperialistischen
Einfluss dafür gesorgt, dass die Dialekte am See erlöschen. Hier
imitieren alle aufstrebenden Leute Stuttgarter Schwäbisch oder
Münchner Bairisch. In Lindau hörst du ein heruntergekommenes Münchnerisch, in Friedrichshafen ein heruntergekommenes

Schwäbisch. Nur die Handwerker am Stammtisch sprechen noch Alemannisch, also die kleinen Leute. In Bregenz ist das nicht so, und in der Schweiz sowieso nicht. Vielleicht klingt das vorarlbergische Alemannisch für mich auch deswegen so gut, weil es dem meiner Mutter am nächsten ist. Diese zehn Kilometer Entfernung!

Für eine Anthologie über europäische Sprachen habe ich einmal einen Artikel geschrieben, mit dem Titel: *Deutsch war nicht meine Muttersprache*. Meiner Mutter war das Alemannische so selbstverständlich, dass sie gedacht hat, sie spreche Hochdeutsch. Wenn sie dann wirklich einmal einen hochdeutschen Satz gesprochen hat, dann hat sich ihr Mund geschämt für das, was sie da gemacht hat, und es hat auch so geklungen.

Das deutsche Bodenseeufer ist sozusagen kolonisiert worden?

So sag ich auch. Einen Essay über den bayerischen Kolonialismus, für den Bayerischen Rundfunk, habe ich einmal *Memoires d'un colonisé* genannt, nach der Formulierung eines im Kongo lebenden Freundes. Wir am Nordufer des Sees haben einfach keine politische Würdigkeit erreicht, die dazu geführt hätte, dass unsere Mundart ein Ansehen bekommen hätte. Das Alemannische hat keinerlei Würde erreicht, trotz Johann Peter Hebel. Seine *Alemannischen Gedichte* (im Jahr 1803) waren für damalige Verhältnisse fast ein Bestseller. Aber das Alemannische ist wieder zurückgesunken in seine Provinzialität. Hingegen das flotte Bairisch auf der Bühne, hinreißend. Oder Nestroy in Wien, da hat die Mundart gloriose Erscheinungsformen. Aber die Alemannischen sind halt zähflüssiger.

In der Mentalität oder sprachlich?

Ich mache diesen Unterschied nicht.

Hat man weniger Ausdruckskraft, wenn man nicht seine
Mundart spricht?

Wer nie eine Mundart gehabt hat, hat keinen Verlust. Nur unser-
eins, der sozusagen zweisprachig aufgewachsen ist, hat noch diese
Sprachrichtigkeitsempfindungen und hört die Unterschiede. Zum
Beispiel sind die Konjunktive im Alemannischen hundertmal feiner
abgestimmt als in der hochdeutschen Sprache. Oder wie nuanciert
mit der indirekten Rede Abhängigkeiten ausgedrückt werden.

Über Jahrzehnte sind Sie ein Entdecker und Förderer hier
lebender Autoren und Autorinnen. Maria Beig …

… und Maria Menz und Maria Müller-Gögler, meine drei Marien.
Von ihnen und auch anderen Autoren habe ich Gesamtausgaben
mit meiner Biberacher Stiftung gemacht.

Die Stiftung für Literatur aus dem schwäbisch-alemannischen
Sprachraum, die heutige Literaturstiftung Oberschwaben, wurde
1978 auf Ihre Initiative hin gegründet. Wie kam es dazu?

Die Stiftung habe ich zusammen mit dem Bürgermeister der Stadt
Biberach, Claus-Wilhelm Hoffmann, gegründet. Heinz Saueressig,
kaufmännischer Direktor von Thomae, einer Konzerntochter von
Boehringer Ingelheim, ein Thomas-Mann-Sammler, hatte in Biberach auch ein Walser-Archiv aufgebaut. Nach dessen Verkauf an das
Literaturarchiv Marbach brachte ich meinen 10 000-Mark-Anteil
in eine Stiftung ein, und der Oberbürgermeister Hoffmann hat ge-
wirtschaftet und geworben, bis es 500 000 Mark waren. Dann habe
ich angefangen, Gesamtausgaben zu machen, alle im lokalen Thor-
becke Verlag. Jetzt kommen die Briefe der Maria Menz heraus, mit
siebenunddreißig Autoren, darunter ein Briefband mit mir (Edition

Isele). Eine Bauerntochter aus Biberach, Lyrikerin, eine große religiöse Begabung. Ich konnte immer nur ganz kurz antworten. Die Frau hat einen hohen Ton gehabt – Nähere dich immerhin Schwarze Idee Opfern zu sollen Geliebtes –, einen geradezu unheimlichen Wesensreichtum.

Und es ist wichtig für eine Region, solchen Ausdruckswillen gesammelt zu haben?

Das finde ich schon. Ich habe immer gesagt, wenn es solche Erscheinungen in Westfalen gäbe, hätte schon längst jemand Vergangenheitsrettung gemacht. Eine der jüngsten Stiftungsaktionen galt einem wunderbaren Sammelwerk von Manfred Bosch (Mitherausgeber der Literaturzeitschrift *Allmende*), in dem er alle Schriftsteller beschreibt, die es in der ersten Jahrhunderthälfte hierhergeschwemmt hat, die beiden Brüder Jünger, Hesse und andere.

Auch das ist: Kultur und Wirtschaft.

Das Verlegerische hat hier sehr gefehlt, deswegen musste ich auch diese Stiftung anzetteln. Damals habe ich gedacht, wir haben halt nur Klöster und keine anderen Kulturindizien, keine Verlage, Musikhäuser, Theater.

Zurzeit aber bin ich sehr beschäftigt mit den Klosterchroniken der Gegend, den Klöstern südlich der Donau, in Vorarlberg und im Thurgau, von Weingarten bis Einsiedeln. Ein Kloster ist Schauplatz eines Romans, an dem ich gerade arbeite. Und von wegen Grenzen: Wir sind hier nahe Birnau (barocke Wallfahrtskirche), das sind Zisterzienser, und von wo kommen die her? Aus Mehrerau, Bregenz. Der Prior ist oft aus Mehrerau gekommen, und nie hat jemand gedacht, der ist aus Österreich und predigt in Deutschland. Das sind selbstverständliche, jahrhundertealte Wege und Verbindungen.

Und die Grenzen sind künstlich?

Die Grenzen sind nachträglich. Und sie bedeuten nur in unguten Zeiten Ungutes. Die Klosterwege kannten nie Grenzen. Die Baumeister, wie der in Birnau, kamen oft aus Vorarlberg. Also, das Barock ist unsere Religion, und es gibt gar keine Landesgrenzen innerhalb des Barock. Abgesehen davon, dass wir als Landschaft sechshundert Jahre lang Vorderösterreich waren. Die Äbte waren der Kaiserin in Wien unterstellt, wenn die Maria Theresia Krieg geführt hat, dann mussten sie auch fleißig Leute schicken.

Ihr kommender Roman spielt also in einem Kloster, einem kulturell wesentlichen Bestandteil des Bodenseeraums?

So ist es. Viele Klöster hier wurden aber 1803 aufgehoben. Dann haben die Fürsten die Klöster ausgeraubt, aus einer Klosterbibliothek haben sie zehntausend Bände mitgenommen und verscheppert. Und heute, das ist schon wieder lustig, sind so viele Klöster PLKs, psychiatrische Landeskliniken: Zwiefalten, Marchtal, Rot, Weißenau, Schussenried und andere. Für meinen Roman habe ich aus all diesen Klöstern ein Kloster entwickelt, Scherblingen. Und mein Kloster Scherblingen wurde, als es keine Mönche mehr gab, von Stuttgart vor die Wahl gestellt: Kaserne oder Heilanstalt? Die Hauptfigur des Romans mit dem Titel *Muttersohn* arbeitet als ein Pfleger mit großer Heilkraft im Psychiatrischen Landeskrankenhaus Scherblingen. Er ist der Liebling seines Chefs, Professor Feinlein, der sich gegen den Rationalismus der Psychiatrie wehrt, sich der Klostervergangenheit zutiefst verpflichtet fühlt.

Welche kulturellen Unterschiede, von der Mundart abgesehen, sehen Sie zwischen Schweizern, Österreichern und Deutschen?

Na, wenn man sie so nennt! Schweizer! Österreicher! Deutsche! Hauptsächlich gibt es eben diesen Unterschied, dass die Österreicher ein Kulturwertschöpfungstalent haben, das alle anderen Städte rund um den See zu gelinden Armseligkeiten verurteilt. Aber gut, in Friedrichshafen werden tolle Motoren gebaut, die fabelhaften MTU Motoren, bei EADS in Immenstaad Weltraumsatelliten, es gibt ZF Friedrichshafen (Automobilzulieferer), zu 96 Prozent im kommunalen Besitz, das macht die Stadt reich und ökonomisch problemlos. Dadurch, dass Anfang des zwanzigsten Jahrhunderts Zeppelin, Dornier und Maybach hergekommen sind, ist hier eine Technikkultur entstanden – Silicon Valley! Das ist auch eine Qualität.

Schafft das auch positive Identität?

Ja, enorm! Da Vorarlberg nur die Textilindustrie hatte, blieb nichts anderes übrig, als die Kultur auszubauen.

Sie lachen dazu – das ist jetzt aber eine kleine Watsche?

Nein! Die Vorarlberger haben doch das Beste daraus gemacht!

Es ist überhaupt nicht herabmindernd gemeint, wenn ich sage, einerseits haben wir in Deutschland hochentwickelte Technologien, da wird tüchtig assortiert, es gibt eine neue Eliteuni in Friedrichshafen, auch landwirtschaftlich sind wir voll entwickelt, können mit allem konkurrieren, aber andrerseits ist da, verglichen mit anderen Landschaften, eine Verschlafenheit. Zum Glück hat das Land Baden-Württemberg jetzt dem Haus Baden das Schloss Salem abgekauft, das alte Zisterzienserkloster, und jetzt bin ich neugierig, was sie daraus machen. Wenn das Vorarlbergern gehören würde, hätten sie dort drinnen schon längst eine Schubertiade. In Vorarlberg haben sie viel weniger, die Stadthalle von Feldkirch, wo die Fassbaender und Jessye Norman gesungen haben, da möchte man freiwillig nicht hineingehen. Und die hier haben barocke Säle und machen nix daraus. Wenn ich es ganz schnöde vergleiche, sind die Vorarlberger oder die Österreicher die geborenen Kulturmanagementleute, und die Menschen hier sind technisch und handelsmäßig sehr tüchtig, aber kulturell Konsumenten.

Die Bregenzer Statistik sagt, dass die Festspiele viel mehr von den deutschen als von den schweizerischen Nachbarn besucht werden. Die Deutschen sind beweglich.

Nach dem Ersten Weltkrieg stand es ja eine Zeitlang auf der Kippe, ob Vorarlberg bei Österreich bleibt oder ein Schweizer Kanton wird. Das wäre für uns verhängnisvoll gewesen – vor allem für meine skifahrerische Jugend. Dadurch, dass Österreich uns 1938 näher gerückt ist, war ich ganz einfach und schnell in Zürs und Lech.

Und nach 1945?

Da haben einen die Grenzen nicht mehr betroffen. Da bin ich dann auch nach Davos und Arosa zum Skifahren, aber schon auch nach Österreich; Siegfried Unseld wollte immer nach St. Christoph am Arlberg.

Sie haben auch eine Zweitwohnung in der Schweiz.

Eine Bleibe, eine Wintersportwohnung. Da kommt nämlich noch etwas Sentimentales dazu. In Graubünden bin ich auch ein bisschen auf den Walser-Spuren. Eine lebenslängliche Vermisstheit ist, dass ich nie den Walserweg aus dem Wallis herüber ins Rheintal gewandert bin. Da, wo die Walser im Jahr 1250 und so herübergezogen sind auf Einladung des Bischofs von Chur, der ihnen versprach: Ihr seid Freisassen, nicht mehr lehenspflichtig, wenn ihr da droben siedelt. So sind all die Walser-Orte entstanden, bis hinein ins Vorarlbergische. Unsere Familie aus dem Großen Walsertal, aus St. Gerold – also, aus Vorarlberg stammen wir –, ist dann im Jahr 1721 herüber an den See gezogen. Manchmal sage ich zu Käthe: Rein konditionsmäßig müsste man den Walserweg doch noch schaffen! Man könnte ja jeden Tag nur drei Stunden gehen. Ich hab das also noch nicht aufgegeben.

Aus Wien und über die Berge kommend, kommt einem vor, durch den See ist hier alles verbunden, weit und offen. Wie ist das, wenn man im Dreiländereck lebt?

Das Dreiländereck als Wesenheit, das gibt es nicht! In meiner nicht-soziologischen Erlebensart gibt es nur Skifahren und Schubertia-de, die Seebühne, Arosa, Klosters und Graubünden – aber es gibt nicht das Dreiländereck. Wird nicht erlebt! Beim Herumwühlen in irgendeinem historischen Zusammenhang, wegen der Klöster etwa, kommst du drauf, es war sechshundert Jahre lang österreichisch, im neunzehnten Jahrhundert sind wir feudalistisch deutsch aufgeteilt worden unter Wittelsbachern und Württembergern und Zähringern, ein Landvogt hat da und da gesessen, Wasserburg war einmal Sankt-Gallisch, und so weiter.

Als der Gemeinderat von Wasserburg vor fünfundzwanzig Jahren beschlossen hatte, mich zum Ehrenbürger zu machen, und ich das annehmen konnte, weil gleichzeitig auch ein Schlossermeister und eine Organistin geehrt wurden, habe ich mich mit dem Bürgermeister in der Festhalle verabredet, weil ich wissen wollte, wo ich da würde sprechen müssen. Wir kommen hinein, und vorne ist ein Rednerpult mit der bayerischen Flagge. Willi, habe ich gesagt, hinter dieser Flagge spreche ich nicht, nein, das mache ich nicht! Ich bin nicht der Kulturrepräsentant eines auswärtigen Staates, der uns hat brauchen können, weil seine Prinzessinnen zum Baden wollten, nicht wahr? Denn deswegen hat der Montgelas diesen Korridor zum Bodensee gemacht. Ich habe nichts gegen Bayern, bin gar nicht gegen Geschichte …

... ganz im Gegenteil!

Ja, *Memoires d'un colonisé!* Aber prima, habe ich ihm gesagt, als ich
an der Wand die Wappen vom Dorf in meiner Kindheit sah. Die alle
waren einmal Herrschaften in Wasserburg, das ist in Ordnung, die
Fugger, die Montfort – so viel zum Dreiländereck!

Das Wesentliche ist da, neben der Sprache meiner Mutter, das
Dorf Wasserburg. Das Dorf an sich, der Beziehungsreichtum, Wasserburg hat zwischen siebenhundert und neunhundert Einwohner
gehabt, und ich hatte das Gefühl, ich kenne die alle von innen und
von außen, die sind alle mit mir verwandt.

Als ich das Buch (*Ein springender Brunnen*, 1998) schrieb, hatte
ich das Gefühl einer unendlichen geschichtlichen Wesenszufuhr.
Jede Figur, erzbekannt. Die Stimme der Frau Schorer, und ich konnte genau unterscheiden zwischen den Blumen vom Herrn Gierer
und vom Herrn Schorer, das ganze Dorf war wieder da, die Sonn-
tage, die Jahreszeiten, das Kirchenjahr – ein solches Dorf ist ein un-
endlicher Erfahrungsreichtum.

Das Dorf als Kosmos.

Als eine vollkommene Verständlichkeit von allem Vorkommenden.
Das Dorf war absolut. Im *Springenden Brunnen* heißt es aber auch:
Das Dorf ist unter dem Boden. Klar, mein Dorf gibt es nicht mehr.
Wenn du heute durch Wasserburg gehst, unseren Kirchenweg von
früher, ein Glasbau nach dem anderen.

Kommen Sie heute noch oft nach Wasserburg?

Regelmäßig. Mein Neffe Josef führt den Walserhof, ein Hotel und
Restaurant. Den ersten Gasthof hat mein Großvater gebaut, ein
wunderbares Haus, in der Reklame hat er angeführt: Standard Elek-

trisch Licht. Und außerdem hat Wasserburg ein kleines Walser-Museum, im Herbst werde ich wieder dort lesen.

Wie ist es eigentlich, inmitten der Landschaft zu arbeiten, mit den Blumen vor der Terrasse, mit den Bäumen, da unten vor dem Ufer des großen Sees?

Sieben Eichen. Die glitzernde ist eine Espe, und Käthe sagt, es ist eine Zitterpappel. Jedenfalls silbert sie auch beim leisesten Wind, ist silbern geschwätzig.

Helfen einem die Bäume und Blumen, oder halten sie einen auf?

Ich weiß ja nicht, was wäre, wenn ich sie nicht hätte. Die Blumen konnte ich jedenfalls nicht verwenden bei meinem jüngsten pseudopolitischen Unternehmen. (Ein offener Brief an die deutsche Bundeskanzlerin Angela Merkel)

Wie gesagt, von meinen Blumen konnte ich keinen Gebrauch machen. Ich hätte mich relativiert als politisch Urteilender, hätte als nicht ganz Zurechnungsfähiger gegolten. Der Dichter vom Bodensee, so heißt es in den Zeitungen sowieso.

Eine Floskel, die in Deutschland, aus der medialen Perspektive des Nordens, immer wieder reflexartig aufgekommen ist, wenn sich Martin Walser in politische Diskussionen einmischte oder solche entfachte: Der Dichter am Bodensee, der soll doch da unten bleiben.

Ja, und auch Intellektuelle schrieben das. Was kümmert der sich um Deutschland, der gehört doch an den Bodensee. Als ich anfing, über die deutsche Teilung zu schreiben, dass ich auf Thüringen und Sachsen nicht verzichten könne, weil das auch tief in mir daheim ist, wurde ich verlacht und verspottet. Aber so billig, in der Art, soll er sich doch um seinen Bodensee kümmern.

Dass man hier wohnt oder hier geblieben ist, und nicht nach Berlin oder wenigstens München gegangen ist, das hat in Deutschland immer eine Rolle gespielt in der öffentlichen Einschätzung. Schon der erste Journalist, der mit mir nach dem Roman *Halbzeit* ein Interview gemacht hat, da haben wir noch in Friedrichshafen gewohnt, in der Zeppelinstraße, Durchgangsstraße B 31, hat in der Zeitung als letzten Satz geschrieben: Man müsste diesem jungen Autor raten, zu gehen, solange er noch im Kommen ist. Da stand also schon drinnen, dass man doch hier nicht arbeiten könne. Weil es hier, in der Bodenseegegend, zu weich sei oder so irgendwie. Das war meine erste deutsche Klimaerfahrung. Die nächste war Uwe Johnson, mit dem wir auch befreundet waren. Er lebte in Westberlin, hat auf mich eingeredet: Du musst hier weg. Er hat mir immer die Montagsausgabe vom *Tagesspiegel* geschickt, mit den Immobilienanzeigen von Berlin. In Nikolassee hat man für 300 000 Mark fünfmal so viel gekriegt wie am Bodensee. Villen mit Türmchen! Käthe und ich haben überlegt, wir wollten auch nach Berlin, und siehe da – wir sind nicht gegangen. Der Uwe Johnson, das weiß ich noch genau, wir saßen auf der Treppe in Friedrichshafen, sagte einmal: Du musst hier weg, damit deine Kinder nicht diese Sprache lernen. Da sieht man mal den niederen Rang des Alemannischen, von seinem Niederdeutsch in Güstrow hätte er das nie gesagt.

Und warum sind Sie am Bodensee geblieben?

Das weiß ich auch nicht. Nur, schon sehr früh habe ich gemerkt, dass mir Orte, die nicht am Wasser liegen, leidtun, dass ich für sie ein tiefes Bedauern empfinde. Meine Erfahrungen habe ich manchmal notiert, sie stehen jetzt im Aufsatz *Aufgeschriebene Zeit*. Allerdings in einem Buch, das heißt: *Die Verwaltung des Nichts*.

Und daraus ein paar Sätze:

Kann man, darf man einer Gegend Zärtlichkeit nachsagen? Die Gegend, das ist der See und das sind diese immer rund verlaufenden Hügel am See. Auch das Hinterland rundet sich so von Hügel zu Hügel. Tausendfach.

So häuften sich die Meldungen, die letzten Endes darauf hinausliefen, dass man überhaupt nirgends leben könne als in einem Dorf am Bodensee.

Nichts ist gewaltloser als das Schwimmen. Eine der ersten und lange nachwirkenden Schreckensmeldungen: Es gebe Dörfer und ganze Städte, die nicht am Wasser liegen. Das blieb lange unvorstellbar.

Ich darf sagen, dass es einige Jahre gedauert hat, bis ich mich mit der Gunst meiner Lage abgefunden hatte. Es sprach viel zu viel dagegen, so schön wohnen zu dürfen. Und das Hadern mit der Gunst meiner Umstände führte immer zum Wasser, zum Wasser, zum Wasser.

Der See ist ein Versprechen. Jederzeit erlöst er uns aus unserer ungelenken Aufgerichtetheit und immer schwankenden Schwere.

Warum nicht Afghanistan mit Vietnam vergleichen?

Ein Gespräch mit Eckhard Fuhr
2009

Herr Walser, Sie haben die Novelle Ein fliehendes Pferd *vor mehr als dreißig Jahren geschrieben. Können Sie sich noch an die näheren Umstände der Entstehung dieser abgründigen Sommer- und Bodenseegeschichte erinnern, die so schnell zu Ihrem bis dahin größten Bucherfolg wurde?*

Ich weiß bei allen meinen Büchern nicht so genau die Gründe, warum ich sie geschrieben habe. Die Gründe wurden manchmal durch das Schreiben aus der Welt geschafft. Manchmal sind sie aber auch geblieben. Die Gründe für dieses Buch waren die unmissverständlichen Bekundungen meiner Freunde, dass sie mit mir nicht einverstanden waren – politisch, weltanschaulich, was das Essen angeht oder die Automarken, die ich bevorzugte. Ich leide nicht unter Verfolgungswahn. Aber damals hatte ich den Eindruck, die kritisieren an allem, was ich tue und denke, herum. Und wenn man das täglich erleidet, dann bleibt dir als Autor nichts anderes übrig, als zu antworten.

Haben Sie die Kritik, die Sie erfuhren, und ihre eigenen Reaktionen auf die beiden Protagonisten Klaus Buch und Helmut Halm verteilt?

So einfach ist das natürlich nicht. Das Schreiben ist ja produktiv. Es führt weiter. Es hat zwei Kerle und zwei Frauen zusammengeführt und damit eine Spannung aufgebaut. Von den beiden Männern erträgt jeder die Lebensart und -auffassung des anderen nicht. Extrovertiert, hyperaktiv, erfolgsorientiert Klaus Buch; introvertiert, in sich versponnen und abgekapselt Helmut Halm. Dann kommt noch etwas, was nur die Novellenform ermöglicht. Zunächst ist Helmut Halm nur das Objekt der Polemik Klaus Buchs und umgekehrt Buch das Objekt der Verachtung Halms. Doch dann gibt es nach dem Bootsunfall eine Szene, in der die junge Frau Buch den Halms den wirklichen Buch erklärt, und es erweist sich, dass die beiden sich ganz ähnlich sind.

Die beiden Hauptfiguren stehen sich nicht gleichgewichtig in einem Duell gegenüber. Als Erzähler nehmen Sie die Perspektive Helmut Halms ein und blättern dessen Seelennöte wie ein offenes Buch auf. Klaus Buch aber lassen Sie erst durch seine Frau kenntlich werden. Sie zieht ihn ja regelrecht aus der nächtlichen Stunde der Wahrheit. Hätten Sie sich vorstellen können, diese Geschichte auch aus der Perspektive Klaus Buchs zu schreiben?

Nein. Keinesfalls. Als Privatperson hätte ich Buch sowieso nur der Verachtung Halms ausgeliefert. Als Schriftsteller musste ich die Rechtfertigung von Klaus Buch auch dazu schreiben. Doch diese Art von Figur war noch nie Held bei mir.

Klaus Buch hat sich – im Unterschied zu Halm – im Walser-Kosmos nicht festgesetzt. Er taucht nicht wieder auf.

Nein, das geht auch nicht. Nur Hauptfiguren steht das zu.

Im Innersten dieser beiden Männerfiguren sitzt eine tiefe Lebensangst. Woher kommt die?

Dass Sie die Angst in diesen Männern entdecken, liegt zunächst einmal an Ihnen. Ich habe nichts dagegen, dass Sie das aus diesem Buch herauslesen. Aber es ist nicht bewusst vom Autor dort hineingebracht worden. Nun gut, man kann sagen, dass sich Halm und Buch voreinander immer rechtfertigen müssen. Keiner sitzt sicher und souverän im Sattel. Vielleicht steckt da Lebensangst dahinter.

Ich dachte jetzt an die Entstehungszeit der Geschichte, die zweite Hälfte der siebziger Jahre. Die sogenannte sexuelle Revolution war noch neu, und der Feminismus erlebte gerade einen ersten großen Aufschwung. Haben Sie Ihre Männerfiguren nicht in diesem Kontext gesehen?

Ach nein. Das Modewort der Saison war damals Midlife-Crisis. Das stand im Zusammenhang mit meinem Buch in allen großen seriösen Zeitungen, so als hätte ich die Midlife-Crisis literarisch regelrecht bewirtschaftet. Ich wusste von dieser Crisis gar nichts, sondern ich fühlte mich, wie ich eingangs sagte, von allen Seiten kritisiert und in Frage gestellt.

In den Rezensionen von Ein fliehendes Pferd, *die überwiegend positiv waren, gibt es doch hin und wieder auch einen kritischen Unterton: Walser werde unpolitisch, entwickle sich zum Unter-haltungsschriftsteller.*

Ich habe mich immer als unpolitischer Schriftsteller gefühlt. Und meine Reden auf irgendwelchen Marktplätzen oder in irgendwelchen Sälen, die waren doch immer abseits der Literatur. Bei einer Diskussion in München sagte einmal eine Frau zu mir: Herr Walser, in Ihren Aufsätzen und Reden sind Sie immer so fortschrittlich. In Ihren Büchern gar nicht. Woher kommt das? Ich sagte zu ihr: Da müssen Sie mich nach meinen Romanen beurteilen. Denn das bin ich. Das andere ist immer nur Reaktion auf aktuelle Provokation.

Sie fühlten sich kürzlich gerade wieder einmal provoziert durch
die Afghanistanpolitik der Bunderegierung. In einem in der ZEIT
veröffentlichten Offenen Brief an die Bundeskanzlerin fordern
Sie Angela Merkel dazu auf, den Kriegseinsatz in Afghanistan so
schnell wie möglich zu beenden. Sie finden viel Lob für die Große
Koalition, die Sie gern wieder wählen möchten. Aber Sie nennen
es unerträglich, dass Deutschland sich im Kriegszustand befinde.
Haben Sie von Frau Merkel eine Antwort bekommen?

Nein. Ich weiß auch nicht, ob das Brauch ist. In der folgenden
Nummer der ZEIT hat dann Herr von Klaeden (außenpolitischer
Sprecher der Unionsfraktion) geantwortet und mich belehrt, dass
das, was in Afghanistan passiere, kein Krieg sei, sondern ein Einsatz.
Erstaunlich fand ich, dass in derselben Ausgabe einer der Herausgeber, Josef Joffe, auch noch das Wort ergriff. Meine ausführliche
Belehrung durch einen Außenpolitiker war ihm wohl nicht genug. Er
musste noch gegen mich polemisieren. Warum? Es ist unglaublich
schwer, aus Afghanistan wieder herauszukommen. Dieser Krieg hat
die Tendenz, zu wachsen und zum Alltag zu werden. Die Sowjetunion ist an Afghanistan praktisch kaputtgegangen. Und wir haben
das Beispiel Irakkrieg. Ich verstehe diese ganzen Experten nicht, die
einen Krieg beginnen, ohne zu wissen, wie man ihn wieder beenden
kann.

Anfangs erschien der Afghanistankrieg ja als der «richtige» Krieg
gegen den Terrorismus mit klarem Mandat und klaren Zielen,
ganz anders als die Irakinvasion, deren Rechtfertigungen von der
amerikanischen Regierung zusammengelogen worden waren.

Ja, und deshalb nennt der Herr von Klaeden die Taliban Verbrecher.
Der Krieg ist also ein Einsatz gegen Verbrecher. Wer soll da etwas
dagegen haben? Nein, nein. Auch in Afghanistan wird die Legiti-
mierung des Krieges künstlich produziert.

Siebzig Prozent der Bevölkerung sind gegen den Krieg in Afghanistan. Aber eine richtige Erregung darüber ist nicht zu spüren.

Es gibt heute keine Studentenbewegung. Ohne die Studenten wäre der Vietnamkrieg in den sechziger Jahren auch hingenommen worden. Wie dem auch sei. Solange mir von der Politik kein Konzept angeboten wird, wo er hinführen soll und wie er beendet werden kann, so lange halte ich diesen Krieg für verderblich. Aber lassen wir das jetzt!

Ein fliehendes Pferd erschien in einer Zeit, als nach dem Deutschen Herbst das linke politische Engagement zurückging und Begriffe wie Neue Innerlichkeit Karriere machten. Ihre Novelle ist damals auch als Beispiel für diesen Umschwung des Zeitgeists gelesen worden. Sehen Sie das auch so?

Nein, nein, natürlich nicht. Ich habe überhaupt nur zwei Romane geschrieben, in denen ich mich mit politischen Aktualitäten auseinandergesetzt habe, *Die Gallistl'sche Krankheit* und *Dorle und Wolf.* Das Letztere war gegen die Rechtfertigung der deutschen Teilung geschrieben und wurde mir von den großen Zeitungen um die Ohren geschlagen als ein blödes Buch, während die amerikanische Übersetzung überall seriös besprochen wurde. Mir hat die Einteilung in engagierte und nicht engagierte Literatur in keiner Sekunde meines Lebens etwas bedeutet. *Die Gallistl'sche Krankheit* war das Durchbuchstabieren linker Haltungen. Na ja, da will ich heute nicht mehr darüber reden.

Woran arbeiten Sie denn jetzt gerade?

Na ja, an einem … jargonhaft gesagt: Es ist noch nicht gegessen. Ich bin schon in der Mitte drin. Es heißt *Muttersohn* und handelt von einem dreißigjährigen jungen Mann, dem seine Mutter beigebracht hat, dass zu seiner Zeugung kein Mann nötig war. Das letzte Kapitel des ersten Teils – obwohl die Geschichte sonst weit ab von heißen, mondänen, zivilisatorischen Plätzen spielt – heißt «Talkshow». Da wird dieser Bub, dieser junge Mann von zwei Talkshowmenschen sozusagen verhört, ob es wirklich wahr sei, dass er ohne Mann gezeugt worden sei. Und er kann nur antworten: Ich glaube es. Also das Buch handelt von Glauben und Wissen. Es spielt hier, zwischen Donau und Bodensee. Wo die Landschaft immer noch geschmückt ist mit Klosterbauten, die zum Teil psychiatrische Kliniken sind, zum Teil noch Klöster, zum Teil Kasernen. In dieser Landschaft sind Glaubensleistungen erbracht worden – vielleicht übertreibe ich jetzt – wie kaum sonst in Europa.

Entdecken Sie jetzt literarisch den christlichen Glauben? Der junge Mann hat immerhin mit Jesus gemein, quasi jungfräulich empfangen worden zu sein.

Es geht nicht um christliche Glaubensartikel oder so etwas. Eng mit dem Jungen verbunden ist ein doppelt so alter Professor, der über Reliquien, ihre Funktion und ihre Echtheit forscht, auf die es gerade nicht ankomme. Auch hier geht es um Glauben. Die Fähigkeit dazu muss einem gegeben sein wie etwa Musikalität. Außerdem: Man kann nicht ununterbrochen glauben. Manchmal geht das nur eine Sekunde lang. Dann musst du wieder tausend Stunden zweifeln.

Sind Religion und Glauben ein unausweichliches Altersthema?

Also noch einmal: Es geht hier nicht um einen Glauben, den man kanonisieren kann, sondern um das Glaubenkönnen, allgemein. Wir glauben viel mehr, als wir wissen. Das ist keine Altersfrage.

Nicht ohne Liebe

Ein Gespräch mit Katja Thimm
und Volker Hage
2010

Herr Walser, Sie führen seit langem Tagebuch. Mögen Sie uns erzählen, was Sie gestern Abend notiert haben?

Ach, das war ein ziemlich langer Eintrag. Ich war in Kopenhagen zu einer Lesung eingeladen, aus meinem Roman *Ein liebender Mann*. Die Lesung war auf Dänisch. Und ich schaute immerzu auf den Schauspieler, der in dieser mir fremden Sprache aus meinem Buch vortrug und dachte: Diese Gesten, diese Mimik, das bin doch ich! Ich verstand alles, was er sagte, so ähnlich war er mir. Dabei kann ich kein Dänisch. Wie gut muss die dänische Übersetzerin gearbeitet haben! Das war ein Pfingsten, ein Sprachwunder.

Jetzt werden Ihre Tagebucheinträge aus den Jahren 1974 bis 1978 publiziert. Die Notizen aus den Jahren 1951 bis 1973 sind schon erschienen. Warum lassen Sie Ihre privaten Aufzeichnungen schon zu Lebzeiten veröffentlichen?

Weil diese Tagebücher sprachliche Biotope sind, in denen Sätze und Szenen emporwachsen. Und immer, wenn ich die Notizen für meine Romane ausgebeutet habe, merkte ich, dass sich diese Sätze und Szenen gehalten haben, selbst wenn sie sechzig Jahre alt sind. Sie sitzen, und ich bin mit ihnen zufrieden. Mehr Begründung brauche ich nicht.

Haben Sie in dem Bewusstsein Tagebuch geschrieben, dass es einmal veröffentlicht werden würde?

Nein, nein, nein. Ich muss schreiben. Es ist eine Lebensart, eine Ausdruckssüchtigkeit. Eine Sitzung des Schriftstellerverbandes zum Beispiel, die kann ich in ihrer Detailverliebtheit nicht ertragen, ohne jedes Detail mitzuschreiben. Und wenn dann so etwas geschieht wie in diesem Jahr 76 – undenkbar, dass ich es nicht aufgeschrieben hätte.

1976 war Ihr Roman Jenseits der Liebe *erschienen, und Marcel Reich-Ranicki hatte in der* FAZ *geschrieben, es lohne nicht, auch nur eine Seite des Buches zu lesen. Es sei «ein belangloser, ein schlechter, ein miserabler Roman». Dabei hatten Sie auf seine Rezension hingefiebert, im wahrsten Wortsinn, begleitet von Bauchschmerzen.*

So war es. Elendes Fieber.

Die FAZ-Überschrift lautete «Jenseits der Literatur». Fühlten Sie sich aus dem Reich der Dichter verwiesen?

Genau so habe ich es erlebt: als eine Exquartierung. Dabei war die Literatur das einzige Quartier, das ich von Anfang an brauchte: Ich bin hineingekommen wie in ein Paradies, ich habe nirgendwo sonst so viel Schönheit erlebt. Meinem Vater gehörte eine Ausgabe von *Robinson Crusoe*, und als ich das Buch als Bub gelesen hatte, gab es nur noch Literatur. Und R-R sagt: Jenseits der Literatur. Dabei hatte ich angenommen, es müsse bei Dichtern anders zugehen als bei Waffenfabrikanten. Ich bin immer gegen Machtausübung empfindlich gewesen. Und die Macht von R-R war illegitim, weil er sie nicht begründet hat. Er hat mir einfach vorgeworfen, ein revolutionärer Bajazzo und Kommunist zu sein.

Sie galten damals als ein Intellektueller mit Sympathien für
die DKP.

Das hat ihm nicht gepasst, und so hat er meine Person rezensiert. Er hat mich zum Kommunisten gemacht, der ich nie war. Solch eine Machtausübung, die einem so weh getan hat, erlischt nicht. Ich habe notiert: Es habe doch etwas Gutes, so ein Misserfolg, dann sei man wenigstens froh über den Tod der Mutter – weil sie das alles dann nicht mitkriegt.

Wie haben Sie sich geholfen?

Ich fuhr zu meinem Verleger Siegfried Unseld. Und ich schrieb dabei. Ich musste schreiben. Ich verfasste eine Rede an R-R, einen offenen Brief, es ist der Tagebucheintrag vom 27. März. Es ist vielleicht komisch: Aber wenn man antwortet, geht es einem besser. Wenn man nicht antwortet, bleibt man der Gewatschte.

Allerdings riet Unseld Ihnen davon ab, den Brief zu veröffent-
lichen. Sie hatten darin gedroht, den Kritiker zu ohrfeigen. Sind
Sie froh, dass Unseld Sie zurückhielt?

Ich glaube schon. Die Antwort kommt eben jetzt, mehr als dreißig Jahre später. Ich war fast gierig darauf, dass diese Tagebücher nun endlich publiziert werden. Bei keinem anderen Band war es mir so wichtig. Es sollen schon noch die Leute lesen, die damals beteiligt waren.

Zeigen Sie sich nicht schutzlos?

Nur so schutzlos, wie ich war. Und bin. Ein Text, der einen einmal aus einer Situation befreit hat, hört nicht auf, einen zu befreien. Auf

Ein Gespräch mit Katja Thimm und Volker Hage

den Lesereisen hier und da werde ich den Brief an R-R noch und noch lesen – die ganze Strecke. Ich würde ihn natürlich heute nicht mehr ohrfeigen. Aber diese Lesereisen sind befreiend.

Auch wenn Sie ihn heute nicht mehr ohrfeigen würden, so haben Sie jetzt den nicht abgesandten Brief quasi nachträglich veröffentlicht. Erwarten Sie eine Antwort?

Schön wär's.

Der Kritiker solle bitte die Ankündigung der Ohrfeige und «ihre gelegentliche Ausführung» nicht für antisemitisch halten, haben Sie ihm im Brief angeraten. Wie kamen Sie 1976 auf eine derartige Idee – bevor Ihnen überhaupt Antisemitismus unterstellt wurde?

Das hieß doch nichts anderes als: Lassen Sie, bitte, unseren Zwist da, wo er hingehört, im Literaturbetrieb, und zerren Sie ihn, den Zwist, nicht vor ein Moralgericht, vor das er nicht gehört.

Nur zwei Jahre nach der Kränkung erschien Ihre Novelle Ein fliehendes Pferd. *Sie brachte Ihnen anhaltenden Erfolg – und Reich-Ranicki lobte Sie.*

Das war so grotesk. Er wandelte meinen Erfolg in seinen um. Und niemand lachte ihn aus.

Allerdings erreichen Ihre Bücher seit dem Zerwürfnis mit Marcel Reich-Ranicki hohe Auflagen. Haben Sie je den Gedanken gewagt, er könne Ihnen tatsächlich zum Erfolg verholfen haben?

Ich brauche niemanden, der mich erst verreißt und anschließend lobt. Das ist allenfalls ein väterliches Verhalten in parodistischer Extremform. Was die Machtverhältnisse angeht, bleibt der Autor immer ein armes Kind.

Sie glauben, Reich-Ranicki wollte Sie mit diesem Lob zu seinem Geschöpf machen?

Es ist zwar lächerlich, aber so lässt sich das sehen.

Haben Sie an Rache gedacht?

Der Begriff der Rache entstammt nicht meiner Sprachwelt. Als ich fünfundzwanzig Jahre später das Buch *Tod eines Kritikers* schrieb ...

... dessen Hauptfigur Marcel Reich-Ranicki auffällig ähnelt ...

... da habe ich diese Kritikerfigur ja auch nicht anders behandelt als alle meine anderen Romanfiguren: mit Liebe. Ich kann nicht ohne Liebe schreiben. Ich habe diesen Herrn auf die Ebene großer Romanhelden gehoben.

Oder zu einer Karikatur gemacht. Mit diesem Buch haben Sie immerhin den Vorwurf des Antisemitismus auf sich gezogen. Wenn Ihnen das Wort Rache nicht zusagt, dann vielleicht Empörung?

Seine Machtausübung war durch *Das Literarische Quartett* ja noch verstärkt worden. Da saß ein Publikum, für das ein Buch hingerichtet wurde, das es nie zur Hand nehmen würde. Auch darauf war der Roman eine Antwort.

*Hat Sie der Vorwurf, der Roman weise antisemitische Züge auf,
härter getroffen als der Verriss Reich-Ranickis?*

Der Vorwurf, in einem Roman antisemitisch geschrieben zu haben,
ist der härteste Vorwurf überhaupt. Das kann sich jemand, dem dieser Vorwurf noch nicht gemacht worden ist, überhaupt nicht vorstellen. Auch die, die einem diesen Vorwurf machen, haben keine,
keine, keine Ahnung, wie dieser Vorwurf weh tut. Sonst würden
sie diesen Vorwurf nicht machen. Also, das war dann der wirkliche
Tief- und Schmerzpunkt meiner sogenannten Laufbahn. Ich konnte
nur noch denken: Kennen denn die nicht, was ich geschrieben habe
über Kafka, Proust, Rudolf Borchardt und andere, meine Aufsätze
zum Thema Auschwitz, mein Stück *Der Schwarze Schwan*? Nein, sie
kennen es nicht und beschuldigen drauflos, weil das der Zeitgeist
gerade so will.

*Im Tagebuch schreiben Sie auch über die Träume Ihrer Frau, über
Hoffnungen und Ängste Ihrer vier Töchter. Haben die Frauen
bei Ihnen zu Hause nie gesagt: Moment mal! Was geht unser
Familienleben die Öffentlichkeit an?*

Das haben wir sehr deutlich besprochen. Wenn Sie genauer hinschauen, also nicht den Stoff werten, sondern den Ausdruck, dann
sehen Sie, dass es sich um bemerkenswerte Sprachstückchen handelt, die eben übers Private hinausreichen. Die Kinder hatten beim
zweiten Band an einigen Stellen Anstoß genommen. Also hatte ich
beschlossen, ihnen in Zukunft alles rechtzeitig zu zeigen. Ich habe
ihnen das Manuskript per E-Mail zugeschickt: Was Ihr raushaben
wollt, streicht! Die Kinder haben keine einzige Stelle gestrichen. Sie
sind eben auch Sprachmenschen.

Ihre Frau tippt Ihre Tagebücher ab. Vielleicht hat sie heimlich
etwas ausgelassen?

Nein, wie kann sie etwas nicht abgeschrieben haben? Das würde sie
mir sagen. Sie würde sagen: Du, das lass gefälligst raus!

In einem früheren Tagebuch heißt es im April 1967: «Ich möchte
wieder mit einer Frau schlafen. Aber es ist mir unmöglich. Ganz
unmöglich mit Käthe. Sie weiß alles.» Gerieten Sie über solche
Sätze nie in Konflikte?

Bitte, das habe ich ungefähr acht Tage nach dem Tod meiner Mutter
geschrieben. Verstehen Sie? Selbst wenn man dann mit jemandem
schlafen möchte, dann geht das nicht. Basta. Käthe hat genau gewusst, was diese Stelle bedeutet.

Dennoch dringt etwas sehr Intimes an die Öffentlichkeit.

Wenn etwas richtig ausgedrückt ist, ist es nicht mehr etwas sehr Intimes. Dass es dieser oder jener sprachlich nicht Erreichbare dann
doch für etwas sehr Intimes hält, ist seine Sache.

Die autobiographische Erzählung Montauk *von Max Frisch*
bezeichnen Sie als «Ehrlichkeitsattrappe». Verschweigen Sie
in Ihren Tagebüchern bisweilen Ereignisse, die Ihnen zu nahe
gehen?

Nein. In solchen Fällen schreibe ich ganz von selbst in der dritten
Person. Es gibt Genauigkeiten, die in der Ich-Form unglaubwürdig
wären. Dafür gibt es ja persönliche Fürwörter! Ich ändere die Sätze
auch nicht im Nachhinein. Allenfalls kürze ich sie. Das nenne ich
die Unschuld der Hingeschriebenheit. Und ich würde nie eine

Autobiographie schreiben. Das zwingt zu einer mir unangenehmen Art von Lüge. Die Lüge im Roman ist wunderbar. Sie ist eine Variation der Wahrheit. Aber die Lüge in den Memoiren, die möchte ich nicht.

Warum erwähnen Sie Ihren leiblichen Sohn Jakob Augstein nicht in Ihren Tagebüchern?

Es gab damals ja keine Lebensgemeinschaft mit ihm. In späteren Jahren, da traf ich mich mit ihm in Berlin, das wird man in den späteren Bänden, falls es sprachlich was gebracht hat, auch nachlesen können.

Als der Spiegel-Gründer Rudolf Augstein, der von Ihrer Vaterschaft wusste, 2002 starb, schrieben Sie in einem anrührenden Nachruf, er sei ein toller Kerl gewesen. Empfanden Sie nie Eifersucht auf ihn, weil er die Vaterrolle bei Ihrem Sohn ausfüllte?

Ich mochte ihn. Ich mochte den wirklich. 1998 haben wir gemeinsam ein Gespräch für den *Spiegel* geführt, über unsere Kindheit, über den Krieg, über alles Mögliche. Das war toll. Er durfte schon nicht mehr so viel trinken, wie er wollte. Ich durfte noch alles trinken. Verstehen Sie, der Jakob ist wunderbar, aber er lebte nie mit uns. Ich war immer glücklich, dass meine Mädchen Mädchen sind. Das ist ein nicht überbietbares Glück. Gestern Abend habe ich in Kopenhagen ein Theaterstück meiner Tochter Theresia besucht, und das Publikum hat ununterbrochen gelacht und begeistert applaudiert. In solchen Momenten bin ich so glücklich, wie ich es gar nicht sagen kann.

Söhne würden Sie weniger glücklich machen?

Ich kenne das ja nur vom Hörensagen: diese Beziehungsbelastungen, wenn die Kinder von Schriftstellern Buben sind. Damit hatte ich nie etwas zu tun. Ich bin ja aus einem Dorf, da sagen die Leute, wenn einer immer wieder Mädchen bekommt: Hauptsache ist, sie sind gesund. Ich sage: Hauptsache, sie machen die Welt schöner, als sie ist.

Drei Ihrer Töchter sind Schriftstellerinnen, eine hat den Schauspielberuf ergriffen. Wie kommen sie damit zurecht, einen berühmten Vater zu haben?

Einmal hat ein Zuhörer nach einer Lesung gesagt: Das wissen Sie schon, Herr Walser, dass Sie in der Literaturgeschichte nur als Vater von Johanna Walser auftauchen werden. Ich darauf: Etwas Schöneres kann mir nicht passieren. Alissa, mit ihrem neuen Buch, wird zurzeit öfter mit mir verglichen, obwohl ihr Roman wunderbar eigenständig ist. Allerdings, in den Tagebüchern heißt es jetzt einmal: Kinder, Geiseln in den Händen der Welt. Dass alles ein Kampf ist, darf nicht verschwiegen werden.

Geben Ihre Töchter Ihnen ihre Romane und Bühnenstücke vor der Veröffentlichung zum Lesen?

O ja.

Und dann sprechen Sie partnerschaftlich und gleichberechtigt darüber?

Zum Glück kommen wir aus, ohne partnerschaftlich und gleichberechtigt sein zu müssen. Es ist so, dass ich mich wahnsinnig freue, dass ich bei den Mädchen ein Talent sehe. Ein Talent, das sie ganz, ganz sicher nicht nur von mir bekommen haben können.

Zurzeit beherrscht Helene Hegemann das Feuilleton, eine Autorin, die fast Ihre Urenkelin sein könnte. Wie schätzen Sie deren Talent ein?

Wenn ich das lesen würde, könnte ich vielleicht etwas damit anfangen. Oder auch nicht.

Hegemanns Buch ist seit Wochen oben auf der Spiegel-Bestsellerliste. Ist das noch eine Kategorie für Sie – ein Platz auf der Bestsellerliste?

Die Liste ist ein Mittel gegen Verarmungsangst. Und die ist in mir drin, diese Angst: Aha, jetzt gibt es kein Geld mehr! Jetzt sind wir draußen. Man wird wohl, wenn man in anderer Hinsicht nicht erwachsen wird, auch in dieser Hinsicht nicht erwachsen. Früher rettete meine Mutter alles. Mein Vater hat Klavier gespielt, der Gerichtsvollzieher hat seinen Aufkleber ans Klavier geklebt, und den Vater hat es nicht gestört beim Spielen. Diese Angst vor der Not, die hört nicht auf. Das ist auch keine Einbildung.

Da muss für Sie 2004 der Bruch mit dem Suhrkamp Verlag, dessen Autor Sie fast fünfzig Jahre waren, auch in dieser Hinsicht schmerzhaft gewesen sein. Man gab Ihnen damals die Rechte an Ihren Büchern nicht zurück.

Auch das war eine Machtausübung. Meine Bücher wurden zur Verramschung freigegeben. Doch das haben wir vor ein paar Wochen bereinigt.

Inwiefern?

Alle meine Bücher werden wieder normal lieferbar sein.

Werden auch wieder neue Bücher von Ihnen bei Suhrkamp erscheinen?

Mein Mund fühlt sich an wie zugenäht.

Es wirkt so, als räumten Sie gerade Ihr Leben auf.

Wenn, dann ordnet es sich von selbst. Ich beurteile das nur nach meiner Tätigkeit. So wie diese neue Novelle mit dem Titel *Mein Jenseits*, die sich im Sommer von selbst hingeschrieben hat. Es war für mich sensationell, dass so eine Figur wie Augustin Feinlein von mir erzählt werden will. Als das Buch fertig war, habe ich gemerkt, dass ich vor fünf Jahren niemals über so ein Thema hätte schreiben können.

Sie meinen über das Altern?

Auch. Aber das Eigentliche ist etwas anderes. Ich wage es kaum in den Mund zu nehmen, es ist so offensichtlich.

Versuchen Sie es trotzdem.

Augustin Feinlein hat Glaubenserlebnisse. Die Ausweglosigkeit in der Liebe macht ihn zum Glaubensspezialisten. Er entsinnt sich der Lehre eines Vorfahren, dass der Glaube größer ist als das, was wir wissen. Ich habe also aufgeschrieben, wie wichtig Glaubensempfindungen in einem Menschen sind, weil er sie nötig hat. Dabei habe ich doch eigentlich nicht so einen Kirchenfimmel.

Versöhnt Sie der Glaube mit dem Alter?

Sagen wir es so: Wenn ein Glaubensversuch etwas nicht schöner macht, kann man ihn auch lassen. Allerdings ist Glauben ja nicht etwas, das man positiv besitzt. Er ist eine andauernde Provokation. Die Größe des Glaubens wird kenntlich an der Größe des Unglaubens, so sagt es Kierkegaard. Also sagt man sich: Gut, werte ich das Ringen um den Glauben sportlich, das hält mich lebendig.

Im Dorf des Augustin Feinlein entwickeln alte Menschen sonderbare Eigenheiten, «Mödelen», wie es die Dorfbewohner nennen. Beobachten Sie bei sich selbst auch solche Mödelen?

Mödelen merkt man ja nicht selber. Aber diese Jenseitsorgie kommt ja nur dadurch zustande, dass dieser Augustin Feinlein aussichtslos ist bei einer Frau. Aussichtslosigkeit als persönliche Erfahrung. Dann die Anziehungskraft dessen, was unerklärlich bleibt, trotz allen Wissens. Ich habe mich gefreut, als Augustin Feinlein mir den Satz serviert hat: Wir glauben mehr, als wir wissen.

In einem anderen Buch, dem Roman Angstblüte, *beschreiben Sie das Idealbild des Todes: «Man steht, denkt an nichts, fällt um, ist tot.» Die meisten Menschen allerdings verlieren über Jahre Körperenergie und Geisteskraft und sterben langsam. Idealisieren Sie den Tod?*

So wie es in *Angstblüte* steht, ist es doch schön. Wenn ich immer darauf hingewiesen werde, dass es so etwas gibt wie Tod und so ein Zeug, kann ich nicht viel sagen. Ich habe ganz wenige Leute in meinen Büchern sterben lassen. Wenn ich bei einem so wichtigen Vorgang so wenig Erfahrung habe, mische ich mich nicht naseweis ein. Ich bin ganz sicher, dass kein Mensch sagen kann, wie er reagieren wird, wenn es so weit ist. Deshalb schweige ich.

Sie haben sich immer in die Politik eingemischt. Wie gefällt Ihnen die Koalition?

Ich habe Frau Merkel ja im letzten Sommer bereits einen offenen Brief geschrieben, weil ich es nicht ertrage, wie Deutschland in diesen Afghanistankrieg mit hineinstolpert. Es provoziert mich, dass dieses Land so dumm regiert wird. Es tut mir leid, aber Frau Merkel, die ich achten kann und sympathisch finde, kommt mir außenpolitisch unreif vor. Kommt das von der DDR-Kindheit? Ich weiß es nicht. In allen anderen Zusammenhängen formuliert sie immer so, dass ich nicht nur ihre Gescheitheit spüre, sondern auch ihre erfahrungsgesättigte Lebendigkeit. Aber außenpolitisch? Da kommt sie mir vor, als sage sie etwas ihr Vorgesagtes nach. Das sollte sie einmal überprüfen!

Was sagen Sie dann zur Arbeit von Außenminister Westerwelle?

Noch nichts. Es ist schrecklich genug: Die Großmacht Amerika ist auch mit Obama lernunfähig, und die Mittel- und Kleinmächte werden durch Propaganda eingefangen. Das Ausmaß, in dem die Ängste vor den Taliban geschürt werden, dient einer systematischen geistigen Vorbereitung auf den Krieg. Und wenn er vorbei ist, wird wieder so ein Oberbefehlshaber sagen: Dieser Krieg mit seinen zwei Millionen Toten war ein entsetzlicher Irrtum. Es ist mir unbegreiflich, dass man in Deutschland den Krieg für ein Mittel der Politik halten kann. Es war mir mein ganzes Leben lang unbegreiflich.

Ist das Ihr politisches Credo?

Ich habe mich oft hin- und hergeschoben gesehen. Zuerst nach links, sogar über den Boden des Grundgesetzes hinaus, dann hat man mich nach den Reden gegen die deutsche Teilung und 1998 nach der Rede in der Paulskirche, mit der ich mich für den Friedenspreis des Deutschen Buchhandels bedankt habe, zum Nationalisten gemacht. Sei es drum. Ich brauche keine Vorstellung von einer kontinuierlichen Idee in mir: Ich fasse mich an den Kopf oder an die Ohren, dann spüre ich mich. Das muss reichen. Als Identität. Meine Formel fürs Tätigwerden heißt seit längerem, dass etwas fehlt. Nicht nur mir, sondern überhaupt. Meine Muse heißt Mangel. Und im Politischen war und ist das der Mangel an Gerechtigkeit.

Und in der Literatur?

Schreiben bedeutet für mich, etwas so schön zu sagen, wie es nicht ist. Und wenn man es dann hingeschrieben hat, hat man den Mangel beantwortet. Der beantwortete Mangel macht die Welt schöner.

Herr Walser, wir danken Ihnen für dieses Gespräch.

Einsam ist man sowieso

Ein Gespräch mit Martin Doerry
und Volker Hage
2015

*Herr Walser, wie haben Sie das Kriegsende erlebt? Wo befanden
Sie sich am 8. Mai 1945?*

Das war eine unfreiwillige Abenteuerzeit. Ich war eingezogen
worden bei den Gebirgsjägern im Inntal. Im April kamen die Amerikaner, und wir mit unserem lächerlichen Truppenteilchen sollten
sie aufhalten! Wir hatten einen Major, der uns befahl, mit unseren
einfachen Gewehren auf die Tiefflieger zu schießen, die doppel-
rümpfigen Lightnings. Eine vollkommen verrückte Idee.

Und nicht ungefährlich.

Dann hieß es plötzlich, die Amerikaner wollten mit uns verhandeln.
Wer kann Englisch?, fragte der Major. Ich meldete mich, ging hin.
Und der amerikanisehe Offizier sagte irgendetwas, aber ich habe so
gut wie nichts verstanden, nur dass wir uns ergeben sollten. Doch
unser Major brüllte: Das kommt nicht in Frage, ein deutscher Sol-
dat ergibt sich nicht.

Wie sind Sie da rausgekommen?

Ein Leutnant hat schließlich zu einer kleinen Gruppe von uns
gesagt: Wir müssen hier abhauen. Das hat keinen Sinn mehr. Und
dann sind wir zu viert oder fünf aus dem Inntal raus in die Berge, haben bei Bauern unsere Uniformen gegen Tiroler Jacken ge-
tauscht. Wir kannten uns alle gut aus im Gebirge. Irgendwann
haben wir uns dann getrennt und waren nur noch zu zweit, ein

Kamerad namens Richard und ich. Und wir sind dann oben in den Wäldern geblieben.

Wie haben Sie vom Kriegsende erfahren?

Den genauen Tag, den 8. Mai, haben wir gar nicht mitbekommen da oben. Wir wussten aber, dass im Tal die Kapitulation vor sich ging. Bisweilen haben wir uns nah an die Häuser gewagt und mitbekommen, dass dort schon die Amerikaner auf den Balkonen saßen und Jazzplatten hörten. Irgendwann hat uns ein amerikanischer Trupp erwischt und gefangen genommen.

Wie lange wurden Sie festgehalten?

Ich hatte unglaubliches Glück. Im Gefangenenlager, das war das Eisstadion in Garmisch, bin ich einem Offizier aufgefallen, weil ich immer Bücher las. Ich war für die Bibliothek zuständig, die Bücher kamen vom Reichssender München. Das gefiel mir besser, als Panzer zu waschen, was die anderen Gefangenen machen mussten. Ich habe mich abseits gehalten und war der Einzige, der keine Läuse hatte. Ich hatte am Ende einen ganzen Rucksack voller Bücher! Und der Offizier fuhr mich dann an einem Sonntag Ende Mai mit seinem Jeep an den Bodensee, nach Wasserburg. Mein Gott, so viel Glück darf man gar nicht haben. Weil ich ein Leser war! Das hat ihm imponiert.

Können Sie sich noch erinnern, wie es war, als Sie zu Hause ankamen?

Allerdings. Meine Mutter hatte unsere Gastwirtschaft verpachtet, an meinen zukünftigen Schwiegervater. Nachdem mein Bruder Josef mit neunzehn im Oktober 1944 gefallen war, hatte sie keine Kraft mehr, die Wirtschaft weiterzuführen. Als ich mit meinem Rucksack heimkam, ging ich auf die Terrasse des Hauses, und die war voller französischer Soldaten, und ich denke: Heilandzack! Lassen die mich da überhaupt durch? Aber sie ließen mich, und dann stand, vielleicht bilde ich es mir ein, aber es muss so gewesen sein, dann stand da in der Küchentür Käthe.

Da sahen Sie zum ersten Mal Ihre spätere Frau?

Ja. Und dann habe ich dort erfahren, dass sie immer die sangesfreudigen Franzosen am Klavier begleiten musste. Ich war gleich ein bisschen eifersüchtig.

Und wie stellten Sie sich damals Ihre Zukunft vor?

Ich wollte lesen. In einem Antiquariat in Lindau hatte ich zwei Bände Heinrich Heine entdeckt.

Den gab es da schon wieder, obgleich er bei den Nazis verboten war?

Ja, die Buchhändlerin hat schnell geschaltet. Und dann habe ich den Sommer mit Heinrich Heine verbracht. Das ist mein Erlebnis 45 gewesen! Die trommelnden Trochäen des *Atta Troll* haben mir diesen Sommer in die Höhe gejagt.

Haben sich alle Deutschen in Ihrer Umgebung so schnell auf die neue Zeit eingestellt?

Man hat das nicht jedem angesehen. Man war ja ganz normal bedrückt von allen möglichen Vorschriften, die die Franzosen gemacht haben. Zum Beispiel mussten eines Tages alle männlichen

Ein Gespräch mit Martin Doerry und Volker Hage

Personen für den 14. Juli die Gartenzäune blau-weiß-rot anmalen, weil sich der General Lattre de Tassigny angekündigt hatte. Gut, haben wir gemacht.

Was wussten Sie damals über die deutschen Verbrechen?

Als wir noch zu zweit durch die Wälder streiften, in unseren Tiroler Jacken, aber jeder mit seiner Pistole, kamen uns zwei Männer in gestreiften Anzügen entgegen. Wir wussten, was das bedeutete: KZ. Als ich Flakhelfer in Friedrichshafen war, wurden KZ-Gefangene in Kolonne durch die Straßen zu ihrem Arbeitsplatz geführt. Ich erinnere mich, das muss 1944 gewesen sein, ich war jedenfalls dabei, als ein Bauer meiner Mutter erzählte: Wenn herauskommt, was in Dachau geschehen ist, dann sind wir alle tot. Es gab nicht das Wort Auschwitz, aber Dachau war bekannt. Man wusste, dass es dort ganz schrecklich zuging und dass man nichts davon erzählen durfte.

Und wie ist die Begegnung mit den beiden Häftlingen ausgegangen?

Die beiden haben uns die Pistolen abgenommen, und wir protestierten nicht. Die waren mutiger und entschlossener als wir. Sonst haben sie uns nichts getan.

Haben Sie mit ihnen gesprochen?

Das weiß ich nicht mehr so genau. Aber es gab keine Feindseligkeit. Wir waren siebzehn oder achtzehn Jahre alt. Die haben schon gemerkt, was wir für komische Figuren waren.

Und wann haben Sie erstmals von Auschwitz gehört?

Davon war dann später in den Zeitungen zu lesen, aber noch nie so konkret wie in Frankfurt beim Auschwitz-Prozess 1964. Deswegen bin ich dort dann auch hingefahren.

Aber da liegen fast zwanzig Jahre dazwischen.

Entschuldigung, da war noch sehr viel dazwischen. 1946, im November, las ich in einer literarischen Zeitschrift den jüdischen Autor Franz Kafka, *Die Verwandlung*. Das war's, danach waren alle literarischen Lektüren entwertet, André Gide zum Beispiel. Das konnte ich gar nicht mehr in die Hand nehmen. Ich habe mich fünf Jahre lang bis zu meiner Dissertation mit Kafka beschäftigt.

Aber wann haben Sie sich erstmals mit dem Holocaust auseinandergesetzt?

(überlegt lange) Ach ja, natürlich, das war im Sommer 1958, ich fuhr nach Amerika, an die Harvard-Universität, und dort gab Henry Kissinger ein International Seminar. Kissinger hatte damals die besten Leute zu Referaten geholt.

Und dort wurde über Auschwitz gesprochen?

Natürlich. Und im Oktober 1958, gleich nach meiner Rückkehr, habe ich angefangen, *Halbzeit* zu schreiben. Da taucht Auschwitz schon auf. Und wie in unserer Gesellschaft versucht wird, sich um die Schuld herumzulügen. Außerdem habe ich zwei Theaterstücke geschrieben, die mit dem Thema zu tun haben: 1962 *Eiche und Angora* und 1964 *Der Schwarze Schwan*, da geht es um die Tötung von Kranken.

Um Euthanasie?

Genau.

*Warum sind Sie 1964 zum Auschwitz-Prozess nach Frankfurt
gefahren?*

Die Verlautbarungen des Generalstaatsanwalts Fritz Bauer im Vorfeld haben mich stark beeindruckt. Der hatte einen zwingenden
Einfluss, da musste ich hin.

Sie haben für die Frankfurter Abendpost *über den Prozess
berichtet.*

Ja, da habe ich erlebt, wie die Angeklagten, diese Herren Kaduk, Boger und Konsorten, ruhig Auskunft geben konnten. Und die ehemaligen Häftlinge waren fassungslos, haben geweint, sind zusammen-
gebrochen.

Was war die zentrale Botschaft Ihres Artikels?

In der Presse damals wurden die Scheußlichkeiten berichtet, es war
von Teufeln und Bestien die Rede. Ich wollte dagegenhalten: Entschuldigung, das waren Deutsche, keine, wie es hieß, abnormen
Teufel. Das konnte man ja schon an ihren Biographien ablesen. Dort
war nichts zu finden, was die Brutalität dieser Leute erklären könnte.

*Sie schreiben in dem Artikel, was sich die Menschen vom Frank-
furter Auschwitz-Prozess wünschen: «Wir wollen heraus sein
aus dieser Geschichte. Und die Justiz soll uns dazu verhelfen.»*

Ja, und deswegen auch dieses Wort von der Kollektivschuld. Das ist
eine ganz unglaubliche Prägung! Wenn alle Schuld haben, hat der
Einzelne nichts mehr damit zu tun. Das ist doch absurd.

Gemeint war es anders, niemand sollte sich unschuldig fühlen.

Ich habe auch später für mich immer das Wort Schuld gemieden und lieber von Schande gesprochen, weil die Schande konkret ist. Was ist Schuld?

Interessanterweise lautet nun aber der Untertitel zu Ihrem Band Unser Auschwitz: Auseinandersetzung mit der deutschen Schuld.

Ja, stimmt. Ich habe mich in dem Fall überzeugen lassen, dass es hier nicht in erster Linie um das persönliche Erlebnis geht. Schuld ist allgemeiner.

Wie kam dieser Band zustande?

Das war eine Idee von Alexander Fest vom Rowohlt Verlag. Und zwar als Reaktion auf die Presse, auf die Rezensionen zu meinem Abramowitsch-Büchlein.

Auf Ihr Buch Shmekendike blumen *über die Prosa des zu seinen Lebzeiten hochgeschätzten jiddisch schreibenden Schriftstellers Sholem Yankev Abramowitsch, der 1917 in Odessa gestorben ist.*

Da hieß es, nun sei ich endlich aus meiner Verblendung zurückgekehrt. Es war von Bekehrung die Rede, von meiner angeblichen früheren Blindheit gegenüber dem jüdischen Schicksal. Und da hat Fest gesagt: Lass uns das Buch machen, das die jahrzehntelange Auseinandersetzung mit dem Holocaust dokumentiert, wenn die Kritiker so ahnungslos sind.

*Das Buch ist Ihre Antwort auf die Vorwürfe, die Ihnen gemacht
wurden?*

Auf die Unterstellung, dass ich es nötig hatte, Abramowitsch zu
lesen, um endlich zu begreifen, was den Juden passiert war.

*Und doch war die Lektüre der Werke von Abramowitsch für Sie
eine Entdeckung, die Ihnen eine neue Perspektive auf das Thema
eröffnet hat, das Sie seit den sechziger Jahren umtreibt?*

Der Sammelband zeigt, wie das Thema bei mir in Romanen, Thea-
terstücken und Essays da und da und da vorkommt – und dennoch
bedurfte es Abramowitsch. Die Auseinandersetzung mit der deutschen Schuld in Diskussionen und Reden, die habe ich gehabt.
Selbst meine Beschäftigung mit Heine, mit den Tagebüchern von
Victor Klemperer hat mich nicht so heftig betroffen wie die Romane
von Abramowitsch. Klemperer führte mich zu der Frage von Schande und Schuld, auf einer intellektuellen Ebene. Als ich Abramowitsch gelesen hatte, wusste ich: Ich könnte die Paulskirchen-Rede
so nicht mehr halten.

Was würden Sie nicht mehr sagen?

Augenblick! Ich korrigiere keinen Satz von damals, darum geht es
nicht.

Sondern?

Ich lese Ihnen vor, was ich über meine Beschäftigung mit Abra-
mowitsch geschrieben habe: Ich erlebe ein Nicht-mehr-in-Frage-
Kommen für das sogenannte Hier und Heute. Eine vollkommene
Eingenommenheit. Von ihm. Ich kann nichts dagegen tun, in mir

dominiert die Mitteilung, dass wir dieses Volk umbringen wollten und zu Millionen umgebracht haben. Und dieses Volk ist mir jetzt, erst jetzt, wirklich bekannt geworden. Die Fakten und Zahlen kenne ich auch. Aber mir zu zeigen, wie diese Leute waren, wie sie gefühlt, gedacht und geträumt haben – das kann nur Literatur.

Wieso haben diese Leute anders geträumt und gefühlt?

Sie, meine Herren, haben Abramowitsch offenbar nicht gelesen. Das ist mein Zugang, meine Beschränktheit, wenn Sie wollen. Die Russen kenne ich durch Dostojewski, die Franzosen durch Flaubert und Proust, die Schweden durch Strindberg, China durch Mo Yan. Das ist meine Auskunftsart.

Warum diese Distanz? Träumen Juden nicht genauso wie Nicht-Juden?

Sie wollen mir eine Distanz einreden, wo ich von Nähe spreche. Nähe durch Literatur. Sie sind begriffsbefangen. Weil Sie Abramowitsch nicht kennen. Jede Romanfigur von ihm zeigt mir diese andauernde Offenheit nach oben. Der kann vespern oder Steuern zahlen, immer ist da dieser Blick nach oben, das Göttliche.

Die osteuropäischen Juden hatten sicherlich eine eigene Kultur, eine eigene Tradition. Aber warum sollte zum Beispiel der deutsche Professor Victor Klemperer andere Träume gehabt haben als wir alle?

Klemperer hat sein Tagebuch unter dem Druck der deutschen Tyrannei geschrieben. Er hat genau festgehalten, wie die Juden gelitten haben. Sie durften erst das nicht mehr, dann das, dann das nicht mehr! Alles hat er genau notiert. Vielleicht darf man diese Unterscheidung nicht machen, aber es ist eben etwas anderes, wenn man das Leid einer Familie in den Siedlungsgebieten der Juden in Russland darstellt. Literatur als Auskunft: Das ist meine Art der Aneignung. Das können Sie natürlich ablehnen. Ich finde es anmaßend von Ihnen, sich einzubilden, Sie in Ihrer gloriosen Ungefährdetheit hätten Träume wie die ihrer Menschenrechte beraubten Juden.

Dann noch einmal die Frage: Warum könnten Sie Ihre Rede in der Paulskirehe heute nicht mehr so halten?

In dieser Rede lasse ich mich auf den Diskurs ein, der damals herrschte. Ich habe versucht, meine Frequenz in diesem Diskurs zu finden, zu entdecken. Das wäre mir heute unmöglich! Ich könnte mich nicht mehr damit beschäftigen, was da so oder so gedeutet werden muss – weil mir das Ganze lächerlich und unangemessen vorkommt angesichts dessen, was passiert ist.

Sie meinen den Holocaust. Sie fühlten sich damals missverstanden.

Es war vielleicht leichtsinnig von mir, von der Instrumentalisierung des Holocaust zu sprechen, ohne Namen zu nennen. Ich habe an Günter Grass und Walter Jens gedacht. Ignatz Bubis hat geglaubt, ich würde ihn damit meinen. Das war natürlich fatal. Heute kommt es mir absurd vor, solche Lächerlichkeiten überhaupt auseinanderpflücken zu wollen. Das würde ich nie mehr tun.

Sie meinen das Grass-Argument, wegen Auschwitz dürfe es keine Wiedervereinigung geben?

Ja. Später sagte sogar Joschka Fischer: Serbien bombardieren als Lehre von Auschwitz. So etwas meinte ich mit Instrumentalisierung.

Sie haben auch gesagt, dass Sie wegschauen, wenn die Bilder der in den KZs Ermordeten gezeigt werden.

Dabei kann ich bleiben. Das betrifft eben nicht nur Auschwitz. Wenn eine Mutter in Syrien ihr totes Kind in die Kamera hält, schaue ich weg. Ich kann das auf dem Bildschirm nicht ertragen. Aber das ist mir inzwischen auch klar: Das hätte ich nie anwenden dürfen auf Auschwitz. Es wurde mir von jüdischen Intellektuellen mit Recht übelgenommen, weil sie glaubten, ich wollte speziell von Auschwitz wegschauen. Und in solche Zusammenhänge darf man sich angesichts dessen, was geschichtlich passiert ist, einfach nicht begeben. Heute würde ich das nicht mehr sagen. Ich will dieses Hickhack nicht.

In Ihrem Abramowitsch-Aufsatz ist zu lesen, dass Sie «das Hin und Her von Meinungen jeder Art» in diesem Zusammenhang unangemessen finden.

Und es heißt dort auch, warten Sie, hier: Mir ist im Lauf der Jahrzehnte vom Auschwitz-Prozess bis heute immer deutlicher geworden, dass wir, die Deutschen, die Schuldner der Juden bleiben. Bedingungslos. Es gibt da keine Verharmlosung oder Erklärung mildernder Art.

Vor drei Jahren schrieben Sie in einem Buch, Über Rechtfertigung, *dass Sie raus möchten aus dem «Reizklima des Rechthabenmüssens».*

Das ist ja nichts Neues. Den Wunsch habe ich seit zehn Jahren und mehr. Es ist keine bewusstseinswürdige Haltung, recht zu haben.

Ein Gespräch mit Martin Doerry und Volker Hage

Nach dem Tod von Günter Grass sind Sie nun fast der Letzte aus dieser Schriftstellergeneration.

Ja, ich bin übriggeblieben.

Ein Gefühl der Einsamkeit?

Einsam ist man sowieso. Aber übriggeblieben fühlt man sich von Mal zu Mal mehr. Man macht sich das nicht klar, solange der andere lebt, dass es da eine unlösbare Jahrgangs-, Schicksals- und auch Empfindungsgemeinschaft gibt. Und plötzlich ist der andere weg.

Auch Sie waren schwer erkrankt, wir mussten dieses Gespräch mehrmals verschieben.

Ich hatte eine Grippe mit einer Lungenentzündung, ich war in drei Krankenhäusern. Ich bin ja nur pseudolebendig.

Es ist noch einmal gutgegangen.

Das würde ich nicht sagen. Und dann höre ich, dass Günter an einer Infektion gestorben ist.

Das Verhältnis zu ihm war großen Schwankungen ausgesetzt.

Ich habe mich mit ihm jenseits der Begriffe gefühlsmäßig verstanden. Das mag an unserer gemeinsamen Herkunft liegen, nicht von den Landschaften her, die verschieden waren, sondern an einer Herkunft, die durch Abhängigkeiten geprägt war, aus denen man sich befreien musste. Diese gefühlsmäßige Verbindung habe ich immer gespürt, wenn wir uns persönlich gesehen haben. Nachher, öffentlich, lagen wir dann wieder völlig auseinander.

Sie haben sich ja gegenseitig in Debatten nichts geschenkt.

Jaja, das ist eben der Streit um politische Begriffe. Aber sobald wir allein waren, war er einfach liebenswürdig. Und auch wenn ich noch nicht so weit war, habe ich gespürt, dass er mir in seiner Liebenswürdigkeit ein Stück voraus war.

Wenn Sie auf Ihre politischen Aktivitäten, den Streit, die Debatten zurückblicken – wie denken Sie heute darüber?

Natürlich kann ich nachträglich, das ist dann aber wirklich sehr nachträglich, sagen: Das hätte alles nicht sein müssen. Aber man macht nicht nur das, was unter allen Umständen richtig ist, sondern was man jeweils für nötig hält.

Gilt das für Ihr gesamtes Werk?

Der Grad der Unfreiwilligkeit von alldem enthebt mich der Mühe, darüber nachzudenken, ob es notwendig war.

Herr Walser, wir danken Ihnen für dieses Gespräch.

Ich möchte keine
Sauerei hinterlassen

Ein Gespräch mit Sven Michaelsen
und Andreas Rosenfelder
2016

Herr Walser, der Held Ihres neuen Romans Ein sterbender Mann *wurde von seinem engsten Freund verraten und will sich, beruflich ruiniert, das Leben nehmen. Auf der Suche nach der probaten Technik landet er in einem Suizidforum im Internet. Welche Erfahrungen haben Sie beim Recherchieren dieses Themas gemacht?*

Ich habe mich eingeloggt und studiert, was die Suizidalen schreiben. Alle unterhalten sich vor dem Horizont des Suizids, trotzdem gibt es jedes menschliche Verhalten, das es sonst auch gibt. Sie misstrauen einander, ob dein Suizidmotiv überhaupt seriös ist. Sobald es wieder eine oder einer geschafft hat, zünden die noch Lebenden Kerzen an und schreiben in Nachrufen etwas Liebes. Teilnehmendere Trauer habe ich draußen noch nicht erlebt. Deshalb heißt es im Roman: Nirgends möchte ich noch lernen als bei Suizidalen.

Seit Goethes Werther *heißt es, die Beschreibung von Suiziden lade zur Nachahmung ein.*

Das ist ein Pseudoverdacht. Dem Schlussmachen eine erträgliche Seite abzugewinnen, ist immer noch ein Tabu. Dass wir glauben, der Staat oder die Religion oder die Familie darf darüber bestimmen, wie wir aufhören, ist so mittelalterlich, wie sich wegen eines Abendmahlunterschieds die Köpfe einzuschlagen. Wie kann man der Meinung sein, dass uns nicht einmal unser eigener Tod gehört?

*Fritz J. Raddatz fuhr im Februar vergangenen Jahres zum
Sterben nach Zürich, weil der begleitete Suizid in der Schweiz
legal ist. Was empfanden Sie, als Sie von seinem Freitod lasen?*

Hingekniet bin ich vor dem, den ich lebenslänglich nie kniend erleben wollte.

*Acht Stunden im Zug von Hamburg nach Zürich zu sitzen mit
dem Gefühl, dass …*

Ach komm, tun Sie nicht so, als könnten Sie sich das vorstellen, wie
einem da zumute ist. Bitte, da mische ich mich nicht ein. In den USA
gibt es Bundesstaaten, wo Selbstmord strafbar ist. Wir existieren
nicht in einer Zeit, sondern in einer Verwerfung aller möglichen
Zeiten.

Selbstmord, Suizid, Freitod: Welchen Begriff bevorzugen Sie?

Ich finde kein Wort so absurd wie Freitod. Den Ausdruck Selbstmord finde ich gemein. Ich kann da nichts verallgemeinernd empfehlen, aber für mich nenne ich es Selbsttötung.

*Ihr Romanheld, er heißt Theo Schadt, stellt die Frage, ob man
sich durch Lektüre auf Alter und Sterben vorbereiten kann. Er
kommt zu dem Schluss: «Sich vorbereiten, das hieße, immer
weniger leben, also sich langsam umbringen. Geistige Vorbereitung nützt nichts.»*

Auf den Tod kann man tausendfach vorbereitet sein, aber für das
Sterben selbst gibt es keine Vorbereitung.

Gibt es Vorbilder?

Hemingway kommt nicht in Frage. Ich habe kein Gewehr. Vor den Zug werfen geht auch nicht. Ich möchte keine Sauerei hinterlassen. Hängen ist brutal. Meine Aster ...

... eine Figur Ihres Romans ...

... hat die Holzkohlenmethode gewählt und ist friedlich entschlafen. Erwünscht ist eine Gleitdroge, die in einem Zwölfstundenschlaf die Arbeit tut, sensationslos und schmerzlos. Allerdings suche ich die noch. Es ist ja scheußlich, wie unzugänglich der Markt ist, wenn du eine richtige Schlaftablette brauchst. Aber das wird schon noch.

Theo Schadt sagt über sich: «Deine Gier, am Leben teilzunehmen, ist gespenstisch.» Sind Ihre Gefühle mit Ihnen gealtert?

Wenn du aufwachst, und es tut dir nichts weh, wie alt bist du dann? Weißt du dann, dass du achtundachtzig bist? Aber keine Spur! Du bist genauso weit weg vom Verenden wie mit dreißig, vierzig, und du hast keine anderen Wünsche als jemand, der fünfzig Jahre jünger ist. Nur wenn du sowieso schon am Krepieren bist und leidest, leidest, leidest, dann kriegst du etwas von der Realität deines Alters mit. Würde ich Ihnen alle meine realen Leiden mitteilen, würden Sie sich darüber wundern, dass ich unbelehrbar bin. Ich bin es und sehne mich nach dem Augenblick, in dem ich Raddatz'sche Reife erreiche und in Zürich anrufe und sage: Ich komme dann. Bis dahin gilt ein Satz aus dem Roman: Je näher du dem Tod bist, desto schöner ist es zu leben. Oder genauer gesagt: desto schöner wäre es zu leben.

In einem Abschiedsbrief schrieb Raddatz: «Ich bin leergelebt. Nur noch eine Hülse. Ich irre durch eine taube, echolose Welt – ortlos. Ein überflüssiger Mensch.»

Ein Gespräch mit Sven Michaelsen und Andreas Rosenfelder

Wie alt war er, als er das schrieb?

Dreiundachtzig.

Also ein junger Mann von mir aus gesehen. Ich fühle mich da nicht ausgedrückt.

Sie waren schon früh ans Schreiben gekettet wie an ein Beatmungsgerät. Nimmt diese Notwendigkeit mit bald neunzig Jahren ab?

Nein. Das ist ja das Schreckliche: Ich bin geschlagen damit, dass ich einen so schönen Beruf habe. Wie soll ich denn damit fertigwerden, dass abends etwas auf dem Papier ist, wovon am Morgen noch nicht die Rede sein konnte? Diese Spannung produziert sich durch das Schreiben, durch nichts sonst. Das Schreiben selbst ist der Roman und ist das Abenteuer. Ich kann mich gegen dieses Glück nicht sträuben.

Entsteht beim Schreiben auch Liebe?

Ich kann nicht ohne Liebe schreiben. Das heißt, auch die Figuren, die der Leser negativ empfindet, entstehen aus Liebe. Mein chinesischer Übersetzer hat geschrieben, *Tod eines Kritikers* sei eine Liebeserklärung an Reich-Ranicki. Und er hat recht. Was jetzt in dem neuen Roman passiert, habe ich in einer Danksagung ausgedrückt.

Sie lautet: «Der Autor ist Thekla Chabbi für ihre Mitarbeit an diesem Roman zu großem Dank verpflichtet. Ohne ihre schöpferische Mitwirkung wäre der Roman nicht, was er ist.»

Ich habe diese Gewohnheit, dass ich den Mund nicht halten kann, wenn ich mit einem Roman anfange. Am 14. Januar 2014 war ich in Heidelberg bei einem Programm über deutsch-chinesische Kultur. Mein wunderbarer Übersetzer aus Peking war eingeladen und eine Sinologin aus München, Thekla Chabbi. Nachher saß man noch in einem Lokal. Wenn du einen Roman schreibst, ist die ganze Welt eine Zulieferung, aber nur weil du dauernd davon redest, sodass jeder halbwegs fühlensfähige Mensch glaubt, er müsse dir helfen.

Womit half Ihnen Frau Chabbi?

Ich suchte für Theo Schadt nach einer Selbstmordmöglichkeit, und sie hat geantwortet, da gibt es das Suizidforum. Später hat sie mir die Daten zugespielt, damit ich selbst kundig werde. Ich habe ihr dann zugänglich gemacht, was Theo Schadt im Roman ins Suizidforum geschrieben hat. Sie hat geantwortet als Aster, und das war, Entschuldigung, das Wunder der Entstehung eines Romans. Das wird mir auch nicht ein zweites Mal passieren. Durch ihre Provokation als Aster hat sich der Roman so entwickelt, wie er ist. Ich habe noch nie behauptet, erfinden zu können. Ich lebe von höchstnotwendigen Verwandlungen. Das ist mein Beruf.

Aster ist Frau Chabbis Schöpfung?

Ja. Ich kenne in der gesamten Weltliteratur keinen Roman, in dem nicht auch die extremste Figur ein Produkt des Autors ist. Es gibt keine Dostojewski-Figur, die nicht von Dostojewski wäre. Dies ist der erste Roman, in dem eine Figur sich selbst vertritt, inhaltlich und stilistisch. Dass in einem Roman zwei Persönlichkeitsfrequenzen auftreten, habe ich als Bereicherung empfunden.

Wie muss man sich Ihre Zusammenarbeit vorstellen?

Im Dialog per E-Mail hat sie den Roman mitproduziert. Das ist keine Konzeption gewesen. Ich kann daraus keinen Ismus machen. Ich war Empfänger eines Reichtums, der durch kein Konzept entstehen kann. Das ist der Roman im Roman. Wenn einen das nicht glücklich machen darf als Autor!

Ein in Algerien spielendes Kapitel liest sich, als wäre es nicht von Ihnen. Hat Frau Chabbi es geschrieben?

Ja! Meine Hochachtung vor Ihrer Feinfühligkeit für das Sprachliche. Ich habe Thekla Chabbi gebeten, sich als Romanfigur auf die Spur ihres verschwundenen algerischen Vaters zu begeben.

Ihr zweiundsiebzigjähriger Held verliebt sich plötzlich in Aster und verlässt nach achtunddreißig Ehejahren seine Frau. Was werden Sie bei Lesungen jenen Menschen antworten, die fragen, ob das ein Selbstporträt sei?

Dann sage ich: Lies! Mehr gibt es doch gar nicht zu wissen. Die äußerste Antwort, die ich geben kann, steht im Roman. Dieser Roman handelt in Sprache und nicht in Schlafzimmern. Wenn dir das als Roman nichts sagt, dann lass es. Über meine eigene Biographie kann man mich nicht befragen. In meinem ersten Roman *Ehen in Philippsburg* habe ich ganz vorn die Notiz: Es ist die Hoffnung des Verfassers, er sei Zeitgenosse genug, dass seine von der Wirklichkeit ermöglichten Erfindungen den oder jenen wie eigene Erfahrungen anmuten. Dieser Hoffnung füge ich nichts hinzu.

Interessieren Sie sich für das Private Ihrer Lieblingsschriftsteller?

Ich weiß, dass es eine natürliche Neugier gibt, aber komischerweise habe ich noch nie eine Biographie gelesen. Es hat mich nie interessiert, was der wirkliche Faulkner gedacht und gemacht hat, als er *Licht im August* geschrieben hat, ein Buch, das ich im Sommer 1945 verschlungen habe. Ich kenne keinen Lebenstag von Dostojewski und bin zu Hause in seinen Figuren. Ich habe seriöse Versäumnisse erfahren müssen, weil ich mich für das Biographische von Autoren nicht interessiert habe. Ich habe fünf Jahre lang Kafka gelesen und dann eine Dissertation über seine Romane geschrieben. Danach war ich Radioreporter beim Süddeutschen Rundfunk und wurde 1952 nach England geschickt, um ein Feature zu machen. Ein Londoner Kollege machte mir von sich aus ein Date mit Dora Diamant, der letzten Beziehung von Kafka. Sie lebte in einem Mietshaus, die Gegend war schwarz, lichtlos, vielleicht Gaslaternen. Ich läute. Da kommt ein Mädchen, das ein bisschen überernährt aussieht, und führt mich zur Mutter. Schlafzimmer. Da sitzt ganz steil, durch noch und noch Kissen unterstützt, Dora Diamant im schummrigen Licht eines Nachttischlämpchens. Sie greift ziemlich schnell hinter eines dieser Kissen in ihrem Rücken und holt ein Wachstuchheft hervor, wie man es als Kafka-Leser von ihm kennt. Meine Neugier voraussetzend, fängt sie an, ihre Erinnerungen an Kafka vorzulesen. Bei mir fällt in der Seele eine Klappe, weil es Aufzeichnungen waren, wie über einen Religionsstifter. Diese Figur hatte mit dem Kafka, über den ich fünf Jahre lang gearbeitet hatte, nichts zu tun.

Wie haben Sie reagiert?

Ich habe mich ehestens verabschiedet und bin an den Piccadilly Circus, um in die lächerlichste Operette zu gehen.

Wenig später starb Dora Diamant.

Im Laufe der Jahrzehnte habe ich gemerkt, was ich durch meine Flucht versäumt habe. Ich Vollidiot! Die letzte Frau in Kafkas Leben!

Ein Gespräch mit Sven Michaelsen und Andreas Rosenfelder

Ich hätte sie doch etwas fragen können, anstatt mir diese Pseudo-Religionsstiftereien anzuhören. Aber dazu war ich nicht imstande. Ich glaubte, den Romanen von Kafka ist nichts hinzuzufügen. Das hat etwas mit meinem unbrechbaren Glauben an die Literatur zu tun. Ich war von Karl May an immer ein Leser und bin es geblieben. Als zwölfjähriger Bub von meinem Dachbodenfenster hinüber ins Rheintal schauend, habe ich die Hölderlin-Hymne auf das Rheintal gelesen. Diese Faszination hat nie aufgehört. Das ist keine andere Qualität als das Weihnachtsevangelium oder das Kommunistische Manifest. Das sind Texte zur Erlösung in diesem Jammertal. Und deswegen sage ich: Lebenslauf ja, aber als Roman. Schreiben ist ein Entblößungs-Verbergungs-Spiel. Das ist meine Ideologie.

Marcel Reich-Ranicki hat zuletzt nur noch ferngesehen. Auch Ihr Romanheld liest am Ende nicht mehr.

Für Theo Schadt ist das kein Verlust, sondern ein Daseinsgewinn: Jetzt bist du endlich und lässt dich nicht länger durch ein Buch davon ablenken, dass du lebst. Du erwartest nicht mehr, du existierst nur noch. Das ist die höchste Form. Ich habe immer schon Frauen bewundert, die im Zug zum Fenster hinausschauen, als fände das Leben dort statt.

Ein Kernsatz von Ihnen lautet, ein Roman müsse einen weißen Schatten werfen. Ihr neues Buch endet in einem Fiasko. Theo Schadt ist mit seinem Tumor im Dickdarm Todeskandidat, seine Frau und seine neue Liebe nehmen sich das Leben, die Tochter sagt sich vom Vater los, der verräterische Freund stirbt durch Gift.

Da widerspreche ich Ihnen heftig. Sie unterschlagen den weißen Schatten. Ein Sätzchen von mir lautet: Die Literatur sagt alles so schön, wie es nicht ist. Wenn etwas geschrieben ist, ist es nicht mehr so schlimm wie in Wirklichkeit. Dostojewski, *Die Brüder Karamasow*: die elendsten Lebensläufe. Warum lese ich das so gern? Ich bin doch kein Voyeur. Ich empfinde eine Aufgehobenheit im Sprachlichen. Es ist eine liebenswürde Anmaßung, Literatur sei eine Erklärung der Welt. Ihre Funktion ist aber die Verklärung der Welt. Es liegt am Jahresanfang, dass ich so große Töne spucke. Ich bin im selben Dienst wie der, der ausrufen konnte: Tod, wo ist dein Stachel? Wenn ich hier den Schluss meines Romans lese: An Sina: Von mir zu dir reicht keine Sprache. Von dir zu mir rast jeder Sturm. An Iris: Ich bin über den Bach gehüpft. In gelben Blumen gelandet. Das Leben ist eine ausgestreckte Hand. Jetzt zertritt mich der Tod. Die unsterblichen Läuse lachen. An Iris und Sina: Trost, Fremdwort, komm her. Alles auflösen in Gesagtes. Eine Mauer aus Wörtern gegen jede Art Wirklichkeit. Ich bilde mir ein, was ist. In Ewigkeit amen. Es ist in meinem ganzen Leben nichts passiert als diese Mauer aus Wörtern. Aber ich kann nicht ohne Befriedigung sagen, dass ich auf dem Kontinent der Literatur etwas erlebt habe.

Sterben die Literatursüchtigen aus?

In meiner Schulklasse in Lindau waren wir vierundzwanzig. Von denen haben drei gelesen, einer war ich. So viel zur Statistik. Ich habe neulich einen wunderbaren Kerl kennengelernt, zwanzigjährig. Der sieht aus, als wäre er extra für Oscar Wilde in die Welt gekommen. Der hat freiwillig noch nie ein Buch gelesen. Da habe ich gesagt: Junge, in Ordnung, ich akzeptiere das. Obwohl ich Printautor bin, muss ich sagen, der sah nicht aus wie ein Mangelgeschöpf.

Quellenverzeichnis

Martin Walser und Tübingen. **Ein Gespräch mit Peter Roos.** Erstveröffentlichung: Peter Roos, «Von Regensburg nach Tübingen», in: ders., *Genius Loci. Gespräche über Literatur und Tübingen.* Pfullingen 1978, S. 66–93

Ansprüche an die Romanform. **Ein Gespräch mit Irmela Schneider.** Erstveröffentlichung: Irmela Schneider, «Ansprüche an die Romanform. Ein Gespräch mit Irmela Schneider», in: dies. (Hg.), *Die Rolle des Autors. Analysen und Gespräche.* Stuttgart 1981, S. 99–107

Porträt Martin Walser. **Ein Gespräch mit Anton Kaes.** Erstveröffentlichung: Anton Kaes, «Porträt Martin Walser. Ein Gespräch», in: *The German Quarterly* (1984), Nr. 57/3, S. 432–449

Das Sonntagsgespräch **mit Wolfgang Herles.** Erstsendung: Wolfgang Herles, «Das Sonntagsgespräch», *Zweites Deutsches Fernsehen,* 13. 9. 1986

«Ich werde mich nicht an diese deutsche Teilung gewöhnen.» Ist der Autor jemand, der neue Fragen stellt? **Ein Gespräch mit Paul F. Reitze.** Erstveröffentlichung: Paul F. Reitze, «Ist der Autor jemand, der neue Fragen stellt?», in: *Die Welt* (29. 9. 1986), Nr. 226, S. 9

Triumphieren nicht gelernt. **Ein Gespräch mit Hellmuth Karasek und Rolf Becker.** Erstveröffentlichung: Hellmuth Karasek, Rolf Becker, «‹Triumphieren nicht gelernt›», in: *Der Spiegel* (8. 10. 1990), Nr. 41, S. 291–299

Das Gejammer über die Zukunft der deutschen Literatur finde ich absurd. **Ein Gespräch mit Gustav Seibt und Wolfgang Wischmeyer.** Erstveröffentlichung: Gustav Seibt, Wolfgang Wischmeyer, «‹Das Gejammer über die Zukunft der deutschen Literatur finde ich absurd.› Der Schriftsteller, die Kunst und die Politik: Fragen an Martin Walser», in: *Frankfurter Allgemeine Sonntagszeitung* (2. 10. 1994), Nr. 39, S. 27

Ich kann mich auf keinen Nenner bringen. **Ein Gespräch mit Stephan Sattler.** Erstveröffentlichung: Stephan Sattler, «‹Ich kann mich auf keinen Nenner bringen›», in: *FOCUS Magazin* (27. 11. 1995), Nr. 48, S. 146–150

Ein Mächtiger ist wie Beethoven ohne Musik. **Ein Gespräch mit Franz Kotte-**

der. Erstveröffentlichung: Franz Kotteder, «Ein Mächtiger ist wie Beethoven ohne Musik», in: *Süddeutsche Zeitung* (18. 4. 1996), Nr. 90, S. 15

Wir sind alle ein historisch-zeitlicher Gemischtwarenladen. **Ein Gespräch mit Peter Laemmle.** Erstsendung: Peter Laemmle, «Nachtstudio», *Bayerischer Rundfunk*, 6. 2. 1997

Du bist also ein glorioses Nichts. **Ein Gespräch mit Martin Krumbholz.** Erstveröffentlichung: Martin Krumbholz, «‹Du bist also ein glorioses Nichts›», in: *Neue Zürcher Zeitung* (22. 3. 1997), Nr. 68, S. 68

Unsere freiesten Geister sind die reinsten Pfaffen. **Ein Gespräch mit Sven Michaelsen und Michael Stoessinger.** Erstveröffentlichung: Sven Michaelsen, Michael Stoessinger, «Unsere freiesten Geister sind die reinsten Pfaffen», in: *Stern* (6. 3. 1997), Nr. 11, S. 152–160

Über die Auszeichnung mit dem Friedenspreis des Deutschen Buchhandels und über Ein springender Brunnen. **Ein Gespräch mit Heinz Ludwig Arnold.** Bislang unveröffentlicht

Erinnerung kann man nicht befehlen. **Ein Gespräch mit Rudolf Augstein.** Erstveröffentlichung: Rudolf Augstein, «Erinnerung kann man nicht befehlen. Martin Walser und Rudolf Augstein über ihre deutsche Vergangenheit», in: *Der Spiegel* (02. 11. 1998), Nr. 45, S. 48–72

Die Sprache verwaltet das Nichts. **Ein Gespräch mit Willi Winkler.** Erstveröffentlichung: Willi Winkler, «Die Sprache verwaltet das Nichts», in: *Süddeutsche Zeitung* (19. 09. 1998), Nr. 216, S. 15

Warum keine Interviews mehr, Herr Walser? **Ein Gespräch mit Michael Freitag.** Erstveröffentlichung: Michael Freitag, «Warum keine Interviews mehr, Herr Walser?», in: *Frankfurter Allgemeine Magazin* (09. 10. 1998), Nr. 971, S. 58–59

Über die Erinnerungsgenauigkeit. **Ein Gespräch mit Leo Haffner.** Erstveröffentlichung: Leo Haffner, «Interview mit Martin Walser. Über die Erinnerungsgenauigkeit», in: *V – Vorarlberger Zeitschrift für Literatur* (1999), Nr. 1, S. 101–107

Literatur ist Steigerung unseres Daseins. **Ein Gespräch mit Thomas Groß und Stefan Koch.** Erstveröffentlichung: Thomas Groß, Stefan Koch, «Literatur ist Steigerung unseres Daseins», in: *Mannheimer Morgen* (15. 4. 1999), Nr. 86, S. 31

Mit Menschenfänger-Instinkt. **Ein Gespräch mit Jobst-Ulrich Brand.** Erst-veröffentlichung: Jobst-Ulrich Brand, «Mit Menschenfänger-Instinkt», in: *FOCUS Magazin* (09.07.2001), Nr. 28, S. 76–79

Die Welt ist weder gut noch böse. **Ein Gespräch mit Thomas Groß.** Erstver-öffentlichung: Thomas Groß, «Die Welt ist weder gut noch böse», in: *Rheinischer Merkur* (26.10.2001), Nr. 43, S. 24

Ich fluche nicht, ich werfe weg. **Ein Gespräch mit Felix Schmidt.** Erstveröffent-lichung: Felix Schmidt, «Martin Walser im Interview: ‹Ich fluche nicht, ich werfe weg›», in: *Der Tagesspiegel* (13.07.2001), Nr. 17 467, S. W1

Eine Sehnsucht, die sich von der Wirklichkeit nicht belehren lässt. **Ein Gespräch mit Julia Schröder.** Erstveröffentlichung: Julia Schröder, «Eine Sehn-sucht, die sich von der Wirklichkeit nicht belehren lässt», in: *Stuttgarter Zeitung* (19.07.2001), Nr. 164, S. 33

Man darf sich nichts gefallen lassen. Punkt. **Ein Gespräch mit Hans-Dieter Schütt.** Erstveröffentlichung: Hans-Dieter Schütt, «Martin Walser: ‹Man darf sich nichts gefallen lassen›», in: *Neues Deutschland* (24.08.2002), Nr. 197, S. 17–18

Du stehst da oben, du willst lesen, dann brüllen die Bengel: Antisemit! **Ein Ge-spräch mit Arno Luik.** Erstveröffentlichung: Arno Luik: «Der Krach des Jahres», in: *Stern* (23.12.2002), Nr. 1, S. 158–164

Ich bin der Hauptbahnhof der Probleme. **Ein Gespräch mit Roman Pliske.** Erstveröffentlichung: Roman Pliske, «‹Ich bin der Hauptbahnhof der Probleme›. Martin Walser spricht über seine Kritiker, über Freunde und Feinde, über neue Buchprojekte – und sein Verhältnis zum Suhrkamp Verlag», in: *Der Tagesspiegel* (15.10.2003), Nr. 18 270, S. 21

Ein Vogel pfeift einem Hund. **Ein Gespräch mit Karin Grossmann und Rainer Kasselt.** Erstveröffentlichung: Karin Grossmann, Rainer Kasselt, «Ein Vogel pfeift einem Hund. Gespräch der Woche. Der Schriftsteller Martin Walser über Irakkrieg, und Zeitgeist, Literatur und Lotto, Fan-tasie und Erfahrung», in: *Sächsische Zeitung* (08.03.2003), S. M2–3

Verwundungen. **Ein Gespräch mit Heinz Sichrovsky.** Erstveröffentlichung: Heinz Sichrovsky, «Verwundungen», in: *News* (17.7.2003), Nr. 29/3, S. 88

Liebenswürdige Menschen sind gefährlich! **Ein Gespräch mit Roman Pliske.**

Erstveröffentlichung: Roman Pliske, «‹Liebenswürdige Menschen sind gefährlich!›», in: *bücher. Das unabhängige Magazin zum Lesen* (2004), Nr. 5, S. 20–23

Träume sind unser Größtes. **Ein Gespräch mit Jörg Magenau.** Erstveröffentlichung: Jörg Magenau, «‹Träume sind unser Größtes›», in: *taz.am Wochenende* (10. 07. 2004), Nr. 7405, S. 1001–1002

Ich bin todesscheu. **Ein Gespräch mit Eckhard Fuhr.** Erstveröffentlichung: Eckhard Fuhr, «‹Ich bin todesscheu›. Der Schriftsteller Martin Walser im Gespräch über seinen neuen Roman, Suhrkamp und sein Land», in: *Die Welt* (12. 07. 2004), Nr. 160, S. 27

Nichts ist ohne sein Gegenteil wahr. **Ein Gespräch mit Arno Widmann.** Erstveröffentlichung: Arno Widmann, «Nichts ist ohne sein Gegenteil wahr. Ein Gespräch mit Martin Walser über Meinungen und Erfahrungen», in: *Berliner Zeitung* (24. 07. 2004), Nr. 171, S. M4–5

Die Menschen sind so, dass man nicht von ihnen abhängig sein darf. **Ein Gespräch mit Julia Schröder.** Erstveröffentlichung: Julia Schröder, «Die Menschen sind so, dass man nicht von ihnen abhängig sein darf», in: *Stuttgarter Zeitung* (28. 08. 2006), Nr. 198, S. 11

Wer ein Jahr jünger ist, hat keine Ahnung. Zusammen mit Günter Grass. **Ein Gespräch mit Iris Radisch und Christof Siemens.** Erstveröffentlichung: Iris Radisch, Christof Siemens, «Wer ein Jahr jünger ist, hat keine Ahnung», in: *Die Zeit* (14. 06. 2007), Nr. 25, S. 57–59

Für jeden Ärger gibt's einen Vierzeiler im Tagebuch. **Ein Gespräch mit Bernd Mathieu, Thomas Thelen und Andrea Zuleger.** Erstveröffentlichung: Bernd Mathieu, Thomas Thelen, Andrea Zuleger, zusammengefasst von Hermann-Josef Delonge, «Für jeden Ärger gibt's einen Vierzeiler im Tagebuch. So geht der Schriftsteller Martin Walser mit seinen Kritikern um. Ein Gespräch über seinen neuen Roman, seine Töchter, die Politik und die Lehren Kants», in: *Aachener Zeitung,* (07. 05. 2008), Nr. 105, S. 8

Kultur und Wirtschaft, das ist nahezu ein Synonym! **Ein Gespräch mit Erna Lackner.** Erstveröffentlichung: Erna Lackner, «Kultur und Wirtschaft, das ist nahezu ein Synonym!», in: dies. (Hg.), *Der Nutzen von Kultur. Studien im deutschsprachigen Dreiländereck. Band 8 der Reihe Kultur und Wirtschaft,* Innsbruck 2009, S. 35–47

Warum nicht Afghanistan mit Vietnam vergleichen? **Ein Gespräch mit Eckhard Fuhr.** Erstveröffentlichung: Eckhard Fuhr, «Warum nicht Afghanistan mit Vietnam vergleichen?», in: *Welt online* (22.08.2009), https://www. welt.de/kultur/article4369436/Warum-nicht-Afghanistan-mit-Vietnam- vergleichen.html

Nicht ohne Liebe. **Ein Gespräch mit Katja Thimm und Volker Hage.** Erst- veröffentlichung: Katja Thimm, Volker Hage, «<Nicht ohne Liebe>. Der Schriftsteller Martin Walser, 82, über seine Tagebücher, sein zerrüttetes Verhältnis zu Marcel Reich-Ranicki und das Glück, Vater von Töchtern zu sein», in: *Der Spiegel* (15.03.2010), Nr. 11, S. 136–140

Einsam ist man sowieso. **Ein Gespräch mit Martin Doerry und Volker Hage.** Erstveröffentlichung: Martin Doerry, Volker Hage, «Einsam ist man so- wieso», in: *Der Spiegel* (02.05.2015), Nr. 19, S. 136–140

Ich möchte keine Sauerei hinterlassen. **Ein Gespräch mit Sven Michaelsen und Andres Rosenfelder.** Erstveröffentlichung: Sven Michaelsen, An- dreas Rosenfelder, «Ich möchte keine Sauerei hinterlassen», in: *Welt am Sonntag* (10.01.2016), Nr. 2, S. 51